Accedi ai **servizi riservati**

COLLEGATI AL SITO **EDISES.IT**

ACCEDI AL **MATERIALE DIDATTICO**

SEGUI LE **ISTRUZIONI**

amazon

Se hai acquistato sul sito **amazon.it**, riceverai via mail il **codice personale** necessario per registrarti al sito **edises.it** e accedere ai **servizi** e **contenuti riservati**.

Attenzione! L'invio del codice personale avviene contestualmente all'acquisto.
In caso di **mancata ricezione**, controlla le caselle di antispam e posta indesiderata o contatta il **servizio clienti** support@edises.it

L'**accesso ai servizi riservati** ha la durata di **un anno** dall'attivazione del codice e viene garantito esclusivamente sulle edizioni in corso.

Per attivare i **servizi riservati**, collegati al sito **edises.it** e segui queste semplici istruzioni

Se sei registrato al sito

- clicca su *Accedi al materiale didattico*
- inserisci email e password
- inserisci le ultime 4 cifre del codice ISBN: 2912
- inserisci il **codice personale** ricevuto via mail da Amazon per essere reindirizzato automaticamente all'area riservata

Se non sei già registrato al sito

- clicca su *Accedi al materiale didattico*
- registrati al sito o autenticati tramite facebook
- attendi l'email di conferma per perfezionare la registrazione
- torna sul sito **edises.it** e segui la procedura già descritta per *utenti registrati*

EdiSES
Professioni e Concorsi

il **nuovo** concorso
a cattedra

La **Prova orale** Scuola dell'**Infanzia** e **Primaria**

Progettare e condurre una lezione efficace:
- impostare le **unità** di **apprendimento**
- **gestire** e **motivare** la classe
- creare **contesti cooperativi**

con esempi di **lezioni simulate**

V. **Crisafulli**

EdiSES
Professioni & Concorsi

La Prova orale per Scuola dell'Infanzia e Primaria

9 8 7 6 5 4 3 2 1 0
2024 2023 2022 2021 2020

Le cifre sulla destra indicano il numero e l'anno dell'ultima ristampa effettuata

Anna Maria Schiano è autrice dei capitoli 10, 11, 12, 15.

Per le unità di apprendimento si ringrazia il **CE.RI.PE.**, Accademia per la Formazione accreditata dal Ministero dell'Istruzione, per la gentile concessione dei materiali tratti anche dalla piattaforma e-learning.

Grafica di copertina e fotocomposizione: curvilinee – Napoli

Progetto grafico: ProMediaStudio di A. Leano – Napoli

Stampato presso PrintSprint – Napoli

Per conto della EdiSES – Piazza Dante, 89 – Napoli

ISBN 978 88 9362 291 2

www.edises.it
info@edises.it

Prefazione

"Meglio una testa ben fatta che una testa ben piena".
Michel de Montaigne

Come si misura l'efficacia di una lezione? Ma, prima ancora, cosa si intende per efficacia quando si parla di insegnamento? La domanda, apparentemente banale, è il punto di partenza di questo volume.
Tradizionalmente, all'idea di scuola si associa l'idea di apprendimento, in primo luogo di nozioni. La prima, scontata risposta alla nostra domanda è dunque questa: l'efficacia dell'insegnamento si misura in termini di risultati raggiunti dagli studenti. L'interesse si sposta quindi sui risultati attesi. Facendo un passo avanti, ci accorgiamo che per misurarne l'efficacia, occorre innanzitutto interrogarsi su quali siano i risultati che ci aspettiamo di raggiungere mediante l'insegnamento. Appare subito chiaro che la visione trasmissiva dell'insegnamento, basata sulla mera acquisizione delle conoscenze, è oggi assolutamente inadeguata. La vera missione della scuola moderna è quella di formare i giovani alla vita, metterli in "condizione di", dotarli degli strumenti necessari per affrontare il futuro.
Considerando un ciclo di studi completo, dalla primaria all'università, chi si laurea oggi ha iniziato a studiare circa venti anni fa, in un contesto assolutamente diverso da quello odierno. Come ha potuto, dunque, la scuola prepararlo ad affrontare una realtà ignota? Nella società della rivoluzione digitale, caratterizzata da continui e veloci cambiamenti, la scuola deve fare i conti con la necessità di formare gli studenti nell'uso di tecnologie e verso nuove professioni al fine di risolvere problemi ancora sconosciuti. A fronte di queste nuove esigenze, alla scuola e agli insegnanti, in primo luogo, è richiesta la capacità di aiutare i ragazzi a sviluppare le abilità e le competenze necessarie per affrontare da protagonisti le sfide della società in cui vivono.
Tale consapevolezza, maturata già da tempo a livello internazionale, si è concretizzata nell'investimento di ingenti risorse per la ricerca di nuovi e più efficaci percorsi di formazione e metodi di apprendimento, con l'obiettivo di pervenire a una profonda revi-

sione dei saperi e dei modelli di educazione e insegnamento che porti allo sviluppo di un pensiero complesso, l'unico in grado di affrontare problemi che richiedono approcci multidisciplinari. Questo è quanto spiega il filosofo e sociologo francese Edgar Morin nel libro intitolato, appunto, *La testa ben fatta* (il cui sottotitolo, *Riforma dell'insegnamento e riforma del pensiero*, risulta emblematico e più che mai attuale a questo riguardo). La testa "ben piena" è quella in cui "*il sapere è accumulato e non dispone di un principio di selezione e di organizzazione che gli dia senso*", mentre nella testa "ben fatta" vi è "*un'attitudine generale a porre e a trattare i problemi, principi organizzatori che permettono di collegare i saperi e di dare loro senso*". Dunque, la testa "ben fatta" è in grado di superare la separazione tra le culture e rispondere alle sfide della complessità della vita in ogni suo aspetto.

Che gli alunni non siano contenitori da riempire con nozioni tanto più numerose quanto più slegate tra di loro, lo si percepiva da tempo: già le *Indicazioni Nazionali* del 2007 avevano imboccato una strada che rappresenta nel nostro paese il primo tentativo di impostare una programmazione didattica basata su un profilo finale di competenza, caratterizzato, cioè, dai traguardi da raggiungere. Una scuola intesa, dunque, come contesto nel quale porre le basi di un percorso formativo in grado di fornire gli strumenti necessari per un apprendimento che durerà per tutto l'arco della vita.

E in questa direzione le *Indicazioni Nazionali* 2012 proseguono e consolidano la scelta di una didattica finalizzata all'acquisizione di competenze e abilità. Con tale obiettivo si rafforzano continuità e unitarietà del percorso curricolare tra scuola dell'infanzia, scuola primaria e scuola secondaria di primo grado in rapporto all'unità della persona e alla processualità degli apprendimenti, nella consapevolezza che abilità e competenze non sono come le nozioni, la cui acquisizione può essere espressa in termini di tempi definiti, ma "qualità" che maturano, si affinano, si perfezionano se adeguatamente stimolate nel corso del tempo. La visione della didattica voluta dalle *Indicazioni Nazionali*, in base alla quale i docenti dovranno d'ora in avanti modellare la propria attività, è appunto centrata sulle competenze, o meglio, su traguardi orientati a competenze. In rapporto a ciò e tenendo conto dei risultati offerti dalla ricerca in materia di modelli di apprendimento, l'azione pedagogica e didattica viene concepita in modo nuovo, rispettoso delle conoscenze in materia di ambiente di apprendimento, inteso come contesto di attività e situazioni che rispetti e promuova la centralità dell'alunno, il quale elabora il proprio apprendimento per vie multiple, caratterizzate da tratti di irriducibile e preziosa singolarità. In questo contesto, si affermano forme interattive e collaborative di apprendimento, e situazioni e metodi laboratoriali concorrono ad esaltare l'espressione delle proprie potenzialità da parte dell'alunno e a connotare l'apprendimento come attività costruttiva. L'opposto, dunque, di una impostazione trasmissiva - espressamente stigmatizzata dalle *Indicazioni* - alla quale non si può più riconoscere alcuna plausibilità, sebbene essa possa risultare impegnativa, per la consapevolezza e il lavoro progettuale che richiede.

Sulla base di queste premesse, il volume è suddiviso in parti. La **prima parte** presenta e mette a confronto i principali **modelli di apprendimento** e il loro impiego nella **progettazione didattica**: le conoscenze in materia di apprendimento sono, infatti, la base su cui costruire e pianificare l'attività d'aula, rappresentando un imprescindibile prerequisito per qualsiasi insegnante che aspiri a condurre una lezione efficace. Si tratta di un interessante e approfondito *excursus*, da Piaget a Baron, da Sternberg a Gardner e alla sua teoria delle "intelligenze multiple", agli utilissimi apporti del costruttivismo socio-culturale, ai più recenti contributi offerti dalle neuroscienze. L'apprendimento, come già detto, non va più considerato secondo un'ottica di mera trasmissione nozionistica dal docente al discente, ma come fatto essenzialmente "sociale", che si svolge in un contesto-classe in costante relazione e mediazione con gli altri. Un apprendimento che vuole e deve essere, come vedremo, cooperativo e collaborativo. Vi è poi la parte dedicata alla programmazione e alla valutazione (*chi valuta? cosa si valuta? come si valuta?*), nella quale si analizzano le funzioni della valutazione e gli strumenti più efficaci per metterla in pratica.
La **seconda parte** affronta anzitutto il tema – oggi più che mai importante – della multidisciplinarità, fondamentale per poter comprendere la realtà nella sua totalità, abbandonando l'ormai datata separazione tra le discipline: verranno esaminati i diversi **modi di "fare lezione"** – dalla lezione frontale a quella partecipata – e i diversi **metodi**, in particolare quelli che utilizzano le nuove tecnologie. La lezione frontale, di lunga tradizione, offre indubbi vantaggi quando si tratta, per esempio, di comunicare un gran nu-

mero di informazioni a un gran numero di astanti. Tuttavia, quando lo scopo è quello di stabilire scambio, confronto, discussione, apprendimento uno dall'altro, la lezione frontale va ripensata, e con essa i suoi limiti. Se l'insegnante non può più essere oggi considerato come un semplice trasmettitore di informazioni ma, al contrario, un "ricercatore" che, riflettendo continuamente sul proprio modo di insegnare impara a migliorare la sua professione, allora egli diventa il "regista" del processo di apprendimento. Solo così, il paradigma insegnamento-apprendimento, da individualistico, si trasformerà in collaborativo, in cui anche l'alunno rivestirà un ruolo attivo e partecipativo. La conoscenza è un lavoro condiviso: un apprendimento più coinvolgente è più duraturo. Su questa premessa, esamineremo i presupposti dell'apprendimento collaborativo e cooperativo, le relative teorie di riferimento, la formazione dei gruppi di apprendimento e vedremo in che modo stabilire quell'"interdipendenza positiva" che costituisce un elemento essenziale dell'apprendimento cooperativo, per cui ogni membro del gruppo percepisce di essere indispensabile per il gruppo stesso, avendo un obiettivo comune da raggiungere, con conseguenti risultati positivi sia riguardo la motivazione e l'impegno, sia la qualità delle relazioni interpersonali.

La **terza parte** è dedicata all'assetto ordinamentale della Scuola dell'Infanzia e della Primaria così come delineato nelle Indicazioni nazionali **del 2012**.

La **quarta parte** è, infine, incentrata sulla **pratica dell'attività didattica** e contiene esempi di **progetti**, **unità di apprendimento** e di organizzazione di attività di classe in cui sono evidenziate le scelte didattiche e metodologiche adottate.

Ulteriori **materiali didattici** e **approfondimenti** sono disponibili nell'area riservata a cui si accede mediante la registrazione al sito *edises.it* secondo la procedura indicata nel frontespizio del volume.
Altri aggiornamenti sulle procedure concorsuali saranno disponibili sui nostri profili social
Concorso a cattedra e Abilitazione all'insegnamento

Indice generale

Parte Prima
Apprendimento, programmazione e valutazione

Parte Terza
Le *Indicazioni nazionali* del 2012

Parte Quarta
Progettazione e attività

Parte Prima

Apprendimento, programmazione e valutazione

SOMMARIO

Capitolo Primo
Apprendimento: modelli teorici a confronto

"*Lo scopo primario dell'educazione è quello di consentire a chi impara di farsi carico della propria personale costruzione di significato. Qualsiasi evento educativo rappresenta un'azione condivisa per cercare uno scambio di significati e di emozioni tra alunno e docente. Ogni volta che alunno e docente riescono a concordare e condividere il significato di un'unità di conoscenza si verifica un apprendimento significativo. (...) L'apprendimento significativo è alla base dell'integrazione costruttiva di pensieri, sentimenti e azioni e induce all'empowerment finalizzato all'impegno e alla responsabilità*" (J.D. Novak).

Cos'è, come avviene il processo di apprendimento? Come si comporta l'alunno quando apprende? L'apprendimento, come ci ha insegnato la proposta costruttivista e come a breve esamineremo, non è anzitutto un'attività solitaria, ma un fatto sociale, poiché avviene in un contesto relazionale di scambio con gli altri e con la loro cultura. Fermo restando che "*l'insegnante non determina l'apprendimento. L'apprendimento è un processo in fieri, che può utilizzare l'insegnamento come una delle tante risorse strutturali. (...) L'insegnante e i materiali d'istruzione diventano risorse per l'apprendimento in molti modi complessi*" (B.M. Varisco), l'insegnante appare pertanto come il "costruttore di ambienti di apprendimento": non, dunque, colui che trasmette o riproduce un'informazione, ma colui che sa gettare le basi per un'interazione con l'ambiente, il contesto, così da rendere l'apprendimento un processo costruttivo, contestualizzato e collaborativo. L'apprendimento è il frutto di uno scambio reciproco, non si esaurisce con l'acquisizione di concetti e nozioni che, poi, chissà, un giorno nella vita potranno servire o meno, ma deve fornire allo studente la competenza di "apprendere continuamente", di "imparare ad imparare" incessantemente. Lo studente in grado di organizzare il proprio apprendimento, utilizzando conoscenze e capacità per approdare a sempre nuove conoscenze, sarà altresì

capace di connettere nuovi stimoli e materiali a conoscenze già esistenti, e ciò anche e soprattutto oltre la vita scolastica.
Posto ciò, alla scuola del XXI secolo è richiesto un innovativo cambio di prospettiva, anzitutto da chi la scuola "la fa": l'insegnante. Per essere educatori, diceva Platone, "*bisogna amare ciò che si insegna e le persone a cui si insegna*": il lavoro di educazione richiesto al docente di oggi è quello di formare studenti in grado di apprendere per operare, renderli flessibili e ben disposti all'introiezione di nuovi e stimolanti *input* e informazioni, predisporli a porsi problemi e criticità e a risolverli. La scuola, oggi, è cambiata profondamente, di pari passo con la società in cui viviamo: è multiculturale e, spesso, multilingue. Non solo; il continuo e inarrestabile sviluppo delle tecnologie dell'informazione e la loro sempre più facile accessibilità e potere di fruizione aiuta l'educazione stessa nel formare cittadini in grado di vivere e operare in un mondo globalizzato, che modifica continuamente i nostri modi di pensare e conoscere.
Oggi è garantita a chiunque l'opportunità di accesso alla cultura e all'apprendimento. La "circolarità" dei saperi è ormai cosa attuabile e fortemente auspicabile: non più una scienza o delle scienze riservate agli esperti, a chi di settore, ma che ognuno possa far proprie attraverso i vari canali e i contesti sociali o aggregativi. Edgar Morin parla di "democrazia cognitiva", alla quale sottende necessariamente una riforma del pensiero, che ben si addice all'ambito dell'insegnamento, richiedendo necessariamente "formazione dei formatori" e "auto-rieducazione degli educatori", educando gli "educatori a un pensiero della complessità", pur laddove essi trovino ostacoli legati a strutture mentali e istituzionali preformate.
La "riforma culturale" auspicata da Morin vuole aprire la strada a una conoscenza non più frammentata in singole discipline, ma capace di inquadrare i saperi e le informazioni in un insieme: "*riconciliare i saperi e gettare i ponti, stabilire corrispondenze tra discipline che finora non comunicavano tra loro*". In una parola, multidisciplinarità.
Il problema della centralità dell'apprendimento ha certamente condizionato e condiziona la progettazione delle attività didattiche: apprendere in modo profondo e duraturo deve essere, per ogni studente, l'obiettivo primario accanto alla formazione di intelligenze in grado di accompagnarlo e supportarlo nella risoluzione di problemi complessi. È pertanto fondamentale investire nelle "competenze": attraverso di esse, lo studente sarà in grado

di apprendere continuamente nel corso della sua vita, formandosi alla responsabilità e all'autonomia, nella consapevolezza di "saper fare", e organizzando la costruzione del profilo personale relativamente alla sua carriera scolastica. Consapevolezza che l'apprendimento non si esaurirà nel corso degli anni trascorsi a scuola, ma proseguirà in ogni fase della vita. Ne deriva che le competenze devono divenire patrimonio basilare per tutti gli studenti, non solo per una piccola élite, permettendo quella circolazione del sapere di cui dicevamo. La competenza non è semplice conoscenza o capacità, ma presuppone il saper rispondere a richieste complesse, coinvolgendo anche risorse psico-sociali per poter affrontare le sfide complesse del mondo contemporaneo, per la buona riuscita nella vita e il buon funzionamento sociale, oltre che individuale. Le cosiddette "competenze chiave" devono stimolare le e agire sulle risorse interne ed esterne necessarie per affrontare costruttivamente le continue sfide della vita.

Nel suo *Formae Mentis. Saggio sulla pluralità dell'intelligenza,* Howard Gardner afferma che "*una competenza deve implicare un insieme di abilità di soluzione dei problemi (...) di creare prodotti validi, e che lo rendano capace di scoprire o creare problemi, a partire dai quali acquisire nuove conoscenze*". Le intelligenze non sono innate, ma si costruiscono progressivamente, formulando e investigando in varie aree disciplinari e lungo tutto l'arco della vita. Ognuno può sviluppare le diverse intelligenze, così come individuate da Gardner, e raggiungere buoni livelli di competenza o abilità; tuttavia, affinché ciò accada, è necessario che si creino situazioni e condizioni di incoraggiamento, sollecitazione, curiosità e creatività. Così, apprendere in modo profondo è individuato come uno dei più importanti obiettivi che ogni alunno deve raggiungere nel suo percorso scolastico, insieme alla formazione di intelligenze che potranno guidarlo e sostenerlo nella risoluzione dei problemi.

In base a sempre nuovi stimoli e nuovi cambiamenti richiesti dalla società moderna, la scuola e il concetto di "apprendimento" ad essa legato, sono andati evolvendosi nel tempo. Sarebbe opportuno, perciò, vedere come si è andato formando il pensiero psicopedagogico in tema di apprendimento.

Anzitutto, questo pensiero si è andato sviluppando nel corso degli ultimi vent'anni, lungo due assi di pensiero: quello cognitivista e quello costruttivista socio-culturale. Affronteremo entrambe le linee di pensiero in questo nostro studio, ma ci soffermeremo soprattutto, sugli apporti della teorie costruttiviste che tanto hanno ispirato la ricerca e la sperimentazione in campo pedagogico e didattico.

1.1 L'apprendimento, definizione e nuclei teorici di riferimento

L'apprendimento, secondo la definizione proposta dallo psicologo Ernest Hilgard, *è un processo intellettivo attraverso cui l'individuo acquisisce conoscenze sul mondo che, successivamente, utilizza per strutturare e orientare il proprio comportamento in modo duraturo.*

L'apprendimento può essere il risultato di processi spontanei, come avviene nei bambini, ad esempio con il linguaggio, o può essere indotto e guidato mediante un intervento esterno di insegnamento. La psicologia e la pedagogia si sono interessate spesso ai processi di apprendimento, producendo numerose e differenti teorie interpretative dell'apprendimento classificate in relazione alle grandi scuole della psicologia del novecento. I nuclei teorici di riferimento nella ricerca sull'apprendimento sono il comportamentismo, il cognitivismo, il costruttivismo.

Il **comportamentismo** ha alla base una concezione associazionista, ovvero intende l'apprendimento come risultato di associazioni nuove tra stimoli e comportamenti in risposta agli stimoli stessi. In tale approccio vi è una concezione di tipo sommatorio dell'apprendimento che vede il soggetto come essenzialmente passivo. Ciò che viene appreso è una copia dello stimolo presentato e pertanto l'apprendimento può essere da una parte misurato confrontando il comportamento acquisito dopo la situazione di apprendimento con quello presente precedentemente, e dall'altro può essere valutato secondo i criteri della quantità e dell'accuratezza della performance.

Gli autori di riferimento dell'approccio comportamentista sono J.B. Watson, I. Pavlov, E. Thorndike, B. Skinner.

L'**approccio cognitivista** prende distanza dai modelli comportamentisti spostando l'attenzione dal concetto di associazione a quello di soggetto attivo nell'elaborazione della realtà circostante, dando pertanto maggior rilievo ai processi interni di elaborazione e rappresentazione. Se nella prospettiva comportamentista l'apprendimento viene studiato attraverso il comportamento manifesto e trattato come un fenomeno 'unitario', nella nuova prospettiva cognitivista si osserva una frammentazione dell'ambito di indagine e l'apprendimento viene ridefinito in relazione alle diverse componenti cognitive coinvolte. In particolare, si verifica una forte associazione tra lo studio dell'apprendimento e quello della memoria, in quanto, per poter imparare, è innanzitutto necessario saper codificare, immagazzinare, integrare e ricordare un set d'informazioni. Quindi dal momento che le informazioni vengono processate dapprima dai sensi e successivamente dalla memoria, la progettazione dei contenuti formativi deve tener conto della necessità di assicurare tale trasferimento nel modo più efficace possibile. Quando infatti tale trasferimento non avviene immediatamente, l'informazione viene persa. Il quantitativo d'informazione che può essere immagazzinata nella memoria è funzione di due fattori:

- l'attenzione dedicata alle informazioni dal discente;
- la presenza, nel discente, di strutture cognitive adeguate ad accoglierle.

Gli autori di riferimento dell'approccio cognitivista sono C. Hull, E. Tolman, W. Kohler, K.J.W. Craick, G.A. Miller - E. Galanter - K. Pribram, U. Neisser.

I **costruttivisti** ritengono che nel processo di apprendimento il discente assume un ruolo centrale mentre il progettista/docente assume invece un ruolo marginale, volto a facilitare il completarsi di tale processo. Sulla base di questa impostazione il docente dovrà produrre un percorso didattico improntato sul discente, ove questi è parte attiva del processo di conoscenza: ne consegue che è essenziale l'inserimento di notevoli attività pratiche, simulazioni strutturate e destrutturate che stimolino la creatività e il formarsi di un proprio sapere sull'argomento oggetto del corso. Il discente acquisirà le informazioni anche dalla condivisione con i colleghi coinvolti nel percorso formativo, facendo leva sulle osservazioni e sui saperi dei propri compagni di corso; potrà contribuire così al formarsi (alla costruzione) di un sapere collettivo.

Gli autori di riferimento dell'approccio costruttivista sono L. Vygotskij, J. Piaget, J. Bruner, D. Merrill.

1.2 L'interazione sociale nel processo di apprendimento

La dinamicità che sottende ai processi apprenditivi fa sì che l'interazione sociale rivesta un ruolo fondamentale nel processo dello sviluppo cognitivo.
Abbiamo anticipato come il concetto di apprendimento si sia andato sviluppando, nel corso degli ultimi venti anni, lungo il filone di pensiero cognitivista e costruttivista.
Nell'ottica cognitivista acquistano rilevanza, nel processo di apprendimento, tutte le elaborazioni e rielaborazioni che il soggetto compie sulle informazioni ottenute. Il costruttivismo può essere considerato un particolare aspetto del cognitivismo: Jean Piaget, con i suoi studi sugli stadi dello sviluppo cognitivo e sull'importanza dei conflitti cognitivi per la costruzione-ristrutturazione della conoscenza, può essere considerato precursore del costruttivismo. Il costruttivismo non si è fermato, però, alle teorie di Piaget, ma le ha superate grazie al contributo di studiosi come Jerome Bruner, L.S. Vigotskij, Seumour Papert, David Jonassen.
Papert, allievo di Piaget, si approcciò alle ricerche sull'intelligenza artificiale verso la fine degli anni Settanta, concentrando la sua attenzione sullo sviluppo di quello che Piaget aveva definito "pensiero operatorio". In un momento di importanti trasformazioni sociali e culturali, Papert – grazie all'apporto delle nuove tecnologie dell'America di quegli anni – intendeva realizzare "palestre per pensare", ambiti scolastici in cui vi fosse la collaborazione e il sostegno dell'insegnante e dei pari. Questa nuova prospettiva, definita dallo studioso "costruzionista", sottintende la condivisione, la negoziazione, la mediazione da parte del docente in un clima di scambio e motivazione. Questa teoria è confluita nella prospettiva psico-pedagogica del "costruttivismo socio-culturale", che oggi rappresenta il principale orizzonte teorico della scuola moderna. Il costruttivismo socio-culturale intende la conoscenza come una costruzione condivisa ma soggettiva nell'interpretazione, che sollecita un pensiero narrativo, riflessivo e meta cognitivo, diversamente dalla precedente tendenza "comportamentista", basata sul travaso meccanismo delle conoscenze, secondo una struttura di stimolo-risposta. Per il costruttivismo la conoscenza è complessa, relativa, contestualizzata e soggettiva, costruita in un incessante scambio di negoziazione e condivisione dei significati. La cono-

scenza è costruita dal soggetto a mano a mano che questi cerca di ordinare le proprie esperienze, si costruisce nella mente di colui che impara. L'apprendimento diventa, in tal modo, "significativo", attivo e collaborativo.
Naturalmente, anche l'ambiente di apprendimento acquista una nuova valenza: diventa laboratorio, luogo in cui si impara a interagire con gli altri, favorendo processi cognitivi di risoluzione dei problemi (*problem solving*) e di ricerca di nuove criticità da affrontare e superare (*problem finding*), in un clima di creatività, discussione e scambio di punti di vista.
Jean Piaget, introducendo il concetto della struttura psicologica come prodotto di un lento processo di costruzione – che avviene nel periodo dell'infanzia – intravede la conseguente necessità di un'autoregolazione di questo processo, a seguito del bisogno di gestire materiali ed esperienze che, col progredire dell'età, diventano sempre più complessi. Lo sviluppo è un processo graduale, tendente sempre più verso l'oggettività, la razionalità e la capacità di riconoscere e accogliere il punto di vista altrui, originando, così, la "socializzazione". In tal modo, dalla "percezione" del bambino piccolo si passa al "pensiero logico e razionale" del ragazzo e dell'adulto, esistendo, per lo psicologo svizzero, una differenza qualitativa tra la modalità di pensiero del bambino e quella dell'adulto. Il concetto di "capacità cognitiva" è legato alla capacità di adattamento all'ambiente fisico e sociale: nel caso del bambino, è caratterizzato dall'"assimilazione" e dall'"accomodamento".
Accogliendo la tesi per cui l'interazione sociale è elemento fondante nel processo dello sviluppo cognitivo, il concetto di apprendimento si riveste di un nuovo e indispensabile significato: l'apprendimento, lungi dall'essere un'attività solitaria, presuppone processi di scambio, negoziazione e cooperazione. È, dunque, essenzialmente, un *fatto sociale*; questo è uno dei presupposti, in materia di apprendimento, del costruttivismo socio-culturale che affonda le sue radici nelle teorie di Vigotskij. Nel processo di conoscenza la mente ricompone le informazioni in modo attivo, non le assimila soltanto o le accumula e riproduce semplicemente.
Diversamente da Piaget, per il quale lo sviluppo del bambino precede l'apprendimento, per Vigotskij l'apprendimento sociale precede lo sviluppo: ogni funzione nello sviluppo culturale del bambino avviene prima a livello sociale ("interpsicologico") e poi a livello individuale ("intrapsicologico"), in un incessante processo di me-

diazione. Per Vigotskij non è importante ciò che il bambino sa, ma ciò che il bambino può apprendere: l'apprendimento diventa, così, un'esperienza reciproca tra pari e adulti, un continuo processo attivo e costruttivo. Coscienza e cognizione sono il risultato della socializzazione e del comportamento sociale. Nella sua teoria della "zona di sviluppo prossimale", Vigotskij ha sottolineato come l'apprendimento del bambino si sviluppi con l'aiuto degli altri: un rapporto di aiuto che si stabilisce, cioè, tra un soggetto più competente (adulto o pari) e uno meno competente, così da raggiungere un livello più alto di intelligenza. La "zona di sviluppo prossimale" rappresenta, quindi, la distanza tra lo sviluppo attuale e lo sviluppo potenziale colmabile con l'aiuto degli altri. A differenza di Piaget, per il quale il bambino passa attraverso diversi stadi nel processo di sviluppo e diventa, poi, "pronto" ad apprendere nuove conoscenze che non aveva in precedenza, per Vigotskij il bambino impara da coloro che hanno un livello di conoscenza superiore. Immaginiamo quali incidenze e ripercussioni abbia avuto questa teoria in tema di apprendimento e di insegnamento, scoprendo contesti in cui gli studenti svolgono un ruolo attivo nell'apprendimento, al di là e contro ogni teoria che vede l'insegnante come il depositario di un sapere da trasmettere semplicemente.

Il costruttivismo prima e il socio-costruttivismo poi rivalutano la specificità delle capacità superiori e il ruolo assunto dal contesto: lo sviluppo del pensiero superiore è influenzato dal contesto sociale; la realtà, del resto, non è concepibile secondo una struttura fissa e immutabile, ma è un'incessante interazione tra individuo e ambiente che si costruiscono e determinano reciprocamente. I ruoli dell'insegnante e dello studente, così, cambiano: un insegnante può *collaborare* con i suoi studenti in modo da facilitare la costruzione del significato per l'alunno. L'apprendimento diventa, pertanto, un'esperienza reciproca per entrambi i soggetti, un processo attivo di condivisione e partecipazione, non dimenticando che al centro del processo formativo c'è l'apprendente.

Illuminante ci appare la definizione di Antonio Cosentino a questo proposito: (*Autonomia nell'apprendimento e interpretazione dei testi filosofici*, in "Comunicazione filosofica", n. 6, nov. 1999) "*Il costruttivismo (...) rivolge la sua attenzione alle attività mentali del soggetto che apprende e, dal lato più specifico del socio-culturalismo, alle pratiche culturali che si svolgono nell'ambiente circostante. Una didattica coerente con tali assunti punta a sviluppare la capacità di indagare nei processi di costruzione cognitiva mediante la quale si legge il mondo e si producono significati. Non c'è un soggetto e un oggetto già costituiti che si confrontano nel processo dell'apprendimento, quanto piuttosto il processo per cui un soggetto si forma interiorizzando attivamente le forme di vita ed i significati che circolano nel contesto culturale in cui è situato. Allo stesso tempo questa dialettica esterno-interno, per la molteplicità e la varietà di situazioni con cui deve fare i conti, ha sbocchi imprevedibili e lascia spazio alla creatività*".

L'apprendimento concepito nella sua massima realizzazione è quello che avviene in un contesto-classe permeato di relazioni positive, in costante relazione e mediazione con gli altri, così da diventare esperienza continua a contatto con differenze e diversità che possano portare a trasformare il proprio mondo interiore, i propri punti di vista. Esamineremo a breve il forte nesso tra la teoria costruttivistica socio-culturale della conoscenza e la scoperta dei neuroni specchio, in quanto sottolineano l'importanza di costruire una scuola concepita come laboratorio, come "palestre per pensare" – per dirla con Papert – creando nuovi contesti di apprendimento con nuovi linguaggi e nuovi strumenti tecnologici per lo sviluppo delle intelligenze e delle competenze.

L'apprendimento collaborativo e cooperativo va svolto insieme agli altri avendo a disposizione strumenti e tecnologie disponibili per tutti in un contesto che dovrebbe essere relazionale, solidale e cooperativo, un contesto quindi di partecipazione attiva – anche di ricerca e scoperta – dove la diversità di ogni studente va riconosciuta così che ogni alunno possa tirar fuori al meglio le proprie potenzialità.

1.3 Il rapporto tra apprendimento e sviluppo

L'attenzione al rapporto esistente tra processi di apprendimento e di sviluppo del soggetto appare essenziale se, nell'ambito di iniziative educative, ci si trova nella condizione di dover organizzare ambienti particolarmente stimolanti, tali cioè da poter incidere sui processi di sviluppo.

Il sistema nervoso, infatti, riceve sollecitazioni dall'ambiente (sensazioni, ovvero impressioni degli organi di senso e percezioni, ovvero riconoscimento delle sensazioni) a cui reagisce in base ad una serie di complessi collegamenti interneuronici.

I livelli di reazione, sia sotto il profilo quantitativo sia sotto il profilo qualitativo, dipendono da una rete di connessioni interneuroni-

che che costituiscono, in termini funzionali, l'elemento propulsivo di ogni risposta.
Appare evidente la relazione esistente tra struttura del cervello e sua funzionalità.
Struttura e funzionalità vanno inquadrate secondo un codice genetico che ne assicura sia la stabilità, relativa alla "specificità" della specie, sia la variabilità, relativa alla differenziazione dell'individuo.
Struttura e funzionalità si delineano, pertanto, secondo un programma codificato nell'ambito del quale elementi invariabili si integrano con elementi variabili.
Questi ultimi assumono un'importanza fondamentale nel differenziare modi di essere e prestazioni dei soggetti, che vanno a caratterizzare i processi apprenditivi individuali.
Le risposte del sistema nervoso alle stimolazioni che gli vengono veicolate attraverso gli organi di senso, cioè gli organi recettori degli stimoli, sono caratterizzate da livelli di plasticità che, nei processi funzionali, vanno a costituire l'insieme delle disponibilità e potenzialità dei soggetti.
Le variazioni che le sollecitazioni ambientali possono introdurre nella dimensione funzionale del sistema nervoso appaiono di primario interesse per individuare le correlazioni esistenti tra processi di apprendimento e processi di sviluppo.
Se è vero che gli organismi, in relazione a struttura e morfologia, presentano modelli-base di comportamento che caratterizzano la specificità dei soggetti, è altrettanto vero che tali modelli non si prospettano come rigidi paradigmi sui quali si delinea l'identità dell'uomo, ma presentano aspetti di flessibilità che aprono il campo di indagine ad una pluralità di ipotesi.

1.4 Il contributo delle neuroscienze alla psicologia e all'educazione

Se è vero che il sistema nervoso, essendo una struttura morfologicamente rigida, è tale da non presentare nuove formazioni di giunzioni sinaptiche[1], è altrettanto vero che esso presenta comun-

[1] Per giunzione sinaptica si intende il punto di collegamento nei neuroni (cellule nervose) a livello midollare che consente l'entrata nel midollo e l'uscita dal midollo degli stimoli e degli impulsi nervosi.

que livelli di plasticità funzionale relativi a modificazioni dell'attività sinaptica e a variazioni dei trasmettitori chimici.
Ad una invariabilità di schema di collegamenti neuronici secondo interconnessioni rigide, si sovrappone un'attività di collegamento neuronica che utilizza circuiti di conduzione e sistemi di regolazione variabili e che determina livelli di plasticità funzionali.
Marvin Minsky afferma che "*il cervello usa processi che modificano se stessi*"[2].
Le sollecitazioni provenienti dall'ambiente esterno, veicolate secondo itinerari obbligati sul piano strutturale, ma assunte secondo livelli di ricezione variabili, determinano nei soggetti risposte diverse, individuali, correlate cioè al patrimonio di memorie genetiche, relative all'evoluzione biologica, e di memorie acquisite, relative all'esperienza vissuta.
La plasticità funzionale del cervello umano, così intesa, in relazione con i fattori che la determinano, consente all'uomo di adattarsi alle mutevoli condizioni ambientali.
L'uomo, cioè, dà all'ambiente le risposte più opportune, mettendo in atto comportamenti che, nel ristabilire nuovi equilibri tra soggetto e suo *habitat*, contribuiscono a modificare quest'ultimo.
Se è vero che l'uomo agisce sull'ambiente tendendo a modificarne l'aspetto in maniera a lui più favorevole, è altrettanto vero che nel corso di quest'impegno riceve una pluralità di stimolazioni dall'ambiente stesso che vanno a determinare risposte organizzative e cognitive sempre più complesse, ovvero processi mentali più evoluti e meglio articolati.
È proprio in relazione alla plasticità funzionale del cervello che i processi di apprendimento acquisiscono nuove connotazioni.
Una connotazione biologica si profila essenziale quale condizione di base per ogni rapporto cognitivo.
Una connotazione culturale va delineandosi quale via privilegiata per lo sviluppo del pensiero che, da sistemi culturalmente organizzati, trae contenuti di elaborazione di nuove idee.
Lo studio dei processi di apprendimento, pertanto, non può prescindere da una pur sommaria conoscenza dei più elementari aspetti della struttura cerebrale e dei suoi livelli di funzionalità trasmissiva delle informazioni.

---

2 M. Minsky in G. Petracchi, *Neuroscienze, psicologia, educazione*, Atti del Convegno, *La mente del bambino*, Sorrento 1996.

Esso, tuttavia, deve tenere nel massimo conto la dimensione culturale dell'ambiente nel quale il soggetto è immerso.
Il contesto ambientale, infatti, si fa artefice di una serie di processi educativi che, veicolando nuovi apprendimenti e nuovi paradigmi di riferimento, tendono a modificare le risposte specifiche e differenziate degli individui, influenzandone il comportamento.
Grazie ai nuovi apporti delle neuroscienze cognitive, oggi abbiamo nuovi strumenti da applicare nel campo dell'educazione. Abbiamo già anticipato come nella vita di ogni individuo, dotazioni genetiche iniziali e esperienze interagiscono per permettere lo sviluppo. Il nostro cervello viene strutturato e ristrutturato dalle interazioni con l'ambiente sociale e naturale e questo processo influenza l'apprendimento futuro.
Nel processo cognitivo, un ruolo fondamentale è svolto dalle emozioni, la cui influenza coinvolge attivamente aree del nostro cervello: le neuroscienze hanno stabilito il forte nesso esistente tra dimensioni emotive e dimensioni cognitive, per cui appare evidente e scontato che un sistema educativo che si occupi dello sviluppo cognitivo del bambino debba necessariamente occuparsi del suo sviluppo emotivo. Le neuroscienze dimostrano come il nostro cervello si sviluppi attraverso le interazioni con gli altri. A questo proposito, la scoperta dei neuroni specchio (*mirror neurons*) ci aiuta a comprendere questo nesso tra dimensione cognitiva e dimensione emotiva: i neuroni specchio sono cellule del cervello che si attivano sia quando compiamo una determinata azione, sia quando osserviamo qualcun altro che la compie; essi ci aiutano a capire immediatamente cosa sta facendo chi ci sta di fronte, senza necessità di un ragionamento complesso. Inoltre, essi permettono di imitare il comportamento degli altri e di entrare in empatia con essi. Ovviamente, da un punto di vista pedagogico, non si può non pensare alle implicazioni nell'imitazione dei processi cognitivi. Relativamente all'empatia, coinvolta nelle nostre interazioni e relazioni, i neuroni specchio ci aiutano a entrare in sintonia con gli altri e con ciò che accade davanti a noi; così, un ambiente ricco di sollecitazioni e in cui vi sia interazione e spinta verso la comprensione permette al sistema dei neuroni specchio di riconoscere e apprendere. Secondo quanto afferma Gardner, nello sviluppo della sua teoria delle "intelligenze multiple", quando in una classe si instaura un clima di fiducia, avvengono scambi profondi e importanti che facilitano e promuovono l'apprendimento,

perché vengono a modificarsi le pre-cognizioni che ogni alunno possiede. Tra le intelligenze individuate da Gardner, quella interpersonale si manifesta attraverso la capacità di stare con gli altri, intessendo relazioni positive e alimentando proprio il processo di empatia, poiché mette in condizione di interpretare le emozioni, le motivazioni e gli stati d'animo altrui.

1.4.1 I contributi delle scienze dell'educazione

Il contesto ambientale, veicolando continuamente nuovi apprendimenti e paradigmi di riferimento, rende necessario il possesso di strumenti cognitivi e linguaggi che mettano in condizione di interagire con esso, intessendo un dialogo produttivo e rapporti di interazione e reciprocità verso l'altro da sé. Si tratta di un rapporto di arricchimento continuo in cui vengono potenziate nuove capacità cognitive e comunicative.
In base a questa premessa, nel rapporto di incessante scambio e interazione col mondo esterno, l'apprendimento stesso non può seguire un percorso lineare e piatto, soprattutto quando al centro del processo formativo c'è il bambino (futuro adulto), il cui apprendimento avviene principalmente sull'osservazione di fatti e fenomeni.
L'adattamento a nuove situazioni richiede sempre intelligenze e competenze che configurano non solo il bambino-apprendente, ma anche l'insegnante il quale, nella ricerca delle migliori pratiche (*best pratictices*) e strategie per il successo formativo, non può prescindere dalla conoscenza dei contribuiti delle scienze dell'educazione e dei modelli formativi più significativi nell'organizzare e realizzare la relazione didattica.
Vediamo, dunque, come funziona il pensiero del bambino e quali strutture mentali connotano i potenziali di sviluppo dell'attività cognitiva.

1.5 Il modello della psicologia genetica

La psicologia genetica si è venuta gradualmente a costituire come sistema di conoscenze orientato verso lo studio dello "sviluppo mentale" del bambino.
L'oggetto di studio di questo settore della psicologia, pertanto, non è il "bambino" nelle sue manifestazioni psicologiche e com-

portamentali, bensì i processi che caratterizzano l'evoluzione infantile.
Lo studio dello sviluppo mentale, nell'ambito della psicologia genetica, intende individuare l'origine e i modi di funzionare del pensiero che segue linee di sviluppo relazionabili con una pluralità di fattori.
La psicologia genetica si è andata orientando verso direzioni ben definite:

- ha cercato di definire i problemi oggetto del suo studio;
- ha cercato di approntare metodologie di ricerca di carattere sempre più scientifico;
- ha cercato di codificare e interpretare i dati emergenti dagli studi effettuati.

L'oggetto di studio privilegiato dalla psicologia genetica è, in sintesi, il "mondo mentale infantile".
Di questo mondo alcuni aspetti sono immediatamente rilevabili ed evidenti come, ad esempio, la dimensione ludica.
Altri aspetti, invece, sono più nascosti e solo un'attività sistematica di osservazione, una fine capacità intuitiva e un'interpretazione dei dati consentono di coglierli.
Spesso, nell'avvicinarci al mondo infantile, applichiamo schemi interpretativi propri del pensiero adulto, di conseguenza la conoscenza del mondo mentale infantile è approssimata ed errata. Esistono, infatti, profonde differenze tra la vita psichica del bambino ai diversi livelli di sviluppo e quella degli adulti.
Cercare di individuare identità e differenze tra bambino e adulto significa comprendere meccanismi di base e linee di sviluppo delle diverse sfere della vita mentale, ovvero dell'attività percettiva, sensomotoria, intellettiva, emotiva, mnesica del bambino.
L'oggetto di studio e di ricerca della psicologia genetica consiste, in particolare, nell'individuare le modalità con le quali strutture mentali semplici vanno sviluppandosi fino a trasformarsi in strutture mentali via via più complesse.
Tale studio si avvale della ricerca dei fattori che concorrono a favorire lo sviluppo mentale, definendo il ruolo dell'ereditarietà e dell'ambiente, dei processi di maturazione e dei fattori educativi.

1.6 I contributi di Jean Piaget alla conoscenza del bambino

Jean Piaget può essere considerato precursore della psicologia cognitiva di cui ha anticipato le idee di strutture mentali e di schemi di funzionamento del pensiero atti ad elaborare le informazioni sensoriali e percettive. Egli ha cercato di interpretare i processi mentali come attiva organizzazione e costruzione di idee.
Piaget può essere definito un esponente dell'epistemologia genetica in quanto i suoi interessi si sono orientati verso uno studio sistematico dell'evoluzione delle strutture cognitive dalla loro origine: dalla nascita dei soggetti fino al raggiungimento dell'età adulta.
Scopo principale dei suoi studi è stato l'intento di individuare la genesi di ogni forma di conoscenza infantile.
Nato a Neuchâtel nel 1896 e morto a Ginevra nel 1980, è stato allievo di Édouard Claparède e suo successore nella direzione dell'Istituto Jean-Jacques Rousseau di Ginevra.
I risultati delle ricerche di Jean Piaget nel campo dello sviluppo cognitivo e dello sviluppo dell'intelligenza hanno consentito di individuare identità e differenze tra vita mentale del bambino e vita mentale dell'adulto, descrivendo i modi di funzionare del pensiero infantile nel corso dell'età evolutiva.
Nello studio dei processi evolutivi, Piaget analizza le fasi iniziali dello sviluppo mentale individuando modi e forme del pensiero del bambino, seguendo le trasformazioni degli schemi mentali infantili da strutture semplici in strutture sempre più complesse fino ad arrivare ad una fase finale corrispondente all'età adulta.
Egli si pone il problema del rapporto esistente tra logica formale e psicologia dello sviluppo intellettuale.
La logica formale descrive i sistemi di relazione formali già completamente costruiti dal pensiero e indipendenti dalla verifica sperimentale, non suscettibili, cioè, di modificazioni arbitrarie da parte del pensiero stesso.
La psicologia dello sviluppo intellettuale cerca di stabilire come il pensiero giunge a rendersi conto dell'esistenza di sistemi di rapporti logici, e si interessa soprattutto di attribuire un vero significato a tali rapporti, considerandoli quale descrizione del modo di funzionare del pensiero, quando questo ha raggiunto un grado di sviluppo elevato.

La logica formale generale e astratta, quindi, va a costituire il modello delle operazioni che il pensiero dovrebbe essere in grado di compiere quando ha raggiunto un grado di sviluppo più elevato e si identifica con la logica simbolica.
Quest'ultima costituisce pertanto una assiomatica, ovvero una premessa evidente della ragione.
Problema essenziale, quindi, è la conoscenza dei processi mediante cui il pensiero è in grado di funzionare in rapporto a una logica simbolica. Tali processi si vanno a delineare nelle diverse fasi dello sviluppo, nel corso dell'età evolutiva.
La conoscenza delle diverse fasi dello sviluppo e la conoscenza delle modalità di passaggio da schemi mentali semplici a schemi mentali più complessi ha consentito a Piaget di individuare alcune analogie tra il modo di pensare dei bambini e il modo di pensare degli uomini all'inizio del loro sviluppo storico-scientifico.

1.7 L'ipotesi della continuità evolutiva

Il metodo dell'osservazione sistematica a carattere quasi sperimentale adottato da Piaget, comprensivo del metodo "critico" – collocare il soggetto in situazione "critica" o problematica – e del colloquio "clinico", si avvale di alcune ipotesi fondamentali che ne orientano le procedure operative e che possono essere così sintetizzate:

- l'ipotesi di una continuità tra adattamento riflesso, adattamento abitudinario e adattamento intelligente;
- l'ipotesi relativa all'adattamento inteso come equilibrio dinamico tra processi di assimilazione e processi di accomodamento;
- l'ipotesi relativa al prevalere di processi di accomodamento nelle attività imitative svolte dai bambini, mentre nelle attività di gioco prevarrebbero processi di assimilazione.

L'indagine sperimentale svolta da Piaget, quindi, appare contestuale a una costruzione teoretica che ne costituisce la guida più sicura e che serve da chiave interpretativa dei dati raccolti.
Essa si fonda su alcuni principi che costituiscono i motivi conduttori dell'opera di Piaget:

- l'ipotesi dell'egocentrismo e del realismo infantile;
- l'ipotesi relativa alla contrapposizione tra pensiero irreversibile e pensiero reversibile o operatorio.

In relazione alla prima ipotesi-guida, relativa a una continuità tra adattamento riflesso, abitudinario e intelligente, Piaget sostiene che il comportamento dei soggetti, sia appartenenti al mondo animale che a quello umano, segue itinerari evolutivi secondo linee di gradualità che vedono ai primi livelli l'esercizio di automatismi di base.
Tali automatismi corrispondono a comportamenti rigidi, nei quali prevalgono meccanismi neuromuscolari e istintuali.
Esempio di rigidità e di irreversibilità del comportamento è dato dal ragno che tesse la sua tela per catturare gli insetti: ove si modificassero le condizioni ambientali o la tela andasse a lacerarsi in qualche punto, l'animale continuerebbe nel suo lavoro a senso unico, senza essere capace di modificare la sua condotta.
Più plastica appare invece la condotta di gatti e cani, nei quali il formarsi di sempre nuove connessioni tra percezione e movimento determina costanti capacità adattive all'ambiente, generando apprendimenti.
Gli studi di Thorndike con cani e gatti, infatti, rivelano che questi animali, mediante un comportamento per prove e errori, conquistano strategie risolutive di problemi che consentono loro di raggiungere l'obiettivo desiderato: imparano, ad esempio, mediante una serie di tentativi ed errori, ad abbassare una leva che consente l'elargizione di cibo.
Gradualmente essi intensificano le risposte positive e riducono gli errori: il comportamento diventa sempre più sicuro e univoco, e, con la ripetitività delle condotte, raggiunge livelli di addestramento generando anche forme di ammaestramento.
Un comportamento adattivo più evoluto, tale da consentire risposte più immediate e meglio adeguate ai problemi ambientali è quello degli animali più vicini a noi nella scala evolutiva.
Gli studi di Kohler sugli scimpanzé evidenziano che questi animali adottano, nelle loro condotte, strategie intelligenti, che rivelano l'esistenza di un'attività rappresentativa: lo scimpanzé, per raggiungere una banana collocata all'esterno della gabbia, è capace di infilare l'uno nell'altro due bastoni e attirare a sé il frutto.
Questo comportamento implica l'utilizzo di schemi mentali che vengono coordinati nell'intuizione dei rapporti mezzo-fine.
Gli esempi finora citati, tratti dalla psicologia animale che consente livelli sperimentali di maggiore attendibilità scientifica rispetto alla psicologia umana, evidenziano diversi livelli di adattamento

all'ambiente nei comportamenti di specie animali che occupano posizioni diverse nella scala evolutiva.
È individuabile – secondo Piaget – una certa continuità, sul piano genetico, tra le diverse forme di comportamento considerate.
Tra il comportamento istintivo del ragno, il comportamento abitudinario dei cani e dei gatti e il comportamento intelligente degli scimpanzé sembra esserci una continuità evolutiva avente i caratteri della gradualità filogenetica.
Tale continuità non è riscontrabile solo a livello filogenetico (come l'evoluzionismo moderno sembra confermare), ma emerge anche a livello ontogenetico, ovvero nel corso dello sviluppo del singolo individuo.
Nella specie umana, durante la crescita degli individui, osserviamo una progressione dei comportamenti che ricalca, nelle sue diverse fasi, le forme di adattamento all'ambiente riscontrate nelle specie inferiori.
L'intelligenza, che si fonda su processi biologici di morfogenesi e di flessibilità adattiva, percorre, nell'uomo, dalla nascita fino all'età adulta, un itinerario evolutivo caratterizzato da diverse forme di comportamento che spaziano da adattamenti limitati fino a forme complesse di riorganizzazione e strutturazione mentale della realtà.
Dall'osservazione sistematica del comportamento dei bambini, nei diversi momenti della loro evoluzione, anche in relazione alla crescita cronologica, Piaget trae l'ipotesi relativa all'esistenza di diversi gradi di intelligenza, corrispondenti alle forme adattive dei soggetti all'ambiente.
Rileviamo, pertanto, una continuità tra le forme di intelligenza più semplici riscontrabili subito dopo la nascita e le forme di intelligenza via via più complesse che si vanno sviluppando nel corso dell'età evolutiva.
La forma di comportamento adattivo più semplice è riconducibile ad attività esercitative fondate su meccanismi ereditari e connessioni neuromuscolari che vanno a costituire schemi mentali percettivo-motori.
Le strutture mentali attive del bambino, subito dopo la nascita, corrispondono a schemi percettivo-motori che dalle prime coordinazioni semplici (gli schemi della visione vengono coordinati con quelli della suzione) passano a coordinazioni via via più complesse.
Da zero a due anni circa, il bambino attraversa quella fase della sua età evolutiva che Piaget definisce dell'intelligenza senso-motoria.

Il livello successivo di sviluppo corrisponde all'intelligenza rappresentativa, intuitiva, di grado preoperatorio che dura, approssimativamente, dai due anni e mezzo ai cinque anni di età.
Segue un'intelligenza rappresentativa di tipo operatorio-concreto che caratterizza l'attività del bambino per tutto l'arco di tempo di frequenza della scuola primaria, dai sei ai dieci anni circa.
Dagli undici anni in poi l'intelligenza del bambino acquisisce capacità di tipo ipotetico-deduttivo, relative a una logica formale e astratta. Il passaggio graduale da un livello di intelligenza a quello immediatamente successivo è dato dal fatto che alle strutture mentali corrispondenti a un comportamento intelligente più semplice e limitato si sostituiscono strutture mentali corrispondenti a un comportamento intelligente più complesso.
Esperienze e conoscenze maturate dal bambino da zero a tre anni circa, ovvero nel corso della prima e della seconda infanzia, costituiscono apprendimenti generativi dell'ulteriore sviluppo cognitivo. Secondo Piaget in questo periodo – all'incirca verso i tre anni – avviene il passaggio dall'intelligenza senso-motoria all'intelligenza rappresentativa.
Questa seconda forma di intelligenza, di livello superiore alla prima, si sviluppa secondo linee di continuità rispetto all'intelligenza senso-motoria.
Essa è caratterizzata, sostanzialmente, dall'immagine mentale di oggetti non presenti percettivamente o di un altro significante (un simbolo o un segno).
Lo sviluppo delle funzioni rappresentative è favorito, fin dalla prima infanzia, dall'attività imitativa, intesa soprattutto come imitazione differita rispetto al modello non presente, dal gioco, riferito in particolare al gioco simbolico, e dall'uso del linguaggio verbale. Mediante l'attività imitativa, il gioco e l'uso del linguaggio verbale si sviluppano comportamenti adattivi all'ambiente e processi cognitivi.

1.8 Comportamenti adattivi e processi cognitivi

L'intelligenza viene considerata da Piaget come adattamento immediato a situazioni sempre nuove.
Ogni individuo possiede schemi mentali di previsione e di spiegazione di fatti e fenomeni che gli consentono di stabilire rapporti cognitivi con quanto di nuovo viene introdotto nel suo ambiente.

Gli schemi mentali preesistenti costituiscono chiavi di lettura utili ad interpretare la realtà.
Le esperienze nuove, tuttavia, presentano elementi che non sono compresi negli schemi di previsione e di spiegazione posseduti dal soggetto. Quest'ultimo, pertanto, non è nelle condizioni di poter comprendere, e quindi conoscere, quanto di nuovo l'ambiente gli presenta.
Di fronte a nuove esperienze il soggetto si trova, quindi, ad assumere nuovi dati da inglobare nei propri schemi mentali attraverso un processo che Piaget definisce di "assimilazione".
A tale processo, perché vi sia comprensione e quindi conoscenza, deve corrispondere un processo di "accomodamento" degli schemi mentali già posseduti che devono trasformarsi in modo da includere i nuovi dati provenienti dall'esperienza.
Gli schemi mentali preesistenti, più elementari e semplici perché comprensivi di esperienze minori e atti ad interpretare un numero inferiore di fenomeni, a seguito di processi di assimilazione e di accomodamento, si trasformano in schemi mentali più complessi ed evoluti.
Appare evidente che processi di assimilazione e processi di accomodamento sono fenomeni complementari: a ogni assimilazione deve corrispondere un accomodamento.
L'equilibrio che si stabilisce tra i due processi è di tipo dinamico, caratterizzato cioè dal passaggio da schemi mentali inferiori a schemi mentali superiori.
Lo schema del battere, ad esempio, si evolve e si trasforma a mano a mano che il bambino matura nuove esperienze: se un bambino, che è solito battere sul pavimento oggetti che, per dimensioni, possono essere contenuti nel pugno della mano, si trova, invece, di fronte a un oggetto nuovo e più grande, egli è costretto ad adattare il proprio comportamento alla nuova situazione; accomoda quindi gli schemi di prensione posseduti ed esercita nuovi coordinamenti senso-motori.
Lo schema primitivo del battere, di fronte a una nuova esperienza, ha assimilato nuovi dati e, scoperte nuove posizioni delle dita della mano e nuovi livelli di motricità fine, si è trasformato secondo un nuovo schema più adatto alla situazione reale.

1.9 Il pensiero irreversibile e il pensiero reversibile e operatorio

Altra ipotesi di Piaget è data dalla contrapposizione tra pensiero irreversibile o preoperatorio e pensiero reversibile o operatorio concreto. L'indagine dell'autore ha evidenziato che, solitamente, in età inferiore ai sei anni, il bambino possiede un pensiero unidirezionale, capace cioè di rievocare un avvenimento o un'azione secondo un itinerario lineare che segue lo svolgimento dell'avvenimento dell'azione stessa. Se, ad esempio, il bambino deve rievocare un'azione di spostamento di un oggetto dal punto A al punto B, lungo una traiettoria, egli si rappresenta mentalmente l'oggetto nella successione di posizioni lungo la traiettoria considerata, ma non riesce a rappresentarsi mentalmente l'oggetto nel punto iniziale A e, contemporaneamente, nel punto finale B, ricostruendo l'intera operazione di spostamento e valutando la distanza percorsa.

Il bambino al di sotto dei sei anni di età – secondo Piaget – sembra essere incapace di rappresentarsi contemporaneamente due posizioni diverse, l'inizio e la fine di un processo.

Tale pensiero, avente i caratteri dell'irreversibilità, incapace cioè di ricostruire, una volta conclusa, un'azione o un'operazione, funziona a livello intuitivo e preoperatorio.

La maturazione di capacità di analisi, di vedere, cioè, qualità meno evidenti degli oggetti, e di sintesi, di pensare due cose contemporaneamente (nell'esempio sopracitato la posizione di partenza e quella di arrivo in un'operazione di spostamento) consente al bambino di acquisire un pensiero reversibile, capace di ricostruire un'azione o un avvenimento anche quando questo si è concluso.

La possibilità di "tornare indietro" con la mente, di ricostruire o di negare un'azione o un fatto, ben oltre i tempi della sua realizzazione, corrisponde a un allargamento, sotto il profilo temporale, del campo di coscienza del bambino il cui pensiero diventa comprensivo di una modificazione della realtà ma anche del suo contrario.

Il pensiero reversibile, infatti, è capace di rappresentarsi contemporaneamente, ad esempio, la fase iniziale e la fase finale di un'operazione di spostamento che vede un oggetto muoversi, secondo una traiettoria definita, dal punto A al punto B.

Un bambino al di sopra dei sei anni di età, quando considera l'oggetto nel punto finale B, è capace di rappresentarselo anche nel

punto di partenza A e sa ricostruirne l'intero percorso, misurandone anche le distanze.
Egli è capace di seguire un'operazione di spostamento in tutte le sue fasi, di analizzarla, di negarla con il pensiero e, successivamente, di ricostruirla.
Il pensiero reversibile si identifica, pertanto, con il pensiero operatorio concreto e si sviluppa all'incirca intorno ai cinque-sei anni, età in cui il bambino si avvia a frequentare la scuola primaria.
Il bambino che possiede un pensiero reversibile diventa capace di un'azione mentale che si rappresenta operazioni spazio-temporali, quando queste si riferiscono a una modificazione nello spazio e nel tempo, oppure operazioni logiche quando, astraendo da ogni considerazione circa la posizione degli oggetti nello spazio e nel tempo, si collegano gli oggetti tra loro, in base a somiglianze o a differenze, e si formano "classi" nelle quali riunire quegli oggetti aventi qualità comuni.
Il pensiero reversibile, a livello operatorio concreto, presuppone, secondo Piaget, un procedimento logico di induzione che consiste nel tener presente mentalmente, contemporaneamente, sia le condizioni che precedono lo svolgimento di un processo, sia quelle che lo accompagnano di volta in volta in situazioni diverse, sia il risultato finale.
Ciò consente al bambino di scoprire nessi di causalità tra fenomeni, ma anche di intuire che molti risultati si sottraggono a ogni previsione e che, pertanto, sono fortuiti.

1.10 L'ipotesi dell'egocentrismo e del realismo infantile

Tra le ipotesi di Piaget quella relativa all'egocentrismo e al realismo infantile costituisce l'itinerario più sicuro per una ricerca che evidenzi prospettive e modi di pensare del bambino.
Egocentrismo, secondo Piaget, significa avere la tendenza a non considerare l'esistenza di punti di vista diversi dal proprio.
Il bambino egocentrico considera il proprio Ego al centro di ogni situazione; ogni percezione, ogni conoscenza e valutazione della realtà è in funzione del proprio Io.
Egli, rapportando ogni cosa al proprio sé, non riesce a immaginare l'esistenza di prospettive diverse dalla propria, per cui ogni

realtà percettiva e ogni rapporto prospettico è unico, relativo alla sua sola visuale.
Il fatto che negli altri possano esserci rappresentazioni, conoscenze o opinioni diverse dalle proprie non rientra tra le sue consapevolezze.
Questo tipo di egocentrismo, che si manifesta come chiaro limite di tutta l'attività mentale del bambino, influenza ogni comportamento, ogni manifestazione del pensiero, compresa la comunicazione verbale.
L'egocentrismo costringe il bambino a proiettare le sue qualità, le sue credenze, le sue prospettive e i suoi modi di essere e di sentire su tutte le cose, per l'incapacità di pensare o supporre l'esistenza di qualcosa di diverso da sé o di diverso da quanto è a lui noto.
Da ciò deriva quel fenomeno che va sotto il nome di "animismo infantile" e che consiste nell'attribuire la qualità di "vivente" a tutte le cose inanimate.
Per il bambino, gli oggetti in movimento sono viventi come lui, hanno una coscienza, un'intenzionalità e una volontà.
Così la luna e il sole sono rappresentati con una fisionomia umana, parlano, sorridono e piangono come il bambino stesso.
Il comportamento del bambino è influenzato da un'altra tendenza che viene definita con il termine di "realismo".
Quest'ultimo si manifesta attraverso il primato dell'attività percettiva sull'attività rappresentativa.
Tutta la realtà percettiva, cioè, costituisce l'unica realtà che il bambino prende in considerazione.
In ogni situazione prevale l'aspetto oggettivo concreto e reale su altri aspetti di tipo soggettivo e intenzionale.
La realtà percettiva si impone al bambino impedendogli di immaginarla con caratteri diversi da quelli immediatamente percepiti, rendendolo incapace, cioè, di ogni tentativo di immaginare realtà intenzionali o aspetti soggettivi in base ai quali valutare una stessa situazione.
Quando, ad esempio, il bambino deve giudicare se è più grave rompere accidentalmente cinque bicchieri o rompere intenzionalmente un solo bicchiere egli tiene conto del dato concreto, percettivo, relativo al numero dei bicchieri rotti e non tiene conto dell'elemento soggettivo e astratto relativo all'intenzionalità: ciò lo porta a giudicare più grave la rottura di cinque bicchieri anche se accidentale.

Il realismo infantile rende il bambino anche incapace di ragionare per ipotesi: egli, infatti, non è capace di intuire nelle parole significati diversi da quello strettamente letterale, né di comprendere un significato simbolico contenuto in una massima.
Tra le manifestazioni del realismo infantile troviamo anche quella che Piaget definisce "realismo intellettuale".
Questa tendenza si manifesta nel bambino con un prevalere della realtà che egli "sa" che esiste sulla realtà percettiva.
Un esempio di realismo intellettuale è dato dal fenomeno della trasparenza nel disegno infantile: il bambino disegna la casa con le pareti trasparenti e raffigura suppellettili e persone che "sa" che esistono al suo interno, ignorando il fatto che la vista della parte interna della casa è impedita dalle pareti.
Egocentrismo e realismo infantili sono modi di pensare del bambino caratteristici della prima e della seconda infanzia.
Queste tendenze si manifestano sia nel comportamento sia nel linguaggio infantile.
Graduali processi di oggettivazione della realtà da parte del bambino consentono il superamento di queste fasi dell'età evolutiva, certamente limitative di capacità logiche e interpretative della realtà stessa. Il contributo offerto dagli studi di Piaget alla pedagogia scolastica è notevole.
La conoscenza, da parte della scuola, dei modi di funzionare e di manifestarsi del pensiero infantile, ai diversi livelli e secondo l'età cronologica, consente, infatti, di organizzare e di strutturare una didattica che, partendo da ipotesi circa le capacità del bambino, ne attivi opportunamente il potenziale educativo e gli consenta di superare agevolmente e naturalmente – senza inopportune forzature, ma anche con una visione chiara e prospettica delle enormi possibilità apprenditive – ogni limite nella conoscenza e nell'interpretazione del mondo circostante.

1.11 Il modello cognitivo di J. Bruner: la scoperta dell'infanzia

L'aver fissato, da parte di Jean Piaget, gli stadi evolutivi quali segmenti di sviluppo all'interno dei quali processi di apprendimento e processi di maturazione interagiscono per determinare comportamenti e schemi mentali costituisce, secondo Jerome Bruner, una

limitazione della reale conoscenza dei processi di pensiero infantili e dei percorsi di apprendimento.
Una malintesa rigidità degli stadi piagettiani, d'altra parte, sembra sostenere, nella pratica didattica, il concetto di "tempo giusto" andando a consolidare idee e modelli teorici di sviluppo privi di effettivo fondamento.
Tali idee costituiscono, di fatto, un limite per il bambino che non viene sollecitato né messo nelle condizioni ottimali per progredire nello sviluppo cognitivo e nei processi di maturazione.
Bruner ha assunto un "nuovo punto di vista sull'infanzia" essenziale per orientare l'educazione.
In riferimento al rapporto del bambino con l'ambiente, Bruner afferma che "*si ha soltanto una pallida idea dell'enorme importanza delle prime esperienze*"[3] e ancora "*(...) è risultato che si può insegnare la predisposizione, o che si possono assicurare le condizioni favorevoli al suo maturare, senza aspettare semplicemente che essa emerga.*
La predisposizione, così concepita, consiste nel padroneggiare quelle capacità di tipo elementare che permettono poi di raggiungere capacità più elevate"[4].
Dal confronto tra il modello genetico di Piaget e il modello cognitivo di Bruner si assiste al passaggio da un'interpretazione psicologica del pensiero infantile, fondata essenzialmente su capacità già presenti e osservabili nel bambino nei diversi stadi evolutivi – con tutti i limiti relativi – a un'interpretazione pedagogica che si delinea come stimolo e orientamento dello sviluppo verso la promozione di capacità, secondo una visione ottimistica e prospettica dello sviluppo stesso.
Emerge l'ipotesi che tutto si possa insegnare a ogni età, purché ogni conoscenza sia elaborata secondo una versione psicologicamente adeguata al modo di conoscere di colui che apprende.
Bruner, infatti, in *Lo sviluppo cognitivo* (1972) afferma: "*All'inizio il mondo del fanciullo è noto a lui principalmente attraverso le azioni abituali che egli compie per affrontarlo. Successivamente si aggiunge una tecnica di rappresentazione attraverso l'immagine, che è relativamente libera dall'azione. Gradualmente si aggiunge un nuovo e potente metodo di tradurre azioni ed immagini nel linguaggio, che fornisce un terzo sistema*

[3] J. Bruner, *Verso una teoria dell'istruzione*, Armando Editore, 1985, pp. 59-60.
[4] *Ivi*, p. 60.

di rappresentazione. Ciascuno dei tre tipi di rappresentazione (esecutiva, iconica e simbolica) ha un suo unico modo di rappresentare gli eventi".

Nella Conferenza di Woods Hole, Bruner ha sostenuto che "*moltissime idee fondamentali della matematica, delle scienze, delle discipline umanistiche e sociali, le quali finora venivano introdotte nell'insegnamento solo al livello medio o superiore, possono venir comprese intuitivamente da fanciulli – e quindi venire insegnate, con speciali metodi, ad alunni – che non siano andati al di là del secondo stadio intellettuale (...) in quel caso l'insegnamento non potrà aver luogo in forma astratta, che riuscirebbe incomprensibile, bensì nella "versione" corrispondente allo sviluppo intellettuale da essi raggiunto.*

Il vantaggio di questo che potremmo chiamare un insegnamento "precoce" sta nel fatto che con esso la mente dell'alunno viene predisposta all'insegnamento teorico che seguirà".

In *Verso una teoria dell'istruzione* Bruner afferma che: "*(...) la migliore introduzione ad un argomento è l'argomento stesso. Dal suo primo respiro il giovane discente dovrebbe avere la possibilità di dibattere e risolvere problemi e di formulare congetture esattamente secondo i modi di pensiero propri della disciplina che deve apprendere*".

Appare evidente, dai passi citati, che la prima educazione assume valenza essenziale per il futuro sviluppo intellettuale di ogni soggetto.

Sembra, altresì, essenziale che il metodo di insegnamento/apprendimento debba avvenire secondo criteri corretti, in armonia con la struttura psicologica del bambino.

A riguardo Bruner predilige un apprendimento fondato sulla "scoperta", particolarmente valido per il bambino che, sollecitato da stimoli ambientali, attiva naturalmente curiosità, viene motivato da spinte interne e presta un'attenzione più duratura ai problemi a cui è interessato.

È chiaro che l'osservazione della realtà non deve essere occasionale (che cosa cercare nella molteplicità del reale?) né casuale, ma deve essere diretta da un'ipotesi.

Di conseguenza l'attività di ricerca – da parte del bambino – delle soluzioni più adatte a risolvere un problema dato, deve essere consapevole del fine da raggiungere e ordinativa di scelte operative congruenti con lo scopo.

Bruner si preoccupa, soprattutto, del "*modo in cui un insieme di cognizioni deve essere strutturato perché sia prontamente compreso dal discente*".

Egli introduce il concetto di "struttura" riferito, sostanzialmente, alle idee fondamentali di una disciplina: "*Le idee organizzatrici di un qualsiasi insieme di conoscenze sono scoperte che mirano a connettere e semplificare l'esperienza: in fisica si è scoperta l'idea di forza, in chimica quella di combinazione, in psicologia l'idea di motivazione, in letteratura quella di stile, al fine, sempre, di avere strumenti di comprensione.*
La storia della cultura è la storia dello sviluppo delle grandi idee organizzative o strutturali, idee che inevitabilmente derivano da giudizi o da ipotesi sempre più profondi sull'uomo e sulla natura"[5].
Esempio particolarmente significativo di una conoscenza fondata su "organizzatori cognitivi" è l'apprendimento della lingua materna.
Il bambino, infatti, nel corso dell'infanzia, apprende le strutture fondamentali della lingua, impara regole generali che, per transfert, applica a nuove situazioni espressive e comunicative e costruisce, sul modello delle prime strutture linguistiche apprese, nuovi costrutti.
"*Quando un bambino si è impadronito dell'ingegnosa struttura di un costrutto, egli impara assai rapidamente a creare, sul modello del primo, altri costrutti di diverso contenuto*".
Molteplici sono i contributi che la ricerca di Bruner ha offerto alla pedagogia scolastica, in particolare alla didattica nella scuola dell'infanzia.
Tutta l'attività di discriminazione sensoriale e percettiva e di approccio ai sistemi simbolico-culturali proposta prima dagli Orientamenti del 1991 e poi dai documenti di indirizzo che si sono avvicendati a guidare l'autonomia pedagogica dei docenti ha tenuto conto, infatti, delle ricerche dello psicologo statunitense.
Gli studi di Bruner sulla percezione, ad esempio, hanno evidenziato come ogni bambino giunga a costruirsi modelli individuali dell'universo. Il processo percettivo, infatti, appare condizionato e orientato dalle conoscenze maturate dal soggetto, dall'esperienza affettiva ed emotiva, dalle aspettative verso il futuro e dalle insicurezze e motivazioni più personali.
Continuando le ricerche di Piaget e di Vigotskij, Bruner costruisce una teoria dell'istruzione che considera i processi cognitivi come

---

5 J. Bruner, *op. cit.*, p. 48.

gli strumenti "*di cui l'organismo si serve per conseguire, conservare e trasformare l'informazione*".
Secondo lo psicologo americano, "*un essere umano intelligente cerca di analizzare l'ambiente in classi significative diverse, in modo che possa finire col trattare come equivalenti cose che si possono distinguere come diverse*".
L'individuazione di attributi comuni tra oggetti, fatti e fenomeni di esperienza comune costituisce un primo livello di avviamento alla formazione dei concetti.
Non a caso, Vigotskij individuava nel bambino la formazione di "complessi" o raggruppamenti di famiglie di oggetti.
Nell'ambito di tali "complessi" i bambini astraggono, o selezionano, attributi comuni alle cose; tali attributi diventano idee "generali e potenti" potenzialmente attribuibili anche ad altri oggetti o fenomeni o situazioni e che, pertanto, vanno a costituire chiavi di lettura della realtà.
Per Bruner la categorizzazione costituisce un fenomeno corrispondente a un raggruppamento per equivalenza. Una stessa classe di oggetti può essere raggruppata (o categorizzata) secondo criteri diversi, corrispondenti, cioè, a tre tipi di categorie: affettive, funzionali, formali.
Nelle categorie affettive vanno raggruppati insieme più oggetti che, pur non avendo nulla in comune, suscitano nel soggetto tensioni emotive e affettive.
Nelle categorie funzionali vanno collocati oggetti che rispondono a medesime finalità esterne.
Nelle categorie formali vanno invece raggruppati insieme oggetti in possesso dei requisiti richiesti dai membri di una stessa classe.
Secondo Bruner, la categorizzazione è presente sia nell'attività percettiva, dove si configura come immediata, per l'evidenza delle qualità equivalenti degli oggetti, sia nell'attività concettuale dove, invece, viene mediata attraverso la ricerca delle equivalenze, raggiungibile tramite strategie più o meno complesse.
Il fenomeno della categorizzazione, pertanto, secondo Bruner, riguarda tutta l'attività relazionale e cognitiva di un soggetto.
"*Le categorie in termini delle quali l'uomo sceglie e reagisce al mondo che lo circonda riflettono profondamente la cultura in cui è nato.*
Il linguaggio, il modo di vivere, la religione e la scienza di un popolo, tutto ciò plasma il modo in cui un uomo ha esperienza degli eventi che formano la sua storia personale.

In questo senso la sua storia personale finisce per riflettere le tradizioni ed i modi di pensare della sua cultura, poiché gli eventi che costituiscono quella storia sono filtrati dai sistemi categoriali che egli ha appreso".
La categorizzazione, pertanto, si profila come un raggruppamento in classi da parte della mente che diventa, così, capace di orientare le risposte di un soggetto all'ambiente.
Ordinare ciò che è complesso, infatti, significa anche semplificare e quindi poter anticipare, individuandoli con maggiore facilità, quegli attributi delle cose non immediatamente evidenti. Viene usata, così, la categoria vuota del possibile che, secondo Bruner, "*è uno strumento col quale andiamo al di là dei raggruppamenti convenzionali, che imponiamo ai segmenti della natura che abbiamo incontrato*", ovvero all'esperienza.
In sintesi, il procedimento attraverso cui si giunge alla costruzione di un concetto o categoria si configura come ricerca "*degli attributi definienti e anticipatori, capaci di distinguere gli esemplari della classe che si cerca di distinguere, da quelli che non sono esemplari di essa*".
I processi di conquista dei concetti o categorie – congiuntive, disgiuntive, relazionali – costituiscono il nucleo centrale della ricerca di Bruner.
La conservazione di un'informazione raggiunta, la sua trasformazione e il suo utilizzo per "controllare un'ipotesi ancora nascente" costituiscono momenti essenziali di un processo cognitivo che si avvale di "strategie" corrispondenti a itinerari diversi da percorrere per raggiungere uno scopo.
Interessanti, dal punto di vista pedagogico, sono le strategie di ricerca che un soggetto può adottare di fronte a un problema complesso che tuttavia deve risolvere:

- strategia di esame simultaneo: il soggetto, di fronte a un problema, formula e considera tutte le ipotesi e le alternative possibili e utilizza le informazioni che ciascuna di esse può offrirgli. Questa strategia è, di fatto, molto complessa e lo sforzo per attuarla risulta particolarmente pesante;
- strategia di esame successivo: il soggetto formula e prende in esame, successivamente, più ipotesi di cui verifica veridicità e congruità allo scopo. Egli passa da un'ipotesi all'altra fino all'individuazione di quella giusta;
- strategia di messa a fuoco conservativa: "*può essere descritta come l'identificazione di un caso positivo da usare come punto focale, cui se-*

gue una serie di scelte, ciascuna delle quali altera solo un valore di un attributo del fuoco stabilito, e controlla se il cambiamento dia luogo ad un caso positivo o ad uno negativo";

- strategia di messa a fuoco variabile: il soggetto identifica un'ipotesi risolutiva nell'ambito della quale procede cambiando più di un valore di attributo per volta. Tale procedimento consente l'utilizzo di molte informazioni.

Le ricerche di Bruner evidenziano in quale misura "*l'uomo non è una macchina logica, ma è certamente capace di prendere decisioni e di raccogliere informazioni in un modo che incide sulla sua capacità di apprendimento più di quanto siamo stati finora disposti ad ammettere*". In un importante saggio, *La ricerca del significato*, Bruner crede al recupero e alla valorizzazione di quegli aspetti di più difficile definizione della personalità umana: la dimensione soggettiva dell'individuo, il come egli attribuisce senso e significato a fatti e fenomeni. Lo psicologo riconosce la funzione sociale dei valori che "*vengono situati nell'identità individuale e, al tempo stesso, danno origine ad un'identità particolare nell'ambito di una cultura*"[6].
"*Ma* – afferma Bruner – *il pluralismo della vita moderna ed i rapidi cambiamenti che essa impone, si potrebbe obiettare, creano conflitti di scelte, conflitti nei valori e perciò conflitti riferiti alla «correttezza» delle varie affermazioni miranti alla conoscenza dei valori.* (...) *Tutto ciò che si può sperare è la realizzazione di un effettivo pluralismo, appoggiato dalla volontà di accordarsi sulle differenze relative alla visione del mondo*". Bruner, nell'affrontare lo studio di "come l'uomo interpreta il mondo, i suoi simili e se stesso", supera ogni spiegazione riduzionista e unilaterale e propone una "psicologia culturale" rivolta alla ricerca del significato nelle cose, fondata essenzialmente sulla circolarità del "pensiero narrativo" contrapposto al "pensiero scientifico".

1.12 Apprendimento ciclico a spirale. Il modello di E. Erikson

Ogni modello teorico dello sviluppo del bambino è relativo a una teoria da cui discende.

---

[6] J. Bruner, *La ricerca del significato. Per una psicologia culturale*, Bollati Boringhieri, 1992.

È opportuno, pertanto, tener presente la soggettività e la parzialità delle diverse teorizzazioni e orientarsi verso uno sforzo di integrazione delle diverse idee provenienti dalla ricerca psico-pedagogica.
Ciò al fine di esporre fatti e delineare le caratteristiche del bambino nell'età evolutiva sia in riferimento all'accrescimento fisiologico sia in riferimento alla crescita psico-sociale e intellettuale.
All'Università di Ginevra la psicologa Barbel Inhelder, collaboratrice di Jeano Piaget, e il fisiologo Monnier hanno sviluppato la ricerca delle relazioni esistenti tra fisiologia del cervello, a livello di sviluppo delle onde cerebrali, e sviluppo mentale.
Il fisiologo inglese Gray Walter, sperimentatore delle famose tartarughe cibernetiche, ha studiato i rapporti tra la maturazione delle onde cerebrali e l'evoluzione della vita affettiva, emotiva del bambino e i suoi comportamenti sociali.
Uno dei modelli più diffusi rappresenta lo sviluppo come una successione di tappe evolutive che crescono a spirale intorno a un asse verticale.
Ogni piano di questa spirale costituisce uno stadio o una fase o, comunque, una tappa essenziale dell'evoluzione.
I piani della spirale sono paralleli ed hanno un punto di contatto con la verticale. Tale punto rappresenta il momento "critico-sensitivo" della fase attraversata dal soggetto, in un determinato momento della sua crescita. Per momento critico-sensitivo si intende il periodo di una fase o stadio evolutivo in cui il soggetto affronta situazioni problematiche che attivano in lui capacità o "momenti sensitivi" atti ad apprendere.
Questo modello dello sviluppo consente di scoprire analogie e differenze tra le diverse tappe evolutive e di individuare le direzioni della continuità nei processi di crescita del bambino per un corretto approccio alla sua persona considerata nell'interezza delle sue capacità. La continuità dello sviluppo evidenziata da questo modello evolutivo rende ogni fase evolutiva – o piano della spirale – propedeutica rispetto a quella immediatamente successiva che da essa dipende ed è condizionata.
A tale modello di sviluppo si sono ispirati i programmi scolastici non più vigenti. Questo modello corrisponde a una concezione unitaria della persona, considerata armonica e integrata, capace di raggiungere, a ogni tappa relativa all'età e alla situazione psicofisica, il massimo della sua "maturazione".

Ogni tappa, come si è detto, prevede momenti critici e il suo superamento corrisponde a un meccanismo di crescita in cui sono presenti disponibilità e motivazioni a raggiungere mete più complesse e nuovi equilibri.
Un secondo modello di sviluppo, che va ad integrare quello precedente, viene proposto da Erik Erikson.
Lo sviluppo viene rappresentato come un ampio circolo che include bisogni, mete, compiti che caratterizzano la crescita psicologica del soggetto.
Erikson propone un modello di sviluppo rappresentato da globi intercomunicanti che stanno a simbolizzare l'interazione e l'integrazione delle capacità secondo il grado di maturità raggiunto dal soggetto in un determinato momento evolutivo.
Le relazioni tra i diversi globi presentano livelli di armonia che rendono più "bello" e integrato il quadro vitale del soggetto.
Eventuali disarmonie anche di un solo globo indicano difficoltà di integrazione della persona che non ha saputo soddisfare i diversi bisogni né ha saputo sviluppare in modo equilibrato tutti gli aspetti e le componenti della sua personalità.
Si succedono, infatti, all'interno di ogni globo, elementi quali: fiducia-sfiducia; autonomia-dubbio, vergogna; iniziativa-colpa; industriosità-inferiorità; identità-diffusione; intimità-isolamento; generatività-stagnazione; integrità-disperazione.
Questo modello di sviluppo considera la persona con tutte le implicazioni possibili positive e negative, con le sue risorse e le sue difficoltà, con problemi che necessitano soluzioni anche in tempi non "cronologicamente giusti" e che pertanto richiedono maggiore sforzo per il superamento delle diverse tappe evolutive.
Pulsioni, desideri, bisogni, tendenze costituiscono il sostrato motivazionale per percorrere itinerari di progressione evolutiva e di maturazione.
Tutte le potenzialità umane si realizzano, così, in modo continuo e diversificato, secondo livelli di comprensione e di competenza raggiunti dal soggetto nelle diverse età evolutive, e i diversi aspetti della personalità si integrano e si completano secondo rapporti di reciprocità interattiva formando l'armonia del quadro vitale del soggetto.
Questo modello di sviluppo non lineare, ma del tipo a complessità sistemica, supera il problema di eventuali carenze vissute nel passato e orienta il soggetto a realizzare, secondo le prospettive

legate al momento evolutivo attuale, anche ciò che non è stato vissuto in precedenza, aprendo visioni ottimistiche e propositive per il futuro.
La dimensione unitaria della persona umana emerge da entrambi i modelli qui esaminati che tendono a integrare le diverse sfere della personalità in ogni fase dell'età evolutiva.
Emerge così un concetto di uomo aperto e propositivo verso il futuro, la cui evoluzione attraversa momenti "critici" o problematici che vengono superati con uno sforzo che impegna tutte le sfere della personalità, secondo le competenze maturate in relazione allo stadio evolutivo attraversato e che è teso verso sempre nuove mete da raggiungere.
Si vede, in questi modelli, la posizione centrale che occupa il soggetto nel corso del suo processo evolutivo.
Di qui la responsabilità e la consapevolezza dell'individuo che, in un rapporto di interazione propositiva con l'ambiente, ne vive tutti i condizionamenti positivi e/o negativi e riesce sempre a comprendere fatti e fenomeni, a decodificare eventi.
Il concetto di bambino, secondo i modelli evolutivi proposti, si sviluppa su una centralità del soggetto la cui dimensione di fondo è relativa a un tutto unico, che manifesta esigenze e motivazioni plurime e profonde, che è aperto verso uno sviluppo divergente di tutte le potenzialità in lui esistenti e delle diverse sfere della sua personalità *in fieri*.

1.13 Il modello di J. Baron

I modelli di apprendimento considerati finora nella scuola propongono un *continuum* di sviluppo caratterizzato, tutt'al più, da stili di apprendimento diversi. La ricerca nel campo delle scienze dell'educazione, invece, tende a far emergere – come si è già visto – dati che superano la concezione "lineare" della cognitività e propone modelli di apprendimento più complessi e articolati.
Si vanno affermando, infatti, stili di apprendimento di tipo multidimensionale e pluridirezionale.
Baron, a esempio, individua alcune fasi nelle quali un soggetto può distinguersi secondo proprie capacità e attitudini:

- riconoscimento del problema;

- elenco delle possibilità: sono i primi momenti di un approccio cognitivo nei quali il soggetto dimostra capacità attentive e selettive (confrontare e distinguere), capacità elaborative e costruttive nel formulare ipotesi che possono essere convergenti secondo itinerari di pensiero consueti oppure divergenti secondo linee innovative;
- ragionamento: è la fase durante la quale il soggetto cerca conferma alle proprie ipotesi che tende anche a falsificare;
- revisione: è il momento nel quale il soggetto rivede opinioni e fatti per intervenire a modificare (o a confermare) quanto pensato o prodotto;
- valutazione: è la fase nella quale un soggetto accerta e giudica la propria azione (pensare o fare); questa fase evidenzia se l'individuo si accontenta di risultati parziali e approssimati oppure se spinge il suo impegno (in termini di atteggiamento globale della persona tesa alla soluzione di un problema) fino al massimo sforzo di capacità e abilità.

1.14 Il modello di D.A. Kolb

Kolb ha proposto un modello di apprendimento multidimensionale, che evidenzia una pluralità di stili cognitivi. Secondo lo studioso, l'apprendimento si articola secondo due assi principali:

- il soggetto osserva (e riflette) fatti e fenomeni (guardare) oppure procede alla sperimentazione attiva (fare): su questo primo asse l'individuo sceglie come affrontare le situazioni e i modi di elaborazione delle esperienze;
- il soggetto privilegia l'esperienza concreta (sensazione, percezione) oppure preferisce la concettualizzazione astratta ("pensare"): su questo secondo asse l'approccio cognitivo si differenzia secondo le modalità con cui il soggetto affronta situazioni ed elabora esperienze pregresse.

Secondo Kolb, il processo di apprendimento è talmente complesso e multidimensionale da comprendere tutti gli stili di approccio cognitivo indicati, secondo un andamento circolare: il soggetto apprende mediante l'esperienza concreta che osserva e su cui riflette fino a giungere a concettualizzazioni astratte.

Queste vengono verificate attraverso sperimentazioni in nuovi contesti situazionali che vanno a determinare nuova esperienza concreta: questa riattiva il processo cognitivo sopra descritto che assume, così, andamento circolare.
A seguito della combinazione degli assi su cui i diversi stili di apprendimento si articolano, possono essere individuate le seguenti tipologie di discenti:

- gli accomodatori: cioè coloro che si adattano immediatamente a situazioni nuove, affrontando con entusiasmo nuove esperienze ed adottando procedure di tipo intuitivo, anche per prove ed errori. Costoro traggono dalle situazioni mutevoli nuovi stimoli che incrementano la tensione verso la soluzione dei problemi;
- i divergenti: cioè coloro che sono capaci di allontanarsi da itinerari di pensiero consueti e ripetitivi: essi producono molte idee e soprattutto idee nuove. La loro immaginazione è ricca e sono disponibili ad accogliere le innovazioni;
- i convergenti: cioè quanti sono ordinati e rigorosi nell'applicazione pratica delle loro idee, capaci di autocontrollo e di processi mentali ordinati. Costoro adottano algoritmi nella soluzione dei problemi e tendono ad applicare strategie tecniche collaudate e sicure. Il loro pensiero converge verso itinerari consueti;
- gli assimilatori: cioè coloro che assimilano e combinano esperienze e idee, formulando così teorie; costoro elaborano l'esperienza particolare arrivando a generalizzazioni che facilitano la comprensione degli eventi.

1.15 Il modello di R.J. Sternberg (E.L. Grigorenko e Sternberg)

Il modello di Sternberg propone stili di pensiero e modalità di apprendimento ancora più complessi e variamente articolati.
Sternberg desume ogni modello dall'osservazione di come le persone "auto-regolano" la propria attività mentale.
Per lo psicologo statunitense il pensiero si articola secondo diverse dimensioni e la prevalenza di una rispetto alle altre caratterizza lo stile cognitivo particolare di un soggetto. Distinguiamo, infatti, nel pensiero le dimensioni relative a: forma, funzione, livello, scopo, uso e tendenza.

All'interno di ogni dimensione del pensiero, Sternberg individua una pluralità di stili cognitivi differenziati.
Così, in riferimento alla dimensione "forma", il soggetto può sviluppare uno stile cognitivo lineare ed esemplificativo, che segue un itinerario graduale di obiettivi a volte anche rigidi, oppure può tendere a ordinare i suoi obiettivi secondo criteri diversi con flessibilità e capacità di autocritica. Ancora, egli può sviluppare forme di pensiero complesse caratterizzate da obiettivi multipli e attivare, per questi ultimi, approcci diversificati.
Alcuni soggetti, invece, si distinguono per forme di pensiero confuse, prive di obiettivi precisi, in cui dominano occasionalismo e casualità di indirizzo.
In relazione alla "funzione" il pensiero di un individuo e, di conseguenza, il suo stile cognitivo, può tendere all'autoregolamentazione, all'autonomia, al creare e al progettare secondo propri scopi, oppure può tendere verso la dipendenza da percorsi prestrutturati, preferendo applicare regole e seguire indicazioni.
In altri soggetti, inoltre, può prevalere la funzione di analisi critica di situazioni da valutare. In relazione al "livello", nell'apprendimento il pensiero di un individuo può tendere a guardare la complessità di una situazione senza analizzarne i particolari (stile globalista) oppure può dimostrarsi attento all'analisi dei particolari (stile pragmatico).
In riferimento allo "scopo" il pensiero può essere rivolto all'interno caratterizzando soggetti introversi e chiusi, spesso egoisti e solitari, oppure all'esterno distinguendo individui aperti, solidali e "prosociali".
La dimensione d'"uso" del pensiero può essere caratterizzata da uno stile cognitivo rivolto alla produttività attiva nell'elaborazione e costruzione del sapere, oppure circoscritto all'uso passivo di informazioni finalizzate ad attività di combinazione e di applicazione.
La "tendenza" del pensiero differenzia soggetti che preferiscono conservare e tutelare situazioni note e sicure rifiutando il cambiamento (conservatori) e soggetti che, invece, prediligono il cambiamento e l'innovazione.
La complessità del modello proposto da Sternberg e la pluralità di stili cognitivi derivante anche dalle possibili combinazioni rilevabili, rende poco utile a scopi didattici questa codificazione degli stili apprenditivi, che risulta abbastanza vaga soprattutto se si conside-

ra che è fondata su un'elaborazione teorica scarsamente sostenuta da osservazioni sistematiche.
Tuttavia, una considerazione della pluralità di stili cognitivi possibili può essere indicativa per le interpretazioni che il docente può attribuire ai diversi atteggiamenti apprenditivi e comportamentali degli allievi.

1.16 Il modello di H. Gardner

Di maggiore utilità, a scopi didattici, sembrano essere gli studi di Howard Gardner.
Lo psicologo ha dimostrato l'esistenza di forme molteplici di intelligenza, evidenziando che ogni individuo presenta uno stile cognitivo unico e irripetibile, risultato della combinazione e delle interdipendenze esistenti tra forme e gradi delle intelligenze possedute.
In *Formae mentis* Gardner ha elaborato la teoria delle "intelligenze multiple", evidenziando, al tempo stesso, la pluralità e la dimensione individuale dei modi del conoscere.
In *Educare al comprendere* egli afferma: "(…) *Tutti gli esseri umani normali sviluppano, in maniera maggiore o minore, almeno* (…) *sette forme di intelligenza.* (…) *Tali intelligenze servono anche a distinguerci l'uno dall'altro.*
Gli individui, infatti, possiedono ciascuna di esse in diverso grado e, inoltre, le combinano e le usano in forme squisitamente personali. Le prime aurorali manifestazioni di queste (…) *intelligenze si lasciano cogliere già nel periodo sensomotorio; i bambini distinguono tra loro melodie diverse, interagiscono con gli altri, indicano con i gesti le cose che desiderano, e così via. Ma, al pari di altri aspetti della conoscenza, le molteplici intelligenze della specie umana si delineano in modo netto e si concretizzano in creazioni culturali negli anni che precedono immediatamente l'ingresso nella scuola.*
Prevedibilmente anche la cultura determina l'importanza che si annette alle varie competenze intellettuali. (…) *All'età di sei o sette anni tutte le intelligenze umane hanno già raggiunto un livello di sviluppo abbastanza elevato in tutti i bambini normali e tutti i bambini hanno già assorbito i prototipi culturali dell'individuo intelligente.* (…) *Già a quattro anni i bambini mostrano profili cognitivi distinti o, come si potrebbe anche dire, distinte configurazioni di intelligenze.*

Così alcuni di essi si accostano al mondo regolarmente mediante il sistema simbolico del linguaggio; altri adottano un orientamento prevalentemente spaziale e visivo; altri ancora appaiono già assorbiti nel mondo dei rapporti con altre persone (...) io considero il periodo che va dai due ai sei-sette anni un segmento affascinante dello sviluppo umano (...), esso nasconde più segreti e più potenzialità di crescita umana di qualsiasi altro periodo della vita.
È l'età nella quale si hanno i primi esempi di competenza nell'uso dei simboli, in cui si delinea la fisionomia fisica e mentale di una persona, in cui le attitudini artistiche e creative in generale fioriscono o vengono bloccate".
Il bambino, nel suo rapporto con il mondo, nella complessità di esperienze che va maturando, sviluppa una sintassi di sistema, ovvero si mette alla ricerca di regole. Nell'approccio ai sistemi simbolico-culturali presenti nel suo ambiente di riferimento egli avverte l'esigenza di imparare a usare i simboli: deve, quindi, appropriarsi delle regole che ordinano e organizzano i sistemi simbolico-culturali.
Inoltre, egli deve apprendere i significati espliciti, cioè gli aspetti denotativi e referenti dei simboli per poterli usare, quindi deve acquisire padronanza della dimensione semantica dei sistemi simbolici.
Infine, egli deve cogliere le ragioni dell'uso e le funzioni dei simboli, deve comprendere, cioè, l'aspetto pragmatico del sistema.
Capacità sintattiche, semantiche e pragmatiche, quindi, si integrano.
Il bambino descritto da Gardner "*cerca di dare un senso complessivo al mondo; cerca di integrare le onde, le correnti ed i canali del proprio complesso di intelligenze in una visione comprensiva della vita umana in cui trovino posto anche il comportamento degli oggetti, le interazioni con gli altri esseri umani e un'incipiente immagine di sé.*
Il bambino è fortemente motivato a perseguire questa integrazione, perché in assenza di una coerente visione del mondo sarebbe in pericolo la sua sopravvivenza"[7].
Ad ogni intelligenza, secondo l'autore, corrisponde una forma particolare di creatività che supera le conoscenze acquisite e svi-

[7] H. Gardner, *Educare al comprenere*, Feltrinelli, 1993.

luppa capacità e abilità diversificate secondo i campi e i settori nei quali viene esercitata.
Appare importante, ai fini didattici, la distinzione emersa tra intelligenza e creatività e l'assimilazione di quest'ultima al pensiero divergente.
Gardner, nella ricerca sull'individuazione di modelli cognitivi generalizzabili e di stili cognitivi catalogabili, ha utilizzato l'"analisi fattoriale" isolando un numero limitato di "principi di controllo" che evidenziano livelli di coerenza soggettiva nelle modalità cognitive.
In particolare, Gardner, Jackson e Messick sono giunti alla conclusione che "*le capacità intellettuali ed i controlli cognitivi non sono aspetti isolati dell'organizzazione cognitiva, ma sono reciprocamente collegati.*
La distinzione arbitraria, che talvolta viene mantenuta, tra intelligenza ed organizzazione su vasta scala della cognizione sembra quindi non appropriata".

1.17 L'apprendimento per mappe concettuali: le teorizzazioni di E. Damiano e di J.D. Novak

La complessità dell'esperienza che oggi il bambino è indotto a vivere, in un ambiente variegato e denso di stimoli non facilmente controllabili e catalogabili determina, nell'apprendimento, l'incremento di processi di inferenza analogica: solo un utilizzo dei concetti posseduti quali chiavi di lettura di situazioni analoghe a quelle già note consente al bambino di orientarsi nel caos di sensazioni e percezioni che lo sommergono con un flusso continuo e aggressivo.
Lo sviluppo del bambino, pertanto, è da interpretare come "attività previsionale" e, come sostiene K. Nelson[8], la conquista dei concetti costituisce strumento essenziale per comprendere la complessità dei fenomeni e avere una visione previsionale del futuro, che riduca lo sforzo per interpretare le informazioni provenienti da esperienze complesse, a volte confuse, variamente articolate.

---

8 Damiano E. (a cura di), *Insegnare con i concetti. Un modello didattico fra scienza e insegnamento*, S.E.I., Torino, 1994.

Per la Nelson "*il concetto è informazione organizzata potenzialmente designabile con un nome*", pertanto esso non necessita di un'organizzazione logica (diversamente da quando viene considerato sinonimo di classe o di categoria come negli studi di Piaget) e può essere interpretativo di qualsiasi forma di conoscenza organizzata, a qualunque età dello sviluppo.
La Nelson, nei suoi studi, dimostra che "gli schemi logici" (infantili) derivano e insieme incrementano l'attività di previsione.
La psicologa introduce il concetto di *script* o "copione", corrispondente a una "struttura (o intelaiatura) fattuale" nella quale il bambino, ancor prima di imparare a parlare, pone un fatto nuovo.
Come in un copione teatrale, il bambino colloca l'azione svolta da un protagonista nello spazio e nel tempo.
Il bambino passa poi da una struttura specifica riguardante l'esperienza particolare a una struttura generale che corrisponde a una concettualizzazione potenziale di tipo previsionale che gli consente di organizzare – secondo "copione" – e di comprendere l'esperienza nelle sue diverse forme.
I concetti, pertanto, sono gli strumenti mediante cui pensiamo e interpretiamo il mondo e diventano significativi quando sono uno in relazione con l'altro: essi, infatti, istituiscono rapporti tra le informazioni che vengono collegate secondo una trama ordinata e gerarchica che può corrispondere a una mappa o ad una rete concettuale.
Mappe e reti concettuali evidenziano la simultaneità delle connessioni esistenti tra le informazioni che vanno a costituire la struttura reticolare di un concetto. L'evidenziazione – anche graficamente espressa – di mappe e reti concettuali semplifica la complessità di un argomento e consente di comprenderlo nell'unitarietà degli elementi e aspetti che lo costituiscono e quindi nella sua significatività di sintesi.
Nei processi cognitivi si afferma, quindi, il modello complesso di un apprendimento per mappe concettuali fondato sulla ricerca delle modalità con cui i soggetti costruiscono la conoscenza.
Le ricerche di Elio Damiano conducono all'ipotesi secondo cui "*la conoscenza consiste nella costruzione e nella organizzazione di concetti: i concetti sono conoscenza organizzata secondo regole, componenti privilegiate di quelle architetture rigorose che sono oggi le scienze, e che rappresentano non solo il traguardo di un pensiero maturo, quanto piuttosto un processo avviato fin dalla nascita, finalizzato a ridurre il carico dell'esperienza*

sensoriale, a selezionare gli aspetti che contano nel mondo circostante, ad orientarsi nella ricerca di casi simili, a ordinare gli eventi in categorie sempre più potenti.
In definitiva, la concettualizzazione è l'atto stesso di vivere e affermarsi nell'ambiente, colto sotto il profilo cognitivo: in quanto tale, è competenza di tutti a tutte le età" (Damiano 1994).
Il bambino, pertanto, elabora concetti fin dalla nascita in modo spontaneo e naturale, e, avvalendosi di condizioni che facilitino l'apprendimento, riorganizza i propri quadri concettuali.
Il problema fondamentale, secondo Elio Damiano, è, pertanto, di "*abilitare un soggetto in sviluppo a costruire concetti e applicarli; (ciò) è compito essenziale dell'attività didattica*".
La scuola è istituzionalmente il luogo di svolgimento dell'azione didattica; essa realizza livelli di "distanza analogica" che, se consentono esperienze riflettenti la complessità sociale, tuttavia proteggono il bambino dai rischi degli ambienti reali.
Nella scuola, inoltre, "*gli oggetti culturali socialmente legittimati e scientificamente accreditati vengono sottoposti ad operazioni di ristrutturazione spazio-temporale, mediante un'azione di metaforizzazione, ossia di ricostruzione e rappresentazione attraverso mediatori attivi, iconici, analogici, simbolici in modo da renderli accessibili e disponibili per l'apprendimento*".
Sulla base del quadro delle conoscenze spontanee possedute dal bambino, partendo dai livelli di organizzazione cognitiva elaborata, ovvero considerando la "matrice cognitiva" del bambino, si possono pianificare le fasi di una didattica per concetti che consenta, da parte dell'allievo, la costruzione e l'elaborazione di reti concettuali.
Tale pianificazione può essere sintetizzata nelle seguenti operazioni:

- costruzione di una mappa concettuale di base;
- conversazione clinica;
- elaborazione della rete concettuale che va a definire l'unità di apprendimento.

L'elaborazione della mappa concettuale di base è operazione non semplice che, secondo Damiano, consiste nello "*scontornare i concetti essenziali dell'argomento di studio che si intende affrontare*".
Tale operazione consente di evidenziare sia le idee "forti" essenziali, relative all'argomento scelto, sia le "relazioni" e le "funzioni" esistenti nel quadro concettuale considerato.
Il momento della "conversazione clinica" corrisponde a una fase di colloquio con gli allievi "*finalizzata ad esplicitare, rispetto alla mappa*

prefigurata, lo stato delle concettualizzazioni disponibili alle integrazioni in programma".

Nel discutere con i bambini, in riferimento a un problema individuato, si cerca di proporre domande-stimolo che rivelino ed evidenzino la "matrice cognitiva" di ogni allievo (spiegazioni di fenomeni, rapporti cause-effetti, credenze spontanee, etc.).

Si ha così l'opportunità di confrontare la situazione cognitiva e l'organizzazione mentale dell'allievo con i livelli di concettualizzazione contenuti nella mappa concettuale proposta.

Si viene ad accertare, quindi, "*quali concetti-copione non hanno ancora una denominazione, quali concetti sistematici non corrispondono a nuclei funzionali organizzati, le connessioni utili e le interferenze possibili tra la matrice cognitiva del soggetto e la concettualizzazione progettata per l'unità didattica* (e di apprendimento/lavoro, n.d.r.) *da svolgere*" (Damiano).

Nelle dinamiche comunicative e nella qualità delle relazioni dialogiche con gli allievi si vanno realizzando, così, intese di condivisione e di partecipazione dell'allievo stesso al proprio itinerario cognitivo.

La definizione finale della rete concettuale nell'unità di apprendimento nasce, infatti, proprio dalla mediazione tra aspettative cognitive preventivate dalla mappa concettuale e "matrice cognitiva" reale degli allievi.

Secondo Elio Damiano, infatti, la rete concettuale che va a definire l'unità di apprendimento "*può essere considerata l'aspettativa dell'insegnante circa i risultati del lavoro scolastico compiuto in una certa frazione dell'anno come segmento del programma di insegnamento* (ovvero unità di apprendimento)*; nel gergo della programmazione* (oggi progettazione del curricolo, n.d.r.), *potremmo definire questa fase introduttiva come la formulazione degli obiettivi, dal momento che i concetti e le loro relazioni rappresentano il punto di arrivo considerato all'inizio e la guida per la scelta dei metodi e dei percorsi dell'insegnamento*".

La rete concettuale definita, a seguito della "conversazione clinica" a "misura" di allievi, indica "*l'ordine delle operazioni da seguire per cogliere, uno dopo l'altro, da parte degli alunni, gli elementi del concetto e le loro relazioni*" (Damiano).

Il tipo di linguaggio introdotto (iconico o verbale), il simbolismo adottato, il metodo di rappresentazione e il sistema di segni usato (si può rappresentare una storia, oppure campi diversi di fenomeni, o, ancora, la rete stradale del tragitto casa-scuola) orientano il bambino, nell'ambito della scuola dell'infanzia, a sviluppare rap-

presentazioni mentali di fenomeni, a individuare le diverse relazioni logiche esistenti tra le cose, a costruire idee e a inventare sistemi ordinati di rappresentazione.
Tale didattica introduce e rafforza il rapporto dell'allievo della scuola dell'infanzia con i sistemi simbolici elaborati dalla nostra cultura. Il bambino impara a comprendere la realtà, ricerca i significati, scopre le argomentazioni e pone a confronto le proprie credenze e interpretazioni del mondo con le rappresentazioni elaborate dai "saperi" codificati nelle discipline.
L'essere del bambino, la sua soggettività, ciò che abbiamo definito la sua "matrice culturale" si coniugano e si integrano, così, con il processo di costruzione delle conoscenze storicamente determinato.

1.18 Soggettività ed *emotional intelligence*

La soggettività dell'individuo – in una società sempre più complessa che tende a fagocitare il singolo e ad omogeneizzare il pensiero individuale – cerca oggi di emergere quale patrimonio di potenzialità e risorse da valorizzare. Gli aspetti più imprevedibili e difficilmente catalogabili di ciò che qualcuno ha definito l'"enigma" uomo tendono ad assumere, infatti, nuova centralità nella riflessione e nella ricerca tendenti ad interpretare pensieri, sentimenti e comportamenti umani.
Lo psicologo di Yale Peter Salovey già da qualche anno ha introdotto nel dibattito tra gli psicologi il concetto di "intelligenza emozionale".
Questa riguarderebbe la capacità di comprendere i sentimenti propri e altrui, la capacità di stabilire rapporti sociali di tipo comunicativo che si avvalgano della conoscenza di una "grammatica degli affetti".
Daniel Goleman, nel suo libro *Emotional Intelligence*, riflette sul ruolo che hanno le emozioni nell'orientare i comportamenti e nella costruzione dell'identità dei soggetti.
Le emozioni, d'altra parte, influenzano anche i processi di apprendimento e le prestazioni che da questi discendono.
Anche le relazioni sociali vengono costruite in base ad emozioni che svolgono un ruolo essenziale: l'empatia, la capacità di riconoscere e interpretare le reazioni emotive e i sentimenti altrui sono capacità da promuovere soprattutto nei giovani perché regolano

la comunicazione e conferiscono dimensioni di migliore qualità alle relazioni umane.
Nella società post-moderna, caratterizzata da una velocità nei cambiamenti con un ritmo quasi esponenziale, e nella società della rivoluzione informatica, connotata da nuovi linguaggi e forme di comunicazione (relazioni virtuali e comunicazione tramite Internet, chat, Facebook, etc.) e da stili di apprendimento di tipo reticolare, appare prioritaria l'esigenza di dover modificare rapidamente le strategie di approccio ai problemi e le modalità di svolgimento delle relazioni umane. Emerge, quindi – quale variabile di grande incidenza – l'intelligenza emozionale, configurata come un tipo diverso di intelligenza, che si affianca alle capacità della logica: questa intelligenza – se opportunamente valorizzata – può diventare nuova risorsa e chiave di gestione del cambiamento in quanto ci aiuta a capire come comunicare la visione del cambiamento stesso in modo da sollecitare i nostri interlocutori alla partecipazione, creare impegno e interesse nei gruppi di giovani coinvolti nel difficile processo di inclusione sociale e riuscire a superare le resistenze troppo spesso poste di fronte al nuovo.
L'intelligenza emozionale, infatti, se opportunamente promossa e sviluppata, conduce il soggetto verso un nuovo "saper essere", connotato da nuove dimensioni. Il soggetto, pertanto, si trova più facilmente a:

- imparare a gestire le componenti delle emozioni personali e sociali;
- acquisire maggiore consapevolezza delle emozioni e dei loro effetti;
- rafforzare la fiducia in se stesso, l'identità e sviluppare potenziali e capacità;
- gestire positivamente le emozioni e le energie;
- approfondire le spinte motivazionali e gli obiettivi professionali;
- potenziare la capacità di creare relazioni interpersonali empatiche attraverso i canali della comunicazione;
- ampliare le capacità di promuovere e guidare il cambiamento.

Vengono facilitati, in sintesi, i processi di inclusione sociale che, soprattutto oggi, risultano complessi e difficili. È un campo – questo della valorizzazione dei sentimenti e delle emozioni – di grande interesse per la scuola, anche se una tradizione culturale e pedagogica che vede gli apprendimenti disciplinari quali obiettivi prioritari e a volte unici, tende a trascurarlo. Ci auguriamo, invece, che le nuove prospettive di cambiamento del sistema scolastico e della mediazione didattica si orientino verso obiettivi formativi comprensivi dell'*emotional intelligence*.

1.19 La metacognizione

Come abbiamo visto, il moderno dibattito sull'apprendimento si è già da tempo spostato dai temi del "cosa" apprendere alla riflessione sul "come" si apprende. In questo contesto, il contributo apportato dagli studi sulla metacognizione è particolarmente significativo. Molti studi evidenziano infatti che il successo formativo, la crescita dell'autostima, i buoni risultati negli apprendimenti, sono correlati ad una altrettanto buona competenza metacognitiva. La metacognizione è tradizionalmente definita dalla psicologia dell´apprendimento come l'esperienza e la conoscenza che abbiamo dei nostri processi cognitivi. Nella forma più semplice può essere definita come la "cognizione della persona sulla propria cognizione" (Wellman, 1985). Il termine metacognizione viene utilizzato per designare la consapevolezza che l'individuo ha dei propri processi cognitivi e molto semplicemente indica la conoscenza delle abilità e delle strategie che sono necessarie per realizzare dei compiti in modo efficace e la capacità di rapportarle a se stesso. In altri termini, la metacognizione si riferisce all'idea che un soggetto ha sviluppato sul proprio funzionamento mentale.
Un esempio di capacità metacognitiva è data dagli studenti capaci di modulare e differenziare lo studio a seconda che esso sia finalizzato ad una verifica orale, ovvero ad una prova scritta a risposta aperta o un test. Un approccio differenziato allo studio del medesimo argomento coinvolge infatti la conoscenza del proprio stile di apprendimento, la percezione della difficoltà della prova, le emozioni provocate dalle diverse tipologie di prove.
In tale contesto, il pensiero di Dewey appare particolarmente significativo e anticipatorio rispetto alle attuali considerazioni sulla missione della scuola. Attraverso la progettazione e realizzazione del noto "metodo sperimentale" e l'attribuzione di valore al principio dell'"esperienza", il pedagogista americano presenta risvolti interessanti per una pedagogia che assume le caratteristiche metacognitive. Dewey sostiene infatti che imparare dall'esperienza

significa fare una connessione fra quel che facciamo alle cose e quel che ne godiamo o ne soffriamo in conseguenza. “Imparare” presuppone quindi l’attivazione di un processo cognitivo che, in questo caso, ci fa guardare a quello che si fa durante lo svolgimento del compito, ricordando come si è fatto prima, per farlo meglio poi. E più attenzione cosciente poniamo in questa attività, più probabilmente potremo imparare da essa.
Allenandosi a ragionare sull’esperienza ed imparare dall’esperienza arriveremo ad individuare in dettaglio da che cosa dipende il risultato, potendo in anticipo controllare se esistono le condizioni richieste.
Le ricerche pedagogiche condotte negli ultimi anni hanno dimostrato che a prescindere dalle abilità intellettuali, il possesso di abilitá metacognitive è una variabile che predice buone performance di apprendimento essendo in grado di rendere più efficace lo studio migliorandone i risultati. Il valore della metacognizione nella formazione di una *testa ben fatta* dovrebbe essere alla base della formazione degli insegnanti i quali a loro volta dovrebbero essere in grado di allenare i ragazzi a sviluppare tale abilità. Insegnare a pensare dovrebbe infatti essere obiettivo primario e prioritario di una scuola che ha come interesse la formazione di un individuo in grado di rapportarsi a problemi e circostanze in continua mutazione e deve essere pertanto assunto intenzionalmente come obiettivo attraverso il quale perseguire l´ideale di una mente plurale e raggiungere il traguardo della maturazione integrale del soggetto/persona.
Si rafforza dunque il concetto di una Scuola sempre meno trasmissiva e sempre più luogo di formazione ad atteggiamenti necessari per la vita: l’atteggiamento riflessivo, la vivacità intellettuale, lo sviluppo dell’autonomia, l´apprendimento ricorsivo e continuo. Ma come è possibile tradurre in azione didattica i principi che sottendono ai modelli metacognitivi, rispondendo contemporaneamente alle istanze pedagogiche moderne? I risultati della ricerca suggeriscono che l’apprendimento sia un “fatto” sociale e non connotato sequenzialmente; il nuovo paradigma per progettare l’insegnamento-apprendimento va posto sul comprendere che la progettazione di “ambienti significativi” richiede la progettazione di procedure didattiche che coinvolgano attivamente lo studente nella costruzione della propria esperienza di apprendimento. Si è quindi passati dal considerare la relazione insegnamento-appren-

dimento basata sul trasferimento delle conoscenze, al principio di co-costruzione delle conoscenze per la comprensione significativa, con la flessibile padronanza del trasferimento in diversi contesti delle competenze. A tal proposito è possibile affermare che se desideriamo educare a comportamenti intelligenti come un risultato significativo della scuola, l'insegnamento-apprendimento di strategie metacognitive con gli allievi deve essere inserito all´interno dei metodi di insegnamento, della progettazione didattica, della supervisione dei processi. Infatti, quando dall´esperienza problematica emerge il bisogno di risolvere un problema e naturalmente gli studenti discutono, dibattono, si accordano per le soluzioni possibili, la loro sensibilità metacognitiva si incrementa.
In tal modo l'allievo impara "il pensare" e "l'agire" della disciplina, impara attraverso di essa, applicandola e sperimentandola, realizzando i suoi progetti quotidiani. Fare con quello che si è conosciuto in ambienti diversi e rendere produttivo e applicato quello che si sa, incoraggia e incrementa continuamente le connessioni e il trasferimento. In tal modo si incoraggia la propensione degli allievi ad essere:

- *attivi*, sviluppando padronanza nelle diverse competenze, essi sono in grado di ricercare nuove connessioni e individuare nuovi contesti in cui trasferire quanto appreso;
- *sociali*, in grado di relazionarsi agli altri e riconoscerli come risorsa, abituandosi al lavoro di gruppo;
- *creativi*, in grado di individuare nuove connessioni e applicazioni nella vita reale.

L'ambiente che l'insegnante dovrebbe cercare di realizzare è dunque quello in cui l'allievo da "contenitore" di informazioni si trasforma in ricercatore capace di discutere, dibattere, ipotizzare, confutare e osservare contenuti e problemi da punti di vista diversi. Conoscenza e comprensione sono co-costruite in collaborazione con gli altri, guidati dall'insegnante anch´egli coinvolto nell'attività.
Il contesto che si dovrebbe progettare intenzionalmente, al fine di formare alla competenza di tipo metacognitivo, considera quindi:

- la natura attiva dell'apprendimento;
- la natura sociale dei processi di apprendimento;
- la centralità dell'individuo e della sua intenzionale volontà di partecipare all'apprendimento;

- una base dialogica forte – tra insegnante e allievi e tra allievi – fondata su dialogo, condivisione, conoscenze comuni, significati e definizioni negoziate, appropriazione di idee;

Assumono particolare significato le tecnologie, come strumento/ambiente capace di sostenere motivazione, riflessione problematica, formazione di competenze, individualizzazione e personalizzazione degli apprendimenti.
In un contesto di questo tipo i nuovi apprendimenti avvengono attraverso la continua riflessione sui temi ed i problemi posti dalla specifica disciplina. È quindi la complessità – richiesta dal contesto – che produce nuova conoscenza, competenza (metacognitiva) e sviluppo dell'intelligenza.
Stiamo quindi assumendo il principio di ambiente costruttivista, che viene intenzionalmente progettato e costruito al fine di:

1. stimolare il pensiero negli allievi ed incoraggiare il trasferimento della conoscenza acquisita nell'ambiente di vita-reale;
2. incoraggiare i processi sociali dell'apprendere
3. assumere chiari obiettivi di contenuto e molteplici modi di rappresentare le idee chiave;
4. incoraggiare negli allievi le domande che indagano questioni di fondo, la produzione di ipotesi e la verifica della loro validità;
5. stimolare continuamente gli allievi attraverso idee ed esperienze che generano conflitti cognitivi;
6. incoraggiare la confutazione delle proprie ipotesi come occasione per apprendere dagli errori, intesi positivamente come opportunità per esplorare la comprensione teorica;
7. fornire stimoli vari e differenziati mediante cui ragionare (articoli, dipinti, film, letture) e facilitare l'apprendimento teorico;
8. fornire ampie opportunità per dialogare con una comunità di discorso allargata (anche all'esterno della scuola) che coinvolge in attività, riflessione e conversazione; in questo ambiente di apprendimento sono gli stessi allievi che devono comunicare le loro idee agli altri, difenderle, e giustificarle. L'uso delle tecnologie – in particolare del web e degli ambenti virtuali di apprendimento costruttivo – aiuta in modo considerevole a sostenere questa prospettiva;

All'insegnante viene quindi chiesto di essere lui stesso persona metacognitiva, in grado di controllare e potenziare le proprie azioni, a partire dall'esperienza di insegnamento-apprendimen-

to. In questa prospettiva viene coinvolta altresí una nuova collegialità, chiamata oggi a svolgere compiti ben piú impegnativi e sfidanti della prevalente attività formale. L'atteggiamento prevalente dell'insegnante è quindi di considerare "mai finito" l'apprendimento, progettando contesti che includano ricerche continue sul suo operare professionale, per rispondere a domande profonde di senso.
Presenteremo più avanti, nella sezione dedicata agli approcci ed agli strumenti della didattica, una serie di modelli a supporto dell'attività dell´insegnante al fine di progettare e creare ambienti di apprendimento favorevoli allo sviluppo delle abilità metacognitive, in questa fase anticipiamo però una serie di suggerimenti che gli insegnanti, di ogni grado di scuola, possono utilizzare per sviluppare abilità metacognitive all'interno delle attività quotidiane proposte attraverso le discipline (Arthur Costa 2008).

Sviluppare abilità metacognitive in classe [9]

1. Pianificare strategie. L'insegnante utilizza tre momenti (prima, durante e dopo le attività) per pianificare gli apprendimenti con gli studenti. Il tempo del "prima" viene utilizzato per discutere strategie e passi necessari ad "attaccare" il problema, ruoli o procedure da ricordare, direzioni da seguire. Ogni studente assumerà la propria. Durante l'attività l'insegnante chiede agli studenti di condividere i loro progressi, i loro processi di pensiero, e le percezioni del loro comportamento, per descrivere il punto nel quale si trovano rispetto alla strategia scelta. Vengono chieste anche le strategie alternative, quando questo si rendesse necessario. Dopo le attività didattiche di apprendimento, viene chiesto di valutare come sono stati gestiti i ruoli e i compiti svolti, quanto produttive sono state le strategie utilizzate, che cosa è utile modificare per la prossima attività.
2. Generare domande per la comprensione. Porre delle domande continue su come si sono attivati i processi di controllo e di previsione, i collegamenti che permettono il trasferimento tra processi e saperi, permettendo all'allievo di andare oltre la superficie della conoscenza.
3. Operare scelte consapevoli. Gli insegnanti possono promuovere la metacognizione aiutando gli studenti a esplorare le conseguenze delle loro scelte. In questo modo gli studenti saranno piú capaci di mettere in relazione le loro scelte, le loro azioni e i risultati che raggiungono.

[9] Piergiuseppe Ellerani, *La metacognizione: fattori caratteristici, dimensioni pedagogiche, ambienti di sviluppo*, in "voci della Scuola", 2008.

4. Valutazione differenziata. È possibile chiedere allo studente di riflettere e categorizzare le proprie azioni e i processi cognitivi che ha messo in essere, seguendo differenti criteri. In questo modo si genera un'abitudine ad osservare gli eventi di apprendimento da più punti di vista.
5. Acquisire fiducia. Invitare a valutare quanto è stato svolto in modo adeguato e stimolare a ricercare feedback dai compagni.
6. Bandire l'affermazione "io non posso". Informare gli studenti che non è possibile utilizzare alcune affermazioni per giustificare la rinuncia al compito. Piuttosto aiutare a trovare quali informazioni, procedure, materiali sono necessari a svolgere il compito.
7. Parafrasare le idee degli studenti o riflettere sulle idee. L'insegnante utilizza le forme di supporto verbale aiuta lo studente a capire il senso delle proprie affermazioni e il grado di comprensione che avviene negli altri. Chiedere di fare altrettanto, aiuta gli studenti a formare un pensiero piú efficace e lineare.
8. Esplicitare (etichettare) i comportamenti degli studenti. Definire con un nome e una descrizione precisa il processo cognitivo che viene svolto dallo studente, rende consapevole quest'ultimo di cosa sta agendo.
9. Chiarire la terminologia degli studenti. È importante che l'insegnante aiuti lo studente a correggere il proprio linguaggio, trasformandolo via via in un linguaggio preciso. Questo permette di riconoscere con precisione i processi e i dialoghi interni, fornendo supporto all´acquisizione di consapevolezza.
10. Usare giochi di ruolo e simulazioni. Assumere ruoli di altri e agirli in contesti che richiedono comportamenti specifici, aiuta lo studente a utilizzare categorie cognitive come la previsione e la formulazione di ipotesi e a de-centrarsi dalle proprie modalitá di intervento nei problemi e nelle situazioni. Viene ulteriormente arricchito il bagaglio di consapevolezza.
11. Compilare un diario di bordo. Chiedere agli studenti di compilare e tenere aggiornato un loro diario di bordo sulle esperienze di apprendimento realizzate nel corso dell'anno, implica la sintesi e l'utilizzo di forme simboliche che arricchiscono il bagaglio metacognitivo dello studente.
12. Modellare comportamenti metacognitivi. Uno dei modi migliori per aiutare gli studenti ad assumere atteggiamenti metacognitivi è quello di utilizzare questi atteggiamenti durante l'insegnamento. Una delle forme piú efficaci è fare quello che si chiede di fare.

1.20 L'ambiente di apprendimento

Abbiamo visto che l'attività della classe si realizza attraverso interazioni costanti, partecipate e riflessive degli allievi che dirigono le loro azioni per realizzare progetti e affrontare problemi che hanno connessione con la vita reale.

Per Vygotskij e i colleghi della scuola russa l'apprendimento si realizza attraverso una continua interazione collaborativa con l'adulto insegnante e con i compagni di classe più esperti; in tal modo ogni allievo può risolvere problemi sempre più complessi e sviluppare forme di pensiero superiore. Quello che oggi i bambini sono in grado di realizzare con l'aiuto di altri, domani saranno in grado di svolgerlo autonomamente.

La classe diviene quindi un contesto armonico nel quale prevale un clima fortemente intriso di fiducia reciproca. Questo accade, secondo Freinet e il Movimento di Cooperazione Educativa, quando gli allievi, individualmente o in gruppo, si trovano tutti coinvolti in un lavoro interessante che diviene al contempo lavoro della e per la classe. Attraverso il lavoro e le attività strutturate, agli allievi viene permesso di sperimentare responsabilità e cooperazione, partecipando attivamente alla costruzione di un clima di aiuto reciproco, ispirato ad un'etica di solidarietà. Ovvero, attraverso il lavoro cooperativo, ognuno partecipa alla formazione di un contesto educativo, umano e regolato da norme co-costruite dall'interno.

Ne consegue che, secondo Bruner, nelle nostre società in trasformazione le scuole sono chiamate a svolgere funzioni nuove: "questo comporta la costruzione di culture scolastiche che operino come comunità interattive, impegnate a risolvere problemi in collaborazione con quanti contribuiscono al processo educativo".

La generatività del reciproco apprendimento permette di esprimere la naturale predisposizione per certe attività permettendo, nel processo di muto aiuto, che ciascuno raggiunga il migliore risultato. Vi è per Bruner "la necessità di trasformazione della scuola in quanto cultura dell'apprendimento" che necessita di un coinvolgimento diretto e attivo degli insegnanti.

In questi sintetici passaggi, che segnano circa un secolo di riflessione pedagogica sull'apprendimento, possiamo riconoscere alcune opzioni che hanno permesso di fornire una direzione all'agire educativo. Una prospettiva pedagogica capace di anticipare con la forza del pensiero e della prospettiva educativa – utopica per altro rispetto ai contesti nei quali operava l'educazione – quanto oggi l'evoluzione della scienza pone in evidenza. Si è inoltre definita, nell'evoluzione della prassi, la teoria costruttivista socio-culturale che oramai è divenuta sintesi e metafora dei contesti innovativi dell'apprendimento.

Questa prospettiva è ben delineata da tre recenti indagini: la prima denominata Talis è promossa dal Ceri-Ocse a livello internazionale, sulle forme di insegnamento-apprendimento; la seconda, a cadenza biennale, si svolge a livello nazionale sugli insegnanti italiani ed è realizzata da IARD; la terza sempre in ambito nazionale riguarda gli insegnanti neo assunti nella scuola secondaria di primo grado, condotta dalla Fondazione Agnelli.
Le fotografie scattate da queste ricerche, nitidamente presentano una percentuale moderata di insegnanti che orientano le loro pratiche in coerenza con le ricerche, attraverso percorsi di scambio e di cooperazione con i colleghi e il mondo della riflessione pedagogica. Inoltre si registra una diffusa pratica dell'azione trasmissiva e uno scarso uso di metodologie attive e di gestione della classe, basate sulla valorizzazione delle forme di costruzione sociale della conoscenza.
La differente prospettiva in cui le scuole avrebbero necessità di orientarsi è quella di generalizzare l'efficacia delle buone pratiche già sperimentate, innovandole continuamente con riflessione e contestualizzazione. Questa attenzione permetterebbe di colmare il divario che esiste tra ricerca educativa e pratiche (Ostinelli, 2011).
Occorre intendere – oppure tornare ad interpretare – la classe come contesto. Così intesa assume le caratteristiche di un insieme molto più aggregato e armonico di eventi ed esperienze, rispetto a quei singoli o particolari episodi di apprendimento che si realizzano in forme isolate e che sono presenti nella classe (Dumont, Istance, Benavides, 2010). Inoltre, poiché le classi e le scuole sono spazi sociali, l'apprendimento nello spazio formale dell'istruzione è esso stesso un processo sociale: gli allievi non imparano in modo isolato, ma in collaborazione con i loro insegnanti, i loro compagni e anche con tutto il personale della scuola (White, 2011).
È nella classe come contesto di apprendimento quindi che accadono gli eventi che permettono lo sviluppo intellettuale, sociale, culturale degli studenti. In questo contesto sociale e dinamico, l'apprendimento avviene come un processo comune e condiviso. L'indicazione di Vygotskij (1978) illumina la direzione che dovrebbe assumere la gestione della classe. In essa, in quanto "contesto di apprendimento", gli allievi vivono e maturano esperienze in grado di sviluppare progressivamente le loro competenze e in grado di educare e dirigere le loro intelligenze.

Il *contesto* nella definizione di Cole e Griffin (1987) è inteso "come insieme di trame interdipendenti", che ne esplicitano l'esistere naturale come sistema e i cui *fattori* interni sono:

- l'organizzazione delle attività proposte per lo sviluppo del curriculum;
- l'insieme delle relazioni attivate nella classe e nell'intera scuola;
- le conoscenze coinvolte nella realizzazione di compiti cognitivi complessi e impiegate continuamente in azioni competenti;
- la qualità e la quantità del tempo dedicato a queste ultime.

In questo modo la gestione della classe considera fondamentale, e si attrezza per realizzarlo, lo sviluppo di relazioni sociali al suo interno. Orchestra una comunità di apprendimento capace di esprimere altresì una propria cultura, frutto di esperienze dialogate e partecipate. Una vita della classe che esprime anche la necessità di definire in modo co-costruito le leggi che ne regolano l'organizzazione e la vita al suo interno (Darling Hammond, 2005).
Quali sono le indicazioni che provengono dalla ricerca e che, se considerate, offrono la possibilità agli insegnanti di costruire contesti caldi, accoglienti e costruttivi?

L'apprendimento avviene in un clima di relazioni positive nella classe

Il termine *"clima di classe"* è definito come la somma totale di tutti i processi di gruppo che si sviluppano durante le interazioni insegnante-studente e studente-studente. Queste includono le relazioni interpersonali, la tonalità delle emozioni, l'organizzazione della classe e gli stili di insegnamento, le aspettative verso gli studenti, il livello di controllo esercitato dall'insegnante. Inoltre un buon clima della classe considera tutte le differenze che compongono la classe e oggi sempre di più anche le differenze religiose.
La classe diviene il luogo nel quale partecipare all'attività di apprendimento, in un contesto sensibile, solidale e promozionale. In grado di promuovere lo sviluppo di competenze che si esercitano in un clima cooperativo e di sostegno, che facilita il superamento delle situazioni di disagio che, per contro, minano i risultati scolastici e impedendo la capitalizzazione delle conoscenze.
Oltre al clima della classe, anche il clima della scuola nel suo insieme è rilevante per lo sviluppo dei processi di apprendimento.

Il clima della scuola è stato definito da Goleman (2006) come la sommatoria delle interazioni positive e negative tra tutte le persone che operano in essa.
I colori che assumono queste interazioni sono in grande misura espressione della cultura – le norme non dette, le abitudini e le tradizioni che influenzano e dirigono il comportamento delle persone. Per formare una cultura socialmente intelligente, potrebbe essere necessario modificare le norme che nel tempo si sono definite e partire dal cambiamento delle azioni individuali.
Ciò che sappiamo oggi su come il cervello umano "rispecchia" gli stati emotivi degli altri, e in particolar modo di coloro che hanno autorevolezza e potere in virtù del loro ruolo – come per esempio gli insegnanti o i dirigenti nella scuola – rafforza la necessità che queste figure siano emotivamente esperte nella gestione delle interazioni. Attraverso le responsabilità educative, insegnanti e dirigenti possono costituire un buon modello e favorire la diffusione di comportamenti positivi.
Il *clima desiderabile* per i processi di insegnamento-apprendimento e per l´integrazione degli studenti nella vita sociale della classe, deve essere supportivo, egualitario, democratico, organizzato e condiviso nei ruoli e nelle regole. La ricerca (Rowe, Kim, Baker, Kamphaus, Horne, 2010; Zedan, 2010; Gillen, Wright, Spink, 2011) ha evidenziato che *organizzare, gestire e mantenere* un clima positivo permette di:

- rendere soddisfacente l'esperienza di apprendimento;
- migliorare le relazioni insegnante-studenti e studenti-studenti;
- ridurre le ineguaglianze;
- ridurre la competitività;
- integrare le differenze di genere ed etniche;
- migliorare gli apprendimenti;
- costruire fiducia.

La classe come contesto a quattro dimensioni

La classe, come contesto di apprendimento, si definisce attraverso le dinamiche e le interazioni di quattro dimensioni: *gli studenti*, gli *insegnanti* e gli altri professionisti dell'apprendimento, i *contenuti* dell'apprendimento, e le differenti *tecnologie* che fanno parte del contesto. Le dinamiche e le interazioni che si trasformano nelle proposte di attività, prendono forma e vengono definite dalle pro-

spettive pedagogiche assunte dagli insegnanti e dai differenti approcci didattici utilizzati nell'intero periodo scolastico.
In un tal contesto alcuni elementi assumono particolare rilevanza e si rivelano fondamentali per lo sviluppo di atteggiamenti competenti e per favorire l'apprendimento. In primo luogo il tempo, necessario agli allievi per sperimentare, maturare, riflettere e interiorizzare. In secondo luogo l'insieme delle interazioni e delle relazioni che, per loro natura, hanno bisogno di evolversi, ri-definirsi continuamente e di essere comprese nel loro svolgersi; hanno altresì bisogno di mantenersi nel tempo, piuttosto che essere considerate come eventi isolati e casuali. In terzo luogo le forme di valutazione che debbono essere integrate nel contesto di apprendimento piuttosto che "separate" da esso e collocate nella fase conclusiva del processo e dell'esperienza. Infine l'organizzazione didattica che dovrà essere capace di agganciare nuovi e più solidi apprendimenti nelle reti di conoscenze degli studenti, attraverso l'emersione delle credenze precedenti, delle misconcezioni, dei fraintendimenti. È in questo modo l'apprendimento può divenire profondo (*deep learning*); ogni studente è immerso in un contesto che gli richiede continuamente – in un clima di fiducia e di sostegno – di utilizzare capacità cognitive di ordine superiore – come la capacità di analizzare, sintetizzare, risolvere problemi, e pensare metacognitivo – capacità emotive, capacità riflessive, per costruire una comprensione capace di permanere nel lungo termine e soprattutto di essere continuamente ri-definita e ri-utilizzata.
È apprendimento profondo in quanto coinvolge, nell'analisi critica, le idee nuove, collegandole a concetti noti rendendoli utilizzabili per risolvere problemi anche in contesti nuovi. Questo tipo di apprendimento implica una profonda e costante influenza positiva sul modo di agire, di pensare o di sentire degli studenti, avendo ben presente che essi non entrano in classe come *vasi vuoti*, ma con idee già formate che vanno attivate e rese esplicite.
È inoltre necessario considerare che gli studenti apprendono in modo più profondo quando si impegnano in attività che sono simili alle attività quotidiane dei professionisti che operano in un certo campo specifico (Benavides, Dumont, Istance, 2010).
Se queste considerazioni possono inquadrare il tema del contesto di apprendimento in termini generali, occorre però notare che uno degli aspetti rilevanti che è necessario affrontare è il tema del-

le differenze individuali. La sfida – presente da sempre nelle classi e nella scuola – è quella di contemplare le diversità in modo tale da permettere a tutti gli studenti di poter esprimere al meglio le proprie potenzialità. L'obiettivo centrale del processo formativo è quello di equipaggiare gli studenti con quanto loro necessario per attraversare il mondo agendo su di esso, tra le dotazioni necessarie vi è un pensiero *plurale* in grado di interpretare la crescente complessità multiculturale e riempire di senso l'esistenza di ognuno, che si presenta oggi sempre più interdipendente con altre parti dell'emisfero Un processo formativo che ponga al centro la comprensione e l'utilizzo di linguaggi plurali e delle emozioni e che sappia esaltare le ragioni del cuore, in un contesto che sempre più diviene relazionale e cooperativo, solidale e partecipativo a tutto tondo.

L'apprendimento diviene quindi il nuovo paradigma per sviluppare creatività nell´affrontare i nuovi problemi, elevare la qualità della vita, rendere possibile l'agire autonomo, solidale e responsabile sviluppare modelli di sviluppo sostenibile.

La prospettiva dell'apprendimento per tutti

Quali potrebbero essere alcuni elementi chiave che gli insegnanti dovrebbero considerare per organizzare al meglio le loro classi come contesti di apprendimento? Operando una sintesi e integrando un lavoro di Benavides, Dumont e Istance (2010), presentiamo un elenco di aspetti rilevanti, che potrebbe essere interpretato come guida per gli insegnanti nel vivere il contesto di apprendimento:

Riconoscere la diversità di ogni studente e incoraggiare la loro partecipazione attiva

Un contesto orientato all'apprendimento incoraggia negli studenti prospettive di "autodirezione" dell'apprendimento che sono alla base dell'"apprendere continuamente".

Questo significa, per gli studenti, sviluppare le "competenze metacognitive", cioè quell'insieme di abilità e atteggiamenti che li rendono in grado di controllare, valutare e ottimizzare l'acquisizione e l'utilizzo della conoscenza (De Corte, Schneider e Stern, 2010). Le competenze metacognitive inoltre incidono sulla capacità di regolare le proprie emozioni e motivazioni durante il processo di apprendimento in modo da utilizzarle e dirigerle efficacemente in vista dell'obiettivo di apprendimento (Boekaerts, Hinton e Fischer, 2010).

Fondare l'apprendimento sulla sua natura sociale e cooperativa

"L'apprendimento efficace non è un'attività solitaria, ma essenzialmente "distribuita": la costruzione della conoscenza individuale avviene attraverso e durante i processi di interazione, negoziazione e cooperazione" (De Corte). Ricordiamo che già Vygotskij (1968) aveva enunciato un doppio livello di apprendimento, dapprima sociale – in iterazione con l'esterno – per poi essere interiorizzato e divenire sviluppo individuale.
Come già considerato, le neuroscienze dimostrano come il cervello umano funzioni e si sviluppi attraverso le interazioni (Hinton e Fischer, 2010). L'apprendimento individuale, l'auto-direzione e la scoperta personale – conseguentemente – dipendono da come avvengono e si sviluppano le interazioni con gli altri.
È altrettanto vero che per gli studenti contemporanei la capacità di cooperare e imparare insieme dovrebbe essere promossa come una "competenza del XXI secolo", a prescindere dal suo impatto sui risultati dell'apprendimento.

Essere in sintonia con gli studenti

Le dimensioni emotive e cognitive di apprendimento sono inestricabilmente intrecciate. È quindi importante capire non solo lo sviluppo cognitivo degli studenti, ma anche le loro motivazioni e caratteristiche emotive.
Essere in sintonia con le motivazioni degli studenti e attribuire un ruolo chiave alle emozioni non significa esortare ad una visione riduttiva delle relazioni espresse in forme generali, quanto piuttosto rendere più efficace e continuo l'apprendimento.
In questa direzione occorre considerare come gli approcci di utilizzo delle tecnologie, le pratiche di apprendimento cooperativo, l'apprendimento basato sulla ricerca e l'apprendimento attraverso attività nella classe e nella comunità, siano efficaci soprattutto perché sono in grado di motivare e coinvolgere attivamente gli studenti.

Favorire la formazione di un contesto interculturale, eterogeneo e dalle differenze individuali

Dal punto di vista dell'apprendimento gli studenti differiscono in molti aspetti fondamentali: conoscenze pregresse, capacità, concezioni, stili e strategie di apprendimento, interessi, motivazioni, percezione di auto-efficacia credenze e emozioni. Una sfida fondamentale per la scuola è quella di gestire queste differenze e al tempo stesso assicurare che i giovani apprendano all'interno di un contesto interculturale.
Ann Tomlinson considera che la differenziazione delle attività di apprendimento, con lo scopo di incontrare le attese di ogni studente, può avvenire nelle classi attraverso la risposta a tre quesiti che l'insegnante dovrebbe porsi: cosa, come e perché differenziare?
"Cosa" differenziare fa riferimento agli elementi del curricolo che gli insegnanti modificano come risposta ai bisogni di apprendimento: i contenuti, che vengono proposti in forme diverse; i processi coinvolti nell'apprendimento che si differenziano rispetto alla padronanza raggiunta da ogni studente; i prodotti attraverso i quali gli studenti dimostrano la loro comprensione; la gestione della classe attraverso le forme e gli strumenti con le quali proporre le attività agli studenti.
"Come" differenziare risponde in modo particolare alle opzioni didattiche relative ai tratti degli studenti, ai loro interessi, al grado di apprendimento raggiunto o al particolare profilo di apprendimento che hanno maturato. Si tratta di proporre quindi forme differenziate di compiti e prodotti che gli studenti dovrebbero realizzare, percorsi non standardizzati e che sanno riconoscere alcune domande profonde che provengono dagli studenti.
Rispondere alla domanda "perché" differenziare indica agli insegnanti le ragioni pedagogiche di questa prospettiva. In modo particolare si tratta di considerare continuamente i fattori che condizionano l'accesso alle informazioni da parte di ogni studente, la motivazione e l'efficacia di ogni apprendimento.

Organizzare contesti di apprendimento coinvolgenti per gli studenti e per gli insegnanti

Il coinvolgimento è una dimensione fondamentale per l'apprendimento. Le ricerche condotte da Deborah Stipeck e il suo gruppo di ricerca (2004) evidenziano che l'apprendimento e il successo

formativo di ognuno necessitano di un coinvolgimento attivo in tutti i processi di vita della classe. Gli allievi persistono nel loro coinvolgimento – non si demotivano e non disinvestono nella scuola – quando le proposte degli insegnanti sono varie e sfidanti, quando è richiesto loro di essere partecipanti attivi nel processo di ricerca e di scoperta, ricercare, quando gli insegnanti strutturano attività che richiedono l'utilizzo di strumenti e risorse per padroneggiare i contenuti e realizzare compiti e prodotti complessi.
La dinamica del coinvolgimento va oltre alla consueta motivazione per apprendere – trovo le motivazioni degli studenti – considerando invece le ragioni che inducono a vivere un'esperienza di apprendimento che coinvolge (Stipeck, 2004). L'esperienza del coinvolgimento avviene quando, nel contesto classe, sono promosse attivamente alcune condizioni. Per esempio (Brophy, 1998; Pintrinch, Schunk, 1996; Stipeck, 2002):

- gli studenti hanno la percezione di essere competenti e di poter controllare le loro azioni per svolgere i compiti richiesti; ne consegue che richieste e compiti troppo facili o troppo difficili, non permettono di sviluppare il senso di competenza necessario;
- gli insegnanti ripongono fiducia verso ogni studente e nutrono alte attese per i risultati che ciascuno può ottenere (Eccles, 1983; Wigfield, 1993); l'insegnante, da un lato, assume un atteggiamento di promozione e di cura, soprattutto verso l'apprendimento dei processi cognitivi superiori, dall'altro ha attenzione a valorizzare quanto viene richiesto e svolto in classe;
- gli studenti apprezzano e accettano sforzi maggiori nelle attività quando in esse sono partecipanti attivi; si coinvolgono e si motivano quando viene chiesto loro di fare esperienze, di sperimentare, di risolvere problemi, di intervenire nei testi.

I contesti di apprendimento sono più efficaci quando sono sensibili alle differenze individuali. Ogni studente deve essere sufficientemente stimolato a raggiungere livelli e capacità superiori. I contesti di apprendimento dovrebbero richiedere un lavoro significativo e l'impegno da parte di quanti sono coinvolti in esso.

Valutare in modo continuo per sostenere l'apprendimento

La valutazione è fondamentale per l'apprendimento. La natura delle valutazioni definisce le richieste conoscitive del lavoro che gli studenti sono invitati a intraprendere (Barron e Darling-Ham-

mond). La valutazione rappresenta il ponte tra l'insegnamento e l'apprendimento (Wiliam, 2010).
Quando la valutazione è autentica e in linea con gli obiettivi educativi, è un potente strumento a sostegno dell'apprendimento.
La valutazione formativa è un elemento centrale del contesto di apprendimento del 21° secolo. Gli studenti necessitano di feedback pertinenti, regolari e significativi. In questa prospettiva gli insegnanti fanno riferimento alla valutazione formativa per conoscere a che punto è l'apprendimento nella classe e quindi per decidere come orchestrare il processo di apprendimento futuro.
La ricerca mostra forti legami tra le pratiche di valutazione formativa e il successo nell'apprendimento degli studenti. Questi approcci valutativi devono essere integrati nelle aule come pratica normale, per ottenere risultati positivi (Wiliam, 2010).

Un contesto che promuove e sviluppa un profilo significativo per ogni studente

Se l'apparato di ricerche sin qui considerato dimostra ripetutamente l'origine attiva della costruzione della conoscenza, allora occorre chiederci come organizzare in modo permanente, il contesto nel quale avvengono gli apprendimenti. I contesti di apprendimento più efficaci implicano che:

- agli studenti vengano assegnate responsabilità individuali e sociali;
- siano attivate, tra gli studenti, differenti tipologie di interdipendenza positiva;
- avvengano costanti interazione tra gli studenti;
- siano realizzati momenti di riflessione, di revisione e di valutazione sui processi sollecitati durante le attività;
- la classe sia organizzata come insieme di piccoli gruppi – o di coppie – che affrontano continuamente problemi da risolvere;
- vengano definite le risorse a disposizione della classe, su cui ognuno può contare, i vincoli e le regole condivise;
- la valutazione sia trasparente e basata su indicatori condivisi e verificabili.

Le esperienze più significative si basano su classi nelle quali l'insegnante organizza attività di tutoraggio tra pari, di cooperative learning, di comunità di ricerca. Se la prospettiva del sistema edu-

cativo e formativo è quella di sviluppare sempre più elevate competenze, allora il contesto di apprendimento dovrebbe richiedere l'azione competente e la formazione di abiti mentali necessari a rendere autonomi e sempre più evoluti gli studenti.
La classe, come contesto di apprendimento, va gestita e direzionata affinché gli allievi ne siano compiutamente protagonisti, esercitando in tal modo un profilo di cittadinanza sostanziale e "performante". Ovvero, la formazione e l'interiorizzazione di alcuni tratti significativi del profilo dovrebbero dunque capacitare gli allievi, a partire dalla vita della classe, ad essere performanti nella vita. Le classi e le scuole divengono contesti reali in cui fare continue esperienze per divenire capaci di esprimere al meglio creatività e talenti, necessari a trasformare la realtà nella quale si vive ed opera.

1.21 L'apprendimento come esercizio di democrazia

Una democrazia è qualcosa di più di una forma di governo. È prima di tutto una forma di vita associata, di esperienza continuamente comunicata. Questa definizione di Dewey permette di guardare all'educazione democratica da una prospettiva che non considera solamente la "forma" assunta, bensì indica una direzione che coinvolge i metodi attraverso i quali si educa a vivere e a partecipare alle esperienze di democrazia.
In questo senso la vita della classe è esperienza di vita associata, è esperienza di comunicazione tra tutte le sue parti. Ognuno è posto nella condizione di riferire la propria azione a quella degli altri e considerare conseguentemente l'azione degli altri per dare motivo e direzione alla propria.
Apprendere la democrazia per esserne protagonisti significa quindi formarsi in un clima che valorizza le forme plurali del pensiero, sa riconoscere le differenze individuali valorizzandole, sviluppa e considera forme dialogiche di formazione del pensiero, stimola un pensiero aperto. Un contesto che non può non essere sociale, in quanto è nella socialità che si incontrano e si esprimono le vite di ognuno. "Quanto richiesto sono nuove forme di educazione che formano e preparano gli studenti, come cittadini, ad un loro coinvolgimento nella società nella quale vivono. Forme di educazione

che permettono sia di praticare la democrazia sia di capirne i significati più teorici più ampi. Un'educazione alla democrazia che affonda le radici nella gestione e partecipazione alla classe come comunità, e che diviene quindi espressione diretta della società presente nella classe (K. Dürr, V. Spajic-Vrkaš, and I. Ferreira-Martins, 2000, pp. 31-32).
Se i valori chiave di una democrazia – come la cooperazione, il mutuo rispetto, l'interdipendenza e l'autonomia – divengono reali e significativi per studenti e insegnanti, questo necessariamente implica considerare e capire a) quale sia il clima di democrazia che si respira nelle classi e quale sia la cultura di democrazia della scuola, b) considerare e capire quali siano i modi attraverso i quali l'apprendimento e l'insegnamento sono organizzati per esprimere democrazia in classe, c) come si esprimano le interazioni attraverso e tra, tutti i membri della classe per essere definiti "democratiche" ed esprimere la loro natura partecipativa (Green, 2008). Per esempio occorre riflettere su come si esprimano e quali siano gli usi del potere di parola, le possibilità di movimento, di espressione divergente del pensiero, di critica, la possibilità di porre problemi e questioni sfidanti e che spostano l'attenzione su alcune questioni impreviste, su come gli allievi apprendono lezioni quotidiane sulla giustizia, sulla dignità e sul proprio valore.

Protagonisti cittadini attivi

In quanto contesti sociali, interattivi e relazionali, le classi e le scuole divengono spazi naturali per l'educazione alla convivenza civile e alla coesione sociale. Luigina Mortari considera che il grado di partecipazione dei cittadini alla gestione della vita pubblica può essere considerato la misura del livello di democrazia realizzato dalla comunità (2008). Cittadini attivi che, in quanto considerati capaci di attuare processi di trasformazione dei contesti nei quali vivono, hanno necessità di essere educati e formati ad esprimere la loro cittadinanza a partire dalla vita della classe e della scuola. Investire dunque nelle formazione alla partecipazione delle giovani generazioni viene considerato un impegno fondamentale per chi si muove verso la valorizzazione della democrazia (Driskell, 2002). È dall'esperienza diretta della partecipazione che si apprende a vivere concretamente la democrazia (Mortari, 2008). Alla costruzione delle competenze più direttamente definibili come compe-

tenze di cittadinanza, concorrono non soltanto gli apprendimenti disciplinari, ma anche l'insieme dell'esperienza vissuta dagli studenti all'interno delle classi e della scuola (Losito, 2009).
Sono quindi gli spazi e le possibilità offerti per partecipare, i permessi o i divieti di esercitare effettivamente le proprie competenze nella partecipazione attiva alla vita e ai processi decisionali della classe (e della scuola), la possibilità di maturare le proprie capacità di pensare e di operare nel contesto, che caratterizzano l'esperienza di cittadinanza attiva dei giovani studenti.
La cultura della scuola democratica è riflessa dalle forme utilizzate per esercitare la competenza di cittadinanza attiva nelle classi. È qui che prendono forma le credenze circa l'organizzazione democratica, le credenze sugli apprendimenti, sullo sviluppo delle intelligenze. L'apprendimento all'esercizio della cittadinanza infatti non può avvenire attraverso l'assuefazione al pensiero unico e convergente, attraverso l'ascolto passivo e la riproduzione della conoscenza. Come è stato rilevato in alcune indagini internazionali, sembra esistere una relazione diretta tra un clima di classe aperto alla discussione e gli atteggiamenti e la disponibilità degli studenti a partecipare alla vita della scuola; una connessione diretta tra clima di classe e senso di autoefficacia degli studenti (Losito, 2009). Atteggiamenti e disponibilità che divengono tesoro per la cittadinanza e la partecipazione anche fuori la scuola.

Protagonisti del pensare

La ricerca mostra che gli studenti si coinvolgono cognitivamente quando viene chiesto loro di agganciare e creare nuovi concetti, quando sono sollecitati a comprendere presentando il loro pensiero, spiegando i loro ragionamenti, difendendo le loro conclusioni. Oppure presentando delle alternative alle strategie di soluzione dei problemi o realizzando prodotti che dimostrano applicazioni di conoscenze (Stipeck, 2002). Tutto ciò permette di esercitare il pensare, capace di sostenere nuove letture e interpretazioni della realtà. Se il pensiero critico è quel modo particolare di pensare attraverso il quale lo studente migliora la qualità del suo pensiero, è necessario alimentare le occasioni attraverso le quali riconoscere le strutture del pensare e applicarlo in ogni momento attraverso un rigore intellettuale costante (Richard e Elder, 2008). Questa diviene un'opzione di democrazia e permette di formare cittadini

in grado di sollevare questioni vitali e problemi sostanziali, formulando con chiarezza e precisione soluzioni e prospettive. Analogamente un pensatore critico è in grado di raccogliere e valutare le informazioni pertinenti, utilizzando idee astratte per interpretare la realtà in modo efficace e giungere a conclusioni ben motivate e a soluzioni testate, sulla base di criteri e norme precise (Costa, 2008). Il pensatore critico sa comunicare efficacemente e capire le soluzioni necessarie ai problemi complessi.
I cittadini critici sono per questo una risorsa inestimabile per la coesione sociale e lo sviluppo, in quanto possono coerentemente contrastare – esercitando la cittadinanza attiva – le derive massificanti e omologanti della società liquida.

Protagonisti interculturali

La prospettiva di vita sociale è ineludibilmente interculturale. Le società oramai "naturalmente" multiculturali hanno necessità di educare ad essere cittadini interculturali. Formare menti e cuori interculturali è la sfida irrinunciabile e primaria della scuola. La via interculturale è quindi la prospettiva educativa in grado di affrontare la nuova complessità, nella quale la diversità è una risorsa che permette di affrontare il cambiamento ed essere una risposta dalle forme molteplici alla complessità. Educare e formare alla relazione con e nella diversità – così come alla e nella differenza – presuppone una cultura aperta al plurale piuttosto che una monocultura semplificatoria. In questo l'intercultura è progetto alternativo alle fratture della società, in cui l'"inter" deve essere letto, interpretato attraverso un paradigma relazionale (Pinto, 2002; Donati, 2008). Per la formazione di un pensiero interculturale, relazionale, dialogico ed ecologico, occorre un lungo apprendimento poiché con esso si crea la disponibilità ad uscire dai confini della propria cultura per entrare nei territori di altre culture, imparando ad osservare, a conoscere e a interpretare la realtà secondo schemi e sistemi simbolici differenziati e molteplici.
I protagonisti interculturali agiscono in una comunicazione continua, cooperano in gruppi eterogenei e sanno fornire uguali possibilità di partecipazione e costruzione della conoscenza. Partecipano in una società democratica e multiculturale nella quale, co-esistono con pari dignità nelle differenze.

1.22 Il ruolo dei media nell'apprendimento

Abbiamo visto come, secondo gli apporti del costruttivismo socio-culturale, il ruolo dell'educazione sia anche quello di promuovere la collaborazione con gli altri, favorendo la costruzione della conoscenza e scoprendo prospettive che possano portare alla risoluzione di un problema; allo studente è richiesto, dunque, di costruire l'esperienza in un contesto di interscambio con i suoi pari, secondo un'ottica di cooperazione, collaborazione e coordinazione.
La scuola, da parte sua, ha il compito di formare teste "versatili", in grado cioè di apprendere cose sempre nuove e una pluralità di competenze. Tra queste, oggi più che mai, la competenza tecnologica, il saper utilizzare gli strumenti informatici ormai accessibili davvero a tutti, può considerarsi competenza-chiave. Del resto, fanno parte integrante della nostra vita individuale e sociale.
È impensabile che oggi un ragazzino, se non un bambino, non sappia usare un computer e una connessione Internet, fosse anche solo per scopi scolastici (una ricerca da svolgere, un approfondimento per una materia un po' ostica...). Tuttavia, egli va educato ad essere responsabile, attento e critico, sia quando naviga attraverso i contenuti sia quando ne inventa di propri. Oggi le scuole sono quasi tutte dotate di strumenti informatici, utilissimi alla costruzione e allo svolgimento delle attività didattiche e, del resto, passare del tempo in rete è importante per apprendere competenze sociali e conoscitive in un'epoca, come la nostra, che possiamo senza dubbio definire digitale. La tecnologia ha rivoluzionato l'ambiente e la scuola in cui viviamo, favorendo nuove possibilità di apprendimento e, certamente, migliorandolo. I computer possono perfezionare l'apprendimento, ma solo in un contesto educativo che spinga lo studente a "*domandare fatti e a cercare sfide*", nelle parole di D.S. Kay.
Se l'apprendimento è, dunque, uno scambio tra pari, si tratta di uno scambio che oggi si svolge anche e soprattutto in rete (pensiamo, per esempio, ai social network che ci permettono di interagire con amici e conoscenti dall'altra parte del mondo e che ogni ragazzino sa usare con facilità sorprendente!). Nell'interazione con il *contenuto*, l'apprendimento può diventare un lavoro mentale attivo e non un insegnamento passivo.
La scuola dovrebbe "*instillare sia il desiderio che il piacere dell'apprendimento, la capacità di imparare ad imparare, la curiosità intellettuale*",

nelle parole di Jacques Delors (*Nell'educazione un tesoro*), solo così vi è possibilità di garantire all'alunno e alla società nella sua globalità sviluppo, innovazione e progresso. Nel mondo attuale è necessario il possesso di più competenze e abilità – flessibilità e creatività nella disposizione ad approcciare la criticità, apprendere continuamente e autonomamente – così che le discipline possano diventare gli *oggetti* intorno ai quali fondare esperienze di apprendimento per ogni studente.

Ciò implica che la scuola deve preparare le menti ad affrontare problemi e incertezze, a usare quello che Edgar Morin chiama il "giudizio critico", così che essa educhi e abitui i giovani a gestire non solo le proprie ma anche le competenze collettive. In tal senso, vivendo oggi in una società tecnologicamente avanzata e complessa, appare chiaro che il compito della scuola è quello di stimolare l'apprendimento con progettazioni di esperienze partecipative e collaborative in un contesto di reciproco sostegno, in cui in ogni fase del percorso di costruzione della conoscenza si apra tutto un insieme di processi di tipo cognitivo, meta-cognitivo e relazionale.

Abbiamo già visto come tutto ciò costituisca il fulcro della proposta costruttivista, per la quale non solo si dialoga e ci si confronta intorno all'oggetto della conoscenza, ma si stabilisce un rapporto costruttivo anche con gli strumenti e le risorse utilizzate nel processo didattico. Appare ovvio che i sussidi tecnologici – strumenti audiovisivi, informatici e telematici – debbano portare all'innovazione del processo insegnamento-apprendimento, grazie alle grandi potenzialità della multimedialità, dell'interattività e, dato non trascurabile, dell'aggiornabilità.

I "nativi digitali" – la generazione delle "i" (iPod, iPad, iPhone) – consumatori incalliti e curiosi delle più avanzate tecnologie, sono naturalmente diversi dai loro insegnanti, condizionati come sono da tutta una serie di proposte multimediali che scandiscono il ritmo della loro giornata extra-scolastica.

La società in cui viviamo evolve con incessante rapidità ed è un dato di fatto che anche la scuola debba aggiornarsi per impedire la creazione di un *gap* tra istituzione scolastica e società. In pochi anni la tecnologia, penetrando in ogni settore della vita culturale e sociale, ha rivoluzionato il modo di fare cultura. I nuovi linguaggi tecnologici hanno saputo instillare nei ragazzi di oggi nuovi stili di apprendimento di tipo reticolare, in base ai quali essi percepisco-

no come monotono e non interessante un apprendimento di tipo "lineare", perché sollecitati da situazioni complesse e critiche che li mettono di fronte a sfide e problemi che sono invitati a risolvere. Come afferma G.M. Bodner, "*Insegnare e apprendere non sono sinonimi: possiamo insegnare – e insegnare bene – senza che gli studenti imparino*". Alla scuola sono oggi richieste strategie e modalità di adattamento nuove per favorire nuove opportunità di inclusione e sbocco sociale e lavorativo, ormai parcellizzato e delocalizzato: c'è bisogno, pertanto, di un'offerta formativa efficace, che possa dare adeguate risposte a bisogni e stili cognitivi emergenti.
I nuovi linguaggi massmediologici e informatici della tecnologia e della cultura multimediale spingono lo studente ad acquisire nuovi saperi e competenze, per cui la scuola non può più proporre modelli definiti e stabiliti secondo le "grandi idee del passato" (certo, nostro grande patrimonio culturale), ma ridefinirsi secondo nuovi dinamismi e flessibilità di carattere organizzativo e funzionale. La cultura oggi si esprime secondo nuovi linguaggi verbali, scientifici e tecnologici, linguaggi che soli possono aiutarci a comprendere il significato delle trasformazioni in atto, orientando scelte di progresso e benessere, nello sviluppo di quelle "intelligenze multiple" di cui parla Howard Gardner: la scuola deve, cioè, educare non solo alla conoscenza (sapere) e all'abilità (saper fare), ma soprattutto a una "competenza funzionale" che permetta di trasferire tali conoscenze e abilità in situazioni esterne a quelle scolastiche, cioè nella vita quotidiana.
La "creatività" che la scuola di oggi deve sollecitare nell'alunno deve essere quella che Richard Florida individua quale "*capacità umana di utilizzare gli strumenti dell'innovazione e della conoscenza per alimentare la competitività*" e affrontare le sfide di una società in continua evoluzione.

1.23 L'apprendimento significativo

L'apprendimento significativo è quel tipo di apprendimento che permette l'integrazione delle nuove informazioni con quelle già possedute e l'utilizzo delle stesse in contesti e situazioni differenti, sviluppando la capacità di problem-solving, di pensiero critico, di metariflessione e trasformando le conoscenze in vere e proprie competenze.

Secondo la pedagogia contemporanea l'apprendimento significativo, basato su teorie costruttiviste, ha come obiettivo principale quello di rendere autonomo il soggetto nei propri percorsi conoscitivi.
Esso è diametralmente opposto all'apprendimento meccanico (basato su teorie comportamentiste) che utilizza la memorizzazione per produrre conoscenza "inerte" (fine a se stessa, decontestualizzata dalla vita reale). Nell'apprendimento meccanico, la ricezione delle informazioni è veicolata dal docente, le informazioni sono definitive, astratte e generiche e non possono essere modificate dal discente per integrarle ad informazioni precedenti o per negoziarne socialmente il significato. Nell'apprendimento significativo invece la conoscenza è il prodotto di una costruzione attiva da parte del soggetto, è strettamente collegata alla situazione concreta in cui avviene l'apprendimento e nasce dalla collaborazione sociale e dalla comunicazione interpersonale.
L'apprendimento significativo è un processo attivo perché richiede una partecipazione concreta dell'allievo nella costruzione della sua conoscenza in contesti significativi mediante l'osservazione, la sperimentazione, la manipolazione, l'interpretazione dei risultati dei suoi interventi. In questo modo si verifica il principio del "learning by doing" (imparare facendo) che connota lo studente come protagonista dell'apprendimento. Si tratta inoltre di un processo costruttivo che richiede cioè una continua riflessione sulle proprie conoscenze che vengono messe in discussione dalle nuove; in questo senso il processo di apprendimento può esser visto nell'ottica piagetiana di un passaggio da una fase di assimilazione ad una fase di accomodamento, laddove, come teorizzato dal pedagogista svizzero, il vero apprendimento avviene nel momento in cui vi è la modifica degli schemi cognitivi (accomodamento).
L'apprendimento significativo è inoltre fortemente contestualizzato, calato in situazioni reali; in questo senso può essere considerato un processo autentico e prevede una fondamentale componente collaborativa in quanto la comprensione avviene sempre attraverso il confronto, lo scambio, il dialogo e la negoziazione con gli altri. Infine, l'apprendimento significativo può essere considerato intenzionale perché l'attore è l'allievo impegnato nel raggiungimento di uno scopo (goal-directed); in tale contesto, il ruolo dell'insegnante diventa quello di motivare gli

allievi ottenendo il loro impegno nell'attività che genererà apprendimento.
L'affermazione dell'apprendimento significativo rispetto al tradizionale apprendimento meccanico è stato sostenuto sia da autori di stampo cognitivista che comportamentista. Di seguito riportiamo qualche esempio.

- **Ausubel**, negli anni '60, identifica l'apprendimento significativo e quello meccanico (di memorizzazione) come gli estremi di un continuum. Elabora inoltre il concetto di apprendimento significativo, spostando l'attenzione dai metodi d'insegnamento alle condizioni che lo rendono possibile. Ciò che una persona riesce a costruire è infatti correlato alle modalità di insegnamento che gli sono state offerte o alle strategie che lui stesso adotta.
- **Novak** definisce la metodologia delle mappe concettuali come strumento per generare apprendimento significativo. Per apprendere si segue così il processo di formazione e creazione del sapere, con un metodo che si rifà alla struttura della conoscenza umana.
- **Jonassen** estende la ricerca ad un approccio didattico basato sulle tecnologie e sul concetto di apprendimento significativo intenzionale. L'autore parte dall'assunto che l'avvento delle nuove tecnologie non ha in sé migliorato i risultati di apprendimento. L'uso didattico delle tecnologie è giustificato solo se dal suo uso si possono ottenere degli apprendimenti altrimenti ed a costi inferiori non ottenibili. Se le scuole vogliono promuovere apprendimento significativo, allora il modo di usare le tecnologie deve cambiare da tecnologie come *insegnante* a tecnologia come *partner* nel processo di apprendimento. Gli studenti non apprendono dalle tecnologie ma le tecnologie possono sostenere negli studenti il pensiero produttivo e la costruzione di significato. Esse diventano dunque attivatori e facilitatori del pensiero e possono diventare un supporto all'apprendimento significativo ma non il principale mezzo. In questo senso si spiega l'intenzionalità dell'apprendimento significativo che avendo a disposizione una molteplicità di diversi strumenti tecnologici (forum, blog, wiki, motori di ricerca etc) costruisce autonomamente il proprio percorso, scegliendo di volta in volta gli strumenti più adatti.

Capitolo Secondo
La programmazione

2.1 Il quadro normativo di riferimento

Dagli anni Sessanta, quando don Milani affermava che non c'era maggior ingiustizia che "*dare parti uguali fra disuguali*", il problema di diversificare gli interventi formativi per realizzare una reale uguaglianza di opportunità è divenuto sempre più centrale per un gruppo via via più ampio di dirigenti e docenti e ancor oggi è uno degli obiettivi fondamentali della scuola autonoma.
Negli anni Settanta, sotto la spinta di una parte sempre più estesa della popolazione che chiedeva una scuola garante di equivalenti possibilità di riuscita, furono introdotti i Decreti Delegati, la Legge 517/77, i Programmi della scuola media; si passò così dalla scuola dei programmi alla scuola della programmazione.
Lentamente si andò affermando nella scuola l'idea che, se si voleva realmente giungere alla promozione e allo sviluppo delle potenzialità di ciascun alunno, la strada da seguire era quella della costruzione di una pluralità di percorsi adeguati ai diversi soggetti. Tali percorsi implicavano forme di collaborazione ed integrazione fra i docenti delle diverse aree disciplinari e fra la scuola e i sistemi educativi extrascolastici operanti nel territorio, al fine di costruire una rete di proposte adeguate e motivanti per la pluralità degli allievi.
La mancata riforma di un'organica ristrutturazione dei diversi ordini di studi, nonché della formazione di chi doveva accedere all'insegnamento, hanno fatto sopravvivere per molti anni nella scuola italiana, in particolare nella scuola secondaria di secondo grado, pratiche ancorate a una cultura formalistica, basata sulla trasmissione di contenuti; sulla valutazione centrata sullo studente e non sull'analisi del processo educativo.
Negli anni Settanta, tuttavia, ad iniziare dalla scuola dell'obbligo, si è aperto il dibattito sul "curricolo".
La parola *curriculum*, derivata dal verbo curro, che significa *correre* (sulla terra), *navigare* (sul mare), *volare* (in aria), contiene in sé il

significato di spostarsi da un punto all'altro nello spazio e nel tempo e implica l'idea di un percorso orientato attraverso le varietà del possibile.
Il termine curricolo in ambito pedagogico ha avuto numerose accezioni: in Italia ha inizialmente coinciso con il piano di studi, cioè un percorso di *insegnamento*, nel quale i docenti identificavano obiettivi e contenuti. In seguito, si è andato arricchendo e diversificando fino a delineare percorsi di *apprendimento*.
In quegli anni l'esperienza scientifica e internazionale presentava molteplici modelli teorici curricolari, classificabili secondo diverse tipologie, tutti tendenti a superare la rigidità dei programmi per delineare itinerari in situazione, autocorreggibili.
Dalla fine degli anni Settanta ogni collegio docenti doveva elaborare la propria programmazione educativa per contestualizzare le indicazioni dei programmi ai bisogni effettivamente individuati nel territorio e per i singoli allievi, per adeguare l'organizzazione delle proprie risorse e per creare uno sfondo comune alla programmazione didattica dei singoli docenti.

2.2 La programmazione delle attività nel modello di A. e H. Nicholls

Anche l'attenzione della pubblicistica specializzata in Italia, però, si focalizzò principalmente sulla programmazione didattica, attività più vicina ai bisogni operativi dei docenti, mentre la programmazione educativa rimaneva uno sfondo più rituale che reale. Prevalse in questi anni il modello curricolare lineare centrato sugli obiettivi, di tipo industrial-tecnologico, le cui fasi sono state sintetizzate da A. e H. Nicholls in una rappresentazione grafica che suggeriva l'idea di una programmazione ciclica e ricorsiva[1].
Tale modello, assumendo gli obiettivi come fattore di regolazione delle successive fasi del curricolo, implicava:

- il superamento della concezione tradizionale del curricolo, coincidente con i programmi, che identificava i contenuti delle diverse discipline con i fini formativi;

[1] A. Nicholls, *Guida pratica all'elaborazione di un curricolo*, Feltrinelli, Milano, 1978.

- la scelta, da parte dei docenti, dopo un'analisi iniziale della situazione di partenza, dei percorsi ritenuti più opportuni per realizzare le indicazioni generali dei programmi;
- l'individuazione, da parte dei docenti, degli obiettivi e la loro graduazione;
- la selezione dei contenuti e l'organizzazione dell'ambiente e delle esperienze di apprendimento (tempi, spazi, modalità di raggruppamento degli alunni, ecc.);
- la valutazione come parte integrante dell'azione didattica, con funzione regolatrice dell'intero processo di apprendimento, differenziata in valutazione iniziale, formativa e sommativa e distinta dalla verifica.

Gli obiettivi venivano differenziati in generali e specifici e la definizione degli obiettivi veniva presentata in vari modi dai vari teorici. In questo modello, per realizzare le diverse unità didattiche, nelle quali venivano articolati i diversi obiettivi specifici, si usavano le tavole tassonomiche.
Accanto a questo modello lineare all'inizio degli anni Ottanta, in Italia, specialmente grazie alle ricerche di Damiano si diffonde, come abbiamo visto precedentemente, un nuovo modello di programmazione curricolare, per mappe concettuali, basato sulle teorie psicologiche di J. Bruner, di D. Ausubel e sullo strutturalismo.
Questa didattica centrata sui concetti era nata negli Stati Uniti negli anni Cinquanta per riformare i curricoli, soprattutto delle materie scientifiche. Secondo Bruner, fondare i curricoli sulla struttura delle discipline poteva:

- permettere di anticipare l'apprendimento dei concetti fondamentali: per ogni conoscenza è possibile trovare un'adeguata versione a seconda dell'età;
- fornire gli strumenti per continuare ad apprendere, utilizzando le discipline come "*particolari metodologie di pensiero applicabili a determinate categorie di fenomeni*";
- facilitare il transfert generale nell'apprendimento.

La ricerca sulla struttura delle discipline era stata ulteriormente sviluppata da J.J. Schwab.
Damiano[2], nel sistematizzare tale metodologia di programmazione, individuava tre fasi. I docenti, attraverso un'iniziale conversa-

---

2 E. Damiano, *La religione cattolica a scuola*, La Scuola, Brescia, 1989.

zione approfondita con il gruppo degli allievi, individuano le conoscenze da loro già possedute su un determinato argomento. Da queste partono per identificare i concetti da costruire, quelli da riorganizzare e le relazioni tra i concetti da stabilizzare o modificare.

2.3 La programmazione d'istituto, educativa e didattica

Nella fase di programmazione educativa e didattica d'istituto, i docenti, tenendo conto dei bisogni degli alunni, delle attese delle famiglie e delle richieste dei contesti sociali sul territorio, costruiscono curricoli partendo da obiettivi essenziali da raggiungere tramite reti concettuali di unità didattiche, nelle quali si articolano e graduano i concetti e le relazioni, scelti come compiti di apprendimento. L'insegnamento per concetti, dopo aver individuato mediante la conversazione iniziale le conoscenze di partenza degli alunni – quella che L.S. Vigotskij chiama la "zona di sviluppo prossimale" – prevede la messa in crisi delle credenze di senso comune mediante informazioni atte a creare conflitto cognitivo, per giungere a una successiva definizione sistematica dei concetti che s'intendono costruire o ridefinire.
L'uso funzionale di "mediatori didattici", cioè dei diversi metodi e linguaggi (mimico, iconico, analogico, simbolico), permette il passaggio da un'organizzazione fisico-percettiva a quella logico-simbolica.
Anche nel curricolo per mappe concettuali la valutazione accompagna tutta l'azione didattica dall'inizio alla fine, assolvendo diverse funzioni: diagnostica, regolativa, di controllo della padronanza concettuale acquisita.
Alla fine degli anni Ottanta, la diffusione del paradigma della complessità, l'ampiezza delle conoscenze raggiunte in ogni campo della ricerca, le esigenze di autonomia e decentramento, nonché il riferimento alle concezioni costruzioniste dell'apprendimento da Vigotskij a Bateson hanno riacceso nuova insoddisfazione per la logica lineare, "razional-ottimistica" della progettazione per obiettivi, che continuava a essere il modello curricolare di programmazione più diffuso nelle scuole.

2.4 La programmazione del "curricolo"

Oltre ai *curriculum* per mappe concettuali, sono apparsi allora altri modelli di progettazione, da quello per sfondo integratore, a quello per situazioni, alla didattica modulare; questi modelli curricolari, pur nelle diversità teoriche di riferimento, sottolineano, per essere realizzati, l'esigenza del lavoro trasversale comune fra docenti di diverse aree e ordini di scuole.

Questa forte esigenza di lavoro comune fra docenti, sottolineata dai più recenti studi teorici sui processi di apprendimento, si traduce con la sempre maggior importanza che assume la programmazione educativa di istituto a iniziare dagli anni Novanta.

La Legge 148/90 per la scuola elementare, la C.M. 271/91, le indicazioni presenti negli Orientamenti della scuola materna e nella sperimentazione Brocca per le superiori, la C.M. 339/92 sulla continuità educativa hanno rilanciato l'importanza del *curriculum* educativo che ogni scuola, collegialmente, deve elaborare – analizzati i bisogni specifici del territorio in cui opera – come sfondo integratore rispetto al quale tutti i docenti devono definire coerentemente le loro attività.

Proprio all'inizio degli anni Novanta si sono andati distinguendo e sono divenuti oggetto di riflessione e progettazione consapevole, oltre al *curriculum esplicito*, cioè le scelte più propriamente metodologiche-disciplinari che la scuola attua per contestualizzare i contenuti dei programmi nazionali:

- il *curriculum implicito*, relativo alla crescita dell'alunno come persona e allo sviluppo delle sue attitudini, dei suoi stili di apprendimento e delle sue capacità relazionali, espressive, decisionali che sono collegate con il clima e l'organizzazione dell'ambiente educativo;
- il *curriculum trasversale*, cioè l'acquisizione, da parte dell'allievo, di tutte quelle abilità che "attraversano" le diverse discipline e tutto il percorso scolastico, dalla scuola primaria alle superiori, come capacità di ascolto, di comprensione di un testo, le abilità di studio che, non essendo di pertinenza esclusiva di un'unica area o di un unico ordine di studi, devono prevedere momenti di programmazione comune. Tali abilità costituiscono una risorsa indispensabile per continuare ad apprendere, comprendere, approfondire anche dopo che si è lasciata la scuola.

Durante le attività di programmazione/valutazione i docenti hanno iniziato a distinguere fra obiettivi raggiunti, competenze e *padronanze* acquisite dagli allievi, intendendo per padronanza la capacità di saper rielaborare e riutilizzare conoscenze ed esperienze anche in contesti diversi. Questo percorso implica il passaggio del "sapere" al "saper fare" sino al "saper essere" e comporta un'esperienza educativa che coinvolga non solo la crescita intellettiva ma anche socio-affettiva degli alunni.
Nella metà degli anni Novanta il PEI, la Carta dei Servizi e oggi il PTOF (Piano Triennale dell'Offerta Formativa) sono le risposte che la scuola italiana assume rispetto alla complessità dei saperi, alle sempre maggiori risposte di trasparenza e di qualità espresse dai cittadini, all'esigenza di molti docenti di diventare più attivamente protagonisti dei percorsi educativi che intendono attuare. Il PEI, e oggi il PTOF, sono lo strumento con il quale l'autonomia didattica dei singoli istituti scolastici, avviati a divenire soggetti decisionali, dotati di decisionalità (non più solo organi esecutori di decisioni centrali), trova una dimensione concreta nella definizione e nella pubblicazione dell'offerta formativa. Il collegio docenti acquista maggiore identità collettiva e può giungere a recuperare capacità di ricerca e sperimentazione attraverso l'apertura al territorio, sia per comprenderne i bisogni, sia per pubblicizzare i contenuti della propria proposta formativa.
Il concetto di *curriculum* viene ampliandosi; il passaggio, infatti, da una didattica empirica a una più rigorosa e scientifica comporta per i docenti l'impegno di dover scegliere i modelli teorici di riferimento per ciò che riguarda:

a) la teoria dell'istruzione;
b) la teoria dell'apprendimento;
c) le tecnologie della progettazione;
d) l'epistemologia interna delle singole regole.

Il curricolo deve selezionare e definire (ma non prescrivere) i contenuti di riferimento, indicare i tempi di minima e di massima per la loro realizzazione, definire i criteri di organizzazione dei contenuti e delle strategie di esperienze degli ambiti formativi, precisare le finalità, identificare le modalità e i criteri per l'apprezzamento dello sviluppo formativo e culturale.
Il curricolo si carica cioè di un significato strategico rispetto alla formazione delle nuove generazioni. L'ideazione e la realizzazione

del curricolo non possono privilegiare che un modello misto di implementazione, né solo il tipo *bottom up*, né solo di tipo *top down*; il collegio è deputato all'elaborazione delle scelte sui contenuti, sui metodi, sull'elaborazione e sulle varie forme di valutazione e documentazione. Il curricolo di una scuola si avvia a divenire quindi un'impresa cooperativa di interventi formativi, la scuola stessa dovrebbe tendere a realizzarsi come una "comunità di laboratori" coordinati tra di loro.
Gli studi più recenti sull'intelligenza, sulla memoria e sulla metacognizione, nonché gli ultimi documenti dell'OCSE, convergono su un individuo che, per vivere, deve parlare molti linguaggi, deve saper vivere con gli altri in una dimensione interculturale. Per sviluppare l'attitudine ad apprendere per tutta la vita la scuola deve far crescere negli alunni il desiderio di conoscere, imparare, scegliere, sviluppare l'atteggiamento di ricercare e di realizzare attività elaborando informazioni. Per ottenere ciò, appare fondamentale creare contesti stimolanti, aprirsi al territorio e giungere ad una "triangolazione" tra contenuti, metodi dell'insegnamento e teorie dell'apprendimento.
Attraverso la capacità propositiva che una scuola riesce ad esprimere, infatti, essa può "attivare" l'ambiente circostante, selezionare i propri interlocutori, rispondere ai loro bisogni e alle aspettative divenendo reale soggetto culturale operante sul territorio.
In questi anni nascono le prime reti di scuole collegate fra loro per realizzare, unendo fondi e risorse, progetti curricolari comuni che, proponendo attività anche diverse da quella della didattica tradizionale, riescono a rispondere a esigenze di specifiche realtà territoriali e a motivare i giovani trovando così forme nuove di continuità, orientamento e prevenzione della dispersione.
L'art. 21 della Legge 59/97 ha aperto la via dell'autonomia scolastica; il Regolamento dell'autonomia ha approfondito e ratificato le esperienze più significative che si sono venute realizzando in questi ultimi anni, anche per ciò che riguarda le indicazioni curricolari.
Il Piano Triennale dell'Offerta Formativa, elaborato dal collegio dei docenti, sulla base degli indirizzi per le attività della scuola e delle scelte di gestione e di amministrazione definiti dal dirigente scolastico (art. 3 del Regolamento), diviene così il documento fondamentale di ogni istituto scolastico e ne definisce l'identità culturale e progettuale. In esso è contenuto anche il progetto cur-

ricolare della scuola. L'autonomia decreta la fine di un sistema scolastico basato su programmi rigidi, decisi dal centro. Accanto al curricolo obbligatorio, stabilito a livello nazionale e che fa salvo il carattere unitario dell'istruzione, ogni scuola indica la quota, altrettanto obbligatoria, comprendente le attività integrative scelte liberamente per realizzare una sua specifica proposta educativa. Questo sistema permette di garantire il carattere unitario dell'istruzione, rinforzato tramite un attento monitoraggio da parte del servizio nazionale per la qualità dell'istruzione, di valorizzare il pluralismo culturale, di venir incontro alle esigenze del territorio. Il curricolo che emerge dal Regolamento può essere arricchito con discipline e attività facoltative, programmate sulla base di accordi con Regioni, enti locali, reti di scuole.
La flessibilità, organizzativa e didattica, può riguardare:

- l'articolazione del calendario scolastico e del monte ore annuale di ciascuna disciplina;
- il superamento dell'ora tradizionale come unità d'insegnamento e l'utilizzazione, nell'ambito del curricolo, degli spazi orari residui;
- l'articolazione delle diverse discipline e dei percorsi individuali di recupero/potenziamento;
- le discipline/attività scelte dalle singole scuole come quota integrativa obbligatoria del curricolo;
- l'impiego dei docenti in modo funzionale al progetto, fermo restando:
  - il rispetto del monte ore annuale destinato alle singole discipline curricolari,
  - l'articolazione delle lezioni in non meno di cinque giorni settimanali,
  - la libertà d'insegnamento
- le attività/discipline opzionali da attivarsi in orario extrascolastico.

Si potranno trovare nuovi modi per raggruppare gli alunni, ciò può portare al superamento dell'unità classe favorendo attività cooperative per gruppi omogenei/eterogenei, tramite modelli di ricerca-azione.
In autonomia, ogni scuola può sia scegliere e adottare per la valutazione dei ragazzi un sistema di "crediti formativi" per attestare

anche le competenze acquisite dagli alunni in attività non disciplinari, extrascolastiche, che possono favorire però l'inserimento dei giovani nella società e nel mondo del lavoro, facilitando l'orientamento e la formazione, sia individuare percorsi per il recupero dei "debiti formativi".

La possibilità di creare reti fra scuole, di poter far accordi con soggetti pubblici e privati, cioè di reti di diverso tipo, può favorire la ricerca, l'aggiornamento, la didattica, lo scambio di informazioni e materiali, nonché l'acquisto, in consorzio, di beni e servizi. Alle singole scuole o alle scuole consorziate è consentito di stipulare convenzioni o contratti d'opera con Università statali o libere, enti o associazioni, privati, in grado di dare il loro apporto alla realizzazione di obiettivi specifici per ampliare l'offerta formativa; si potrà così sostenere la ricerca metodologica/didattica, favorire lo sviluppo delle nuove tecnologie, dei metodi di valutazione e autovalutazione, della documentazione; ciò può contribuire a far acquisire a ciascuna istituzione scolastica una più "marcata" identità culturale e sociale.

Le principali direttrici che dovranno guidare i collegi dei docenti in autonomia nell'elaborazione delle loro proposte curricolari possono così essere sintetizzate:

Flessibilità	Condivisione delle responsabilità	Integrazione
Intesa come capacità di modulare entro un disegno unitario: curricolo, organico funzionale, adattamento del tempo scuola, didattica modulare, percorsi individualizzati.	Scelte riguardo il Piano Triennale dell'Offerta Formativa, la ricerca metodologica-didattica, il sistema di autovalutazione interno.	Capacità di sapersi situare entro un sistema formativo polivalente, avere cioè rapporti interattivi con il territorio, essere in grado di costituire reti fra scuole, e rapporti con soggetti pubblici e privati per arricchire l'offerta formativa.

Ogni scuola può, inoltre, funzionare anche in orario extrascolastico, collegandosi ai centri territoriali, come agenzia culturale per il *lifelong learning*, per la formazione e la riqualificazione degli adulti, in collaborazione anche con il mondo del lavoro. Ciò permette alle istituzioni scolastiche di accrescere il carattere di "servizio" inserito nel territorio e di concorrere alla realizzazione di uguaglianza di opportunità per ciascun individuo, attraverso l'attivazione di proposte di istruzione, di formazione, di nuove tecnologie, di contatti con il mondo del lavoro e con il sociale.

2.5 Il curricolo metacognitivo

Abbiamo visto che l'insegnamento-apprendimento di strategie metacognitive, auspicabile in una scuola moderna ed efficace, deve essere inserito all'interno dei metodi di insegnamento, della progettazione didattica, della supervisione dei processi.
La programmazione curricolare dunque non può non tener conto dell'esigenza di favorire l'attitudine al pensiero metacognitivo nella costruzione, organizzazione e valutazione delle attività previste. In particolare gli obiettivi di cui un curricolo orientato alla formazione di un'attitudine metacognitiva dovrebbe tener conto sono (Costa 2008):

A) Apprendere a pensare

Gli uomini sono dotati di una naturale e capacità di pensare. Per trarre il maggior beneficio da questa innata inclinazione occorre però che qualcuno ci insegni "come pensare". Così come un atleta con una naturale predisposizione ha tuttavia bisogno di esercizio per perfezionare le sue abilità, così gli studenti hanno bisogno di pratica, di concentrazione, di riflessione e di una guida sicura per apprendere a pensare con competenza. Se il pensare è innato nell'uomo, il pensare competente deve essere coltivato nel tempo. Processi cognitivi e contenuti (inter/transdisciplinari) sono inseparabili. Una comprensione profonda ha bisogno di azione continua delle abilità di comparare, analizzare, applicare, trasferire, valutare: ogni attività in classe dovrebbe essere progettata per il raggiungimento di un "pensare competente".

B) Pensare per apprendere

La conoscenza è un processo che viene favorito dallo scambio di esperienza. Le attività di classe dovrebbero dunque cogliere l'occasione derivante dall'interazione all'interno del gruppo classe, proponendo attività che consentano il continuo scambio/produzione di idee. I contenuti da apprendere non sono dunque il fine dell'istruzione, bensí il "veicolo" per un apprendimento attraverso il quale porre questioni e problemi che sviluppano l'immaginazione e stimolano il ragionamento in un clima di classe non giudicante.

C) Pensare insieme

L'individuo influenza il pensiero del gruppo e ne viene a sua volta influenzato. La ricerca di modalità attraverso le quali incoraggiare il pensare in gruppo aiuta gli studenti a costruire sia la conoscenza propria che quella condivisa. *Lavorare in gruppo permette di effettuare maggiori connessioni tra punti di vista differenti, al fine di risolvere problemi, superando le limitazioni delle sole prospettive individuali* (Vigotskij, 1978). Sviluppare capacità di lavorare in gruppo necessita di competenze attraverso le quali riflettere seriamente sui problemi e consente di superare quella porzione di egocentrismo che spesso limita la capacità di risolvere i problemi e di pervenire ad apprendimenti piú profondi.

D) Pensare sul proprio pensare

Il curricolo dovrebbe inoltre sviluppare un'alta consapevolezza sul proprio pensare. In realtà, pur avendo la potenzialità di generare queste riflessioni coscienti, generalmente non si è consapevoli di come stiamo pensando. Apprendere a pensare inizia con il riconoscere "come" stiamo pensando, attraverso l'ascolto di noi stessi e la comunicazione che poniamo in essere con noi stessi. La metacognizione coinvolge il tutto di noi: le emozioni, le sensazioni fisiche, le idee, le credenze, i valori, le qualità del carattere, e le inferenze che generiamo dalle interazioni con gli altri.

E) Pensare in grande

Attraverso il curricolo possiamo costruire comunità di apprendimento interdipendente dove continuamente le persone cercano modi per sostenersi vicendevolmente, apprendere insieme, e crescere verso più grandi intelligenze.

Capitolo Terzo
La valutazione

3.1 Le funzioni della valutazione

Il tema della valutazione è tra gli argomenti più critici del dibattito pedagogico-didattico. Si tratta infatti dello strumento sui cui si fonda l'intervento educativo in tutte le sue fasi di programmazione, espletamento, verifica degli apprendimenti. La valutazione si fonda sulla premessa che qualunque forma di attività organizzata è finalizzata ed ha bisogno di essere continuamente controllata allo scopo di verificare il suo razionale procedimento ed i suoi risultati.
Il presupposto della valutazione scolastica si fonda sul principio che le attività che insegnanti ed alunni compiono, nell'ambito della scuola, sono anch'esse attività organizzate e finalizzate, ed hanno perciò bisogno, come le altre, di essere controllate e verificate.
La scuola dell'autonomia deve continuamente valutare se stessa e usare i risultati di quest'azione al fine di un miglioramento costante della propria condotta.
L'efficienza della scuola dell'autonomia è definibile e risulta dunque dalla corrispondenza tra la quantità di apprendimento che la scuola intende far conseguire agli allievi e la quantità di apprendimento effettivamente realizzata da questi.
Quando si parla di valutazione, la prima distinzione da fare è relativa alla fase del processo educativo in cui essa si colloca:

- **Valutazione iniziale o ex ante:** è la fase di raccolta di informazioni e di dati necessari per pianificare e predisporre un'attività o un percorso didattico. Ha la funzione di orientare la programmazione e la progettazione delle attività educative modulandole ed adattandole sia alle peculiarità della classe e del singolo allievo, sia al livello di partenza (conoscenze o prerequisiti in ingresso) degli allievi. Per questo motivo la valutazione iniziale viene anche definita *diagnostica* in quanto fotografa il punto di partenza degli allievi, consentendo così di pianificare percorsi mirati. Viene anche detta *analogica* in quando si sforza di individuare le eventuali difficoltà cui potrebbero andare incontro gli allievi nel seguire un determinato percorso.

- **Valutazione in itinere o *on going*:** accompagna la realizzazione dell'intervento e viene pertanto definita valutazione continua o di processo. Ha lo scopo di rilevare l'efficacia degli interventi educativi e di promuovere, se necessario, dei correttivi prima che il processo di apprendimento sia concluso. La valutazione avviene rispetto ad obiettivi intermedi che, se non adeguatamente raggiunti, possono indurre l'insegnante a riconsiderare in tutto o in parte la propria strategia educativa.
- **Valutazione finale o ex post:** segue la fine di un'attività ed ha lo scopo di rilevare i risultati raggiunti in relazione agli obiettivi di apprendimento attesi e trarre da ciò conclusioni sull'efficacia della strategia adottata. Il risultato che emerge da queste prove rappresenta dunque una sorta di bilancio consuntivo delle attività svolte e degli apprendimenti promossi nell'allievo. A questa fase attribuiamo il delicato compito di verificare l'efficacia degli interventi educativi posti in essere confermando o invalidando le scelte effettuate. Dalla lettura dei risultati della valutazione finale nasce infatti la riflessione sull'efficacia dell'intervento formativo e la decisione di estenderlo o meno.

La valutazione è dunque un'azione rivolta principalmente alle seguenti finalità: orientamento della didattica, selezione degli studenti, monitoraggio del sistema scolastico. Volendo passare da queste macroaree a specifiche aree di intervento, possiamo meglio definire le peculiari funzioni che i diversi metodi di valutazione possono assumere.

- **Funzione diagnostica**: la valutazione serve all'insegnante per individuare le caratteristiche possedute dagli allievi all'inizio di un percorso formativo ed è dunque finalizzata all'analisi dei bisogni e delle risorse necessarie per programmare obiettivi e contenuti di un percorso didattico. In tale prospettiva la valutazione si configura come una ricognizione volta a "conoscere i loro interessi e i loro atteggiamenti, le modalità di acquisizione del sapere da loro privilegiate, [...] le loro rappresentazioni spontanee [...] e le «zone di sviluppo prossimale rispetto a cui muoversi con l'intervento formativo»". (L.S. Vygotskji,1974).

  Ad esempio un questionario somministrato inizialmente agli studenti sul fenomeno che si vuole affrontare con la classe, per-

mette agli insegnanti di cogliere le conoscenze e le preconcezioni degli alunni, affinché il percorso didattico possa adattarsi alle effettive esigenze del gruppo e dei singoli.
Allo stesso tempo il questionario, se discusso in gruppo o utilizzato come un'intervista alla classe, può essere molto utile per attivare negli studenti l'attenzione e l'interesse per il percorso che si intende proporre. Come la valutazione intermedia e quella finale, anche questo momento di verifica si caratterizza allo stesso tempo come attività valutativa e formativa: può essere infatti considerata già una parte del percorso didattico, una strategia finalizzata a sostenere gli studenti nel mettersi in relazione coi contenuti. Gli studenti possono giocare così un ruolo attivo e le attività proposte dagli insegnanti possono adattarsi e seguire i pensieri che emergono dalla classe, risultando quindi meno lontane dagli interessi e dalle domande degli alunni.

- **Funzione di regolazione in itinere:** la valutazione, mossa da una finalità prevalentemente pedagogica, serve all'insegnante per monitorare, strada facendo, la sua didattica e per affinarla ed eventualmente riorientarla rendendola più conforme ai bisogni di formazione individuati, e in linea con gli obiettivi da raggiungere. Con queste premesse "valutare equivale ad interrogarsi sulla pertinenza e sull'efficacia di un'attività. [...] È una presa di posizione sul proprio oggetto, in funzione di un'analisi e in vista di una decisione da prendere. È certo un'attività di giudizio al servizio dell'azione" (C. Hadji, 2003).
- **Funzione di controllo:** la valutazione è intesa essenzialmente come verifica da parte dell'insegnante di un'ipotesi ottenuta prevalentemente ex post, ossia al termine del programma. Essa equivale a un'azione, volta ad accertare il profitto dell'alunno, a "verificare – cioè – se certe conoscenze e competenze sono state acquisite, ma anche a diagnosticare il livello di significatività e di utilizzabilità che esse hanno raggiunto, il livello di coscienza della validità e significatività dell'organizzazione interna delle conoscenze, la capacità di autoregolazione delle strategie di loro acquisizione e applicazione" (M. Giovannini, 1995).
- **Funzione di miglioramento**: la valutazione è un dispositivo didattico di cui l'insegnante si serve per migliorare quanto realizzato così da giungere a un rinnovamento del programma. Essa consiste nel confronto tra l'obiettivo – ossia il comportamento

atteso definito a priori – e cioè prima dell'azione didattica – e il risultato – il comportamento finale, successivo ad essa.

- **Funzione di informazione:** la valutazione serve a raccogliere informazioni utili per la presa di decisioni sul programma educativo.
- **Funzione di giudizio di valore**: la valutazione è tesa all'espressione di un giudizio circa il merito o il valore di qualcosa. A interpretare questo tipo di valutazione è il modello della goal-free evaluation di M. Scriven che, oltre a prestare attenzione agli obiettivi di formazione, rivolge la sua attenzione anche agli effetti che essa produce sulla realtà osservata.
- **Funzione di interpretazione o esplicativa**: la valutazione assume un significato ermeneutico, che consiste nel far maturare la conoscenza sull'oggetto da valutare, attraverso l'ascolto dei vissuti e delle attese che ciascuno dei partecipanti attribuisce allo stesso e alla realtà.
- **Funzione comprendente**: la valutazione è processo di auto-comprensione dell'evento educativo. In tale prospettiva, il valutatore è colui che ha il compito di aiutare i protagonisti a comprendere meglio il significato delle azioni svolte, e di apprezzarne il valore.
- **Funzione decisionale:** la valutazione ha valore decisionale in quanto serve a scegliere le strategie e le modalità di azione più appropriate ai fini della loro utilizzabilità e spendibilità.
- **Funzione di confronto:** la valutazione può rappresentare una preziosa occasione di confronto per i docenti. In tale prospettiva la pratica valutativa, superando quella che da più parti è stata definita "cultura dell'individualismo a oltranza", mira "a ripensare all'efficacia dei contesti predisposti, delle procedure e delle modalità messe in atto, ma anche a rendere esplicite le concezioni dell'insegnamento e dell'apprendimento che di fatto si privilegiano e, soprattutto, induce a confrontare le proprie idee e concezioni relative allo sviluppo delle capacità dei singoli studenti, concezioni che ovviamente stanno alla base dei giudizi che si formulano".

Tutte le funzioni valutative finora esposte sono riconducibili a quattro esigenze fondamentali del sistema educativo:

- **Valutazione ecosistemica**: viene definito così il nuovo orientamento valutativo che è diretto a cogliere l'efficacia del sistema scolastico nel suo complesso, in tutti i suoi aspetti, anche organizzativi. è la valutazione più complessa perché tiene conto non solo degli apprendimenti conseguiti dagli allievi, ma anche di quanto è stato realizzato sotto il profilo organizzativo all'interno della scuola.

Diversi istituti oggi sono impegnati nella verifica della propria qualità.

- **Valutazione predittiva:** definita anche d'ingresso o diagnostica, è finalizzata a conoscere la situazione di partenza del percorso didattico. Riguarda le conoscenze, le competenze, le motivazioni e i bisogni formativi degli studenti, ma anche le risorse e le caratteristiche del contesto educativo in cui il percorso avrà luogo. Come tutti gli altri tipi di valutazione descritti, oltre a una valenza conoscitiva, ne ha una educativa.
  Può rappresentare infatti anche un vero e proprio momento didattico, finalizzato a fornire agli studenti una rappresentazione delle loro conoscenze, risorse e esigenze e quindi a motivare nuovi apprendimenti.
- **Valutazione formativa/didattica**: la valutazione mira a fornire un'analisi continua dei modi in cui l'allievo procede nell'itinerario di apprendimento e rientra all'interno delle attività didattiche nella misura in cui concorre a determinarne lo sviluppo successivo; viene definita anche valutazione in itinere e gli viene riconosciuta la specificità formativa, in quanto è finalizzata a verificare l'adeguatezza del percorso, ovvero la compatibilità formativa dell'insegnamento rispetto all'apprendimento. A metà strada la valutazione delle prestazioni degli alunni serve a individuare i limiti della proposta didattica e nuove strade perché tutti raggiungano gli apprendimenti previsti.
  È il momento privilegiato per interrogare, attraverso gli alunni, la didattica stessa, gli insegnanti, le risorse e le caratteristiche del contesto educativo.
- **Valutazione sommativa:** risponde all'esigenza dell'insegnante di stimare la capacità degli allievi di utilizzare le conoscenze acquisite durante un itinerario di apprendimento.
  È il momento finale del percorso, deputato alla verifica della sua efficacia, quindi dei risultati previsti. Può ricoprire un'importante funzione educativa nei confronti degli alunni: la comunicazione del giudizio può configurarsi come rispecchiamento per gli studenti del lavoro fatto insieme, delle competenze raggiun-

te, delle risorse attivate, dei limiti sperimentati e dei nuovi bisogni formativi. In questo senso la valutazione sommativa potrebbe rappresentare il punto di partenza per un nuovo percorso.La valutazione sommativa può fornire anche preziose informazioni sull'efficacia del percorso e rappresenta la premessa per modifiche nella programmazione o in altri elementi del contesto educativo.

3.2 Il ruolo del docente nella valutazione

La scelta dello strumento da impiegare per una corretta valutazione è un aspetto delicato e complesso del processo valutativo: l'impiego dello strumento inadatto può falsare i risultati ed infine indurci ad abbandonare una strategia educativa efficace. Può accadere talvolta che insegnanti e studenti vivano una scarto tra la soddisfazione del percorso didattico condiviso e i momenti della verifica e della valutazione. Alcuni studenti, che hanno mostrato durante le attività di gruppo grande interesse e partecipazione, potrebbero al momento della verifica non ottenere risultati sufficienti, con grande sorpresa sia del docente che degli alunni stessi. Tale contraddizione non va interpretata necessariamente come segno di fallimento della proposta educativa attivata né può essere sempre banalizzata come dimostrazione di insufficiente applicazione da parte degli studenti. Lo scarto potrebbe essere dovuto anche alle procedure di valutazione, agli strumenti usati, alle domande e ai criteri individuati per l'attribuzione di punteggi e giudizi.
La scelta delle procedure di valutazione infatti può incidere molto sulla manifestazione di conoscenze e competenze da parte degli studenti così come la formulazione di ogni domanda può influenzare e determinare il contenuto della risposta del nostro interlocutore.
Potrebbe talvolta risultare frustrante per un docente dover registrare un cattivo esito generalizzato della classe perché si tratterebbe in fin dei conti di un risultato negativo ottenuto dal proprio lavoro ed andrebbe ricondotto ad un ripensamento delle attività.
Ma come è possibile essere certi che i metodi di valutazione impiegati (intesi sia come prove che come elaborazione di giudizi) descrivano davvero l'apprendimento? Come è possibile misurare e quindi valutare anche gli aspetti affettivi, soggettivi, che tanta

influenza hanno nei comportamenti degli studenti, nella loro motivazione e impegno nello studio? Come si può rendere conto delle differenze individuali attraverso un'autentica valutazione individualizzata che non ci esponga però alle critiche di alunni, genitori e colleghi, di "fare le preferenze?"
L'esigenza dei docenti chiamati ad esprimere una valutazione è quella di trovare un equilibrio soddisfacente tra elementi oggettivi e soggettivi, in modo da non tradire le caratteristiche individuali dello studente, ma di permettere anche una valutazione attendibile, intersoggettiva, condivisibile dagli studenti e da altri insegnanti.
Per indicare quel comportamento o quella risposta degli studenti che testimonierebbe il raggiungimento o meno di una certa conoscenza o competenza si parla di descrittore e/o indicatore dell'apprendimento. Gli indicatori vanno costruiti a partire dagli obiettivi didattici. Approntare una verifica richiede dunque un lavoro di traduzione: l'obiettivo didattico va prima tradotto nelle strategie più adeguate per perseguirlo e quindi nei comportamenti osservabili necessari a una sua verifica.
Tale attività di traduzione altro non è che la programmazione didattica.
Nel passaggio dall'obiettivo alla programmazione un primo problema di fondo deriva dal tipo di conoscenza/abilità che si intende valutare. Alcuni contenuti e competenze non sono sempre definibili e osservabili ma processi che non sempre o non subito gli studenti sono in grado di manifestare autonomamente attraverso la conoscenza di termini e fatti e la capacità di risolvere problemi.
La contraddizione tra percorso didattico condiviso e risultato delle prove di verifica potrebbe dunque dipendere dal fatto che alcuni obiettivi didattici potrebbero far riferimento ad apprendimenti non completamente verificabili con una prova per quanto accurata essa sia.
Un secondo problema riguarda i comportamenti osservabili che si decide di utilizzare come indicatori: sono in grado di cogliere tutte le caratteristiche della competenza che si vuole accertare?
L'individuazione e la costruzione di prove di verifica si caratterizza quindi come una ricerca aperta non esente da limiti ed errori che non permette sempre di giungere a giudizi definitivi e definitori.
Un ulteriore problema che nasce dall'affermarsi della didattica partecipativa è la traduzione del lavoro di gruppo in valutazione individuale. Lo scarto tra la proposta didattica condivisa e il risul-

tato del singolo studente potrebbe dipendere dal fatto che la modalità di insegnamento e la verifica dell'apprendimento non siano congruenti, ovvero che il percorso didattico si sia svolto in gruppo mentre la prova di verifica sia individuale, oppure che il percorso didattico abbia coinvolto tutta la classe su certi fenomeni e la prova riguardi invece altri fenomeni che lo studente dovrebbe analizzare in astratto, seduto in classe al proprio banco. In casi come questi andrebbero privilegiati strumenti di valutazione, come l'osservazione sistematica, in grado di fornire indicazioni sulle competenze che uno studente manifesta nel lavoro di gruppo. Solo dopo che l'insegnante avrà guidato la classe nel passaggio dall'apprendimento di gruppo alla possibilità di affrontare individualmente problemi e questioni, sarà possibile valutare le competenze nel lavoro individuale.

Potrebbe comunque accadere che alcune competenze possano essere manifestate e utilizzate solo in un contesto di gruppo: gli studiosi della psicologia dei gruppi ci avvertono infatti che le prestazioni raggiunte dai gruppi sia nella presa di decisioni che nella risoluzione di problemi complessi, potrebbero essere migliori e richiedere minore tempo di quelle raggiunte da una singola persona.

Di fronte alle difficoltà che si incontrano nel valutare adeguatamente un alunno, si può essere tentati di invocare l'oggettività di una misurazione quantitativa, come garanzia dagli errori e promessa di veridicità inattaccabile.

Nel tempo tuttavia la distinzione tra prove qualitative (come il tema, le interrogazioni orali....) e prove quantitative (strutturate) ha perso la sua corrispondenza con il binomio oggettivo-soggettivo, che sembrava dover coincidere con altri binomi, attendibile-inattendibile, corretta-sbagliata, vera-falsa. Emerge chiaramente come non sia sufficiente l'utilizzo di un test strutturato a scelta multipla per fare della valutazione e delle scelte didattiche conseguenti una procedura controllata e esente da errori.

Come controllare infatti che le risposte giuste non siano state date a caso o che le risposte sbagliate non dipendano da una cattiva impostazione del quesito, dall'ambiguità delle alternative? Rimane dunque all'insegnante il compito e l'ulteriore responsabilità di valutare i risultati della prova e di nuovo si può incorrere nel rischio della soggettività. La relazione insegnamento-apprendimento è

irriducibilmente costituita da soggettività, creatività, imprevisto, errore: è una ricerca per tentativi.
La scelta tra le diverse tipologie di prova, siano esse strutturate o meno, che consentano o meno la misurazione, non può ammettere pregiudizi di valore. La ricerca della valutazione giusta al momento giusto – così come della proposta didattica – è aperta e continuamente soggetta a rimodulazioni. Come avviene per la didattica, anche per la valutazione, gli insegnanti svolgono il proprio ruolo di mediatori tra i modelli, la cultura, la teoria pedagogica e gli studenti, le classi, le scuole, i contesti.

3.3 Gli strumenti della valutazione

Se dunque prove quantitative e qualitative non sono considerabili a priori più o meno buone, come scegliere lo strumento adatto per valutare gli apprendimenti?
Esistono diversi strumenti di valutazione e la scelta del metodo più adatto al contesto va fatta in base al tipo di abilità cognitiva che l'insegnante si propone di valutare. La sollecitazione fornita all'allievo condiziona e determina allo stesso tempo la sua prestazione o risposta. A seconda dello stimolo, se chiuso o aperto, e della risposta, anche in questo caso se chiusa o aperta, e della loro possibile combinazione, si possono classificare le prove in:

- **prove tradizionali:** a stimolo aperto e risposta aperta
- **prove strutturate:** a stimolo chiuso e risposta chiusa
- **prove semistrutturate:** a stimolo chiuso e risposta aperta

Di seguito proponiamo una breve disamina di tali tipologie. Sebbene molte di esse siano adatte ad osservare i cambiamenti determinati da esperienze scolastiche in alunni della scuola secondaria, ci è sembrato opportuno far riferimento all'insieme dei modelli che il docente deve conoscere e saper utilizzare nelle diverse occasioni di classe per la verifica degli apprendimenti.

Le prove tradizionali, tipicamente prove orali quali, interrogazioni e colloqui non garantiscono precisione valutativa e andrebbero utilizzate solo a condizione che siano stabiliti alcuni criteri-guida rispetto alle modalità di utilizzo ed agli scopi per cui vengono utilizzate, e che vengano costruite chiare griglie valutative. Il rischio grosso è quello di incorrere nella soggettività e discrezionalità dell'esaminatore e non godere di parità di trattamento rispetto agli altri soggetti esaminati.

Le prove strutturate (o oggettive) consentono di predeterminare con assoluta certezza la correttezza delle risposte rispetto al momento della loro somministrazione, senza lasciare spazio ad alcuna ambiguità interpretativa. Lo scopo che perseguono consiste nel verificare il possesso da parte dello studente di conoscenze, abilità e competenze relative a uno o più ambiti disciplinari. La chiusura sia dello stimolo sia della risposta consente di determinare a priori, cioè al momento della costruzione della prova e, quindi, prima della sua somministrazione, il punteggio da assegnare a ciascuna domanda esatta, sbagliata o omessa. L'oggettività della prova consiste nel fatto che il punteggio attribuibile alla stessa rimane identico al variare del correttore. L'univocità del punteggio evita che l'espressione del giudizio venga influenzata dalla soggettività di chi compie la correzione.

Le principali tipologie di quesiti utilizzabili nelle prove oggettive sono sostanzialmente cinque:

- **Quesiti vero-falso**: sono i più facili da costruire: prevedono la scelta da parte dello studente di semplici risposte dicotomiche del tipo *sì/no, giusto/errato, vero/falso* e simili. Tali quesiti generalmente consentono di rilevare solo conoscenze molto semplici ed il loro impiego è limitato alla rilevazione di aspetti contenutistici o elementi di ricordo/memorizzazione. Un altro limite risiede nella elevata probabilità di rispondere in maniera esatta semplicemente azzardando una risposta. Essendo la scelta tra due soli termini il rischio di incidenza del caso è molto elevata non potendo assicurare che i risultati rispecchino fedelmente le conoscenze possedute dallo studente.
- **Quesiti a scelta multipla**: sono i più utilizzati, il loro uso è finalizzato alla misurazione di ragionamenti di una certa complessità; consistono in un'affermazione, in una domanda o nella presentazione di un problema cui fa seguito una serie di risposte, o soluzioni tra le quali lo studente deve scegliere quella o quelle che ritiene esatte. Gli *item* a scelta multipla sono costituiti dal corpo della domanda, che corrisponde all'enunciazione del problema, e da n alternative di risposta (generalmente quattro o cinque), che corrispondono alle proposte di soluzione dello stesso.

- **Quesiti a completamento**: sono volti a misurare i livelli minimi di conoscenze e di abilità degli allievi. Essi richiedono che l'allievo inserisca negli spazi vuoti di una frase, di un testo o di un brano alcune parole significative, scegliendole oculatamente fra un elenco di possibili opzioni. Le parole che saranno scelte dovranno concordarsi grammaticalmente e sintatticamente con il resto del testo.
- **Quesiti a corrispondenza**: implicano che l'allievo stabilisca delle corrispondenze tra due o più serie di dati. Possono essere utilizzati anche per verificare delle abilità logiche, specie per quanto concerne i rapporti causa/effetto e quelli tempo/cronologici.
- **Quesiti di riordinamento**: servono per verificare la capacità dell'allievo di definire o dimostrare qualcosa, esplicitare una procedura, organizzare le sequenze/fasi/date di un processo o di un evento. Consistono nel proporre all'alunno una serie di dati disordinati che dovranno riordinare.

Al di là degli evidenti vantaggi in termini di oggettività, occorre evidenziare alcune criticità nella predisposizione delle prove strutturate. In particolare, l'importanza della corretta formulazione dei quesiti, sia gli stimoli che le risposte, ed il rispetto nella definizione delle prove oggettive di una serie di step:

- *individuazione della tipologia di quesito*: consiste nello scegliere fra le possibili opzioni (domande a scelta multipla, vero-falso, etc.),
- *controllo della esatta formulazione del quesito*: consiste nel verificare la corretta formulazione della domanda sia sul piano del contenuto scientifico sia su quello della grammatica e della sintassi;
- *controllo della chiarezza del contenuto della domanda*: consiste nell'accertamento della chiarezza di significato della domanda, quindi, della sua univocità;
- *strutturazione delle risposte*: consiste nel circoscrivere il campo delle possibili risposte, come nel caso del numero delle alternative ad una domanda o di una serie di punti da seguire nell'esecuzione di un compito;
- *controllo della univocità delle risposte*: consiste nel verificare che le risposte non siano equivocabili o ambigue, ma che rinviino ad una soluzione univocamente giusta o sbagliata;
- *controllo della forma, plausibilità e coerenza dei distrattori*: consiste nel verificare che i distrattori siano formulati in modo chiaro e

semplice e che il contenuto sia coerente con la domanda a cui fa riferimento;

- *accertamento dell'indipendenza dei quesiti della prova*: consiste nel verificare che ciascun quesito della prova sia indipendente dall'altro, di modo che rispondere a uno non aiuti l'allievo a rispondere a un altro;
- *soluzione predefinita*: consiste nella formulazione dei criteri necessari per l'attribuzione di un punteggio di correzione.

Oltre ai rischi correlati ad una inadeguata impostazione degli item vengono mosse diverse critiche a tali strumenti di valutazione. Le prove strutturate non possono chiaramente cogliere la abilità di comunicazione né valorizzare il rapporto interpersonale insegnante-allievo e di spersonalizzare, quindi, il rapporto educativo. Sono inoltre troppo soggette alla casualità e risultano comunque applicabili al solo sapere nozionistico. Nonostante ciò, le prove oggettive sono a tutt'oggi tra i formati valutativi maggiormente utilizzati nelle rilevazioni internazionali.

Nelle prove strutturate ogni prova di verifica, dopo la fase della somministrazione e della compilazione degli allievi, implica una raccolta e una correzione da parte dell'insegnante, che culminerà in una valutazione finale e nell'attribuzione di un punteggio, giudizio, voto.

La correzione delle prove strutturate implica un'operazione di riscontro dell'esattezza o meno delle risposte date da ciascun allievo ad ogni quesito. Si tratta di un'operazione semplice e piuttosto rapida, che è possibile effettuare sia al computer, attraverso un programma per la registrazione e lo spoglio dei dati, sia manualmente, attraverso una serie di griglie.

Per valutare l'apprendimento degli studenti i criteri normalmente utilizzati sono tre, da cui derivano tre diverse tipologie di valutazione:

- ***valutazione criteriale***: consiste nel comparare la prestazione dell'allievo con quella attesa. Essa si basa su un confronto tra l'apprendimento conseguito dagli studenti, attraverso la prova, e un criterio standard stabilito *a priori* dall'insegnante negli obiettivi didattici;
- ***valutazione normativa***: consiste nel comparare la prestazione di un singolo allievo con quella di un gruppo di riferimento che può essere costituito, a seconda delle esigenze espresse dalla prova, dall'intera classe, dagli studenti dello stesso grado che

frequentano l'istituto, o da un campione rappresentativo regionale, nazionale, internazionale;

- *valutazione di progresso*: consiste nel confrontare il rendimento di un allievo con le sue prestazioni iniziali.

Le prove semistrutturate

Come suggerisce il nome, le prove semistrutturate si collocano a metà tra i due poli opposti rappresentati dalle prove tradizionali e da quelle oggettive. Presentano stimoli chiusi e risposte aperte, limitate, tuttavia, da vincoli prescrittivi che permettono di stabilire precisamente dei criteri di correzione. I limiti o vincoli nella risposta possono essere diversi: il numero di righe consentite, la qualità e la quantità dei dati informativi, l'ordine di preselezione degli stessi, ecc.

Le prove semistrutturate sono quelle che meglio consentono all'insegnante di verificare nell'allievo i cosiddetti processi intellettuali superiori quali, per esempio, la comprensione e la produzione del linguaggio orale e scritto, la capacità di integrare il sapere con il saper fare, le capacità linguistico-espressive, e via dicendo. Esse sono caratterizzate da uno *stimolo chiuso* e da una *risposta aperta*. In quanto tali, richiedono all'allievo di formulare una risposta, organizzando le proprie conoscenze utilizzando le sue capacità di analisi, sintesi e valutazione. Le prove semistrutturate comprendono le domande strutturate, i riassunti, i saggi brevi, le prove di sintesi, le relazioni, i *report* di ricerca, il colloquio strutturato, semistrutturato, libero, la riflessione parlata, la simulazione di contesti e altro ancora.

- **Domande strutturate**: consistono in una serie di domande scritte, ciascuna articolata in sottodomande su aree tematiche disciplinari o interdisciplinari connesse ai contenuti specifici di apprendimento, o da essi indipendenti, alle quali l'allievo è tenuto a rispondere per iscritto dopo aver preso atto dei vincoli formali della prova. Le domande strutturate sono uno strumento di verifica estremamente versatile che può essere utilizzato in molteplici situazioni di insegnamento-apprendimento. Dal momento che le risposte sono aperte, per evitare errori di interpretazione da parte degli allievi, l'insegnante dovrà formulare le domande in modo chiaro, semplice e univocamente interpretabile. La chiarezza e l'immediata comprensione delle domande indurrà gli allievi a fornire risposte altrettanto essenziali, sintetiche e puntuali.

- **Saggi brevi:** sono delle composizioni che si presentano generalmente in forma scritta, più di rado orale, nelle quali l'allievo dimostra di essere in grado di impiegare le conoscenze e le competenze raggiunte in determinati ambiti disciplinari o sub disciplinari per la soluzione di una determinata problematica. Costituiscono uno strumento flessibile, a stimolo prevalentemente chiuso e a risposta tendenzialmente aperta. Indicano una ricerca o un'indagine scritta su un particolare problema, evento, personaggio. Nonostante l'apparente somiglianza con il tema, il saggio breve è ben diverso perché caratterizzato da una accentuata chiusura degli stimoli e da una limitata apertura delle risposte. Il saggio consente di sottoporre a controllo gran parte degli obiettivi che il tema si propone di verificare, ma che non riesce a fare in maniera affidabile. Esso è più prescrittivo del tema, ma più flessibile delle domande strutturate, in quanto lascia maggiori possibilità di argomentazione e di riflessione, pur mettendo il soggetto nella condizione di dover scegliere tra concetti e termini, sulla base della pertinenza con l'argomento trattato. In base agli obiettivi di verifica è possibile distinguere diverse aree di contenuto del saggio: proprietà del linguaggio, efficacia linguistica, focalizzazione del problema, qualità delle informazioni, rigore logico, impalcatura teorica, apparato critico, originalità della trattazione, ecc. Il saggio breve non può essere improvvisato. Esso dovrà contenere una serie di stimoli tra loro integrati e dovrà specificare il contesto di riferimento.
- **Riassunti:** sono uno strumento valutativo di estremo valore, utile soprattutto per la comprensione della lettura e della scrittura. Il riassunto consiste nella riscrittura di un testo in forma condensata. Esso ha un rilevante valore formativo; consente difatti di valutare la capacità di lettura, di scrittura, ma soprattutto di sintesi dell'allievo. Quest'ultima, com'è noto, consiste nell'abilità del soggetto di esprimere brevemente, con efficacia e utilizzando una propria forma linguistica i concetti e le informazioni più rappresentative di un brano letto senza alterarne senso e significato. Diverse sono le modalità di scrittura e di espressività riconducibili al riassunto. Rientrano in questa categoria di prove la quarta di copertina, la nota riassuntiva, la sintesi di un *dossier*, il resoconto, l'*abstract*.

- **Rapporti di ricerca:** sono dei testi al contempo descrittivi e argomentativi attraverso i quali il lettore può ricostruire tutte le fasi più importanti di un lavoro svolto da solo o in *équipe*.
- **Colloquio strutturato:** è l'espressione più diffusa della comunicazione scolastica che si attua attraverso il canale verbale orale. Esso viene impiegato per diverse finalità: rilevare le conoscenze dell'allievo, verificare la sua capacità di ragionamento, cogliere il suo punto di vista, conoscere le strategie e i processi logici da lui utilizzati nei processi di analisi e nella soluzione di determinati problemi, stabilire il grado di flessibilità cognitiva e la capacità di impiego delle conoscenze che egli possiede, e così via. A differenza di tutte le altre prove il colloquio è sempre caratterizzato da un'interazione diretta tra docenti e allievi che avviene prevalentemente attraverso i gesti e le parole. Per condurre un colloquio in maniera proficua occorre molta professionalità. Analogamente all'intervista esso è però considerato uno strumento valutativo di scarsa validità e attendibilità. Il grado di validità e di attendibilità crescono con l'aumentare del livello di strutturazione degli stimoli e delle modalità di codifica degli esiti processuali della "conversazione".
- **Colloquio libero o semistrutturato:** ha lo scopo di indagare non già le singole conoscenze dell'allievo, bensì le sue capacità descrittive, narrative, argomentative e di ragionamento. Consiste in un libero scambio di opinioni su determinate questioni. Una forma di colloquio semistrutturato è il ricordo libero. Esso consiste nel far leggere all'allievo un testo e nel verificare successivamente, attraverso un colloquio aperto, la sua capacità rielaborativa.
- **Riflessione parlata:** è una tecnica diagnostica volta a conoscere le modalità di ragionamento che l'alunno impiega per risolvere un qualsiasi problema. Attraverso la riflessione parlata, l'insegnante può indagare, per esempio, il modo in cui l'allievo reagisce di fronte a situazioni problematiche, usa e verifica schemi concettuali, elabora strategie, organizza conoscenze, cerca soluzioni.

  Si tratta, in definitiva, di una prova semistrutturata, in quanto le sollecitazioni iniziali servono come stimoli successivi per risolvere e condurre le prove.
- **Intervista:** è una delle forme espressive più funzionali e più ampiamente utilizzate in ambito scolastico. Consiste in una di-

scussione serena e protratta nel tempo fra due persone su determinati argomenti. È particolarmente indicata per accertare le conoscenze degli allievi attraverso delle domande che hanno lo scopo di approfondire determinate questioni tematiche. Durante l'intervista si stabilisce un'interazione fra gli interlocutori, mediata non solo dalla parola, ma anche dai gesti. Le diverse variabili che entrano in gioco in questo processo non sempre risultano predeterminabili. È questa la ragione per cui sia il colloquio sia l'intervista sono considerati, ad oggi, strumenti di rilevazione poco validi e poco attendibili. Il loro grado di validità aumenta in base al livello di strutturazione del colloquio o dell'intervista.

La principale differenza tra prove quantitative e qualitative è che le prime possono permettere all'insegnante di calcolare dei punteggi e tradurre il risultato in numeri, che tuttavia non corrispondono immediatamente al voto da attribuire alla prova e allo studente che l'ha completata.
Non sempre infatti la somministrazione di un test autorizza a considerare il numero delle risposte giuste come criterio per stabilire sufficienza e insuffucienza e gli altri gradi di preparazione raggiunta. Il test dovrebbe essere accompagnato da indicazioni precise per trasformare, in modo controllato, i punteggi cosìdetti grezzi nel voto. Solo in questo caso il test garantirebbe la sua oggettività in termini di un alto livello di intersoggettività poiché tutti gli alunni verrebbero valutati attraverso le stesse domande e chiunque seguendo le istruzioni potrebbe somministrare le domande e ricavarne il voto. Bisogna fare attenzione inoltre al fatto che le domande e quindi le risposte abbiano lo stesso "peso": alcune potrebbero essere finalizzate a indagare la conoscenza di termini, altre la comprensione di funzioni, altre ancora la capacità di risolvere problemi e questo renderebbe ancora più complessa l'attribuzione dei punteggi.
Un test inoltre per essere attendibile andrebbe standardizzato e sottoposto a sua volta a verifiche di affidabilità e validità. Le regole di costruzione e analisi dei test vanno rispettate perché il test mantenga quelle caratteristiche importanti che ne fanno una prova oggettiva.
Il problema è che a scuola può succedere che vengano somministrati e utilizzati come test oggettivi prove che ne riproducono solo la forma, ma non la validità.

Oppure può accadere che prove qualitative e quantitative vengano alternate nella valutazione e i risultati di entrambe concorrano a un calcolo della media dei voti o che – fatto giudicato negativamente anche dai docimologi più "oggettivisti" – le prove di valutazione utilizzate siano solo le prove oggettive.
Ci sono competenze come quella dell'argomentazione o quella della formulazione di semplici ipotesi su fenomeni concreti per le quali le prove oggettive come i test a scelta multipla risultano semplicemente non adatte. L'interrogazione sembra a volte la via migliore: permette di seguire il ragionamento dello studente, di facilitarne il ricordo, di verificare le capacità di argomentazione e la creatività personale messa in campo dallo studente nel relazionarsi ai contenuti o fenomeni studiati. D'altro canto, un difetto di oggettività attribuito alle tradizionali interrogazioni riguarda il fatto che a studenti diversi si potrebbero porre domande diverse, verificare quindi conoscenze e competenze diverse, continuando a usare gli stessi criteri di voto per tutti. Senza arrivare ad estremi di arbitrio, in cui per esempio si pongano domande talvolta banali talvolta molto difficili, può essere oggettivamente difficile per l'insegnante controllare nel corso di un'interrogazione tutte le variabili che possono influire sulle prestazioni di alunni diversi: il numero delle domande ed il loro livello di difficoltà, il tempo concesso per le risposte, la frequenza delle interruzioni, la richiesta o meno di produrre esempi, di argomentare.
La scelta di una prova qualitativa, come l'interrogazione – che può essere definita un'intervista non strutturata a domande aperte – non significa necessariamente per l'insegnante dover abbandonare rigorosità e intersoggettività.
Un'interrogazione non strutturata o un compito scritto composti da domande aperte richiedono comunque ai docenti la scelta precisa degli ambiti di verifica e l'esplicitazione a priori dei criteri di valutazione per l'attribuzione dei voti.
La soggettività dell'insegnante è irriducibile, nella didattica come nella valutazione, dalla scelta delle modalità con le quali attuare un percorso attraverso i contenuti del programma alla scelta degli oggetti e dei modi della verifica. Si tratta tuttavia di una soggettività positiva e auspicabile perché guidata da obiettivi condivisibili, ancorati alla conoscenza dei propri alunni e della disciplina.

Occorre tuttavia rilevare che, per quanto il ruolo dell'insegnante continue ad essere centrale nel processo valutativo, l'autonomia del sistema scolastico italiano, e la sempre maggiore validità riconosciuta nell'ambito della programmazione didattica a una valutazione autentica, che si esprime principalmente attraverso una forma partecipata, ha fatto sì che nella classe, negli ultimi anni, accanto alle tradizionali forme di valutazione interpretate dal docente (la cosiddetta etero-valutazione o *teacher assessment*), fossero riconosciute come altrettanto valide e significative esperienze di autovalutazione (*self-assessment*) da parte dell'allievo e le forme miste di valutazione tra pari (*peer-assessment*), di gruppo (*group assessment*), collaborativiva (*collaborative-assessment*).

3.4 L'oggetto della valutazione

Questione assolutamente centrale nella scelta dello strumento di valutazione da adoperare è la definizione dell'oggetto di valutazione ovvero il "cosa" valutare.

Fino agli anni '50 nella scuola si è parlato esclusivamente del profitto dello studente, dell'accertamento dei saperi da lui acquisiti rispetto a specifici obiettivi di apprendimento (distinti da Bloom in una tassonomia comprensiva dei seguenti aspetti: conoscenza, comprensione, applicazione, analisi, sintesi, valutazione).

A seguito delle riforme che hanno investito la scuola, gli apprendimenti e i saperi scolastici hanno subito una nuova declinazione nel noto trinomio:

- conoscenze → sapere: l'insieme delle conoscenze (concetti, teorie, ecc.) che lo studente possiede, o acquisisce nei diversi ambiti disciplinari;
- competenze → saper essere: l'insieme dei comportamenti che definiscono la persona (atteggiamento, sensibilità etc.);
- abilità → saper fare: l'insieme delle abilità (nel leggere, scrivere, disegnare, fare calcoli etc.).

Oggetto privilegiato della valutazione scolastica è costituito dagli apprendimenti degli studenti espressi da obiettivi educativi e disciplinari.

L'indicazione e la definizione degli obiettivi di apprendimento rappresentano da sempre una costante dei curricoli scolastici; essi

indicano i livelli di prestazione essenziali, le conoscenze e le abilità che tutte le scuole hanno l'obbligo di declinare in una specifica programmazione didattica. Gli obiettivi, sia quelli educativi sia quelli didattici, rappresentano un traguardo in vista di una didattica; sono, cioè, l'esplicitazione di ciò che dovrebbe raggiungere lo studente a seguito di un intervento didattico.
Esistono varie tipologie di obiettivi corrispondenti alla fase del percorso didattico in cui ci si trova.

- **Obiettivi iniziali**: in possesso dello studente prima dell'inizio di una certa attività didattica (sono quelli valutati ex ante).
- **Obiettivi intermedi**: sono quelli che lo studente deve acquisire durante un preciso percorso didattico (vengono valutati mediante le prove in itinere).
- **Obiettivi disciplinari**: generali o specifici sono quelli inerenti una determinata disciplina che lo studente deve acquisire nell'ambito di uno specifico programma di formazione.
- **Obiettivi trasversali**: sono quelle conoscenze e quelle abilità disciplinari che si intersecano con altre provenienti da ambiti diversi.
- **Obiettivi educativi:** sono competenze che riguardano lo sviluppo dello studente come persona, da un punto di vista etico, relazionale, affettivo, motivazionale, ecc.
- **Obiettivi finali**: sono quei saperi e quelle competenze che lo studente deve mostrare di avere acquisito al termine di un percorso didattico.

3.5 La valutazione autentica

Come abbiamo visto, la nuova fisionomia assunta dai sistemi scolastici ha dato sempre più spazio, in questi ultimi anni, a didattiche orientate allo sviluppo di competenze, più che dei saperi disciplinari. Il mutamento di prospettiva in atto ha portato come conseguenza un rinnovamento dei criteri per la valutazione e per la certificazione degli apprendimenti. Nella docimologia classica la valutazione del profitto scolastico è stabilita come confronto dei risultati ottenuti dagli studenti con i risultati attesi (obiettivi), fatto in maniera empirica con il sistema dei voti. Negli Stati Uniti prevale invece il sistema delle prove standardizzate (o test di profitto).

Proprio negli Stati Uniti, il dibattito pedagogico legato alla ricerca di criteri e strumenti che permettano di esprimere giudizi maggiormente fondati ha portato all'affermazione di una corrente di pensiero che sostiene la cosiddetta *valutazione autentica* o *alternativa* che può essere considerata come contrapposta alla valutazione tradizionale ovvero, trattandosi di impostazione anglosassone, alla valutazione misurata attraverso forme standardizzate. Il dibattito assume chiaramente un'accezione diversa in Italia, in cui il sistema valutativo è caratterizzato da un approccio molto più articolato e diversificato. Nel contesto italiano il dibattito non riguarda tanto gli strumenti quanto le intenzioni e gli scopi della valutazione che restano, secondo l'impostazione tradizionale, quelli di verificare l'apprendimento da parte dello studente di una conoscenza trasmessa dall'insegnante.
Secondo i suoi teorici, in primo luogo Wiggins, il limite della valutazione tradizionale, emerso dall'evoluzione dei concetti di base della pedagogia scolastica degli ultimi trent'anni, sta nel fatto che essa tende a valutare quello che l'alunno conosce, verificando la "riproduzione" ma non il processo del suo apprendimento, non la "costruzione" e lo "sviluppo" della conoscenza e neppure la "capacità di applicazione reale" delle conoscenze possedute. Questo sistema, il cui scopo iniziale è stato quello di constatare soltanto il successo oppure l'insuccesso dell'apprendimento per suggerire interventi di rinforzo o di aiuto non sembra più soddisfare la molteplicità di aspetti di cui una corretta valutazione dovrebbe tener conto. Il prof. M. Comoglio che, per primo, ha studiato e portato in Italia le teorie di Wiggins ripropone la sostituzione della valutazione tradizionale, con un sistema in grado di verificare non solo ciò che uno studente sa, ma ciò che "sa fare con ciò che sa", fondata su una prestazione reale e adeguata dell'apprendimento. La valutazione autentica si fonda quindi sulla convinzione che l'apprendimento scolastico non si dimostra con l'accumulo di nozioni, ma con la capacità di generalizzare, di trasferire e di utilizzare la conoscenza acquisita a contesti reali.

La valutazione autentica è un vero accertamento della prestazione perché da essa si capisce se gli studenti sono in grado di usare ciò che hanno appreso. In sintesi si passa dalla dimensione di valutazione della conoscenza alla valutazione della comprensione.

Si richiede, cioè, una verifica attraverso una prestazione e non attraverso un test: una prospettiva nuova e diversa che ha l'obiettivo di coinvolgere gli studenti stimolando in loro un intento personale, una ragione a impegnarsi, al di là delle capacità/doti dell'insegnante. Tra gli obiettivi finali di questo tipo di valutazione è, chiaramente, l'inserimento degli studenti nella vita reale dove non devono portare cumuli di nozioni bensì competenze ed abilità definite e finalizzate. Comoglio coglie anche un significato di maggiore democraticità nel sistema di valutazione autentica che "non avendo prioritariamente lo scopo della classificazione o della selezione, cerca di promuovere e di rafforzare tutti, dando opportunità a tutti di compiere prestazioni di qualità. Essa offre la possibilità sia agli insegnanti che agli studenti di vedere a che punto stanno, di autovalutarsi e, in conformità a ciò, migliorare il processo di insegnamento o di apprendimento: gli uni (gli insegnanti) per sviluppare la propria professionalità e gli altri (gli studenti) per diventare autoriflessivi e assumersi il controllo del proprio apprendimento. In questo modo, gli uni (gli insegnanti) scoprono il loro ruolo come "mediatori" dell'apprendimento, gli altri (gli studenti) si scoprono esaminatori di se stessi" (M. Comogli, *La valutazione autentica. Orientamenti pedagogici*, 2002).
In sostanza, la valutazione dovrebbe essere progettata per insegnare, non solo per misurare (in tal senso può anche essere definita educativa) e dovrebbe essere in grado di fornire a tutti (studenti e insegnanti) un utile feedback.

Valutazione tradizionale	Valutazione autentica
La scuola deve fare acquisire agli alunni il bagaglio di conoscenze e abilità stabilite nel curriculo. Gli alunni devono acquisire conoscenze e abilità. I docenti devono verificare con prove oggettive se gli studenti sanno e valutare di conseguenza. La conoscenza è costituita dal curriculo da cui si parte per somministrare gli strumenti della valutazione.	La scuola deve costruire un curriculo per far maturare negli studenti le competenze necessarie allo svolgimento di compiti reali. Gli studenti devono sapere svolgere compiti significativi in contesti reali. I docenti fissano le prestazioni che gli studenti dovranno effettuare per dimostrare le loro capacità e su questa base si costruisce il curriculo, che diventa mezzo per lo sviluppo della competenza richiesta per assolvere ad un compito.

Le teorie dell'apprendimento/insegnamento autentico, della cognizione situata, del costruttivismo o del costruttivismo sociale dimostrano che gli studenti comprendono e assimilano più in profondità quando hanno a che fare con situazioni reali rispetto a quanto devono apprendere in situazioni decontestualizzate. In linea con il concetto di apprendimento significativo proposto da queste prospettive, appare sostenibile l'idea di connettere la valutazione dell'apprendimento a prestazioni creative, contestualizzate. Parliamo quindi di valutazione autentica "quando ancoriamo il controllo al tipo di lavoro che persone concrete fanno piuttosto che solo sollecitare risposte facili da calcolare con risposte semplici. La valutazione autentica è un vero accertamento della prestazione perché da essa apprendiamo se gli studenti possono in modo intelligente usare ciò che hanno appreso in situazioni che in modo considerevole li avvicinano a situazioni di adulti e se possono ricreare nuove situazioni" (Wiggins, 1998, p. 21).
La valutazione autentica intende correggere i limiti dei modi più comuni di valutare non solo offrendo una prospettiva diversa da cui considerare l'apprendimento, ma anche suggerendo strumenti diversi per accertarlo. Per realizzare questi obiettivi, utilizza l'integrazione di varie strategie scritte (rubriche, saggi), visive (osservazione diretta durante lo svolgimento della prestazione oppure durante lo sviluppo della conoscenza) e orali (colloquio insegnante-studente) per raccogliere le necessarie informazioni. La valutazione ha luogo durante il processo di istruzione piuttosto che dopo, e fornisce risultati più diretti che aiutano gli insegnanti a perfezionare il loro percorso educativo. Essa serve a controllare costantemente il progresso dello studente al fine di adattare meglio l'istruzione. Si tratta di una valutazione fondata sull'osservazione: si osservano i risultati di un'attività autentica (simulazione della realtà) e si dà valore alla sua qualità (attraverso indicatori che descrivono la bontà o qualità della prestazione).
Quanto alle forme di misurazione e di controllo della qualità della prestazione si fa ricorso al criterio delle rubriche, uno strumento di punteggio che esprime chiaramente i livelli di qualità per ogni criterio ritenuto utile, partendo da livelli minimi accettati. La rubrica è composta da: criteri valutativi, una scala definita e indicatori descrittivi per differenziare i livelli di comprensione, di abilità, di qualità.

Il compito che l'insegnante assegna al gruppo o allo studente può essere un prodotto, una prestazione, oppure può richiedere delle risposte scritte articolate ad una domanda, che comportano agli studenti l'applicazione di abilità di pensare critico, creativo o di saper analizzare ed organizzare le informazioni.
La descrizione dettagliata dei livelli attesi descritti da Goodrich, o dei differenti livelli di prestazione di McTighe e Wiggins, permettono di definire un insieme uniforme di criteri o indicatori specifici che saranno usati per giudicare il lavoro degli studenti. Le rubriche così organizzate, generalmente, dovrebbero permettere a due insegnanti diversi di pervenire alla medesima valutazione.
Questo aspetto evidenzia la potenzialità della rubrica, ovvero la forte riduzione di soggettività che caratterizza le prove non strutturate, nella valutazione di una competenza, permettendo di rendersi conto delle reali possibilità della persona di trasferirla ad altri contesti. Solitamente il grado di concordanza dei punteggi assegnati da due valutatori indipendenti è una misura dell'attendibilità dei criteri della valutazione stessa.

Parte Seconda

Approcci, modelli e strumenti didattici

SOMMARIO

Premessa
L'interdisciplinarità

L'interdisciplinarità nasce dall'esigenza di comunicare e integrare i differenti campi del sapere, al fine di comprendere la realtà nella sua totalità e poter risolvere problemi complessi, nel superamento della tradizionale separazione tra le materie. Dal punto di vista dell'apprendimento, essa rappresenta l'esigenza di ricomporre i contenuti di apprendimento e di esperienza dell'alunno, unificando le molteplici informazioni che continuamente gli pervengono dall'ambiente scolastico.

Nella programmazione di un curricolo scolastico, già da anni, i docenti adottano libri di testo e materiale didattico che includono interessanti collegamenti interdisciplinari, propongono immagini e schemi che offrono spunti di riflessione, evidenziando la trasversalità delle tematiche comuni a materie di studio che appartengono ad ambiti culturali adiacenti, come la letteratura, la storia, la geografia, l'arte, ma che possono anche mettere in collegamento discipline che sembrano appartenere ad ambiti molto diversi, come ad esempio le scienze e la religione, la geografia e l'economia.

L'approccio interdisciplinare è in antitesi con l'approccio disciplinare della metodologia tradizionale che propendeva per uno studio separato di ciascuna materia. Oggi, grazie alle tecnologie informatiche, i docenti possono produrre le loro lezioni in formato digitale e ampliare la presentazione di qualsiasi argomento della loro disciplina, corredandola con immagini, suoni, informazioni, dati che appartengono fondamentalmente ad altre materie, ma che sono collegabili al tema della propria lezione.

Gli alunni che si abituano a studiare gli argomenti delle varie lezioni secondo l'approccio interdisciplinare acquisiscono una maggiore elasticità mentale, un'abitudine a considerare i problemi da più punti di vista, migliori capacità di rielaborare i concetti e di sviluppare competenze di analisi, di sintesi e di pensiero critico.

Capitolo Quarto
La lezione frontale

Per "lezione frontale" si intende la lezione "cattedratica". In questo modello didattico il ruolo dell'insegnante è predominante; infatti, il docente espone uno o più argomenti e il suo principale obiettivo è quello di trasmettere agli studenti i contenuti di una disciplina. Gli studenti si trovano in una posizione subalterna e, generalmente, non assumono un ruolo attivo rispetto allo svolgimento delle lezioni: ascoltano l'insegnante, prendono appunti, copiano dalla lavagna, scrivono su dettatura, raramente interrompono il docente per porre domande.

Le lezioni frontali in aula hanno caratterizzato a lungo la didattica tradizionale; oggi vengono considerate un modello superato, ma risultano ancora utili quando gli alunni non conoscono le basi e gli elementi fondamentali di una materia o di una certa attività formativa.

La qualità dell'insegnamento dei contenuti didattici non dipende solo dalla conoscenza della materia da parte del docente, ma anche dalla sua capacità di farsi comprendere e dall'abilità di suscitare negli alunni un buon interesse verso gli argomenti trattati.

Se l'efficacia di una lezione frontale dipende molto dalla capacità del docente di far capire i concetti e i collegamenti tra gli elementi che sta presentando, i relativi nessi logici, tuttavia anche il ruolo degli studenti assume una grande importanza, perché gli alunni sono i diretti destinatari della funzione educativa. Alla fine di un certo numero di lezioni frontali, generalmente gli studenti vengono sottoposti a una prova scritta, orale o pratica; per ottenere il massimo dei risultati positivi nelle prove, sono necessarie due condizioni: la prima implica che i contenuti siano stati presentati in modo chiaro e coerente; la seconda, invece, riguarda gli studenti, ai quali deve essere data ampia possibilità di esercitarsi adeguatamente prima delle prove di valutazione, rispettando i tempi e i modi necessari per l'apprendimento dei nuovi concetti e l'applicazione delle regole.

L'altro fattore importante che determina una buona lezione frontale è l'abilità del docente di suscitare l'interesse degli alunni, in modo da mantenere viva la loro attenzione più a lungo possibile. Infatti, il problema che più frequentemente viene registrato durante la lezione frontale è la perdita dell'attenzione degli allievi: la noia, l'irrequietezza, che spesso inducono a comportamenti non adeguati e creano situazioni di disturbo durante la lezione, determinando momenti difficili da gestire da parte dei docenti.
Per evitare queste situazioni, tipiche delle lezioni frontali, si devono attivare quelle strategie che mirano a mantenere viva l'attenzione. Infatti, l'aspetto negativo della lezione frontale sta proprio nel ruolo passivo che assumono gli alunni che assistono alla lezione semplicemente come ascoltatori, oppure seguono sul libro quello che l'insegnante sta leggendo. La didattica moderna vede gli studenti come i veri protagonisti della lezione mentre l'insegnante organizza una serie d'attività che mantengono gli alunni costantemente coinvolti, sollecitati ad agire attivamente; il loro ruolo non è più passivo perché vengono invitati a porre delle domande o ad esprimere le loro riflessioni, secondo le singole capacità e conoscenze pregresse.

4.1 Aspetti teorici ed elementi costitutivi

Le lezioni frontali si basano sui seguenti aspetti teorici:

- l'insegnante decide in modo autonomo i contenuti e le tecniche di svolgimento delle lezioni e gli viene riconosciuta una posizione autoritaria e gerarchica nei confronti dell'alunno;
- l'alunno si trova in una posizione subalterna e assume un ruolo passivo rispetto allo svolgimento delle lezioni; viene considerato un oggetto da plasmare, una *tabula rasa*, un contenitore da riempire;
- l'insegnante è un esperto della materia e un buon oratore;
- la lezione, generalmente, si svolge in un'aula o in uno spazio fisico delimitato e silenzioso, in modo da favorire la concentrazione sia del docente sia degli alunni;
- il docente tende a svolgere le lezioni secondo una sua programmazione prestabilita, seguendo tempi e modi uguali per tutti gli alunni;

- gli alunni devono attenersi a regole comportamentali rigide, che incidono sulle loro relazioni interpersonali e che possono far nascere un clima di competitività. Normalmente gli alunni non sono chiamati a lavorare in gruppi; al contrario, è privilegiato il lavoro individuale;
- mentre l'insegnante espone gli argomenti, gli alunni devono prendere appunti, copiare dalla lavagna o sottolineare parole e frasi nel testo che l'insegnante sta leggendo;
- il docente raramente può essere interrotto nella sua spiegazione; le eventuali domande di chiarimenti da parte degli alunni vanno poste solo alla fine della lezione;
- prima di terminare la lezione, l'insegnante assegna gli esercizi da svolgere a casa e le pagine da studiare nel libro di testo;
- gli alunni svolgono i compiti a casa da soli; se trovano difficoltà, devono farsi aiutare da qualcuno, perché non è ammesso arrivare a scuola senza aver svolto i compiti;
- nella lezione successiva l'insegnante controlla e corregge i compiti assegnati per casa; mentre verifica la correttezza dei compiti, normalmente non tiene conto delle difficoltà incontrate dagli alunni, né dei diversi ritmi d'apprendimento;
- terminata la correzione dei compiti, l'insegnante inizia subito un nuovo argomento. Gli studenti devono saper adattarsi ai ritmi impartiti e alla quantità di lavoro che viene richiesta ad ogni lezione;
- lo studente deve essere in grado di comprendere tutti i contenuti presentati in classe dal docente, quindi deve possedere una serie di prerequisiti per poter comprendere gli argomenti della lezione;
- tutti i componenti della classe sono tenuti a raggiungere lo stesso livello d'apprendimento, indipendentemente dai diversi livelli di partenza.

Gli elementi costitutivi della lezione frontale sono comuni anche ad altri tipi di lezione: l'insegnante, un gruppo di alunni, la materia d'insegnamento, i libri di testo, cartine geografiche, cartelloni, immagini. Oggi le tecnologie moderne mettono a disposizione lavagne multimediali e laboratori informatizzati.
Mettendo a confronto i diversi modelli teorici di lezioni, risulta chiaro che la fondamentale differenza tra loro consiste nel tipo di attività che l'insegnante propone e nel diverso ruolo che assumono gli insegnanti e gli alunni.

Anche se generalmente le lezioni frontali in aula non rispondono più alle esigenze pedagogiche e formative degli alunni, queste vengono ancora utilizzate per far acquisire le conoscenze teoriche di base delle materie nuove, prima di passare a una fase più partecipata, in classe o in un laboratorio.
La lezione frontale rimane ancora uno strumento privilegiato nei casi in cui:

- i partecipanti all'attività formativa siano completamente sprovvisti dei necessari elementi conoscitivi rispetto al tipo di attività didattica che è stata programmata;
- la finalità del momento formativo tende semplicemente alla trasmissione di concetti, informazioni, schemi interpretativi;
- l'obiettivo didattico è dare molte informazioni, in breve tempo, ad un grande numero di persone.

Il principale vantaggio delle lezioni frontali consiste nella possibilità di trasferire i contenuti didattici in maniera logica e diretta. L'insegnante è libero di decidere il programma e di rispettare i tempi di lavoro; riesce a gestire il gruppo-classe più facilmente, dato che normalmente in classe c'è "silenzio". Al contrario, a causa dell'assenza dei segnali di riscontro, l'insegnante non riesce a monitorare, passo dopo passo, l'effettivo apprendimento degli alunni, rispetto a quello che viene spiegato, poiché l'alunno non può intervenire per fare domande e comprendere meglio l'argomento.
Nella moderna programmazione didattica i docenti prediligono le altre tipologie di lezioni, soprattutto quelle più interattive, che vedono gli studenti direttamente coinvolti nelle attività di insegnamento-apprendimento, partecipando ad attività sia individuali sia di gruppo, quali la rielaborazione personale, la discussione, il confronto di idee, l'apprendimento reciproco.
Se si intende porre gli alunni al centro dell'attività didattica, affidando loro il ruolo di protagonisti consapevoli della loro crescita culturale, di conseguenza la lezione frontale dovrebbe essere ridotta al minimo indispensabile e l'insegnante dovrebbe rispettare i seguenti criteri:

- dovrebbe evitare il rischio del monologo e dimostrare di possedere buone competenze comunicative;
- non dovrebbe leggere dal libro di testo, tranne quando vuole fare una citazione o elencare dei dati;

- il materiale deve essere scelto accuratamente, in relazione alla possibilità di apprendimento degli studenti;
- l'insegnante, durante la lezione, dovrebbe considerare attentamente il livello e i tempi di attenzione degli studenti: la curva di apprendimento cade dopo circa venti minuti;
- l'insegnante dovrebbe monitorare costantemente la comprensione di quanto viene spiegato e formulare domande di controllo dell'apprendimento.

4.2 La comunicazione come elemento centrale della relazione educativa

Nella relazione educativa, un buon livello di comunicazione tra il docente e i suoi alunni diventa un elemento di fondamentale importanza perché facilita i processi di insegnamento-apprendimento. Le esperienze nel campo della didattica hanno rilevato che, per essere in grado di insegnare bene una materia, non basta avere una buona competenza della materia stessa e una buona cultura generale, ma è necessario avere anche buone capacità comunicative e relazionali.

Sulla base di queste considerazioni, la lezione frontale è stata progressivamente sostituita da un tipo di didattica che incentra la funzione dell'insegnamento sugli alunni, invece che sul docente, e sono stati avviati modelli didattici più partecipativi, che tengono conto anche dei bisogni specifici degli alunni e risultano più efficaci nei processi interattivi; l'insegnante riesce più facilmente a tenere sempre alta l'attenzione e l'interesse tramite il dialogo con gli alunni. Rispondendo alle loro domande e ai loro dubbi è anche possibile verificare se i livelli di apprendimento migliorano costantemente o se la classe trova difficoltà nel comprendere un determinato argomento.

L'esperienza di docenti che hanno insegnato ad alunni di diverse età, conferma che per migliorare il clima di classe e innalzare i livelli di apprendimento, l'insegnante deve programmare le sue lezioni includendo attività didattiche che permettano agli alunni di partecipare attivamente al processo educativo. Gli allievi saranno invitati a intervenire, ponendo domande o elaborando riflessioni su quanto viene presentato in classe; durante la spiegazione potranno esprimere le loro difficoltà nel capire l'argomento, ma

saranno anche sollecitati a fare delle supposizioni, provando ad anticipare possibili soluzioni ad un quesito.
In un clima di interazione positiva, l'insegnante conduce la lezione monitorando gli stimoli forniti dagli alunni e tenendo sempre presente le loro difficoltà, assumendo la funzione di facilitatore dell'apprendimento. In questo tipo di lezioni, il ritmo delle spiegazioni non è più deciso unicamente dall'insegnante; il ritmo e i tempi sono prevalentemente determinati dai bisogni formativi degli alunni.
Sempre più spesso vengono introdotte anche attività di gruppo che aiutano ad instaurare un interessante dialogo pedagogico, poiché vengono messi in relazione non solo gli alunni con l'insegnante, ma anche gli alunni tra loro, i quali possono interagire in un clima di crescita collettiva, apprendere l'uno dall'altro, condividendo attività di *problem solving*, esperienze laboratoriali, elaborazioni creative.
La didattica moderna propone varie tipologie di lezione che vengono classificate in base al tipo di attività prevalenti. L'insegnante potrà decidere, di volta in volta, quale tipo di lezione è più adatta ai suoi alunni, ai livelli cognitivi iniziali, agli obiettivi didattici da raggiungere.
Nella classificazione delle lezione interattiva in classe si distinguono 3 modelli:

- la lezione "dialogata", in cui l'insegnante espone i contenuti e gli alunni possono intervenire ponendo domande;
- la lezione "partecipata", in cui gli alunni "partecipano" attivamente alla lezione, non solo ponendo domande, ma anche rispondendo ai quesiti posti dall'insegnante o esponendo a tutta la classe i risultati di ricerche fatte individualmente o in gruppo. Gli alunni apprendono i contenuti della lezione sia dall'insegnante, sia dai loro compagni;
- la lezione laboratoriale, in cui gli alunni, insieme all'insegnante, possono sperimentare quello che hanno appreso in teoria e mettere in pratica le loro capacità operative.

Capitolo Quinto
La lezione partecipata

La lezione partecipata è centrata sull'alunno e sulle sue esigenze formative.
Tale metodologia richiede all'insegnante un notevole lavoro di preparazione e una progettazione delle attività didattiche abbastanza flessibile per rispettare le esigenze degli alunni. Questa metodologia didattica prevede che l'insegnante, essendo molto competente nella materia d'insegnamento, sia sempre pronto a rispondere a qualsiasi domanda e a modificare leggermente il percorso programmato, per soddisfare la richiesta di spiegazioni su un argomento collegato, "collaterale", rispetto al tema principale della lezione. Il docente deve anche essere capace d'improvvisare una nuova lezione, favorendo la comunicazione interattiva, raggiungendo lo scopo di tener alto il livello d'attenzione degli alunni. Praticamente, la lezione si costruisce *in itinere* insieme agli studenti, rispondendo alle loro esigenze di conoscere i diversi aspetti di un argomento.
L'insegnante programma le lezioni prediligendo le attività interattive, sulla base delle necessità educative della classe, senza tuttavia tralasciare i bisogni individuali degli alunni, specialmente di quelli che presentano particolari difficoltà, sia nell'ambito disciplinare, sia nelle capacità relazionali con i compagni. Infatti, non tutti gli allievi riescono a partecipare al dialogo formativo allo stesso modo e con risultati equivalenti. In questa tipologia di lezioni, l'insegnante assume il ruolo di guida dell'alunno e quindi ha anche il compito di incoraggiare gli studenti più timidi e insicuri, in modo da coinvolgerli nei lavori di gruppo e nelle attività di ricerca, permettendo così a tutti gli alunni di partecipare attivamente alle attività formative.
Il livello di partecipazione di ogni singolo alunno non dipende soltanto dalle sue capacità cognitive, dalla motivazione, dall'interesse per l'argomento, ma anche dal suo livello di autostima e da fattori socio-affettivi, che possono facilitare o frenare l'interazione con

l'insegnante e con il gruppo-classe. L'insegnante dovrà fare molta attenzione anche alle dinamiche relazionali che si verificheranno tra i suoi alunni, impostando la lezione sui principi dell'educazione socio-affettiva. Nel 1994, durante la conferenza sull'Educazione Affettiva in Europa, P. Lang ha sottolineato la centralità dei fattori sociali e interpersonali in relazione al livello di rendimento scolastico: *"Per educazione socio-affettiva intendiamo quella parte del processo educativo che si occupa di atteggiamenti, sentimenti, credenze ed emozioni degli studenti. Implica un'attenzione per lo sviluppo personale e sociale degli allievi e per la promozione della loro autostima, del loro sentirsi bene nella propria pelle. Inoltre l'educazione affettiva privilegia la dimensione interpersonale, e riconosce che lo sviluppo di capacità sociali e interpersonali è centrale. Sottolinea l'importanza di offrire sostegno e guida agli studenti, (...) e che le componenti cognitive e affettive dell'educazione sono collegate tra loro. I sentimenti che gli studenti provano verso se stessi come discenti, verso le materie scolastiche, i loro compagni e professori influenzano notevolmente il loro rendimento quanto le loro abilità"*[1].
Se insegnante e alunni riescono a interagire in un clima di classe positivo, gli alunni proveranno piacere nel ricevere le risposte alle loro domande, ai loro dubbi, e si potrà notare anche un progressivo miglioramento nelle relazioni interpersonali.
La lezione partecipata facilita lo sviluppo sia delle capacità critiche, riflessive, analitiche sia della funzione metacognitiva, poiché l'alunno è più consapevole di ciò che sta imparando.
Rispetto alla didattica frontale, nella lezione partecipata l'insegnante deve gestire due possibili situazioni:

- per rispondere a tutte le domande, spesso il docente perde la "linearità" del filo conduttore dei contenuti;
- per terminare un argomento del programma la classe impiega più tempo di quello che normalmente sarebbe stato necessario, senza interruzioni per le domande e le relative risposte.

Nelle classi tradizionali, dove prevale la didattica frontale, viene a mancare quella che viene definita "l'interdipendenza positiva", tipica dell'apprendimento in gruppo; inoltre, non viene incoraggiata l'esperienza di condividere le proprie conoscenze, per far progredire più velocemente tutto il gruppo.

---

[1] P. Lang, *Report on Affective Education in Europe*, Warwick University, Warwick Massachussetts, 20-22 maggio 1994.

In seguito verrà presentato il metodo di apprendimento denominato *cooperative learning* (apprendimento cooperativo) che si basa sul coinvolgimento attivo di tutti gli alunni, che lavorano insieme, in gruppi ben organizzati dal docente, per far apprendere nuove tematiche o per risolvere un problema. Gli alunni diventano protagonisti principali nelle attività di apprendimento dei contenuti e nelle operazioni di ricerca di una soluzione a un problema dato. Il ruolo del docente è quello di controllare come lavorano i gruppi, avendo precedentemente preparato accuratamente l'organizzazione delle attività e scelto con attenzione il materiale didattico da distribuire ad ogni singolo gruppo. In classe il docente dovrà intervenire solo se strettamente necessario, per lasciare spazio alle dinamiche di gruppo; alla fine delle attività previste per lo svolgimento del compito assegnato dovrà monitorare l'andamento del processo d'apprendimento degli alunni.
Le differenze fondamentali tra l'attività degli alunni nelle classi tradizionali e i gruppi di *cooperative learning* sono:

1. nei gruppi di *cooperative learning* l'interdipendenza positiva è alta; nelle classi tradizionali è inesistente o quasi;
5. i gruppi di *cooperative learning* sono formati con il criterio dell'eterogeneità di competenze; per quelli tradizionali non si fanno emergere le singole qualità;
3. nel *cooperative learning* la *leadership* è condivisa e distribuita, nelle lezioni tradizionali il *leader* è unico ed è spesso il ruolo riservato al docente;
4. nei gruppi cooperativi si perseguono obiettivi rivolti al compito da svolgere e, contemporaneamente, alla relazione da creare; nelle classi tradizionali l'attenzione è rivolta esclusivamente al compito;
5. nei gruppi cooperativi le competenze sociali sono sviluppate consapevolmente; nelle classi tradizionali sono date per scontate;
6. nei gruppi cooperativi, oltre a una valutazione individuale per ciascun membro, è prevista una valutazione di gruppo, in questo modo ciascuno è responsabile del proprio lavoro e del lavoro di équipe; nelle classi tradizionali la valutazione è solo individuale.

5.1 L'apprendimento collaborativo: definizione

Per apprendimento collaborativo si intende la modalità di imparare nuovi contenuti o di conoscere nuove procedure applicative, tramite il confronto che avviene tra un gruppo di persone che collaborano tra loro, anche a distanza, tramite i sistemi informatici, con l'obiettivo di:

- studiare e approfondire argomenti di comune interesse;
- scambiarsi informazioni, dati e risultati di ricerche;
- migliorare il livello di conoscenze dei partecipanti al gruppo;
- elaborare progetti innovativi.

Sulla pagina web *Collaborative Learning Home*, creata per la Learning@School Conference troviamo un'altra definizione del *collaborative learning*, che viene messo a confronto con il *cooperative learning*:

"*Here is an attempt to define what Collaborative learning is compared to Cooperative learning. The two concepts are different but at some point merge on a continuum. Quite often a project begins cooperatively and then evolves into collaborative learning as questions, connections and ideas are discovered.*

Definition of Collaborative learning: Collaborative learning is based on the idea that learning is a naturally social act in which the participants talk among themselves (Gerlach). *It is through the talk that learning occurs; participants work together to solve a problem. Many times a teacher does not have a pre-set notion of the problem or solution that students will be researching.*

Definition of Cooperative learning: Cooperative learning is a successful teaching strategy in which small teams, each with students of different levels of ability, use a variety of learning activities to improve their understanding of a subject. Each member of a team is responsible not only for learning what is taught but also for helping teammates learn, thus creating an atmosphere of achievement. Each person is responsible for a portion of the work many times the teacher already knows the problem and solution students will be working towards".

5.2 Presupposti teorici dell'apprendimento cooperativo

Secondo alcuni studiosi, nella *cooperazione* ogni componente del gruppo esegue un compito specifico, mentre nella *collaborazione* ciascuno lavora in tutte le parti del compito complessivo.
Prima di parlare dei presupposti teorici dell'apprendimento cooperativo fermiamoci a definire il significato generale di "apprendimento": esso significa "cambiamento delle conoscenze" che possono essere progressivamente aumentate, modificate, ristrutturate.
L'apprendimento cooperativo deve le sue origini, verso la fine del 1700, al sistema di mutuo insegnamento attuato dall'educatore inglese Andrew Bell e ripreso qualche anno dopo dal suo conterraneo Joseph Lancaster. Dagli inizi del 1800 questo sistema si sviluppa rapidamente in alcuni paesi europei quali la Gran Bretagna, la Francia, la Spagna, e, grazie a Federico Confalonieri, anche in Italia. Il sistema di mutuo insegnamento viene definito, nel 1820, dal pedagogo svizzero Grégoire Girard, quale metodo Bell-Lancaster e identificato come "*l'esatta divisione della scuola in più classi;* (...) *e lavoro simultaneo di tutte le classi, nello stesso locale e negli stessi momenti*".
Il sistema di mutuo insegnamento giunge quindi anche oltre oceano negli USA dove, dal 1900, si sviluppa e amplia i propri orizzonti trasformandosi in apprendimento cooperativo grazie a due correnti di pensiero condotte dal pedagogista John Dewey e dallo psicologo Kurt Lewin i quali concordano sulla necessità, la rilevanza e il valore dell'interazione e della cooperazione nell'ambito scolastico. Ad essi si uniscono anche i pensieri e gli studi svolti dallo psicologo e pedagogista svizzero Jean Piaget e dallo psicologo russo Lev S. Vygotskij. Dagli anni Sessanta molti altri pedagogisti, psicologi e filosofi approfondiscono ed effettuano studi per sviluppare il *cooperative learning*, ritenuto oramai elemento essenziale, non solo all'interno del sistema scolastico, ma anche all'interno di tutto il nostro sistema di interazione sociale.
Sorgono così centri in tutto il mondo che lentamente, grazie a ricerche, teorie e studi approfonditi, si sono trasformati in veri punti di eccellenza e di riferimento del *cooperative learning*: negli Stati Uniti con i fratelli Johnson, R. Slavin, E. Aronson, M. Kagan; in Israele con S. Sharan; in Inghilterra con J. Rudduck; in Italia con

Mario Comoglio, docente all'Università Salesiana di Roma, il quale, dopo diversi studi, effettuati anche negli USA, è giunto alla conclusione che il *cooperative learning* è il nuovo modo di "fare scuola".

5.2.1 Teorie di riferimento

L'apprendimento cooperativo fonda le sue radici procedurali nello sviluppo di alcune teorie.

Teoria dei climi di Kurt Lewin: in cui si sostiene che all'interno di un gruppo si creano delle relazioni, delle interdipendenze tramite le quali i soggetti agiscono. In base alla sensazione avvertita da ogni singolo individuo all'interno dell'ambiente di gruppo, si attiva una reazione che può essere vissuta come momento di apprendimento, di crescita, di mutamento. Tutto dipende da e ruota attorno al rapporto fra dinamiche, interpretazioni e bisogni del gruppo. Viene a instaurarsi così un'atmosfera sociale in grado di modificare il comportamento dei membri qualora si attivi, negli stessi, la sensazione di condividere lo stesso "destino"; si attua, pertanto, un arricchimento derivato dall'assumere un atteggiamento *democrative* ottenuto dal rapporto democratico fra i componenti, dall'utilizzo e il rispetto delle normative e discipline sociali, unitamente alle regole dettate dal gruppo.

Teoria del contatto di Gordon Allport: secondo cui si attivano delle relazioni positive grazie alle interazioni fra i componenti del gruppo.

Teoria dell'apprendimento centrato sulla persona di Carl Ramson Rogers: dove empatia, accettazione non giudicante e congruenza permettono di "mettersi nei panni dell'altro", di accettarlo, anche con valori e comportamenti diversi dai nostri, ma senza mai dimenticare di essere sempre e comunque noi stessi anche quando stiamo con gli altri.

Teoria di Lev S. Vygotskij: relativa alla zona di sviluppo prossimale. Questa teoria può essere contestualizzata a diverse forme di organizzazione dei soggetti, dalla scuola per i bambini, al gruppo di lavoro. L'autore non considera l'apprendimento come un'attività individuale, ma lo considera possibile solo grazie all'interazione e al confronto con altri. Il pensiero di Vygotskij si discosta dall'approccio piagetiano il quale riteneva che lo sviluppo cognitivo del bambino dovesse attraversare diversi stadi per maturare e formare le proprie conoscenze.

Teorie del costruttivismo sociale: si costruisce nuova conoscenza e si apprende in modo sociale a partire dalle conoscenze già possedute da ciascuno nel gruppo, attraverso un'osservazione ragionata di eventi e una rielaborazione comune. La costruzione di nuova conoscenza è considerata come processo dinamico aperto alla competizione intellettuale.

Teorie motivazionali: l'interazione e l'interdipendenza fra soggetti determinano dei risultati positivi e delle conclusioni superiori rispetto a quelle ottenute dal singolo individuo; tutto questo grazie alla correlazione di diversi aspetti quali gli obiettivi scolastici, la motivazione ad apprendere e i processi interpersonali. Incontro, scambio e relazione con gli altri sono elementi altamente motivanti per un soggetto perché permettono di ampliare e valorizzare la conoscenza di se stessi, delle proprie capacità e, di conseguenza, di accrescere il desiderio di apprendimento ricavandone un'enorme gratificazione. Il soggetto è in simbiosi con il suo gruppo, ogni suo esito positivo determina un successo anche per il *team*, quindi egli confida che anche i compagni facciano altrettanto, che si impegnino cercando di dare il massimo. Si innesca così l'atteggiamento "protosociale", successivamente generalizzato anche nei confronti di tutti i componenti del gruppo. Con l'apprendimento cooperativo viene soddisfatto il bisogno di stare con gli altri grazie a un comportamento intrinsecamente motivato, cioè interiorizzato, perché vissuto come importante e significativo. Viene, inoltre, soddisfatto anche un bisogno individuale che vede, quale unico mezzo per raggiungere l'obiettivo, il proprio gruppo. Il *team* è il mezzo per conseguire il successo, quindi per ricevere un riconoscimento sociale derivato dall'applicazione, dall'impegno, dal sacrificio di ogni singolo individuo. Il totale degli elementi vale più della somma delle singole parti ed è per questo che i membri del gruppo cercano di aiutarsi e di incoraggiarsi: vince uno, vincono tutti.
Oggi l'apprendimento può avvenire in contesti molto diversi tra loro: il tradizionale apprendimento in classe o ad un convegno/seminario, oppure l'apprendimento attraverso i moderni mezzi di comunicazione e i computer che, tramite i collegamenti a Inter-

net, forniscono immediatamente una vasta banca-dati e mettono velocemente in contatto milioni di persone, di tutte le età e culture diverse. Nell'apprendimento collaborativo, per esempio, tale cambiamento avviene durante lo scambio di informazioni e dati, scambio che avviene prevalentemente tramite le tecnologie informatiche. Sul web sono attive piattaforme digitali dove i partecipanti ai *focus group* possono mettersi in contatto e "collaborare" per approfondire un argomento, fornire ed elaborare dati, discutere, esaminare casi, confrontare idee, ricercare possibili soluzioni a un determinato problema.

Già prima dell'entrata in uso della telematica, l'apprendimento collaborativo era valutato positivamente; infatti, lo studio della collaborazione e delle sue applicazioni è stato oggetto di ricerca da parte di famosi studiosi, tra cui Vigotskij[2] e Piaget[3], per quanto riguarda il coinvolgimento delle implicazioni psicologiche, mentre Dewey[4] ha dato più peso alle implicazioni sociali.

Sia Vigotskij, sia Dewey, seppure con risvolti molto diversi tra loro, considerano l'apprendimento un processo profondamente sociale.

Per Vigotskij esiste una stretta relazione tra funzioni intrapsichiche e interpsichiche. Ogni funzione nello sviluppo culturale del bambino appare due volte, a due livelli. La memoria logica, l'attenzione volontaria e la formazione di concetti si sviluppano nel bambino prima a livello interpsicologico, come una conseguenza dell'interazione sociale con il gruppo di coetanei e adulti in cui è inserito e, in un secondo tempo, a livello intrapsicologico. Per Vigotskij anche il linguaggio nasce inizialmente come mezzo di comunicazione tra il bambino e le persone del suo ambiente e solo in seguito, dopo la conversione al linguaggio interiore, diventa una funzione mentale interiore.

La collaborazione viene considerata un catalizzatore per lo sviluppo di determinate capacità di *problem solving* perché chi apprende userà le tecniche e le strategie di ragionamento che ha assimilato

[2] Lev S. Vigotskij, *Lo sviluppo psichico del bambino*, Editori Riuniti, University Press, Roma 2011.

[3] J. Piaget, *L'epistemologia genetica*, Laterza, 2000; Id., *La psicologia del bambino*, in collaborazione con Bärbel Inhelder, Einaudi, Edizione italiana: 2001.

[4] John Dewey, *The Child and the Curriculum*, Chicago: University of Chicago Press, 1902.

durante il lavoro con i compagni o con l'insegnante anche quando si troverà ad affrontare, da solo, un problema simile a uno già visto in gruppo.
L'attenzione di Dewey è concentrata sull'importanza dell'integrazione del giovane nella società piuttosto che sui risvolti che la cooperazione ha sullo sviluppo cognitivo del singolo. La sua riflessione parte dalla considerazione del divario tra l'esperienza diretta e i concetti astratti appresi nella scuola del suo tempo. Secondo Dewey, la scuola deve costruire una conoscenza che parta dall'esperienza diretta allo scopo di formare cittadini in grado di comprendere i processi sociali in atto, di informarsi, di pensare e giudicare in modo critico. Per Dewey, il vero centro dell'apprendimento non è nelle singole discipline ma nelle attività sociali dell'alunno e l'avvicinamento tra scuola e società passa anche attraverso l'introduzione degli strumenti e delle modalità di lavoro della società adulta negli ambienti educativi.
Gli strumenti che oggi vengono sempre più introdotti nella scuola per avvicinare gli studenti alla società e al mondo degli adulti e del lavoro sono la CMC (comunicazione mediata dal computer) e le applicazioni multimediali, in quanto strumenti che consentono loro di sviluppare uno dei requisiti ritenuti più importanti nella società dell'informazione, ossia abituare i giovani a lavorare in gruppo con persone di diverse culture in modo produttivo, elastico ed efficiente.
Gli studi sulle strategie di apprendimento collaborativo supportato dalle tecnologie informatiche devono molto anche a Piaget e al costruttivismo. Piaget considerava il sapere come costruzione personale dell'individuo. In quest'ottica lo studente diventa protagonista di un processo di apprendimento attivo di cui l'insegnante deve essere guida e facilitatore. Vigotskij e la sua scuola attribuivano una grande importanza all'apprendimento collaborativo, in quanto la collaborazione svolge due compiti fondamentali: in primo luogo, permette di evitare l'isolamento dei saperi individuali, consentendo a prospettive diverse di confrontarsi e quindi di interagire in modo costruttivo. In secondo luogo, inserisce l'apprendimento nel suo contesto sociale, cioè nella comunità che pratica quella conoscenza o in cui quella conoscenza si trova inserita.

5.3 Approccio "cooperativo" e approccio "collaborativo"

La differenza tra approccio "collaborativo" e quello "cooperativo" risiede nella differenza di significato tra "collaborazione", che è una filosofia di interazione e stile di vita personale, e "cooperazione", che è una struttura di interazione ideata per facilitare la realizzazione di un prodotto finale o il raggiungimento di un obiettivo[5].
L'apprendimento collaborativo è una filosofia personale, non solo una metodologia scolastica. In tutte le situazioni in cui la gente si riunisce in gruppi, l'apprendimento collaborativo suggerisce il modo di trattare con le persone, il che riflette ed evidenzia le abilità individuali e i contributi personali.
Nell'apprendimento collaborativo c'è una condivisione dell'autorità e l'accettazione di responsabilità tra i membri per le azioni del gruppo. La premessa fondamentale dell'apprendimento collaborativo si basa sulla costruzione di consenso attraverso la "cooperazione" tra i membri del gruppo, in antitesi con la competizione, che determina situazioni di rivalità in cui gli individui tendono a primeggiare rispetto agli altri componenti del gruppo.
L'apprendimento cooperativo viene definito da un insieme di processi che aiutano le persone a interagire per raggiungere un obiettivo specifico o per creare un prodotto finale.
In ambito scolastico, è un sistema di organizzazione più diretto del collaborativo ed è strettamente controllato dal docente che facilita i contatti tra i membri del gruppo, talvolta crea gruppi eterogenei, affida ruoli, compiti e tempi d'esecuzione, mentre l'apprendimento collaborativo è più centrato sullo studente.

5.4 La *community of learners*: A. Brown e J. Campione

Luca Bertazzi, nel suo *La classe: comunità di persone che apprendono*[6] cita la "comunità di apprendimento" di Brown e Campione, considerata come modo di organizzare la classe attraverso principi teorici e attività specifiche.

[5] Ted Panitz, *A Definition of Collaborative vs Cooperative Learning*, 1996.
[6] Luca Bertazzi, *La classe: comunità di persone che apprendono*, Isre, 2003.

Negli ultimi decenni, molti studi e ricerche sui contesti di apprendimento hanno trovato una convergenza e coerenza in una visione di apprendimento (e di educazione) che viene identificata con il termine di "comunità di apprendimento".
Alla stessa locuzione generale – comunità di apprendimento – si riconducono un'ampia varietà di modelli che, pur condividendo la prospettiva socio-culturale sull'apprendimento, si distinguono, ad esempio, per il punto di partenza e le assunzioni teoriche, oppure per le modalità di applicazione dei principi di progetto del costruttivismo sociale nelle attività in classe o, ancora, per il peso attribuito al sostegno tecnologico e per l'uso peculiare che se ne fa.
Possiamo individuare come caratteristica fondamentale di questa nuova cultura dell'apprendimento la condivisione di un obiettivo educativo e di apprendimento di sviluppo di conoscenze e abilità di natura collettiva, tali da favorire la crescita di conoscenze e abilità di natura individuale. Vi è, cioè, un'azione e un sostegno reciproci tra la crescita delle conoscenze e abilità della comunità e quelle dell'individuo. In questo senso, i membri di una comunità di apprendimento percepiscono se stessi come collaboratori del proprio apprendimento e di quello della comunità.
A tal fine, a loro è chiesto di:

- imparare a riflettere sul proprio apprendimento;
- diventare "pensatori critici", in grado di comprendere in profondità;
- promuovere una cultura d'apprendimento in cui sia gli individui che la comunità intera "imparano ad apprendere". Al centro non ci sono più le conoscenze, ma i processi per imparare ad apprendere. L'enfasi è posta sull'imparare come si apprende;
- condividere il loro apprendimento con gli altri membri della comunità. In questo senso, diventa fondamentale la conoscenza di procedure e strategie che consentano la condivisione di ciò che si impara.

Per realizzare questa cultura dell'apprendimento diventa fondamentale il ruolo dell'insegnante che, da membro della comunità, "alla pari" con gli studenti, continua a rappresentare "*un modello di apprendimento attivo e una guida per aiutare l'apprendimento degli studenti*". L'insegnante si preoccupa di sviluppare apprendimento strutturando lezioni e "cicli di ricerca" introdotti da discussioni in classe, nelle quali gli studenti possono far emergere le conoscenze

già in loro possesso, le loro aspettative riguardo ciò che vorrebbero conoscere, per arrivare a una scelta condivisa dei contenuti da apprendere. Attraverso "strutture di partecipazione" gli studenti costruiscono il loro percorso di apprendimento. Il momento centrale di tale percorso sono le attività di "scambio", progettate e condotte dagli stessi studenti (Brown e Campione, *Guided Discovery in a Community of Learners*), nelle quali si realizzano processi di negoziazione reciproca.
Questo modello di classe come comunità viene riferito dagli autori con il nome di *Fostering Communities of Learners* (FCL, "Promuovere Comunità di Discenti"). Il lavoro teorico e i progetti realizzati in classi elementari e medie, sviluppati da Ann Brown, Joseph Campione e collaboratori, ricercatori dell'Università di Berkeley, sono molto ben documentati[7] e vantano solide basi teoriche radicate nella premessa della trentennale attività di ricerca cognitivista di questi esperti sui metodi per aiutare studenti passivi a diventare attivi, attraverso strategie di apprendimento e riflessione che conducano alla capacità di trasferimento della conoscenza, o a un uso flessibile, appropriato e perfino creativo della conoscenza. Ripartendo dalle critiche mosse da vari autori alla scolarizzazione (J.S. Brown; L.B. Resnick; A.N. Whitehead, 1929), la proposta del gruppo di ricerca guidato da Ann Brown (A. Brown, D. Ash, M. Rutherford, K. Nakagawa, A. Gordon, & Campione, 1993) si orienta, verso una comunità di discenti, in cui gli studenti sono incoraggiati a impegnarsi in un apprendimento auto-riflessivo e in una indagine critica nella quale essi diventano responsabili in qualche misura di fronte alla comunità, per la definizione della loro stessa conoscenza e competenza.
La *community of learners* è un modo di organizzare la classe attraverso principi teorici e specifiche attività che stimolano, assistono e orientano gli alunni, responsabilizzando ogni soggetto e facendo in modo che questi assuma una sempre maggiore autonomia. Innanzitutto, lo studente è considerato un costruttore attivo della propria conoscenza piuttosto che recipiente passivo di esperienze e

---

7 *Community of learning and thinking: Or a context by any other name*, in "Human Development", 21, 1990. *Distribuited Expertise in the classrom*, in: Salomon G; (ed.), *Distributed Cognitions*, New York: CUP, 1993. *Guided Discovery in a Community of Learners*, in K. McGilly (ed.), *Classroom lessons: Integrating cognitive theory and classroom practice*, MA: MIT Press/Bradford Books, 1994.

competenze altrui. L'obiettivo didattico più importante perseguito è quello di permettere agli studenti di padroneggiare strategie di apprendimento attivo.
Una particolare attenzione viene rivolta alle abilità di auto-controllo, auto-direzione e auto-valutazione dell'apprendimento.
Dal punto di vista teorico, una importante rielaborazione vede la classe come composta da zone di sviluppo prossimale multiple (Brown & Campione, 1994) in interazione con agenti multipli. Interagiscono con la zona di sviluppo prossimale sia persone (adulti e bambini pari o con diverse competenze), sia strumenti (media e artefatti quali software).
Obiettivo principale del progetto è incoraggiare una conoscenza e competenza distribuita tra tutti i partecipanti alla comunità. Ogni membro è al tempo stesso apprendista ed insegnante, condividendo con tutti gli altri le proprie conoscenze.
Ciascun membro della comunità è considerato come fonte consultabile per ottenere informazioni, risposte a quesiti, stimoli per riflettere. L'insegnante non è più il solo esperto del dominio ma comunque fornisce un utile modello del "come fare a sapere", del come cercare informazioni e come valutarle.
Per ottenere una tale distribuzione della conoscenza, all'interno della classe si attuano diversi cambiamenti riguardo ai ruoli, al contesto di lavoro, ai contenuti didattici e alle modalità di apprendimento-insegnamento.
Tutte le attività svolte dalla *community of learners* riflettono completamente le idee fondamentali di apprendimento cooperativo, in un clima di collaborazione attiva, al fine di incrementare le abilità metacognitive degli studenti.

5.5 Il metodo Jigsaw e il *reciprocal teaching*

5.5.1 Il metodo Jigsaw

Il metodo Jigsaw è una specifica tecnica che ha riscosso buoni successi in campo educativo e didattico. Gli studenti possono essere resi interdipendenti mediante tale procedura che prevede una diversa distribuzione per i vari gruppi delle informazioni, materiali didattici, attrezzature. In pratica ogni studente, all'interno di un gruppo, riceve solo una parte dei dati e del materiale necessario

per svolgere tutto il compito assegnato e, proprio come ogni tessera di un puzzle è essenziale per completare il quadro, così il suo intervento diventa fondamentale per la piena comprensione e il completamento del compito assegnato: questo tipo di interdipendenza tra i diversi elementi del gruppo fa aumentare il senso di responsabilità e il senso di appartenenza e rende questa strategia particolarmente efficace.
L'insegnante che segue questo metodo divide gli alunni appartenenti ad una stessa classe in gruppi di quattro o cinque ragazzi ciascuno. Se, per esempio, l'obiettivo didattico è di apprendere contenuti storici, economici e culturali relativi alla Gran Bretagna, l'insegnante distribuirà a ogni studente informazioni e materiali diversi. In un gruppo strutturato con il Jigsaw, un/una ragazzo/a avrà il compito di cercare informazioni sulle popolazioni che abitavano le isole britanniche prima dell'arrivo degli invasori Anglosassoni, un altro cercherà informazioni sulle diversità culturali e religiose dei discendenti delle popolazioni celtiche, che ancora abitano in Scozia e nel Galles, approfondendo anche la storia moderna degli usi e costumi in Gran Bretagna; un altro studente si interesserà della storia antica, per esempio le campagne militari di Giulio Cesare in Inghilterra e le motivazioni che portarono alla costruzione del *Vallum Adrianum*; un'alunna farà ricerche relative alla posizione geografica ed economica del paese in relazione con altri stati europei; in un altro gruppo gli alunni potrebbero suddividersi il compito di studiare i diversi paesi che facevano parte dell'Impero britannico e le rispettive implicazioni politiche ed economiche. Al termine dei lavori, ogni studente presenterà una relazione ben organizzata al proprio gruppo e, in un secondo momento, i portavoce dei diversi gruppi presenteranno a tutta la classe la conclusione della loro ricerca. Questa situazione è fortemente strutturata, al punto che ogni membro del gruppo ha a disposizione informazioni e materiali diversi rispetto ai compagni, è quindi costretto ad ascoltare attentamente le relazioni degli altri componenti nel gruppo e degli altri relatori degli altri gruppi. Conseguentemente, se un ragazzo non nutre simpatia per un certo compagno o se, invece di ascoltare con attenzione, perde tempo a scherzare con qualcuno e non memorizza quello che viene detto in classe, non avrà la possibilità di affrontare con sicurezza il compito che l'insegnante assegnerà alla fine del lavoro dei gruppi. Per migliorare il grado di accuratezza nel relazionare, gli studenti pos-

sono precedentemente incontrarsi con gli alunni "esperti" degli altri gruppi, per raccogliere altre informazioni, prima di tornare al gruppo a cui appartengono, per apportare le nuove informazioni, scambiarsi altri dati (per esempio: le ragioni che indussero gli Stati Uniti a lottare per l'indipendenza dalla Gran Bretagna) e per approfondire il loro argomento prima di ripetere le loro presentazioni di fronte a tutti i compagni e al docente. Alla fine dei lavori questi gruppi vengono definiti "gruppi esperti". Questo è un modello didattico particolarmente utile per quegli studenti che hanno difficoltà nello studio a casa o che non riescono ad organizzare da soli le proprie ricerche.
Al termine delle relazioni ogni studente viene sottoposto ad una prova per testare il proprio livello di apprendimento e valutare il raggiungimento degli obiettivi, insieme all'insegnante e ai compagni di classe.
Se confrontiamo il metodo Jigsaw con altri metodi, possiamo certamente notare come sia un modo piuttosto efficace di organizzare l'apprendimento dei materiali. Ma ancor più importante è che il processo del Jigsaw incoraggia di per sé l'ascolto, il coinvolgimento, l'empatia dando a ciascuno un ruolo essenziale nello svolgimento di attività di apprendimento. Tutti i membri del gruppo devono lavorare insieme per raggiungere uno scopo comune e ogni persona dipende dalle altre. Nessuno studente può comprendere completamente l'argomento se non lavora con gli altri. Questa cooperazione è determinata dalla progettazione stessa della lezione e facilita l'interazione tra gli studenti, portandoli a valutare i contributi degli altri come un compito comune.

5.5.2 Il *reciprocal teaching*

L'insegnamento reciproco è un metodo adottato quando si vuole promuovere la metacognizione[8] durante la lettura di un documento, oppure per trovare la soluzione di un problema o per facilitare l'apprendimento nel campo delle scienze.

---

[8] Capacità di controllare i propri processi di pensiero, la percezione della necessità di ulteriori informazioni per la comprensione di un fenomeno e la riflessione su ciò che si è imparato (Brown, Bransford, Ferrara, & Campione, *Learning, remembering and understanding*, in P.H. Mussen (ed.), *Handbook of child psychology*, New York: Wiley, 1983), vedi par. 1.19.

L'apprendimento tramite il metodo del *reciprocal teaching* consiste nell'imparare dagli altri membri del gruppo di lavoro tramite la richiesta di spiegazioni, con l'aiuto di una persona più esperta all'interno del gruppo stesso, che fornisce semplificazioni e chiarimenti su argomenti complessi, facilitandone la comprensione. Generalmente, il *reciprocal teaching* viene attivato tra membri di un gruppo di lavoro di circa sei persone che a turno guidano la discussione su un articolo, su un progetto, o su altro materiale che tutti devono capire per portare a termine un determinato lavoro.

Nelle diverse sessioni successive, i vari componenti del gruppo applicano ciclicamente quattro strategie cognitive che consistono nel:

- porre domande;
- riassumere il *focus* in questione o l'argomento;
- chiarire i problemi;
- fare previsioni sugli sviluppi successivi.

Queste strategie, poiché sono eccellenti strumenti di comprensione-monitoraggio, hanno il vantaggio di sollecitare altre domande, chiarire dubbi, formulare ipotesi, approfondire la discussione, allo scopo di far raggiungere ai diversi membri del gruppo una migliore conoscenza e competenza del lavoro da svolgere.

Il *reciprocal teaching* sollecita, infatti, zone di sviluppo prossimale dove trovano sostegno lettori di capacità differenti. Nel caso in cui alcuni membri del gruppo non siano del tutto capaci di partecipare attivamente e di trasmettere il proprio pensiero durante la discussione, il *reciprocal teaching* consente comunque ai principianti di apprendere dai contributi di coloro che sono più esperti. Nello sforzo collettivo di trovare il consenso sul significato di termini e concetti, si riesce a portare a termine uno dei compiti principali che è leggere per comprendere il significato del documento in esame. In questo modo, "*il compito è semplificato attraverso il supporto sociale dato da una varietà di competenze e non attraverso la scomposizione del compito in abilità fondamentali*".

Il *reciprocal teaching* è costituito da una serie di istruzioni procedurali che facilitano il lavoro di gruppo e rafforzano la collaborazione tra studenti e insegnante. Questa procedura è stata inizialmente utilizzata per potenziare le abilità di lettura e comprensione del testo in studenti con problemi (Brown & Palincsar, *Inducing strategic learning from texts by means of informed, self-control training. Topics in Learning and Learning Disabilities,* 2 (1), 1982; Palincsar & Brown, *Reciprocal teaching of comprehension-fostering and comprension-monitoring,* in: *Educational Psychologist,* 20, 1984). In seguito, è stata estesa anche ad altre attività curriculari.

In una tipica sessione di *reciprocal teaching* si formano gruppi di lettura di più o meno sei bambini.

A turno, ciascun partecipante svolge la funzione di *leader*. Essere *leader* significa leggere, stimolare e sostenere la discussione. La discussione viene avviata con domande sul contenuto della lettura e si conclude chiedendo di riassumere quanto si è letto. Il ruolo del *leader* è molto simile a quello dell'insegnante, dovendo monitorare la propria e altrui comprensione.

Specificatamente le strategie del *reciprocal teaching* sono:

- *riassumere*: il *leader* chiede di identificare e, se è il caso, di integrare le informazioni più importanti contenute nel testo appena letto. Il testo da riassumere può essere una frase, un paragrafo, una pagina o l'intero brano. Se si tratta di un gruppo di bambini alla prima esperienza di *reciprocal teaching* è più utile focalizzare il riassunto su un breve passaggio. Gruppi di studenti abituati al metodo di *reciprocal teaching* sono capaci di riassumere un paragrafo o addirittura un intero brano;
- *fare domande*: fare domande e rispondere a domande altrui rafforza la comprensione del testo. Nel proporre domande gli studenti possono essere invitati a emulare l'insegnante, devono quindi cercare di fare domande relative a quelle che sono state identificate come informazioni importanti. Alcune domande evidenziano che per comprendere il testo occorre fare inferenze al di là di ciò che si è letto, altre domande evidenziano problemi di definizione di termini. Il tipo di domande e di risposte generate sono in genere abbastanza esplicative del livello di competenza del gruppo;
- *chiarificazioni*: si tratta di una strategia estremamente importante allo scopo di dare agli studenti la sensazione che il fine della lettura non è solo quello di pronunciare correttamente le parole ma di dare senso ed estrapolare significato dal testo. Chiarire il testo significa anche costruire strumenti per poter giudicare un testo:

  a) i riferimenti offerti dall'autore sono chiari?

  b) concetti e termini sono comprensibili?

c) il testo è ben organizzato o le informazioni sono incomplete?
d) ci sono metafore, espressioni idiomatiche? Sono chiare?

Dare chiarimenti a volte implica ri-leggere il testo e spesso la rilettura può generare nuove domande;

- *predire*: si chiede agli studenti di fare ipotesi su ciò che sarà contenuto nel seguito del brano. Per fare delle predizioni giuste gli studenti devono attivare tutte le conoscenze che già posseggono sull'argomento. Per verificare la veridicità delle proprie previsioni bisogna continuare a leggere: in questo modo si rafforza la motivazione a continuare la lettura e si evidenziano i collegamenti tra le vecchie conoscenze e le nuove informazioni.

Con il *reciprocal teaching* si legge per comunicare il contenuto della lettura a qualcuno, per persuadere, per dimostrare la propria ipotesi. In questo modo, obiettivo della lettura diventa contemporaneamente sia quello di conoscere di più rispetto a un certo dominio, sia quello di sviluppare e potenziare la riflessione sulle proprie conoscenze e sulle proprie modalità di dare senso a ciò che si legge.

5.6 La formazione dei gruppi di apprendimento

Nell'apprendimento cooperativo, l'insegnante ha il delicato compito di formare vari gruppi di apprendimento, basandosi su criteri che garantiscano, all'interno di ciascun gruppo, la maggior eterogeneità possibile.
Generalmente si possono formare tre tipi di gruppi:

- *gruppi formali*: questi raggruppamenti vengono utilizzati per far apprendere contenuti molto diversi tra loro; gli studenti sono molto partecipi già nella fase iniziale di organizzazione del materiale; i diversi membri del gruppo hanno il compito di sintetizzare i documenti e di ampliare le basi date con nuovi contenuti. Generalmente questi gruppi lavorano una o due settimane;
- *gruppi informali*: questi gruppi lavorano su materiale da visionare (film, immagini, brani di lettura), con l'obiettivo di imparare i contenuti direttamente dalle immagini o dal testo, oppure i vari gruppi devono provare a formulare aspettative su ulteriori materiali da visionare nelle lezioni successive. In genere, questi

gruppi si riuniscono per brevi periodi di tempo, che varia da pochi minuti alla durata di una lezione. È fondamentale instaurare un clima cooperativo sereno, nel rispetto delle idee degli altri membri del gruppo;

- *gruppi di base*: normalmente sono gruppi formati da elementi eterogenei che collaborano per rendere più efficace il loro apprendimento, incoraggiandosi anche psicologicamente. In genere, si occupano di ricerche e, dovendo lavorare su obiettivi e progetti a lungo termine, si riuniscono regolarmente, per periodi relativamente lunghi, che possono durare da vari mesi a qualche anno per discutere insieme sulle loro attività, su questioni di *problem solving*.

5.7 I ruoli all'interno dei gruppi

Per far funzionare bene i gruppi, in modo che ognuno si senta partecipe e direttamente coinvolto, l'insegnante deve affidare un ruolo a ogni componente. Successivamente, vengono fissate le regole da rispettare, in modo che tutti siano in grado di sapere esattamente quello che possono o non possono fare. In queste dinamiche relazionali i ruoli sono complementari e ognuno si aspetta dai compagni lo svolgimento di una funzione operativa.

La partecipazione equa è una parte integrante di questo processo, una componente necessaria. Gli studenti possono imparare interagendo con i loro compagni sui contenuti del compito assegnato. Per ottenere un buon livello generale d'apprendimento, la partecipazione di tutti i membri dei gruppi deve essere strutturata in modo tale da garantire l'equità, poiché questa non si crea spontaneamente. Non è sufficiente garantire la simultaneità delle attività, ovvero l'essere attivi nello stesso momento, occorre che la partecipazione sia uguale in termini di impegno e disponibilità al dialogo.

Generalmente, l'equità viene garantita attraverso due aspetti organizzativi: il primo consiste nell'assegnazione di turni, come e quando gli studenti devono partecipare all'attività, stabilendo delle norme. Il secondo è la suddivisione del lavoro, in modo che ogni studente si senta responsabile di una parte del compito. Anche se, durante la discussione all'interno del gruppo, ogni componente deve poter prendere in considerazione questioni che vengono sol-

levate da un altro membro e che appaiono rilevanti o pertinenti rispetto al ruolo che riveste, tuttavia ogni membro del gruppo deve sentire l'obbligo di aiutare il gruppo a procedere efficacemente, senza perdere tempo. È quindi necessario che il docente fornisca agli studenti una traccia per definire le responsabilità individuali e una guida per la discussione.
Il gruppo più facile da gestire è solitamente formato da tre persone. In ogni gruppo di tre alunni, ciascun membro riveste uno dei seguenti ruoli: *leader*, scettico; controllore.

Il ruolo del *leader*/coordinatore consiste nel:

1) organizzare le riunioni del gruppo;
2) presiedere e facilitare la discussione nel gruppo;
3) mantenere l'attenzione del gruppo focalizzata sulla soluzione del compito;
4) incoraggiare il gruppo ad affrontare il problema secondo una successione di stadi;
5) incoraggiare la partecipazione di tutti i membri del gruppo nel processo di *problem solving*.

Il ruolo dello scettico consiste nel:

1) porre frequentemente domande sulla ragione per cui si esegue un certo passaggio o si segue una particolare direzione nel tentativo di risolvere un dato problema;
2) cercare spiegazioni e chiedere valutazioni;
3) focalizzare o identificare ogni assunzione fatta nella risoluzione del problema, dimostrando la correttezza o la falsità dell'assunzione considerata;
4) presiedere e facilitare la discussione nel gruppo.

Generalmente, lo "scettico" non si accontenta di ricevere risposte quali "sì" o "no", ma cerca risposte articolate, che spingano alla riflessione sul "perché" o sul "come" avvengono i fatti. Inoltre, è compito dello scettico stimolare il gruppo nella ricerca di soluzioni alternative.

Il ruolo del controllore consiste nel:

1) controllare se sono state considerate tutte le informazioni e i dati del testo;
2) tenere traccia della discussione del gruppo;
3) scrivere la soluzione del problema con tutti i passaggi e far controllare la procedura agli altri membri del gruppo;

4) incoraggiare gli altri membri del gruppo a fare le verifiche;
5) preparare la relazione finale o la versione definitiva della soluzione del problema.

5.8 L'interdipendenza positiva

L'interdipendenza positiva si realizza quando, all'interno di un gruppo, si risolve un problema con il contributo effettivo di tutti i suoi membri, impegnati con mansioni diverse allo scopo di perseguire il medesimo obiettivo.
Per favorire la collaborazione all'interno dei gruppi-lavoro, cioè per fare in modo che i gruppi-lavoro riescano a perseguire i loro obiettivi in modo cooperativo, gli studenti che li compongono devono essere in grado di mettere in atto una serie di comportamenti che vengono definiti come insieme delle competenze sociali; ovvero, l'insieme dei comportamenti che una persona deve imparare ad adottare per poter lavorare in gruppo. Sicuramente uno dei problemi più difficili da risolvere è quello di creare attività coinvolgenti per ogni singolo membro in ogni singolo gruppo, in modo tale che ognuno si possa sentire responsabilizzato, assumendo un ruolo indispensabile al raggiungimento dell'obiettivo del suo *team* di lavoro. Il problema è allora creare attività in cui l'interdipendenza positiva sia vissuta come autentica e non come qualcosa di fittizio. Il primo problema è creare situazioni di effettiva dipendenza reciproca legata magari a un obiettivo realmente motivante, facendo utilizzare materiali sufficientemente vari e articolati, adatti al lavoro in piccoli gruppi.
Altrettanto importante è la fase di monitoraggio costante mentre i ragazzi interagiscono nella prosecuzione del compito assegnato. L'insegnante farà attenzione a come vengono applicate le competenze sociali, monitorando la qualità dell'interazione e facilitando un clima di apprendimento positivo a livello cognitivo.
Nell'apprendimento cooperativo è importante raggiungere buone competenze e abilità sociali quali:

- saper comunicare;
- saper gestire i conflitti;
- saper risolvere i problemi;
- saper prendere decisioni.

L'interazione positiva avviene prevalentemente sulla base dei seguenti punti di forza:

- aiuto reciproco;
- scambio di informazioni;
- *feedback* reciproco;
- fiducia reciproca;
- stimolazione reciproca per una più alta qualità del compito;
- accettazione di una influenza reciproca;
- motivazione per il bene comune;
- diminuzione di ansia e stress.

5.9 Utilizzo dell'apprendimento cooperativo nell'elaborazione e risoluzione dei problemi (*problem solving*)

Nell'elaborazione dei problemi e nella ricerca della loro soluzione, gli studenti spesso apprendono attraverso gli esempi svolti dal docente, il quale, mentre fornisce la risoluzione del problema, non riesce tuttavia a cogliere le difficoltà che incontrano i suoi studenti. Infatti, prima di arrivare alla soluzione del problema, lo studente deve attivare nuovi processi cognitivi, modificando il ragionamento secondo regole e logiche nuove.

L'insegnamento e l'apprendimento di tecniche di *problem solving* attraverso esempi non sempre è efficace. Facendo lavorare gli studenti in piccoli gruppi, seguendo il metodo del *cooperative learning*, si instaura un clima più adatto al mutamento del proprio modo di pensare perché si offre loro l'opportunità di chiedere, di esprimere dubbi, di difendere le loro convinzioni, spiegare le difficoltà; questo è un processo virtuoso che in modo attivo favorisce l'apprendimento.

Sebbene questo approccio alla risoluzione dei problemi possa essere insegnato anche in una classe tradizionale, esso viene trasmesso in modo più efficace all'interno della dinamica di un gruppo. Soprattutto nelle prime esperienze di risoluzione dei problemi, è necessario raccogliere le soluzioni proposte dai vari gruppi, valutarle, fornendo commenti positivi e mettendo in evidenza le cose migliori, dando suggerimenti che aiutino gli studenti a crescere e favorendo la produzione di mappe concettuali.

5.9.1 Nuove tecnologie e apprendimento cooperativo/collaborativo

Oggi, l'apprendimento non avviene più solo in aula, ma si avvale delle nuove fonti di informazioni telematiche, tramite la progressiva affermazione delle tecnologie informatiche. La formazione a distanza (detta FaD) si è resa possibile attraverso la rete Internet, dove sono sempre più attivi nuovi *focus group*, che sono costituiti da gruppi di persone che, con il supporto di un ricercatore/facilitatore, sviluppano un dibattito intorno a un argomento definito, in un periodo di tempo variabile, per apprendere nuovi contenuti, tenersi aggiornati, approfondire un tema particolare. Spesso i dibattiti e le comunicazioni vengono registrati sotto forma di domande e risposte, ma anche *file* audio e/o video.

Sulle reti informatiche, le applicazioni delle metodologie di apprendimento cooperativo e collaborativo hanno ricevuto un impulso fino ad ieri impensabile. Dall'unione fra la precedente modalità di formazione a distanza, le nuove tecnologie che offrono la possibilità di accedere a piattaforme digitali e le metodologie didattiche basate sul *cooperative learning*, è nata una nuova generazione di formazione a distanza denominata *e-learning*. Con il termine *e-learning* si vuole indicare la progressiva convergenza di più tendenze, modelli, paradigmi teorici e soluzioni tecnologiche, fra cui compaiono in primo luogo le metodologie di apprendimento collaborativo. Infatti, l'*e-learning* nasce come processo in cui il collegamento telematico fra tutti gli attori permette di realizzare una vera e propria comunità di apprendimento tesa ad annullare l'isolamento del singolo e a valorizzare i rapporti di gruppo. Tramite i collegamenti a Internet è possibile creare un ambiente virtuale di apprendimento, dove si può accedere a un corso di formazione e a tutti gli strumenti di comunicazione collegati.

In pratica, i sistemi della rete web permettono di creare classi virtuali e di monitorare l'apprendimento di un gruppo di iscritti al corso, lasciando al docente la possibilità di adottare metodologie didattiche innovative, basate sull'uso della comunicazione telematica.

5.9.2 Un'applicazione del *cooperative learning*: il *learning circle*

L'espressione *learning circles* o circoli di apprendimento apparve per la prima volta in un progetto di Margaret Riel per "The Long Distance Learning Network" della AT&T nel 1990.

La loro origine risale ad un'un'esperienza realizzata nel 1987 da quattro ricercatori: Moshe Cohen di Gerusalemme, Naomi Miyake di Tokyo, Jim Levin di Champaign (Illinois) e la stessa Margaret Riel di San Diego (California).

L'obiettivo che si voleva raggiungere con l'attivazione di questi *learning circles* è quello di: "*creare ambienti di apprendimento funzionali in cui gli studenti cooperano con loro pari e con adulti per condividere idee, dibattere questioni e risolvere problemi*".

I *learning circles* hanno riscosso subito un buon successo perché i partecipanti provavano divertimento nello scrivere e leggere materiale inviato da altri studenti; nel contempo, aumentava progressivamente l'interesse per la possibilità di interagire a distanza con gli altri partner, di scambiarsi materiali e di lavorare in gruppo per uno scopo condiviso.

La presenza dei coordinatori risultò strategica nella promozione dell'attività di rete.

Generalmente un *learning circle* è costituito da un minimo di quattro classi, insegnanti e alunni, a un massimo di otto, riunite in una classe virtuale le cui interazioni avvengono per via telematica.

Ciascuna classe collabora solo con quelle iscritte allo stesso circolo per fare in modo che le interazioni siano meno dispersive e più intense.

Ciascun *learning circle* è caratterizzato da un tema e ogni insegnante sceglie a quale circolo iscriversi in base al tema che intende sviluppare con la propria classe. Ogni classe deve raggiungere l'obiettivo di produrre una pubblicazione che contiene il proprio progetto, sviluppato con la collaborazione delle altre classi. Il compito di ciascuna classe è pertanto quello di ideare un proprio progetto per sviluppare un aspetto particolare del tema e, allo stesso tempo, di inviare contributi in termini di informazioni e di materiale ai progetti delle altre classi del suo circolo.

Il lavoro di coordinamento avviene con l'aiuto di un insegnante esperto (*learning circle facilitator*) che è a stretto contatto con quelli degli altri circoli e con il *mentor coordinator* che è il coordinatore dei *circle facilitator*.
All'interno del circolo non si pratica la valutazione diretta dei meriti o demeriti dei singoli studenti. Un giudizio sul proprio lavoro emerge, però, quando i contributi ai vari progetti vengono scartati o inclusi nella pubblicazione finale di ogni classe partner. Scrive Margaret Riel: "*Gli studenti che hanno avuto il loro pezzo pubblicato da una o più scuole provano la stessa emozione che sente uno scrittore quando vede un proprio lavoro stampato da qualche parte*".
Tutto questo lavoro si svolge in sei fasi:

1. *Getting ready* (preparazione al circolo): gli insegnanti rivedono la guida e il materiale sui circoli, verificano le connessioni e illustrano il concetto di *learning circles* ai loro studenti.
5. *Opening the Learning Circle* (apertura del circolo di apprendimento): inizia l'interazione. Le classi si collegano e rispondono all'*electronic roll call*, gli insegnanti spediscono il loro messaggio introduttivo al circolo e insieme agli studenti inviano le loro risposte al *classroom survey*. Gli studenti preparano i *welcome packs*.
3. *Planning Learning Circle projects* (pianificazione del progetto del circolo): gli insegnanti discutono i progetti proposti nei *classroom survey*. Ciascuna classe seleziona un progetto da promuovere e invia un messaggio descrivendo le informazioni che vuole ricevere.
4. *Exchanging student work* (scambio delle informazioni): viene raccolto il lavoro degli studenti delle diverse classi e viene inviato al *learning circle* almeno una volta alla settimana. Gli studenti e gli insegnanti continuano a pianificare e a condividere il lavoro relativo ai vari progetti.
5. *Organizing the Circle publication* (redazione della pubblicazione): gli studenti valutano, selezionano e pubblicano gli articoli che hanno ricevuto per il loro progetto che completano e stampano in collaborazione con gli insegnanti. Le classi scambiano le sezioni dei progetti via servizio postale o e-mail e assemblano la pubblicazione.

6. *Closing the Learning Circle* (chiusura del circolo): insegnanti e studenti inviano messaggi di saluto alle classi partner e il *learning circle* chiude.

Le interazioni avvengono con un software di comunicazione che consente la preparazione dei messaggi di risposta e la lettura di quelli ricevuti off-line.
Nell'ambito del circolo ogni classe si aspetta che le altre inviino un contributo, anche se minimo, al proprio progetto ed è obbligata a produrre e inviare almeno un messaggio alla settimana.
La comunicazione tra le classi remote avviene con un collegamento telematico che presuppone un software per il collegamento, la documentazione e i materiali tecnici, un PC, un modem e un accesso alla linea telefonica. I tipi di interazione più frequenti in un *learning circle* sono: le conversazioni uno a uno, la trasmissione di informazioni uno a molti e l'interazione di gruppo, molti a molti.
Strumento fondamentale per la conversazione uno a uno è la posta elettronica. Nel caso in cui si voglia trasmettere a tutto il circolo, uno a molti, sarà sufficiente spedire il proprio messaggio alla *conference* oppure alla *mailing list* a cui hanno accesso tutti i partner di un *learning circle*. Quando una *mail* giunge alla conferenza viene archiviata sotto uno specifico argomento in modo che tutti possano leggerla e scaricarla. Nel caso della *mailing list*, invece, la posta inviata al circolo viene automaticamente ridistribuita agli indirizzi delle classi appartenenti al circolo stesso.
Le classi vengono raggruppate in base al tema che hanno scelto al momento dell'iscrizione ai *learning circles*. L'insegnante sceglie quale delle tematiche proposte dai circoli intende sviluppare insieme alla propria classe e lo segnala all'organizzazione. Naturalmente, il tema scelto sarà affine al programma didattico della classe o a nuove esperienze di apprendimento che il docente intende far sperimentare ai suoi studenti.
Per esempio, un *learning circles* può lavorare insieme alla stesura di un giornale: *Computer chronicles* (materie coinvolte: giornalismo, computer *publishing*, inglese, scrittura creativa), gli obiettivi di questa area tematica consistono nello sviluppare le abilità di lettura, di scrittura e di comunicazione oltre a quelli inerenti alla collaborazione telematica. Ogni classe potrà realizzare una sezione del giornale con il contributo di tutti gli studenti e la pubblicazione del circolo sarà costituita dall'intero giornale.

Nel tema *Places and Perspectives* (che coinvolge discipline quali storia, geografia, scienze sociali), invece, gli studenti sono stimolati a esplorare la storia, la cultura, la forma politica e la geografia locale di un popolo condividendo le loro conoscenze ed esperienze con studenti di altre zone del mondo. Le possibilità di approfondimento sono molteplici e spaziano dallo studio delle leggende locali, a episodi di politica, a studi sul territorio, a descrizioni di luoghi di interesse turistico. La produzione finale potrebbe essere la creazione di un CD che offra uno sguardo sui luoghi e sulle comunità stesse.

Capitolo Sesto
La lezione costruttivista

6.1 Presupposti teorici: il costruttivismo

Abbiamo già accennato, nella prima parte di questo lavoro, alla teoria costruttivista, alle sue implicazioni in una didattica efficace e al suo rapporto con le teorie. Vogliamo qui riassumere e, soprattuttto, approfondire l'approccio costruttivista in relazione agli ambienti di apprendimento.

Il costruttivismo è una teoria dell'apprendimento, ed è anche una teoria della conoscenza. Si tratta di un concetto epistemologico che attinge da una varietà di settori, compresa la filosofia, la psicologia e la scienza.

L'iniziatore del costruttivismo può essere considerato lo psicologo statunitense George Kelly che già negli anni Cinquanta nel trattato *Psicologia dei Costrutti Personali* (1955) precorse gli sviluppi epistemologici e metateorici della recente scienza cognitiva, che fu denominata "di secondo ordine". Non si tratta però di un movimento completamente nuovo, in quanto i primi pensieri costruttivisti risalgono al filosofo napoletano Giambattista Vico (1668-1744), il quale diceva: "*Il vero è identico al fatto*", o anche "(...) *la verità umana è ciò che l'uomo conosce costruendolo con le sue azioni, e formandolo attraverso di esse*".

Oltre al citato Kelly, possono essere considerati padri "moderni" del costruttivismo George Herbert Mead, Jean Piaget, Humberto Maturana, Ernst von Glasersfeld, Francisco Varela, Kurt Lewin, Heinz von Foerster, Niklas Luhmann, Paul Watzlawick, Lev Vigotskij, Gregory Bateson e Ludwig Wittgenstein.

Un ramo del costruttivismo moderno è il "costruttivismo sociale", secondo cui l'intersoggetività tra attori è il prerequisito e il "luogo" per imparare ad elaborare strumenti di comprensione della realtà.

Le teorie del costruttivismo sociale partono dalla convinzione che si costruisce nuova conoscenza e si apprende in modo sociale a partire dalle conoscenze già possedute da ciascuno nel gruppo, attraverso un'osservazione ragionata di eventi e una rielaborazione comune.

R. Driver propone una "costruzione sociale" dell'apprendimento scientifico: la conoscenza scientifica viene costruita quando gli studenti sono attivamente impegnati in discussioni e attività riguardanti problemi scientifici. Questa nuova concezione, che vede lo studente attivamente coinvolto nella costruzione della conoscenza, ha sostituito la visione del "comportamentismo" che considerava l'apprendimento centrato sulla struttura stimolo-risposta.

Secondo Vigotskij, lo sviluppo cognitivo è un processo sociale e la capacità di ragionare aumenta nell'interazione con i propri pari e con persone maggiormente esperte.

W.J. McKeachie sostiene che, interagendo con i propri pari, lo studente opera una maggiore elaborazione cognitiva e può ammettere e chiarire la propria confusione.

Il modello costruttivista può essere sintetizzato in una singola frase: "*La conoscenza è costruita nella mente di colui che impara*".

6.2 L'ambiente di apprendimento costruttivista

6.2.1 I prerequisiti

Nell'ambito della matrice epistemologica costruttivista, viene messa in discussione la possibilità di una conoscenza "oggettiva", in quanto sapere totale che rappresenti, in modo fedele, un ordine esterno indipendente dall'osservatore; la stessa osservazione diretta dei fenomeni non è più considerata fonte privilegiata di conoscenza obiettiva.

"*Tutto ciò che è detto è detto da qualcuno*". Quest'affermazione ben riflette i cambiamenti avvenuti nel campo dell'epistemologia moderna da Karl Popper in poi. Non esistono fatti "nudi", ovvero al di fuori delle teorie. Al contrario, ogni osservazione, è ritenuta possibile solo alla luce di teorie, e nessuna conoscenza è data dall'ambiente, ma è sempre sviluppo di una conoscenza precedente.

L'approccio si dice costruttivista in quanto tiene in considerazione il punto di vista di chi osserva, di chi esamina; esso considera il sapere come qualcosa che non può essere ricevuto in modo passivo (come affezione del mondo esterno) dal soggetto, ma che risulta dalla relazione fra un soggetto attivo e la realtà. La realtà, in quanto oggetto della nostra conoscenza, sarebbe dunque creata dal nostro continuo "fare esperienza" di essa. La determiniamo dal modo, dai mezzi, dalla nostra disposizione nell'osservarla, conoscerla e comunicarla. Si forma nei processi d'interazione e attraverso l'attribuzione di significati alla nostra esperienza. In questi processi il linguaggio ha certamente un ruolo fondamentale. La "costruzione" si poggia, quindi, su mappe cognitive che servono agli individui per orientarsi e costruire le proprie interpretazioni.

In sostanza, ciascun individuo costruisce una sua "mappa di significati" personali, che gli consentono di vivere in quello che ciascuno sperimenta come il suo mondo. D'altra parte appare fondamentale, in questo processo di costruzione, il mondo sociale nel quale il soggetto è inserito, e del quale egli condivide i significati. Anche l'azione e l'intervento sulla realtà hanno spesso carattere sociale, sia in quanto avvengono attraverso o all'interno di gruppi, sia in quanto avvengono attraverso la mediazione del linguaggio (Jean Piaget). L'ambiente, in quest'ottica, cessa d'essere luogo denso di "informazioni" precostituite all'esterno, da "trarre" o "raccogliere", per divenire luogo di esperienza, che offre diverse possibilità e opportunità di costruire informazioni e conoscenze. Nella prospettiva di Niklas Luhmann l'informazione è il risultato dell'elaborazione da parte del sistema (ad esempio, il sistema psichico) delle sollecitazioni provenienti dall'ambiente.

6.2.2 Linee d'indirizzo per la realizzazione di ambienti di apprendimento costruttivisti

I cambiamenti teorici e sociali che negli ultimi anni hanno sempre di più investito la produzione della conoscenza hanno anche un'evidente ricaduta sulle metodologie per la formazione. Il fenomeno ormai dominante che incontriamo in linea con la crisi del modello razionalistico va, appunto, sotto il nome di costruttivismo.

I concetti principali che caratterizzano l'attuale costruttivismo possono essere ricondotti fondamentalmente a tre: la conoscenza è prodotto di una costruzione attiva del soggetto, ha carattere "situato", ancorato quindi nel contesto concreto, si svolge attraverso

particolari forme di collaborazione e negoziazione sociale) (D.M. Jonassen, *Thinking technology, toward a constructivistic design model*, in: "Educational technology, *XXXIV*, 1994). In primo piano viene posta la "costruzione del significato" sottolineando il carattere attivo, polisemico, non predeterminabile di tale attività.
Il costruttivismo in ambito didattico è pervaso da un'esigenza di rifiuto verso una figura di insegnante come fornitore di informazioni, verso il distacco della scuola dalla vita, verso il carattere "inerte" della conoscenza che gli alunni dovrebbero acquisire; al fondo c'è una carica oppositiva al modello corrente di scuola, che richiama in primo luogo l'opposizione alla scuola emersa all'inizio del secolo scorso (Dewey e le "scuole attive"). Dal costruttivismo, che parte da assunti di maggiore complessità circa la natura della conoscenza rispetto ai modelli cognitivistici degli anni Settanta e Ottanta, derivano indicazioni relative alla costruzione di ambienti di apprendimento e modelli didattici. Gli ambienti di apprendimento di taglio costruttivistico sono quindi orientati a:

- evitare eccessive semplificazioni rappresentando la naturale complessità del mondo reale;
- dare enfasi alla costruzione della conoscenza e non alla sua riproduzione;
- presentare compiti autentici (contestualizzare piuttosto che astrarre);
- offrire ambienti di apprendimento assunti dal mondo reale, basati su casi, piuttosto che su sequenze istruttive predeterminate;
- offrire rappresentazioni multiple della realtà;
- alimentare pratiche riflessive;
- permettere costruzioni di conoscenze dipendenti dal contesto e dal contenuto;
- favorire la costruzione cooperativa della conoscenza, attraverso la negoziazione.

La prospettiva costruttivista ha profondamente influenzato la didattica, evidenziando in primo luogo l'importanza dell'ambiente di apprendimento, inteso come luogo in cui coloro che apprendono possono lavorare aiutandosi reciprocamente, avvalendosi di una varietà di strumenti e risorse informative in attività di apprendimento guidato o di *problem solving*. Viene anche superata defini-

tivamente la visione di un'istruzione come sequenza preordinabile, ponendo forte enfasi sul discente, sull'autodeterminazione del percorso e degli stessi obiettivi.
Le prime dirette conseguenze del costruttivismo riguardano l'impossibilità di una distinzione netta tra colui che osserva e chi è osservato, perché entrambi si definiscono come tali attraverso la reciproca interazione. Ciò che viene osservato non sono cose, proprietà o relazioni di un mondo che esiste indipendentemente dall'osservatore, bensì delle distinzioni effettuate dall'osservatore stesso, in seguito alla propria attività nell'ambiente.
Spesso questo approccio, che si contrappone certamente a una visione positivistica della scienza, viene considerato come una minaccia per la razionalità e per la scienza intesa come visione "unica" della realtà e della verità. Ma, come si è già affermato, può essere considerato congruente con i più recenti sviluppi dell'epistemologia.

6.3 La funzione di "guida" del docente

Come si è già detto, il costruttivismo rifiuta il ruolo dell'insegnante quale semplice trasmettitore di informazioni o teorie. Alla base di questo rifiuto c'è la netta opposizione al distacco della scuola dalla vita reale. Ne consegue che c'è anche il rifiuto dell'acquisizione di contenuti teorici prestrutturati, perché crede che sia più utile acquisire una metodologia di apprendimento, "imparare ad imparare", in modo da rendere lo studente progressivamente autonomo nel proprio percorso formativo.
L'insegnante assume, dunque, un ruolo di "guida" all'acquisizione di efficaci metodi e strategie di studio, per quanto riguarda gli aspetti cognitivi e di apprendimento esperienziale in relazione alle procedure operative.
L'insegnante ha il compito di mantenere il lavoro e l'organizzazione della classe focalizzata sugli argomenti e gli obiettivi individuati, ha il compito di dare le istruzioni necessarie per avviare le nuove attività e di fungere da modello iniziale.
In seguito, supervisiona le attività e dà maggiori istruzioni.
La strategia didattica utilizzata dagli insegnanti è quella di fare in modo che gli studenti scoprano da loro i concetti anziché offrire loro risposte e informazioni confezionate.

Questa strategia didattica non è così semplice da attuare e alcuni dei quesiti degli insegnanti restano ancora problematici: quanto l'insegnante deve essere intrusivo? Come si fa a sapere quando offrire solo una guida verso la scoperta e quando invece bisognerebbe insegnare nel modo più tradizionale? Quando è più opportuno lasciare gli studenti da soli e quando invece bisogna offrire loro aiuto?

È proprio a questo difficile equilibrio tra apprendimento per scoperta e apprendimento attraverso la spiegazione e la guida degli insegnanti che fa riferimento il termine *guided discovery* utilizzato da Brown e Campione (Brown & Campione, *Guided discovery in a community of learners*, in K. McGilly, *Classroom lesson: integrating cognitive theory and classroom practice*, Cambridge, MA, MIT Press, Bradford Book, 1994).

Con questo concetto il ruolo dell'insegnante si fa carico di una specifica peculiarità: agire da facilitatore nei processi di apprendimento degli studenti, guidare nell'avventura dell'apprendimento, orchestrare ogni attività in modo tale che le informazioni non siano date ma scoperte e offrendo, al tempo stesso, guida e sostegno. Occorre sensibilità e abilità clinica per capire quando gli alunni sono pronti per nuovi apprendimenti e per percepire le continue variazioni degli stati cognitivi e metacognitivi degli allievi.

Capitolo Settimo
Esercitazioni e strumenti didattici

7.1 L'esercizio in classe

Come si è detto nei capitoli precedenti, la lezione frontale viene impartita solo quando c'è bisogno di comunicare contemporaneamente, in breve tempo, a tutta la classe, molte informazioni, o si vuole trasmettere contenuti di base, propedeutici a un determinato argomento o in vista di un'esercitazione in laboratorio.
Modelli di lezioni partecipative, cooperative, collaborative o seguendo la teoria costruttivista hanno reso le lezioni più coinvolgenti, più rispettose delle esigenze degli alunni, dei loro tempi d'apprendimento, delle loro diverse abilità e competenze. Si è visto che si ottengono risultati migliori quando i ragazzi lavorano in gruppo, quando sono loro a trovare le risposte o le informazioni richieste dal compito assegnato. L'insegnante che assume spesso il ruolo di "guida" e di "facilitatore" dell'apprendimento rende i suoi alunni più responsabili e più autonomi nell'affrontare i problemi.
L'insegnante deciderà di volta in volta quale tipo di esercizio o esercitazione proporre agli alunni:

- analisi di un testo e risposte a domande sulla comprensione dei nuclei fondamentali;
- riassumere un brano;
- risolvere un problema dato;
- *brainstorming*: prevedere sviluppi successivi e facilitare lo scambio di idee;
- *problem solving*: risoluzione di problemi nuovi, più o meno complessi;
- rispondere a domande aperte;
- trovare dati/informazioni e dare un ordine logico ai dati stessi;
- disegnare una mappa concettuale;
- scrivere un tema, una relazione, una comunicazione.

Soprattutto per le materie scientifiche e pratiche, alla lezione teorica in classe dovrebbe sempre seguire l'esercitazione in laboratorio, in modo che gli alunni abbiano la possibilità di sperimentare quello che hanno studiato in classe, passando dalla fase del "sapere" a quella del "saper fare". L'esercitazione in laboratorio accresce la curiosità degli alunni per quella determinata materia, rinforza le conoscenze di base, facilita la memorizzazione dei risultati.

7.2 L'utilizzo della LIM

L'uso della LIM nelle scuole è ormai una metodologia sempre più diffusa. L'ostacolo alla diffusione e all'uso generalizzato dello strumento è essenzialmente di carattere economico, anche se è pur vero che le nuove tecnologie possono far sorgere problemi di disagio nelle reazioni degli insegnanti alle proposte di uso.
Da cosa può provenire il disagio?
La LIM, strumento di facile uso, costringe gli insegnanti a ripensare la lezione, a riorganizzare materiali e modalità, a colloquiare con il web e con i suoi linguaggi, a entrare dentro un mondo, quello dell'informatizzazione, che non è sempre compreso e ben accetto dai docenti. È ancora sentito come un mondo che appartiene ad altri, forse ai giovani, ma che non fa parte dei percorsi educativi, quanto piuttosto di quelli extrascolastici.
Di fronte al tema dell'introduzione della LIM si è determinata una domanda di formazione: all'insegnante si chiedono essenzialmente due abilità, saper organizzare la classe in gruppi e saper costruire e condividere contenuti, la seconda delle quali è un'assoluta novità per molti, novità che lascia un po' spaesato il docente avvezzo a sfruttare essenzialmente la lezione frontale e il libro di testo.
In che modo la LIM modifica la professione docente? L'utilizzo di questo tipo di strumento modifica tre aspetti fondamentali del "fare scuola":

- il ruolo del docente;
- l'organizzazione delle attività;
- l'uso dei tempi scolastici.

Il ruolo del docente viene profondamente innovato, diventando essenzialmente il regista delle azioni degli alunni. L'insegnante non può più assumere su di sé il compito di chi sa e distribuisce

cultura, anche perché oggi la cultura è in continua evoluzione e si accresce di giorno in giorno di nuovi dati e di nuove scoperte. L'insegnante piuttosto è colui che, partendo dalla sua solida preparazione disciplinare, organizza gli alunni e i contenuti in modo che la classe arrivi a costruire il suo proprio percorso di apprendimento attraverso scoperte, ricerca, tentativi ed errori. Utilizzando, insomma, il metodo proprio della ricerca, anche se attraverso la mediazione didattica.
"*Se ascolto dimentico, se vedo ricordo, se faccio capisco*" (Confucio): l'alunno che compie un percorso di scoperta con il gruppo dei pari, e che ha poi il compito di schematizzarlo, spiegando a sé e agli altri il proprio lavoro, conquista diversamente i contenuti e arriva a competenze che altrimenti, con la scuola dell'ascolto, non sarebbe in grado di raggiungere.
Ciò non significa che l'alunno diventi autosufficiente nel proprio percorso di apprendimento: si tratta di un equivoco che va fugato. Al contrario, il compito del docente diventa estremamente più complesso (e qui sta sicuramente un problema di non immediata soluzione), ma anche altrettanto interessante. L'insegnante comunque dovrà preparare l'unità di apprendimento che intende svolgere tenendo conto di contenuti, abilità e competenze da raggiungere, ma dovrà anche *organizzare* precedentemente i materiali e la classe per permettere agli alunni di lavorare in gruppo, con la sua supervisione ma anche con il proprio atteggiamento attivo.
Da questa breve introduzione risulta evidente che i tempi per ciascuna unità di apprendimento risultano dilatati, e al tempo stesso ben scanditi perché il lavoro di gruppo esige:

- tempi per la preparazione dei materiali, che devono essere già organizzati dall'insegnante;
- tempi per il *brainstorming* collettivo, guidato dal docente;
- tempi ben definiti per la ricerca e la soluzione del *task*, o compito, assegnato al gruppo;
- tempi per le presentazione alla classe del *report* del lavoro svolto.

C'è però un altro, ma non ultimo, aspetto peculiare del lavoro con la LIM: i materiali prodotti possono essere condivisi con altre scuole, altre classi, con il resto del mondo. Possono essere pubblicati, modificati, commentati; possono essere salvati, a differenza di

quanto succede con le normali lavagne, e recuperati per andare a controllare contenuti, processi e passaggi.
Va sottolineato che la LIM porta in classe il mondo vero, cui gli alunni sono comunque già abituati, e permette loro di utilizzare linguaggi che sono molto più nelle loro corde che in quelle della media dei docenti stessi.
L'alunno che può utilizzare attivamente questo tipo di strumenti e con esso produrre conoscenza, in collaborazione con i compagni, esercita una serie di abilità che lo porteranno a competenze chiave, quali quella di imparare a imparare, cioè a utilizzare strumenti, spesso limitati a livello di passatempo, per costruire conoscenze *up-to-date*.
Inutile forse sottolineare quanto questo tipo di attività possa mantenere alta nella classe la motivazione, la voglia di scoprire e di sapere. Ogni oggetto che viene visualizzato alla lavagna, sia esso uno schema, un'immagine, un filmato, un disegno, un cruciverba, può essere corredato da commenti, spostato, evidenziato, modificato con l'aggiunta di fumetti, didascalie, con la creazione di ulteriori materiali relativi al tema in questione; può quindi recare l'impronta attiva degli alunni che vi lavorano. Ciò mantiene l'attenzione più alta e per tempi più lunghi: inutile negare il fatto che gli effetti scenografici della proiezione in grande, colorata, in movimento e interattiva catturino l'attenzione degli alunni per tempi più lunghi e permettano un coinvolgimento attivo anche di quella parte della classe più difficile da raggiungere.
Un ulteriore motivo di interesse sta nel fatto che la LIM favorisce l'integrazione in classe degli alunni con qualche difficoltà: l'alunno con DSA, ad esempio, avrà grande vantaggio nella visione in grande e riuscirà a svolgere con i compagni attività che solitamente non gli sono possibili, quali leggere e commentare. Il lavoro di gruppo orientato a uno scopo, a un *report* da restituire alla classe su cui tutto il gruppo andrà in qualche modo valutato, responsabilizza i comportamenti e può permettere di superare situazioni delicate di isolamento o di scarsa relazione. Nel lavoro di gruppo, infatti, ogni alunno ha un proprio compito e una propria responsabilità, e solo con la collaborazione di tutti si può costruire un prodotto dignitoso e soddisfacente. Gli alunni hanno inoltre la possibilità di imparare a valutare autonomamente l'esecuzione del compito, e quindi l'efficacia del proprio lavoro, percorso questo che stabilizza ancor più il contenuto dell'esperienza.

Attraverso l'uso della LIM, la scuola può in qualche modo combattere alla pari la sfida con i mezzi di più largo accesso, dalla TV al computer, piegandoli ai propri scopi e rendendoli utili alla formazione delle giovani menti, pur mantenendo quell'aspetto di grande fascino, quasi di giocosità, cui ci hanno abituato.

7.3 Modalità e strumenti didattici

7.3.1 L'aula tradizionale: definizione, struttura e implicazioni didattiche e sociali

Per "aula tradizionale" si intende la classe tipica costituita da banchi, sedie, cattedra, lavagna, armadio; anche la sola disposizione dei banchi e della cattedra può ostacolare o facilitare la socializzazione e la comunicazione tra le persone.
Spesso l'insegnante coordinatrice di classe decide la disposizione dei banchi e assegna i posti ai ragazzi. Se la classe è sufficientemente ampia, rispetto al numero degli alunni, i banchi verranno disposti in tre o quattro file. Questa soluzione risulta efficace perché i ragazzi possono muoversi agevolmente quando devono uscire o tornare al banco e perché anche l'insegnante può facilmente girare tra i banchi sia durante le lezioni, i lavori di gruppo, sia durante le prove scritte.
Talvolta la classe è troppo piccola e i banchi devono essere disposti uno accanto all'altro, in lunghe file orizzontali. Tale sistemazione non ha i vantaggi dell'aula tradizionale a tre bancate, perché è molto più scomodo passare tra i banchi,
Per decidere i posti in classe, alcuni insegnanti optano per far ruotare i posti, in modo che tutti i ragazzi abbiano la possibilità di sedersi in prima fila e facilitare la socializzazione tra i compagni.
Naturalmente, sia nella prima sia nella seconda soluzione, rispetto alla disposizione dei banchi, l'insegnante dovrà fare attenzione ad attribuire i posti più adatti agli alunni con difficoltà di vista o di udito; i ragazzi più bassi dovranno necessariamente sedersi davanti a quelli più alti.
Aggiungiamo che in tutte le classi oggi abbiamo ragazzi che provengono da altre nazioni, o che abitano lontano dalla scuola; questo implica dover trattare un importante fattore sociale che, se

ben gestito, può essere un vantaggio, perché può apportare nuove testimonianze e far conoscere altri usi e costumi a tutto il gruppo-classe; è molto importante non emarginarli e monitorare subito eventuali situazioni di incomprensione.

7.3.2 L'aula multimediale: disposizione dei banchi

La disposizione ottimale dei banchi di un'aula dotata di LIM è quella a semicerchio, formato da una o due file concentriche. Questa disposizione è ottimale perché l'insegnante può veder bene tutti gli alunni e questi hanno una buona visione anche della LIM. Inoltre, è una buona disposizione per ottenere:

- più motivazione e coinvolgimento di tutta la classe;
- più attenzione e partecipazione degli studenti;
- più attenzione ai diversi stili di apprendimento;
- più possibilità di personalizzare gli interventi.

Tutti i docenti possono usare la LIM perché è uno strumento adatto a tutte le discipline.
Le ricerche sulla relazione tra l'utilizzo della tecnologia e il rendimento scolastico hanno evidenziato che gli effetti positivi sono direttamente correlati alla frequenza di utilizzo della lavagna digitale in classe da parte di tutti gli insegnanti.
Rispetto ad alcuni anni fa, oggi ci sono molti più libri digitali, detti LIM-book, di tutte le materie; durante la proiezione delle immagini, collegate a parole e suoni, l'attenzione di tutta la classe è focalizzata in un solo punto.
Con il libro digitale l'insegnante non perde autorità né centralità e la scelta di cosa mostrare e come mostrarlo è sempre sua.
Il LIM-book permette di sviluppare una didattica cooperativa e stimola la partecipazione di tutta la classe.
Inoltre, l'uso delle tecnologie multimediali potenzia gli aspetti visuali della comunicazione e migliora la comprensione e la memorizzazione, facilita la personalizzazione delle lezioni e il recupero degli studenti più deboli, lo studio risulta più efficace perché gli alunni ritrovano a casa sul libro di testo quanto hanno visto in classe.

Parte Terza

Le *Indicazioni nazionali* del 2012

SOMMARIO

Capitolo Ottavo
La scuola dell'infanzia nelle *Indicazioni* del 2012

8.1 Evoluzione normativa e socio-storica

La nascita della "scuola dell'infanzia", che si sostituisce definitivamente alla "scuola materna", viene sancita dagli *Orientamenti dell'attività educativa per la scuola materna statale* del 1991, il cui intento è quello di realizzare una istituzione educativa che si caratterizzi come servizio sociale avente precise funzioni educative, da assicurare su tutto il territorio nazionale senza discriminazione alcuna, e che perda qualsiasi connotazione di servizio assistenziale alle famiglie, come era stato alle sue origini.
Le riforme scolastiche che hanno segnato la storia della scuola dell'infanzia dagli *Orientamenti* del '91 ad oggi si collocano su di un piano di sostanziale continuità, a parte qualche eccezione. Il successo formativo della scuola dell'infanzia italiana all'interno del nostro sistema scolastico viene attestato dal raggiungimento di una frequenza pari al 97% dei potenziali utenti e dal prestigio internazionale acquisito negli anni. Nel tempo, tuttavia, si sono succedute una serie di riforme interne, volte ad armonizzare le indicazioni internazionali offerte dall'Unione Europea con i nuovi assetti dati all'intero sistema scolastico italiano, con particolare riferimento al primo ciclo d'istruzione.
Le principali riforme dell'istruzione e i documenti orientativi la cui introduzione ha avuto ricadute nella organizzazione della scuola dell'infanzia sono:

- la nascita degli istituti comprensivi nel 1994, che ha determinato nuove forme di aggregazione in verticale, favorendo lo scambio professionale tra insegnanti di scuola dell'infanzia, di scuola elementare e delle medie;

- la pubblicazione del *Libro Bianco* "Insegnare e apprendere – Verso la società conoscitiva" di Edith Cresson nel 1995, che ha orientato tutti i sistemi scolastici europei verso un percorso di riforme volte a potenziare le competenze e il "saper fare";
- l'introduzione dell'Autonomia scolastica, con l'art. 21 della legge del 15 marzo 1997, n. 59 e con il successivo regolamento attuativo (D.P.R. n. 275/1999), che ha ridimensionato il ruolo dei programmi nazionali, a vantaggio dell'iniziativa curricolare delle scuole;
- l'emanazione della legge di parità nel 2000, particolarmente rilevante per le scuole dell'infanzia perché il 40% di esse è composto da scuole paritarie;
- la revisione del titolo V del Testo Unico Leggi Istruzione (D.Lgs. 297/1994) con la Legge cost. n. 3 del 18 ottobre 2001, che ha assegnato diversi poteri in materia d'istruzione, dallo Stato alle Regioni, alle Province, ai Comuni e alle Città metropolitane, con responsabilità condivise secondo una logica di sussidiarietà orizzontale e verticale.

Sia la Riforma Moratti – Legge n. 53 del 2003 – che la Riforma Gelmini – Legge n. 133 del 2007, hanno incorporato le novità legislative e di indirizzo sorte negli anni precedenti.

8.2 Le *Indicazioni per il curricolo* del 2007

Le "Indicazioni per il curricolo" introdotte con D.M. del 31 luglio 2007 – Ministro Fioroni sono state attuate nelle diverse scuole dell'infanzia del territorio nazionale in via sperimentale nel biennio 2007-2008 e 2008-2009, al fine di verificare la "*congruità dei contenuti proposti e la loro articolazione per campi di esperienza, aree, discipline e competenze, anche al fine di eventuali modificazioni e integrazioni*". Ne fu confermata la flessibilità attuativa in linea con i principi dell'Autonomia scolastica vigente e con gli strumenti di flessibilità previsti dal D.P.R. n. 275/1999, con particolare riferimento agli articoli 4, 5 e 6. Benché ora superate dalle *Indicazioni* del 2012, si ritiene utile esporne una breve sintesi poiché queste ultime ne hanno in gran parte ripreso le riflessioni.

Il testo ministeriale si divide in quattro parti:

- *Cultura, scuola, persona;*
- *L'organizzazione del curricolo;*
- *La scuola dell'infanzia;*
- *La scuola del primo ciclo.*

In questa sede vengono presentati i contenuti delle prime tre parti. In "*Cultura, scuola, persona*":

- viene descritta "*la scuola nel nuovo scenario*";
- si sottolinea "*la centralità della persona*";
- si presentano le finalità educative trasversali e comuni ai due ordini di scuola cioè: una "*nuova cittadinanza*" e "*un nuovo umanesimo*".

Successivamente, ne "*L'organizzazione del curricolo*":

- si chiariscono i limiti e le possibilità della realizzazione dei curricoli, cioè i limiti imposti dal testo normativo e dedotti dalle *competenze* e dai *traguardi di sviluppo delle competenze* e le possibilità offerte dall'autonomia scolastica;
- si ricorda la necessità di tenere conto dei risultati valutativi prodotti dall'INVALSI.

Si passa alla sezione dedicata alla scuola dell'infanzia, all'interno della quale vengono introdotti i principali attori dell'azione educativa e formativa, cioè famiglie, bambini, scuola e, infine, i singoli campi di esperienza, per ognuno dei quali vengono descritte le tipologie di attività da realizzare, le competenze da promuovere e i *traguardi di sviluppo della competenza.*

8.2.1 Cultura, scuola, persona

La scuola nel nuovo scenario

La società contemporanea viene descritta sottolineandone la "*discontinuità*" ed i "continui *cambiamenti*", in linea con l'analisi condotta a riguardo dal sociologo polacco Zygmunt Bauman nella sua definizione di "società liquida" contemporanea in contrapposizione con le "società solide" del passato. Il pullulare di stimoli culturali, spesso contraddittori, crea "*rischi*" e "*opportunità*" allo stesso tempo:

- rischi, perché la copiosità di informazioni, se non filtrata adeguatamente, disorienta, non orienta;
- opportunità, perché si amplificano gli orizzonti conoscitivi e le possibilità di accrescere le proprie competenze.

Compito della scuola contemporanea è fare in modo che gli stimoli provenienti da una società in continuo fermento diventino opportunità di crescita professionali e della persona. Perché ciò sia possibile, la scuola deve aprirsi al territorio, interloquire con esso, intendendo con "territorio" il "g-locale", cioè quella dimensione che va dal locale al globale che è sorta con la multimedialità, con la rete e con un progressivo aumento della mobilità professionale. Nascono nuove forme di analfabetismo e di analfabetismo culturale. L'analfabetismo della contemporaneità riguarda:

- la conoscenza degli strumenti informatici e non si riferisce soltanto alle nuove generazioni ma anche agli insegnanti;
- l'incapacità di confrontarsi con altre culture e con le diversità in genere in un atteggiamento di scambio e confronto;
- l'incapacità di adeguarsi ai continui cambiamenti del mondo del lavoro, sia in termini di ruoli che in termini di competenze richieste.

Una società che si regge su un continuo e veloce sviluppo tecnologico e sul concetto di "flessibilità", che ha determinato il superamento del "posto fisso di lavoro", vuole individui altrettanto flessibili e pronti ad adattarsi.

"Per questo l'obiettivo della scuola non può essere soprattutto quello di inseguire lo sviluppo di singole tecniche e competenze; piuttosto, è quello di formare saldamente ogni persona sul piano cognitivo e culturale, affinché possa affrontare positivamente l'incertezza e la mutevolezza degli scenari sociali e professionali, presenti e futuri. Le trasmissioni standardizzate e normative delle conoscenze, che comunicano contenuti invarianti pensati per individui medi, non sono più adeguate".

(…) "In tale scenario, alla scuola spettano alcune finalità specifiche: offrire agli studenti occasioni di apprendimento dei saperi e dei linguaggi culturali di base; far sì che gli studenti acquisiscano gli strumenti di pensiero necessari per apprendere a selezionare le informazioni; promuovere negli studenti la capacità di elaborare metodi e categorie che siano in grado di fare da bussola negli itinerari personali; favorire l'autonomia di pensiero degli studenti, orientando la propria didattica alla costruzione di saperi a partire da concreti bisogni formativi".

La scuola può assolvere appieno al proprio ruolo educativo soltanto se è in grado di intervenire a sostegno delle varie forme di diversità o di svantaggio, educando alla valorizzazione delle differenze ed evitando che esse si tramutino in disuguaglianze. Ciò vuol dire che va data particolare attenzione a tutte le forme di diversità: diversità individuali, diversità sociali, diverse abilità. Si conferma l'obiettivo ultimo di contribuire a rimuovere gli ostacoli che possono impedire "*il pieno sviluppo della persona umana*", così come viene sancito dalla nostra Costituzione (art. 3).

Centralità della persona

Sostenere la "*centralità della persona*" vuol dire "*partire dalla persona che apprende*", considerata, allo stesso tempo, nella sua dimensione sociale e nella sua dimensione individuale. Ogni individuo, infatti, si forma e cresce nel confronto continuo con gli altri, con cui deve imparare a relazionarsi in maniera propositiva e costruttiva. Compito della scuola, allora, diventa partire dagli studenti esperiti come *"persone che vivono qui e ora, che sollevano precise domande esistenziali, che vanno alla ricerca di orizzonti di significato"* e dal contesto in cui si formano, cioè dalla sezione e dalla intersezione.

"La formazione di importanti legami di gruppo non contraddice la scelta di porre la persona al centro dell'azione educativa, ma è al contrario condizione indispensabile per lo sviluppo della personalità di ognuno".

Avere cura della formazione di gruppi solidali vuol dire:

- promuovere legami cooperativi;
- essere in grado di gestire i conflitti;
- costruire un luogo accogliente e promuovere lo "*star bene a scuola*".

Lo sviluppo delle abilità sociali rappresenta una finalità educativa trasversale ineliminabile e fondamentale nella crescita di ogni singolo individuo.

Per una nuova cittadinanza

L'ambivalenza della formazione sociale e individuale si trova alla base anche della definizione di "nuova cittadinanza". Per "nuova cittadinanza" si intende, infatti, una cittadinanza che consenta ad ogni singolo individuo di esprimersi nella sua singolarità, ma all'interno dei valori morali fondanti della società occidentale e nel rispetto delle singole culture. L'asse di orientamento della formazione del cittadino del terzo millennio:

- parte dalla singolarità;
- passa attraverso l'appartenenza culturale al territorio in cui si è nati;
- si sostanzia nella valorizzazione del patrimonio storico-culturale e delle tradizioni culturali della nazione;
- si apre alla dimensione europea ed extraeuropea attraverso il confronto virtuale e reale con le altre culture.

La multietnicità è diventata, infatti, un aspetto strutturale della società contemporanea e in quanto tale impone interventi educativi volti a realizzare una *"cittadinanza unitaria e plurale"*, e non una cittadinanza espressione di una "cultura omogenea", come avveniva fino a poco tempo fa. Nella realizzazione del proprio compito la scuola si confronta dialetticamente con i diversi attori extrascolastici, con la famiglia in primo luogo, al fine di costruire un'alleanza educativa volta a favorire lo sviluppo dell'autonomia, cioè della "*capacità di compiere autonomamente scelte feconde, grazie ad una interiorizzazione proficua dei valori che orientano la società in cui viviamo*". Torna l'importanza di indirizzare gli alunni al passaggio da forme di "morale eteronoma" all'interiorizzazione di una "morale autonoma". Nella scuola tratteggiata dalle *Indicazioni* del 2007, passato, presente e futuro si intrecciano, attraverso interventi educativi volti:

- a porsi in ascolto delle esigenze delle generazioni del presente;
- a recuperare le nostre radici culturali che affondano nel passato;
- a proiettare gli studenti verso il loro futuro ingresso nel mondo del lavoro.

Per un nuovo umanesimo

Un "nuovo umanesimo" rappresenta il traguardo culturale a cui deve tendere la scuola delineata dalle *Indicazioni* del 2007. Per nuovo umanesimo si intende una nuova cultura incentrata sull'uomo, che si concretizzi attraverso la conoscenza del proprio passato sia in termini storici, che scientifici, che filosofici e attraverso la individuazione dei punti di domanda che hanno mosso gli uomini di tutti i tempi:

- "*chi sono e dove sono io nell'universo, sulla terra, nell'evoluzione?*";
- "*chi sono e dove sono io nelle culture umane, nelle società, nella storia?*".

In questa nuova dimensione le conoscenze vanno proposte non in maniera slegata ma nella loro interdipendenza e con "*l'elaborazione delle loro molteplici connessioni*".
La delineazione dei tratti del nuovo umanesimo deve iniziare a partire dalla scuola dell'infanzia, in quanto *"l'esperimento, la manipolazione, il gioco, la narrazione, le espressioni artistiche e musicali sono occasioni privilegiate per apprendere per via pratica quello che successivamente dovrà essere fatto oggetto di più elaborate conoscenze teoriche e sperimentali"*.
Educare i nuovi umanisti vuol dire non soltanto educare allo sviluppo del pensiero critico, alla valutazione dei limiti e delle possibilità di ogni conoscenza, ad adattarsi ad un mondo in continuo cambiamento, ma anche e soprattutto alla interiorizzazione di una nuova etica, volta a sensibilizzare verso i problemi planetari che più assillano il terzo millennio, cioè "*il degrado ambientale, il caos climatico, le crisi energetiche, la distribuzione ineguale delle risorse, la salute e la malattia, l'incontro e il confronto di culture e di religioni, i dilemmi bioetici, la ricerca di una nuova qualità della vita*", nella consapevolezza:

- che tali problemi riguardano il futuro non soltanto dell'umanità, ma dell'intero pianeta;
- che tali problemi sono stati, in buona parte, provocati dall'agire poco avveduto degli uomini;
- che la risoluzione di tali problemi può avvenire solo partendo dalla interiorizzazione di una nuova coscienza che pone l'amore per la vita, per il prossimo, per il mondo e per le future generazioni al primo posto.

È necessario educare i bambini ad un'etica dell'amore per il mondo presente e futuro che si traduca in stili di vita rispettosi verso la nostra madre Terra. Per queste ragioni, i problemi della contemporaneità vanno affrontati a livello planetario, nella nostra quotidianità così come ai vertici dei governi, a livello locale, così come a livello nazionale e globale, attraverso la collaborazione tra i singoli, le nazioni e le culture diverse.

8.2.2 L'organizzazione del curricolo

L'organizzazione del curricolo delle *Indicazioni* del 2007 tiene conto non soltanto delle finalità, dei metodi e degli obiettivi fissati a livello nazionale, ma anche della nuova organizzazione e dei nuovi strumenti dell'autonomia scolastica. Il curricolo viene predisposto dalla scuola dell'infanzia all'interno del Piano Triennale dell'Offerta Formativa, nel rispetto dei traguardi di competenze posti dalle Indicazioni e si articola nei seguenti campi d'esperienza:

1. *Il sé e l'altro*;
2. *Il corpo e il movimento*;
3. *Linguaggi, creatività, espressione*;
4. *I discorsi e le parole*;
5. *La conoscenza del mondo.*

"I campi di esperienza sono i luoghi del fare e dell'agire del bambino orientati dall'azione consapevole degli insegnanti e introducono ai sistemi simbolico-culturali".

Per ogni campo d'esperienza vengono fissati appositi traguardi di sviluppo delle competenze. I percorsi didattici elaborati dai docenti vanno autovalutati prima, durante e dopo il loro svolgimento, al fine di intervenire in maniera tempestiva in funzione correttiva qualora dovesse risultare necessario. L'autovalutazione professionale e la valutazione didattica devono essere supportate anche dai dati di rendicontazione sociale e dai risultati prodotti dalle valutazioni INVALSI.

8.2.3 La scuola dell'infanzia

Nel paragrafo di apertura alla trattazione specifica della scuola dell'infanzia ne viene ripresa la storia a tappe, focalizzando l'attenzione:

- sulla nascita della "scuola materna statale" istituita con la Legge n. 444 del 1968;
- sulla compresenza, storicamente intesa, su tutto il territorio nazionale di scuole statali e paritarie di matrice cattolica e laica, che hanno orientato gli interventi educativi verso sistemi di valore comuni incentrati sulla famiglia, attuando in concreto un esempio positivo di sussidiarietà orizzontale;
- sul significativo passaggio dalla "scuola materna" alla "scuola dell'infanzia" sancito dagli *Orientamenti* del '91, che ha segnato il suo mutamento d'indirizzo da scuola come "servizio rivolto alle famiglie" a scuola come servizio pubblico d'istruzione vol-

to ad "assicurare ai bambini il diritto all'istruzione", sebbene facoltativo;
- sui suoi successi formativi riconosciuti a livello internazionale.

Vengono confermate le tre finalità educative definite negli *Orientamenti* del '91 e riprese nelle *Indicazioni* del 2004, cioè:

- consolidamento dell'identità,
- conquista dell'autonomia,
- sviluppo delle competenze,

a cui viene aggiunta l'acquisizione delle **prime forme di educazione alla cittadinanza**.

Per quanto riguarda l'identità, vengono coniugate l'identità individuale con quella sociale attraverso interventi educativi mirati a favorire il riconoscimento di se stessi come soggetti unici e irripetibili e come soggetti sociali, cioè come figli, alunni, compagni, maschi o femmine, abitanti di un territorio. La caratterizzazione della conquista dell'autonomia occupa vari ambiti:

- ambito psico-motorio ("interpretare e governare il proprio corpo");
- ambito affettivo e dell'autostima ("avere fiducia in sé e fidarsi degli altri; realizzare le proprie attività senza scoraggiarsi; provare piacere nel fare da sé e saper chiedere aiuto");
- ambito delle competenze linguistiche ("esprimere con diversi linguaggi i sentimenti e le emozioni"), cognitive e percettive ("esplorare la realtà e comprendere le regole della vita quotidiana");
- ambito delle abilità sociali ("partecipare alle negoziazioni e alle decisioni motivando le proprie opinioni, le proprie scelte e i propri comportamenti; assumere atteggiamenti sempre più responsabili").

Infine, l'educazione alla cittadinanza, come già preannunciato nei paragrafi "Per una nuova cittadinanza" e "Per un nuovo umanesimo", si viene a caratterizzare come educazione ad una cittadinanza consapevole delle regole e degli obiettivi comuni da perseguire, volta a confermare i principi della democrazia con un'etica marcatamente orientata verso il rispetto degli altri e della natura nel presente e nel futuro.

Segue al paragrafo di apertura, la parte dedicata ad una scrupolosa analisi dei contesti di sviluppo in cui si muovono e crescono i bambini oggi, intitolata "*I bambini, le famiglie, la scuola*". Successivamente, vengono presentati e caratterizzati i campi di esperienza.

8.2.4 I campi di esperienza

Introduzione

Nelle *Indicazioni* del 2007 ritornano i campi d'esperienza, introdotti negli *Orientamenti* del '91, ma con qualche variante:

> si riconfermano "*Il sé e l'altro*" e "*Discorsi e parole*";
> "*Corpo e movimento*" diventa "*Il corpo in movimento*";
> "*Messaggi, forme e media*" diventa "*Linguaggi, creatività, espressione*";
> "*Spazio, ordine e misura*" e "*Cose, tempo e natura*" confluiscono in "*La conoscenza del mondo*".

Ma vediamo come essi vengono delineati. Riportiamo la definizione molto chiara che ne dà il documento legislativo: "*I campi di esperienza sono costruzioni culturali e portano il segno dell'intenzionalità. Hanno il compito di aiutare i bambini a dare ordine alla molteplicità degli stimoli che il contatto con la realtà fornisce*".

Rappresentano, cioè, delle modalità di organizzazione degli interventi educativi finalizzate ad accorpare sistemi simbolici affini, con l'intento di aiutare i bambini a mettere ordine nella realtà, organizzarla e ad acquisire i primi codici interpretativi. I campi di esperienza verranno riorganizzati nella scuola primaria in aree disciplinari e nelle singole discipline.

"*Gli insegnanti predispongono occasioni di apprendimento orientate e strutturanti per favorire nei bambini l'organizzazione di ciò che vanno scoprendo. L'esperienza diretta, il gioco, il procedere per tentativi ed errori permettono al bambino, opportunamente guidato, di approfondire e sistematizzare gli apprendimenti e di avviare processi di simbolizzazione e formalizzazione. Pur nell'approccio globale che caratterizza la scuola dell'infanzia, gli insegnanti individuano, dietro ai vari campi di esperienza, il delinearsi dei saperi disciplinari e dei loro alfabeti*".

Gli insegnanti predispongono attività didattiche riguardanti un certo campo di esperienza in forma ludica e guidano i bambini, attraverso il gioco, le sperimentazioni, le conversazioni e gli errori verso la conoscenza di un certo argomento/evento/

fatto che si realizza attraverso la sua descrizione, e verso la sua spiegazione o ricerca di senso, che corrisponde ad una forma di organizzazione della conoscenza. Organizzare una conoscenza vuol dire individuare le relazioni esistenti tra le parti che la compongono.
Ad esempio:
1. nel caso del racconto di una storia bisogna individuare le relazioni temporali (prima/dopo/durante) tra le parti (sequenze) che la compongono;
2. nel caso della descrizione di un ambiente, bisogna individuarne le relazioni spaziali (sopra/sotto/vicino/lontano...);
3. nel caso di un fenomeno fisico, le relazioni causali (causa/effetto), che sono simili alle relazioni temporali (prima/dopo), ma non ad esse equivalenti.

Segue l'interpretazione personale attraverso il momento creativo, in quanto "conoscere" vuol dire "interpretare", di conseguenza riconduce all'atto creativo e alla personalizzazione. "Descrizione", "Organizzazione", "Atti creativi" rappresentano i tre momenti comuni, anche se con peculiarità differenti, a tutti i campi di esperienza.

Il sé e l'altro

Ne "*Il sé e l'altro*" confluiscono "*le grandi domande, il senso morale, il vivere insieme*". Le grandi domande sull'esistenza (Da dove provengo? Dov'ero prima di nascere? Dove si va dopo la morte?) e sul mondo sorgono spontaneamente durante le esperienze della quotidianità. In genere, ad esempio, i bambini chiedono ai genitori dove si trovassero prima di nascere, quando scoprono, attraverso le foto di famiglia, che c'è stato un tempo in cui non esistevano. In seguito ai primi lutti, ad esempio uno dei nonni, si chiedono dove si va dopo la morte. Inoltre, intorno ai quattro anni iniziano ad elaborare le prime credenze, come risulta dagli studi di Piaget. La scuola ha il compito di incanalare la naturale tendenza dei bambini a porsi grandi domande e i primi "perché" all'interno di percorsi riflessivi volti:

- a far sorgere il primo senso morale, cioè i primi interrogativi intorno a ciò che è bene e ciò che è male;
- a familiarizzare con le opinioni dei grandi e con la fede o le fedi religiose;

- a consolidare il senso di appartenenza al gruppo, alla famiglia, alla comunità e, quindi, ad acquisire le prime regole di convivenza civile sulla base del sistema di valori che appartiene alla nostra società;
- a creare un confronto aperto e dialogico con le altre culture.

È bene che la caratterizzazione di ciò che è giusto e ciò che non lo è passi attraverso le vicende che coinvolgono la comunità scolastica tutti i giorni. L'insegnante, di fronte alle dispute e ai conflitti, inviterà non soltanto i bambini direttamente coinvolti, ma tutti, a riflettere sull'accaduto e a individuare ciò che è bene fare e ciò che non lo è, al fine di costruire i primi rudimenti di una morale laica. I grandi interrogativi sul mondo, sulla vita, sulla morte e sull'al di là vanno usati per attivare riflessioni e mettere in campo diverse ipotesi e fedi religiose, nell'ottica della salvaguardia della multietnicità. Nel confronto con gli altri i bambini impareranno anche a riconoscere ed esprimere i propri stati d'animo, "*superando progressivamente l'egocentrismo*" e cogliendo i punti di vista altrui. La conoscenza di se stessi si realizza di conseguenza nella progressiva differenziazione con gli altri e quindi nel vivere insieme. La novità delle *Indicazioni* del 2007 è che ogni campo di esperienza non è soltanto descritto ma contiene un elenco di *traguardi di sviluppo della competenza* equiparabili ad obiettivi di apprendimento.
Nel caso de "*Il sé e l'altro*" i traguardi sono i seguenti:

- essere in grado di riconoscere, controllare ed esprimere i propri bisogni e i propri stati d'animo;
- essere guidati nelle riflessioni riguardanti le domande sui temi esistenziali e religiosi;
- essere in grado di confrontarsi positivamente con gli altri e saper riconoscere e rispettare i punti di vista altrui;
- essere in grado di rispettare le regole e assumersi responsabilità.

Il corpo e il movimento
"*Il corpo e il movimento*" è il campo di esperienza che coinvolge la fisicità. Si ribadisce a grandi linee ciò che era già stato esposto negli *Orientamenti* del '91. La conoscenza della propria corporeità avviene attraverso:

- il movimento;
- la capacità di controllare la forza;

- il coordinamento con gli altri durante le attività di gruppo;
- la cura abituale dell'igiene personale e di una corretta alimentazione;
- il riconoscimento dei significati del linguaggio del corpo;
- la capacità di ricostruire il proprio schema corporeo.

Le *Indicazioni* sottolineano l'importanza del movimento come mezzo espressivo che accresce la sicurezza di sé e dà senso di benessere, il quale va incentivato sia attraverso attività strutturate che libere e creative. I *traguardi di sviluppo delle competenze* de "*Il corpo e il movimento*" sono i seguenti:

- essere in grado di comprendere "i segnali del corpo";
- conoscere il proprio corpo e le differenze di genere;
- avere cura della propria igiene personale e seguire una corretta alimentazione;
- provare piacere nel movimento;
- saper controllare la propria forza e saper coordinarsi con gli altri;
- conoscere lo schema corporeo.

Linguaggi, creatività, espressione

"*Linguaggi, creatività, espressione*" è il campo di esperienza che ingloba *"gestualità, arte, musica e multimedialità"*, come forme di espressione che favoriscono la "*conoscenza di se stessi, degli altri e della realtà*". Gli strumenti che consentono questa poliedricità di espressioni sono: "*la voce, il gesto, la drammatizzazione, il linguaggio musicale, la manipolazione e la trasformazione dei materiali più diversi, le esperienze grafico-pittoriche, ecc.*".
Si sottolinea l'importanza di fare uso di tutti i sensi, di sperimentare più tecniche e di seguire una serie di *steps* fissi nell'approccio all'opera d'arte equivalenti alla sequenza osservazione-imitazione-trasformazione e/o interpretazione-invenzione-racconto. Il racconto potenzia il linguaggio verbale e l'incontro tra esso e i linguaggi non verbali. È importante anche educare al gusto del bello incentivando la fruizione delle opere d'arte attraverso visite ai patrimoni culturali, la partecipazione a spettacoli di vario genere, la visione di film o musical. La musica va approcciata in tutte le sue forme espressive, cioè canti-suoni-balli, attraverso la partecipazione attiva di tutti i bambini. Infine, la familiarizzazio-

ne con i nuovi media va realizzata attraverso un contatto attivo e la ricerca di possibilità espressive e creative.
I *traguardi di sviluppo delle competenze* de "*Linguaggi, creatività, espressione*" sono i seguenti:

- fruizione interessata di spettacoli teatrali, musicali e cinematografici, opere d'arte e musiche;
- saper esplorare e utilizzare con creatività e con una molteplicità di tecniche diversi materiali;
- saper progettare un lavoro artistico;
- sapersi orientare nel linguaggio sonoro, musicale e canoro attraverso la produzione di suoni, canti e danze;
- saper usare le nuove tecnologie per fruire delle diverse forme artistiche.

I discorsi e le parole

"*I discorsi e le parole*" incorpora "*comunicazione, lingua, cultura*". Vengono considerate le diverse componenti e le diverse modalità del linguaggio verbale. Per componenti del linguaggio si intendono il lessico e la struttura linguistica, cioè l'organizzazione delle frasi e dei discorsi, per modalità si intendono:

- il racconto (sequenza cronologica);
- il dialogo (domanda e risposta);
- il pensiero logico (spiegazione).

Obiettivo dell'insegnamento-apprendimento è adoperare le diverse modalità comunicative curando lessico e struttura linguistica, al fine di ampliare il bagaglio lessicale e migliorare le costruzioni grammaticali.
Si ipotizza la possibilità di inserire l'insegnamento di una lingua straniera, a condizione che "*il contesto sia dotato di senso, l'apprendimento avvenga in modo naturale, sia inserito nelle attività quotidiane e diventi esso stesso occasione di riflessione e di dialogo*".
Nel caso di presenza di bambini stranieri, "*la scuola dell'infanzia ha il compito di promuovere in tutti i bambini la conoscenza della lingua italiana e di operare per il consolidamento della lingua materna*" dei bambini stranieri. Viene infine promossa una prima familiarizzazione con la lingua scritta "*attraverso la lettura di libri illustrati e l'analisi dei messaggi presenti nell'ambiente*". I *traguardi di sviluppo delle competenze* de "*I discorsi e le parole*" sono:

- sapersi esprimere con un lessico ampio in relazione all'età;
- saper usare le principali regole grammaticali;
- saper raccontare, dialogare, spiegare;
- avere fiducia e motivazione nel comunicare;
- saper confrontare lingue diverse;
- saper sperimentare delle prime forme di scrittura anche utilizzando le tecnologie.

La conoscenza del mondo

"La conoscenza del mondo" accorpa "ordine, spazio, tempo e natura", cioè i campi di esperienza che negli *Orientamenti* del '91 venivano denominati "spazio, ordine e misura" e "cose, tempo e natura", mantenendone in buona sostanza gli obiettivi e le modalità di intervento. Si ribadisce la finalità educativa trasversale a cui tutti i campi di esperienza devono tendere, cioè l'affermazione di uno stato di benessere nel fare le cose, nel partecipare alle attività proposte. Successivamente vengono elencate le abilità da potenziare, cioè:

- comparare e misurare;
- contare;
- ordinare nel tempo e nello spazio;
- orientarsi nel tempo della giornata, della settimana, delle stagioni e nello spazio;
- osservare e descrivere la natura e le cose e porsi domande.

I *traguardi di sviluppo delle competenze* sono:

- saper raggruppare e contare secondo criteri diversi;
- sapersi orientare nello spazio;
- sapersi orientare nel tempo;
- sapersi prendere cura di animali e piante;
- saper usare un linguaggio appropriato;
- mostrarsi interessato e curioso al mondo della natura e dell'uomo.

Per una nuova cittadinanza e per un nuovo umanesimo

La sezione dedicata alla scuola dell'infanzia si conclude con uno schema sintetico degli obiettivi da perseguire nell'ambito dell'educazione ad una nuova cittadinanza e ad un nuovo umanesimo. Ne riportiamo di seguito le voci. Per l'*educazione alla cittadinanza* gli obiettivi sono:

- *insegnare le regole del vivere e del convivere;*

- *costruire un'alleanza educativa con i genitori;*
- *"insegnare a essere";*
- *sostenere l'interazione e l'integrazione (valorizzare le diverse identità e radici culturali);*
- *ricordare e condividere le radici storiche nazionali.*

Per l'*educazione ad un nuovo umanesimo* gli obiettivi sono:

- *integrare le discipline in nuovi quadri d'insieme;*
- *promuovere la capacità di cogliere gli aspetti essenziali dei problemi per sviluppare la capacità di vivere e agire in un mondo in continuo cambiamento;*
- *diffondere la consapevolezza che i grandi problemi della condizione umana possono essere risolti attraverso la collaborazione tra le discipline e le culture.*

8.3 Le *Indicazioni per il curricolo* del 2012

Il testo delle nuove *Indicazioni Nazionali per il Curricolo*, emanato in forma definitiva con Regolamento del 16 novembre 2012, è organizzato secondo la struttura delle *Indicazioni del curricolo* del 2007 e ne riprende in gran parte le riflessioni.
La prima parte, "*Cultura scuola persona*", ricalca in buona sostanza il testo del 2007, mentre la seconda e la terza parte, "*L'organizzazione del curricolo*" e "*La scuola dell'infanzia*", contengono alcune novità, anche se appena accennate, che ruotano intorno al concetto di "competenze". Emerge, inoltre, una certa attenzione riguardo ai tratti distintivi del docente.

8.3.1 Il nuovo scenario socio-culturale

Nella prima parte delle *Indicazioni* del 2012, il nuovo scenario socio-culturale in cui si inserisce la scuola contemporanea viene contraddistinto da una sempre più complessa e fragile relazione educativa e affettiva tra genitori e figli. L'assenza degli adulti da casa dovuta a tempi lavorativi prolungati e il pullulare di messaggi multimediali e provenienti dai mass media, spesso contraddittori, rivolti ai bambini, hanno facilitato l'attenuazione della capacità adulta di presidio delle regole e del senso del limite. Ciò ha reso il ruolo educativo della scuola più arduo e difficoltoso, in quanto privo di un sostegno forte proveniente dalle famiglie. Inoltre, la

comunità scolastica, grazie ad una nuova struttura multietnica, offre una pluralità di modelli culturali all'interno della quale non è facile che il bambino sappia orientarsi.
La scuola, come agenzia educativa secondaria, "*al fine di concorrere al progresso materiale e spirituale della società*", in coerenza con l'art. 3 della Costituzione italiana, ha il compito di contribuire a rimuovere i nuovi ostacoli al pieno sviluppo della persona umana individuabili in:

- "*fragilità della relazione genitori-figli*";
- "*pullulare di messaggi multimediali contraddittori*";
- "*pluralità di modelli culturali*".

In coerenza con le riflessioni condotte dall'Unione Europea vengono individuate nuove forme di analfabetismo della società, primo fra tutti l'analfabetismo informatico dovuto:

- all'incapacità di utilizzare i mezzi informatici;
- al non saper trovare, selezionare, riorganizzare e scambiare informazioni usando il web e i mezzi informatici.

Dall'individuazione dell'analfabetismo informatico come fonte di disuguaglianze sociali e di emarginazione, segue la necessità di promuovere, attraverso la scuola, un processo di alfabetizzazione informatica che si traduce nell'inserimento delle TIC (tecnologie dell'informazione e delle comunicazioni) come strumento didattico trasversale e/o come insegnamento specifico. In particolare, il documento ministeriale sottolinea il fatto che le TIC introducono nuove modalità di organizzazione del pensiero che non vanno sottovalutate:

- la memoria si organizza diversamente in quanto prevale l'uso della memoria di lavoro rispetto alla memoria a lungo termine;
- le informazioni attraverso gli ipertesti vengono combinate facendo leva sul pensiero analogico più che sul pensiero logico oppure sulle cronologie o sulle descrizioni spaziali, ciò vuol dire che la costruzione del sapere avviene in buona parte per associazioni di idee legate dalla stessa parola.

Una pubblicità recente del MIUR sul potere formativo della lettura descrive proprio la relazione analogica (per somiglianza) tra diverse conoscenze legate insieme dallo stesso termine: il muro come muro del suono, ma anche come Muro di Berlino oppure

come Grande Muraglia. Le parole-chiave contenute in un ipertesto diventano finestre che danno accesso ad altre conoscenze.
In base alle osservazioni sopra svolte cambiano i tratti della cultura di base che la scuola deve essere in grado di promuovere nel processo di insegnamento-apprendimento. Essa deve essere in grado di:

- offrire strumenti adeguati per apprendere e selezionare informazioni;
- trasmettere metodi e categorie per favorire l'autonomia del pensiero attuantesi in itinerari cognitivi personali;
- favorire una pluralità di stili cognitivi (apprendimento logico, analogico, cronologico, descrittivo, creativo);
- partire da concreti bisogni formativi.

8.3.2 Le nuove finalità educative

Partire da concreti bisogni formativi vuol dire partire da ogni singolo alunno (centralità della persona), considerato come persona che "vive qui e ora", di cui vanno ascoltati bisogni e desideri, anche attraverso il contatto con l'ambiente sociale di provenienza e con le famiglie. Dare la giusta considerazione ad ogni alunno non vuol dire però muoversi nella direzione dell'individualismo, in quanto gli interventi educativi e di insegnamento-apprendimento individualizzati vanno coniugati con la giusta cura nella formazione di un solido spirito di gruppo in classe. Si ribadisce ciò che già era stato affermato nelle *Indicazioni* del 2007: la scuola è una palestra di democrazia, dove vengono coltivati i valori democratici della cooperazione, della solidarietà, del rispetto delle diversità e del dialogo. Ciò vuol dire che compito di ogni insegnante è diffondere una giusta "*convivialità relazionale intessuta di linguaggi emotivi e affettivi*", in cui tutti si sentano ben voluti. Un'educazione affettiva, basata sulla cura degli uni verso gli altri e fautrice di benessere emotivo, favorisce l'insorgere del senso di appartenenza alla comunità in armonia con le diversità dei singoli. È questo il punto di partenza per la definizione della *nuova cittadinanza unitaria e plurale* verso cui mirare, già delineata nelle *Indicazioni* del 2007. All'apertura relazionale a scuola va associata l'instaurazione di un dialogo aperto con tutti gli attori extrascolastici, *in primis* le famiglie e la realizzazione di un percorso conoscitivo del proprio terri-

torio a partire dalla valorizzazione dei beni culturali, ambientali e delle tradizioni.
Le modalità di realizzazione di un processo educativo volto a riunificare passato, presente e futuro nell'alternanza tra valorizzazione della memoria e progettualità sono:

- recupero del proprio passato;
- dialogo con altre tradizioni culturali;
- cura dell'ambiente e promozione di una nuova alfabetizzazione, intesa come capacità di progettare.

L'apertura verso gli altri, verso una pluralità di culture, verso il territorio si estende ad un'apertura verso il mondo che ridefinisce i tratti del nuovo umanesimo già presentato nelle *Indicazioni* del 2007. Ognuno di noi indipendentemente dalla razza, dal genere, dalla cultura, dalla lingua è cittadino del mondo, perciò è responsabile del futuro dell'umanità e dell'intero ecosistema.
Bisogna entrare nell'ottica che la salvezza del mondo passa obbligatoriamente attraverso l'alleanza di tutti gli uomini nella difesa della vita. Un'alleanza siffatta va tradotta in un dialogo continuo tra le diverse discipline unite dal fine comune di curare l'ambiente presente e futuro e in un atteggiamento responsabile verso le proprie e altrui azioni, che tenga conto delle conseguenze di ogni azione. È giunto il momento di iniziare a guardare al di là del proprio naso, cioè di iniziare a pensare che le conseguenze delle azioni di ognuno di noi ricadranno sulle future generazioni ed è per questo che vanno con forza definiti i tratti di una nuova bio-etica che funga da denominatore culturale comune a tutta l'umanità.

8.3.3 L'organizzazione del curricolo nelle *Indicazioni* del 2012

Il legame tra scuola-territorio-nazione-Europa-mondo e tra la pluralità delle discipline si traduce nella capacità di ogni istituzione scolastica, nel rispetto della libertà d'insegnamento, di filtrare le *Indicazioni del curricolo* attraverso le peculiarità del territorio e di promuovere un percorso formativo interdisciplinare, che faccia attenzione "*all'integrazione delle discipline e alla loro potenziale aggregazione in aree a partire dal curricolo di istituto così come indicato nel regolamento dell'autonomia scolastica*".

Il documento ministeriale sottolinea l'importanza di creare raccordi tra discipline per la realizzazione delle competenze-chiave di cittadinanza e ricorda che "*i traguardi per lo sviluppo delle competenze sono riferimenti ineludibili per gli insegnanti, indicano piste culturali e didattiche e aiutano a finalizzare l'azione e lo sviluppo integrale dell'alunno*".
Novità delle *Indicazioni* del 2012 è la definizione di obiettivi di apprendimento precisi in riferimento a periodi lunghi, anche per la scuola dell'infanzia, per la quale si considera il termine dei tre anni. Le modalità di valutazione e documentazione dei percorsi sono le stesse delle *Indicazioni* del 2007.
Altra novità è la definizione di "*comunità professionale*": gli insegnanti rappresentano a loro volta una comunità, le cui azioni possono essere realmente efficaci se sono concertate e si realizzano con il supporto di attività di studio, di formazione e di ricerca, volte a creare un legame concreto tra scuola e territorio e a perseguire le finalità indicate dai testi di legge.

8.4 La scuola dell'infanzia e i campi di esperienza nelle *Indicazioni* del 2012

Il "campo di esperienza" è "*il luogo non solo dell'operatività, perché le immagini, le parole, gli strumenti, gli artefatti culturali dei sistemi simbolici lo rendono un contesto fortemente evocativo, che stimola i bambini a dare significato, a organizzare e a rappresentare le proprie esperienze*". Al centro di ogni campo di esperienza si collocano le azioni, la corporeità, la percezione, *gli occhi e le mani* dei bambini. Ogni campo delinea una prima mappa di linguaggi, alfabeti e saperi in forma di traguardi di sviluppo delle competenze. Per quanto riguarda "*Il sé e l'altro*" (l'ambiente sociale, il vivere insieme, le domande dei bambini), si ribadiscono le osservazioni contenute nelle *Indicazioni* del 2007, ma in più si chiariscono i tratti del rapporto tra bambini e religione: essi da casa portano a scuola discorsi impegnativi su ciò che è giusto e ciò che è sbagliato e su Dio. Compito dell'insegnante è intervenire adeguatamente al fine di rasserenare con strumenti cognitivi adeguati all'età dei bambini e di favorire la multietnicità. Data la molteplicità di credi religiosi nelle scuole oggi è importante favorirne il dialogo ed evitare qualsiasi forma di integralismo, tuttavia, vanno trasmessi i valori laici occidentali del rispetto, del dialogo. Si riprendono le linee essenziali dello sviluppo della prima e seconda infanzia. In vista di formare nuovi cittadini a partire dalla scuola dell'infanzia, attraverso l'assimilazione delle regole comportamentali, dei primi dibattiti su ciò che è giusto fare e ciò che non lo è, i bambini vengono introdotti ai primi diritti e doveri, con l'obiettivo di individuare "*una grammatica comune alla convivenza democratica*". Alla fine del percorso formativo della scuola dell'infanzia i traguardi da raggiungere relativi a "***Il sé e l'altro***" sono:

- sapersi confrontare e saper sostenere le proprie ragioni;
- percepire le proprie esigenze e i propri sentimenti, controllarli ed esprimerli;
- conoscere la propria storia personale e familiare, le tradizioni della famiglia e confrontarle con le altre;
- porre domande: su Dio, su ciò che è bene fare e ciò che non è bene fare, su diritti e doveri, sulle regole del vivere insieme;
- orientarsi tra passato, presente, futuro;
- riconoscere segni della propria cultura nel territorio: istituzioni, luoghi, servizi pubblici.

"***Il corpo e il movimento***" (identità, autonomia, salute) è presentato seguendo le linee contenute nelle *Indicazioni* del 2007. Si focalizza l'attenzione:

- sulle abilità motorie associate alle attività non strutturate e alle attività strutturate durante i giochi di routine all'aperto;
- sulla conoscenza dello schema corporeo;
- sulla cura del proprio corpo (norme igieniche).

I traguardi coincidono con le abilità esposte.

"***Immagini, suoni, colori***" (linguaggi, creatività, espressione) è il campo di esperienza dedicato all'amore per il bello, che si traduce in un'educazione per il gusto estetico non soltanto riferito all'arte, ma anche all'ambiente naturale e ai beni culturali. L'*educazione al bello* va promossa attraverso visite guidate, ma anche attraverso la produzione creativa di "opere d'arte" con l'uso di svariate tecniche: dal disegno alla pittura, alle varie manipolazioni. La musica va esperita attraverso l'ascolto, il canto e l'uso di semplici strumenti musicali. La multimedialità va utilizzata come strumento che potenzi l'espressione artistica e in funzione di un'iniziale familiarizzazione con le Tecnologie dell'Informazione e delle Comunica-

zioni (TIC), usando una funzione per volta, ad esempio il *paint* oppure la fotografia digitale.
Alla fine del percorso formativo della scuola dell'infanzia i traguardi da raggiungere relativi a "l'arte, la musica e i media" sono:

- seguire con interesse spettacoli, essere incuriosito da opere d'arte, musiche;
- saper esprimere le proprie emozioni relativamente a ciò che si vede;
- usare varie tecniche espressive;
- conoscere la musica attraverso produzioni canore, danze, strumenti (anche semplici oggetti adattati);
- produrre semplici sequenze musicali;
- familiarizzare con i primi simboli musicali.

"***I discorsi e le parole***" (comunicazione, lingua, cultura) sono ripresi *in toto* dalle Indicazioni del 2007 e i traguardi di sviluppo delle competenze sono:

- fare ipotesi sui significati delle parole;
- saper esprimere le proprie emozioni;
- imparare le prime rime, filastrocche, praticare la drammatizzazione, inventare nuove parole, cercare somiglianze e analogie tra i suoni e i significati (suoni onomatopeici);
- avvicinarsi alla scrittura, incontrando le tecnologie digitali e i nuovi media.

"***La conoscenza del mondo***" si divide in due arce d'intervento:

- *"oggetti, fenomeni, viventi";*
- *"numero e spazio".*

La *conoscenza del mondo* avviene imparando:

- a descrivere e rappresentare le proprie esperienze;
- a condurre le prime attività di ricerca;
- a conoscere diverse storie del mondo.

La *conoscenza di oggetti, fenomeni e viventi* avviene:

- partendo dall'osservazione e descrizione di luci, ombre, effetti del calore, velocità e contemporaneità;
- imparando a smontare e ricostruire per scoprire proprietà degli oggetti;
- familiarizzando con i meccanismi di semplici macchine;

- approcciando alla struttura e al funzionamento del proprio corpo, di alcuni esseri viventi e alla trasformazione dell'ambiente.

La *conoscenza del numero e della spazialità* si traduce nell'imparare a contare oggetti ed eventi con i gesti dell'indicare, del togliere, dell'aggiungere; eseguire semplici attività di misura suddividendo in parti gli elementi; riconoscere in oggetti tridimensionali semplici forme geometriche e le loro proprietà. I sussidi didattici utili al perseguimento delle competenze sono i giochi con materiali strutturati. *Traguardi di sviluppo delle competenze* relativi al campo di esperienza "*La conoscenza del mondo*" sono:

- identificare le proprietà degli oggetti;
- confrontare e valutare diverse quantità;
- utilizzare simboli per registrare quantità;
- eseguire misurazioni;
- saper collocare le azioni nel tempo della giornata e della settimana;
- saper distinguere tra azioni del passato, presente e futuro;
- interessarsi di macchine e strumenti tecnologici;
- osservare con attenzione il proprio schema corporeo e quello di altri esseri viventi;
- orientarsi nello spazio usando correttamente gli indicatori spaziali sopra/sotto; avanti/dietro; dentro/fuori;
- saper seguire le istruzioni per compiere un percorso.

8.5 Un profilo delle competenze del bambino al termine della scuola dell'infanzia

I perni intorno ai quali vanno costruiti gli interventi educativi e didattici durante la scuola dell'infanzia, quali denominatore comune nello svolgimento di tutti i campi di esperienza, sono rappresentati da:

- identità (costruzione del sé, autostima, fiducia nei propri mezzi), autonomia (rapporto sempre più consapevole con gli altri);
- competenza (intesa come conoscenze, abilità, atteggiamenti);
- cittadinanza (come dimensione etico-sociale e riflessività);
- *nuovo umanesimo* (come amore per il mondo e il suo futuro attraverso una prima educazione all'emotività).

In particolare, le *Indicazioni* del 2012 introducono il concetto-chiave di intelligenza empatica, cioè di capacità di comprendere l'altro mettendosi nei suoi panni, intesa come *medium* indispensabile per costruire un mondo nuovo basato sui valori fondamentali della bioetica, perciò dell'amore per la vita e il mondo in tutte le sue componenti. Il testo del 2012 dà spazio ad un aspetto dell'educazione, che non era ancora diventato oggetto d'attenzione dei testi di legge: l'intelligenza emotiva, introdotta da Daniel Goleman.
L'intelligenza emotiva rappresenta la capacità di ascoltare le proprie emozioni; di saper riflettere sulle conseguenze di possibili azioni emotive ed istintive; di saper controllare l'istinto ad agire e dirottarlo verso azioni ragionate, di migliorare le relazioni umane.
In quest'ultima parte della bozza del 2012 la scuola si apre ad una nuova competenza, che fino ad oggi è stata oggetto d'interesse per lo più degli interventi educativi di alcune scuole statunitensi.

Capitolo Nono
La scuola primaria nelle *Indicazioni* del 2012

Il 16 novembre 2012, viene pubblicato il documento che sostituisce in modo definitivo le *Indicazioni* del 2004 e quelle del 2007. La struttura e l'impianto generali non si discostano molto dalle *Indicazioni* per il curricolo del 2007. Il documento è suddiviso in una parte comune ai tre ordini di scuola (Infanzia, primaria e secondaria di primo grado), seguita da due parti dedicate rispettivamente alla scuola dell'infanzia e al primo ciclo d'istruzione. Esso si chiude con un'appendice dedicata alle integrazioni relative all'insegnamento della Religione cattolica, sulla base del D.P.R. 11 febbraio 2010.

Tra le novità vanno evidenziate, prima di inoltrarci nella lettura del documento:

- l'assunzione all'interno delle *Indicazioni* delle **competenze chiave di cittadinanza europea**;
- il riferimento esplicito e la conseguente associazione delle *Indicazioni* a tre documenti sull'inclusione del ministero stesso, relativi agli alunni stranieri, agli alunni con disabilità e a quelli con disturbi specifici di apprendimento;
- l'introduzione di un *Profilo delle competenze dello studente* al termine del primo ciclo.

9.1 Una lettura delle *Indicazioni nazionali* per il curricolo

La struttura delle *Indicazioni* attualmente in vigore è, dunque, la seguente:

Regolamento recante *Indicazioni nazionali* per il curricolo della scuola dell'infanzia e del primo ciclo d'istruzione, a norma dell'articolo 1, comma 4, del Decreto del Presidente della Repubblica 20 marzo 2009, n. 89

CULTURA, SCUOLA, PERSONA
La scuola nel nuovo scenario
Centralità della persona
Per una nuova cittadinanza
Per un nuovo umanesimo

FINALITÀ GENERALI
Scuola, Costituzione, Europa
Profilo dello studente

L'ORGANIZZAZIONE DEL CURRICOLO
Dalle Indicazioni al curricolo
Aree disciplinari e discipline
Continuità ed unitarietà del curricolo
Traguardi per lo sviluppo delle competenze
Obiettivi di apprendimento
Valutazione
Certificazione delle competenze
Una scuola di tutti e di ciascuno
Comunità educativa, comunità professionale, cittadinanza

LA SCUOLA DELL'INFANZIA
I bambini, le famiglie, i docenti, l'ambiente di apprendimento
I campi di esperienza
- Il sé e l'altro
- Il corpo e il movimento
- Immagini, suoni, colori
- I discorsi e le parole
- La conoscenza del mondo

Dalla scuola dell'infanzia alla scuola primaria

LA SCUOLA DEL PRIMO CICLO
Il senso dell'esperienza educativa
L'alfabetizzazione culturale di base
Cittadinanza e Costituzione
L'ambiente di apprendimento
Italiano
Lingua inglese e seconda lingua comunitaria
Storia
Geografia
Matematica
Scienze
Musica
Arte e immagine
Educazione fisica
Tecnologia

APPENDICE: Integrazioni alle Indicazioni nazionali relative all'insegnamento della Religione cattolica.
(DPR 11 Febbraio 2010)
Scuola dell'infanzia
Primo ciclo d'istruzione

In questa sede, analizzeremo esclusivamente le parti comuni e quelle che coinvolgono in modo diretto la scuola primaria.

9.1.1 Cultura, scuola, persona

Questa sezione è importante, poiché delinea e fornisce la chiave culturale di interpretazione delle *Indicazioni*. Essa riprende, anche nei titoli, i primi paragrafi del documento del 2007.

La scuola nel nuovo scenario

Si riaffermano, in questa sede, la mutevolezza, la discontinuità e l'ambivalenza della società, nonché la ricchezza e la contraddittorietà degli stimoli culturali offerti ai giovani dai molteplici ambienti in cui la scuola è immersa. Si riafferma che la scuola, in questo scenario, ha il compito di "*promuovere la capacità degli studenti di dare senso alla varietà delle loro esperienze, al fine di ridurre la frammentazione e il carattere episodico che rischiano di caratterizzare la vita dei bambini e degli adolescenti*".

S'individua un'altra emergenza educativa posta dalla società: rimediare all'attenuazione della capacità degli adulti di presidiare le regole e di affermare il senso del limite. È la scuola come luogo dei diritti di ognuno e delle regole condivise che deve rispondere a tale emergenza, coltivando l'intesa tra adulti, l'interazione con le famiglie, l'esplicitazione chiara e la condivisione di intenti educativi comuni.
Si riprende il concetto di "orizzonte territoriale" della scuola che si allarga alla dimensione del territorio locale, nazionale e mondiale, e si attribuisce alla scuola il compito di "*fornire supporti adeguati affinché ogni persona sviluppi un'identità consapevole e aperta*". Rispetto all'Atto di indirizzo del 2009, ritornano visioni dell'identità e della cittadinanza più funzionali alla realizzazione di un orizzonte realmente inclusivo: la scuola deve operare per garantire il rispetto delle differenze di tutti e dell'identità di ciascuno. La differenza, come sostiene anche l'ICF dell'OMS, è una qualità che appartiene a tutti gli individui, non una caratteristica distintiva delle persone in difficoltà.
Rispetto alla realtà multiculturale in cui viviamo, la scuola si pone l'obiettivo di realizzare un orizzonte interculturale in un'ottica inclusiva: "*essa raccoglie con successo una sfida universale, di apertura verso il mondo, di pratica dell'uguaglianza nel riconoscimento delle differenze*".
Come già accennato, rispetto alle *Indicazioni* del 2007, si dà un ruolo di maggiore evidenza alle tecnologie dell'informazione e della comunicazione, considerate a un tempo un pericolo e una "grande opportunità". Pericolo, poiché aprono uno spazio a forme di emarginazione culturale e di analfabetismo di ritorno, per tutti coloro (adulti e bambini) che non vi accedono in modo pieno e consapevole. Opportunità poiché permettono di esplorare in forme nuove e complesse le discipline e le vaste aree di cerniera tra le discipline. L'utilizzo delle nuove tecnologie chiama in causa, stimola e modifica l'organizzazione della memoria, la presenza simultanea di molteplici codici, la compresenza di procedure logiche e analogiche, la relazione immediata tra progettazione, operatività e controllo, quella tra fruizione e produzione.
"Fare scuola" in questo nuovo scenario, vuol dire, quindi, "*mettere in relazione la complessità di modi radicalmente nuovi di apprendimento con un'opera quotidiana di guida, attenta al metodo, ai nuovi media e alla ricerca multi-dimensionale. Al contempo significa curare e consolidare le competenze e i saperi di base, che sono irrinunciabili perché sono le fonda-*

menta per l'uso consapevole del sapere diffuso e perché rendono precocemente effettiva ogni possibilità di apprendimento nel corso della vita".

Centralità della persona

In questo paragrafo si riprende e si rafforza il principio affermato nelle *Indicazioni* del 2007, in base al quale la scuola e le sue finalità devono essere costruite a partire dalla persona che apprende, dall'originalità del suo essere e del suo percorso individuale, dalle aperture offerte dalla rete di relazioni familiari e sociali in cui è inserita. I docenti sono chiamati a realizzare i loro progetti educativi e didattici "*non per individui astratti, ma per persone che vivono qui e ora, che sollevano precise domande esistenziali, che vanno alla ricerca di orizzonti di significato*", dunque sulla base di un'attenta lettura dei bisogni cognitivi, affettivi, relazionali, estetici, spirituali, etici degli studenti.

La centralità della persona può essere valorizzata e resa il fulcro della scuola solo in un ambiente fondato sulla dimensione di gruppo e capace di valorizzare l'importanza di legami cooperativi. La scuola deve essere un luogo accogliente, in cui gli alunni possano apprendere anche modalità costruttive di gestione e superamento dei conflitti. Il gruppo è l'unico ambiente sociale entro il quale può realizzarsi in modo pieno la personalità di ciascun individuo.

Pur non utilizzando questa parola, il documento introduce l'importanza della metacognizione, ormai ritenuta cruciale da tutti gli orientamenti pedagogici e didattici contemporanei: "*La scuola deve porre le basi del percorso formativo dei bambini e degli adolescenti sapendo che esso proseguirà in tutte le fasi successive della vita. In tal modo la scuola fornisce le chiavi per* ***apprendere ad apprendere****, per costruire e per trasformare le mappe dei saperi rendendole continuamente coerenti con la rapida e spesso imprevedibile evoluzione delle conoscenze e dei loro oggetti. Si tratta di elaborare gli strumenti di conoscenza necessari per comprendere i contesti naturali, sociali, culturali, antropologici nei quali gli studenti si troveranno a vivere e a operare*".

Per una nuova cittadinanza

In questa sezione, anch'essa ripresa dalle *Indicazioni* del 2007, si introduce con forza anche l'idea di *lifelong learning*. Si chiarisce che la scuola deve perseguire una linea formativa doppia – orizzontale e verticale – per impostare una formazione che possa proseguire lungo l'intero arco della vita:

- la linea formativa orizzontale esige un'attenta collaborazione fra la scuola, la famiglia e gli altri attori extrascolastici;
- la linea formativa verticale esige una stretta cooperazione tra le scuole di diverso ordine e grado per la costruzione di un progetto di vita che sia unitario e privo di fratture.

Obiettivo della doppia linea formativa è accompagnare ciascun individuo a saper agire e scegliere con autonomia e consapevolezza. La scuola deve affiancare al compito dell'insegnare ad apprendere quello dell'insegnare a essere, all'interno di un orizzonte culturale nazionale, europeo, mondiale. L'obiettivo più ampio è la costruzione di una società creata continuamente assieme: ognuno impara meglio nella relazione con gli altri, la promozione e lo sviluppo del singolo individuo stimolano la promozione e lo sviluppo di tutti. La scuola deve promuovere la costruzione di una cittadinanza unitaria e plurale a un tempo: "*Non dobbiamo dimenticare che fino a tempi assai recenti la scuola ha avuto il compito di formare cittadini nazionali attraverso una cultura omogenea. Oggi, invece, può porsi il compito più ampio di educare alla convivenza proprio attraverso la valorizzazione delle diverse identità e radici culturali di ogni studente. La finalità è una cittadinanza che certo permane coesa e vincolata ai valori fondanti della tradizione nazionale, ma che può essere alimentata da una varietà di espressioni ed esperienze personali molto più ricca che in passato*".
La scuola deve formare, quindi, cittadini italiani che siano al contempo cittadini dell'Europa e del mondo.

Per un nuovo umanesimo
Alla base del concetto di "nuovo umanesimo", ripreso e sviluppato dalle *Indicazioni* del 2007, ci sono l'idea di consapevolezza e responsabilità che devono essere promosse dalla scuola, anche attraverso una forte alleanza tra le discipline e i saperi, nella consapevolezza dell'unicità della conoscenza. L'umanesimo poneva l'uomo come soggetto eccezionale al centro dell'universo. Il "nuovo umanesimo" pone ciascun individuo, inserito nella collettività d'individui che è la società planetaria, al centro dell'universo, come soggetto responsabile e consapevole del fatto che ogni sua azione genera conseguenze che investono spazi e tempi ampissimi.
Alla scuola, dunque, spetta perseguire alcuni obiettivi in modo prioritario:

- insegnare a superare la frammentazione delle discipline per ricomporre i grandi oggetti della conoscenza (l'universo, il pianeta, la natura, la vita, l'umanità, la società, il corpo, la mente, la storia) in una nuova prospettiva complessa, in cui i saperi possano essere integrati in nuovi quadri d'insieme;
- promuovere alcuni saperi indispensabili per la costruzione di un nuovo umanesimo: la capacità di cogliere gli aspetti essenziali dei problemi; la capacità di capire quali siano le implicazioni dei possibili sviluppi delle scienze e delle tecnologie per la condizione umana; la capacità di individuare limiti e possibilità delle conoscenze; la capacità di vivere e agire in un mondo che cambia continuamente a ritmi sempre più veloci;
- promuovere l'idea secondo cui i grandi problemi dell'umanità possono essere affrontati e risolti non solo attraverso la cooperazione tra le nazioni, ma anche attraverso la collaborazione fra le discipline e le culture.

Il primo obiettivo si pone alla base di una scelta importante del documento rispetto alle discipline: l'eliminazione dell'accorpamento in aree disciplinari, che era presente, invece, nel documento del 2007. Questo passaggio del testo ci fa comprendere che la "liberazione" delle discipline vuole proprio incoraggiare la più elevata forma di potenziamento interdisciplinare, capace anche di superare i tradizionali accostamenti tra discipline (Lingua italiana con lingue straniere, matematica con scienze e tecnologia, storia con geografia, ecc.) per sperimentare nuovi e più liberi accostamenti e intrecci.
Il documento suggerisce anche alcuni strumenti e modi per realizzare gli obiettivi individuati, in questo passaggio denso, innovativo e ricco di spunti interessanti: "*L'esperimento, la manipolazione, il gioco, la narrazione, le espressioni artistiche e musicali sono occasioni privilegiate per apprendere per via pratica quello che successivamente dovrà essere fatto oggetto di più elaborate conoscenze teoriche e sperimentali. Nel contempo, lo studio dei contesti storici, sociali, culturali nei quali si sono sviluppate le conoscenze è condizione di una loro piena comprensione. Inoltre, le esperienze personali che i bambini e gli adolescenti hanno degli aspetti a loro prossimi della natura, della cultura, della società e della storia sono una via di accesso importante per la sensibilizzazione ai problemi più generali e per la conoscenza di orizzonti più estesi nello spazio e nel tempo. Ma condizione indispensabile per raggiungere questo obiettivo è ricostruire insieme agli studenti le coordinate spaziali e temporali necessarie per comprendere*

la loro collocazione rispetto agli spazi e ai tempi assai ampi della geografia e della storia umana, così come rispetto agli spazi e ai tempi ancora più ampi della natura e del cosmo.
Definire un tale quadro d'insieme è compito sia della formazione scientifica (chi sono e dove sono io nell'universo, sulla terra, nell'evoluzione?) sia della formazione umanistica (chi sono e dove sono io nelle culture umane, nelle società, nella storia?). Negli ultimi decenni, infatti, discipline una volta distanti hanno collaborato nel ricostruire un albero genealogico delle popolazioni umane e nel tracciare i tempi e i percorsi delle grandi migrazioni con cui il pianeta è stato popolato. La genetica, la linguistica, l'archeologia, l'antropologia, la climatologia, la storia comparata dei miti e delle religioni hanno cominciato a delineare una storia globale dell'umanità. Da parte loro, la filosofia, le arti, l'economia, la storia delle idee, delle società, delle scienze e delle tecnologie stanno mettendo in evidenza come le popolazioni umane abbiano sempre comunicato fra loro e come le innovazioni materiali e culturali siano sempre state prodotte da una lunga storia di scambi, interazioni, tradizioni. A loro volta, le scienze del vivente oggi allargano ancora di più questo quadro: le collaborazioni fra genetica, paleontologia, embriologia, ecologia, etologia, geologia, biochimica, biofisica ci danno per la prima volta un quadro delle grandi tappe della storia della vita sulla terra e mostrano la stretta interdipendenza fra tutte le forme viventi.
L'elaborazione dei saperi necessari per comprendere l'attuale condizione dell'uomo planetario, definita dalle molteplici interdipendenze fra locale e globale, è dunque la premessa indispensabile per l'esercizio consapevole di una cittadinanza nazionale, europea e planetaria".

9.1.2 Finalità generali

Questo capitolo costituisce integralmente un'aggiunta rispetto alle *Indicazioni* del 2007, ed è suddiviso a sua volta in due parti: Scuola, Costituzione, Europa, in cui sono formulati i principi e le finalità della scuola, e il Profilo dello studente, che delinea una mappa delle competenze che deve essere acquisita al termine del primo ciclo.

Scuola, Costituzione, Europa
La finalità generale viene fatta discendere direttamente dalle premesse fin qui tracciate, ossia dalla consapevolezza della relazione strettissima che unisce cultura, scuola e persona, nonché dal fondamento della nostra Repubblica, ossia dai principi della Costituzione: "*lo sviluppo armonico e integrale della persona, all'interno dei principi della*

Costituzione italiana e della tradizione culturale europea, nella promozione della conoscenza e nel rispetto e nella valorizzazione delle diversità individuali, con il coinvolgimento attivo degli studenti e delle famiglie".

La scuola dell'infanzia, la scuola primaria e quella secondaria di primo grado sono definite come il "primo segmento" di un percorso, quello scolastico, che contribuisce "*in modo determinante all'elevazione culturale, sociale ed economica del Paese e ne rappresentano un fattore decisivo di sviluppo e innovazione*".

In questo paragrafo si ribadiscono anche le norme generali che lo Stato deve dettare alle istituzioni scolastiche per garantire a tutti i cittadini pari condizioni d'accesso all'istruzione e un servizio di qualità:

- gli obiettivi generali del processo formativo;
- gli obiettivi specifici di apprendimento relativi alle competenze degli studenti;
- le discipline di insegnamento e gli orari obbligatori;
- gli standard relativi alla qualità del servizio;
- i sistemi di valutazione e controllo del servizio stesso.

Prima di introdurre il legame con il quadro europeo, le *Indicazioni* chiariscono che, in base al D.P.R. dell'11 febbraio del 2010, i traguardi di sviluppo delle competenze e gli obiettivi di apprendimento per l'insegnamento della Religione cattolica sono definiti d'intesa con l'autorità ecclesiastica.

Il **quadro delle competenze chiave per l'apprendimento permanente**, definite dal Parlamento europeo e dal Consiglio dell'Unione europea con la Raccomandazione del 18 dicembre 2006, è assunto come "orizzonte di riferimento verso cui tendere". Il richiamo non si ferma a una generica affermazione, ma cita ed elenca le otto competenze chiave per la cittadinanza europea:

- comunicazione nella madrelingua;
- comunicazione nelle lingue straniere;
- competenza matematica e competenze di base in scienza e tecnologia;
- competenza digitale;
- imparare a imparare;
- competenze sociali e civiche;
- spirito di iniziativa e imprenditorialità;
- consapevolezza ed espressione culturale.

In questa sede si chiarisce anche che tale orizzonte di riferimento, lungi dallo spingere l'Italia verso ordinamenti e curricoli conformi a un modello unico europeo, tutela e incoraggia la varietà e le differenze tra i sistemi scolastici, i metodi, i contenuti, gli obiettivi specifici dei Paesi aderenti, pur orientandoli verso l'obiettivo della costruzione di competenze comuni.

Profilo dello studente

Dopo aver ribadito l'importanza di questo segmento dell'istruzione e la centralità della relazione educativa e dell'applicazione di metodi didattici capaci di attivare in modo pieno le energie e le potenzialità di ciascun alunno, il documento delinea anche un Profilo delle competenze che ciascun alunno deve possedere al termine del primo ciclo, ma che deve essere costruito, in un continuum progressivo, a partire dalla scuola dell'infanzia. Si tratta di un profilo che si pone in piena coerenza con le premesse fin qui fatte e con l'orizzonte delle competenze chiave europee:

Profilo delle competenze al termine del primo ciclo di istruzione

Lo studente al termine del primo ciclo, attraverso gli apprendimenti sviluppati a scuola, lo studio personale, le esperienze educative vissute in famiglia e nella comunità, è in grado di iniziare ad affrontare in autonomia e con responsabilità, le situazioni di vita tipiche della propria età, riflettendo ed esprimendo la propria personalità in tutte le sue dimensioni.

Ha consapevolezza delle proprie potenzialità e dei propri limiti, utilizza gli strumenti di conoscenza per comprendere se stesso e gli altri, per riconoscere ed apprezzare le diverse identità, le tradizioni culturali e religiose, in un'ottica di dialogo e di rispetto reciproco. Interpreta i sistemi simbolici e culturali della società, orienta le proprie scelte in modo consapevole, rispetta le regole condivise, collabora con gli altri per la costruzione del bene comune esprimendo le proprie personali opinioni e sensibilità. Si impegna per portare a compimento il lavoro iniziato da solo o insieme ad altri.

Dimostra una padronanza della lingua italiana tale da consentirgli di comprendere enunciati e testi di una certa complessità, di esprimere le proprie idee, di adottare un registro linguistico appropriato alle diverse situazioni.

Nell'incontro con persone di diverse nazionalità è in grado di esprimersi a livello elementare in lingua inglese e di affrontare una comunicazione essenziale, in semplici situazioni di vita quotidiana, in una seconda lingua europea.

Utilizza la lingua inglese nell'uso delle tecnologie dell'informazione e della comunicazione. Le sue conoscenze matematiche e scientifico-tecnologiche

gli consentono di analizzare dati e fatti della realtà e di verificare l'attendibilità delle analisi quantitative e statistiche proposte da altri. Il possesso di un pensiero razionale gli consente di affrontare problemi e situazioni sulla base di elementi certi e di avere consapevolezza dei limiti delle affermazioni che riguardano questioni complesse che non si prestano a spiegazioni univoche.
Si orienta nello spazio e nel tempo dando espressione a curiosità e ricerca di senso; osserva ed interpreta ambienti, fatti, fenomeni e produzioni artistiche.
Ha buone competenze digitali, usa con consapevolezza le tecnologie della comunicazione per ricercare e analizzare dati ed informazioni, per distinguere informazioni attendibili da quelle che necessitano di approfondimento, di controllo e di verifica e per interagire con soggetti diversi nel mondo.
Possiede un patrimonio di conoscenze e nozioni di base ed è allo stesso tempo capace di ricercare e di procurarsi velocemente nuove informazioni ed impegnarsi in nuovi apprendimenti anche in modo autonomo.
Ha cura e rispetto di sé, come presupposto di un sano e corretto stile di vita. Assimila il senso e la necessità del rispetto della convivenza civile. Ha attenzione per le funzioni pubbliche alle quali partecipa nelle diverse forme in cui questo può avvenire: momenti educativi informali e non formali, esposizione pubblica del proprio lavoro, occasioni rituali nelle comunità che frequenta, azioni di solidarietà, manifestazioni sportive non agonistiche, volontariato, ecc. Dimostra originalità e spirito di iniziativa. Si assume le proprie responsabilità e chiede aiuto quando si trova in difficoltà e sa fornire aiuto a chi lo chiede.
In relazione alle proprie potenzialità e al proprio talento si impegna in campi espressivi, motori ed artistici che gli sono congeniali. È disposto ad analizzare se stesso e a misurarsi con le novità e gli imprevisti.

9.1.3 L'organizzazione del curricolo

Questa sezione del documento è dedicata alla definizione degli elementi cruciali che le comunità scolastiche devono tenere ben presenti nell'azione di costruzione del curricolo.

Dalle Indicazioni al curricolo

Si ribadiscono la natura e il rapporto del curricolo con la cornice di riferimento costituita dalle *Indicazioni nazionali*, e si individuano i compiti di ciascuna scuola nella costruzione del curricolo:

- le *Indicazioni nazionali* sono un testo aperto che deve essere assunto e contestualizzato dalla comunità professionale, chiamata a definire la propria progettazione curricolare;

- la progettazione curricolare si realizza attraverso scelte specifiche relative a contenuti, metodi, organizzazione e valutazione che devono essere compiute nel rispetto della valorizzazione e dell'autonomia delle istituzioni scolastiche, ma in coerenza con i traguardi formativi previsti dalle *Indicazioni*, con il profilo dello studente al termine del primo ciclo di istruzione, con gli obiettivi di apprendimento specifici per ogni disciplina;
- il processo di costruzione del curricolo è la via attraverso cui occorre sviluppare la ricerca e l'innovazione educativa;
- ciascuna scuola definisce il curricolo e lo rende pubblico attraverso il PTOF;
- i docenti individuano, a partire dal curricolo d'istituto, le esperienze di apprendimento, le scelte didattiche, le strategie più efficaci e adeguate ai bisogni formativi degli alunni delle classi in cui operano, e realizzano la programmazione didattica, con attenzione all'integrazione fra le discipline e alla loro possibile aggregazione in aree.

Aree disciplinari e discipline

In questo passaggio si chiarisce la scelta, già accennata in precedenza, di slegare le discipline dalle aree in cui erano state aggregate nelle *Indicazioni* del 2007.

Partendo dal presupposto che l'attività didattica deve essere orientata alla qualità dell'apprendimento di ciascun alunno e non ad una sequenza lineare di contenuti disciplinari, si invitano i docenti a individuare in forma collegiale e a realizzare attività significative in cui i metodi e gli strumenti caratteristici di ogni disciplina possano intrecciarsi e confrontarsi, per dar vita a esperienze di apprendimento significativo.

Il documento invita a superare la tradizionale idea delle discipline come aree di studio separate da confini convenzionali, e porre al centro della scuola l'idea dell'unitarietà tipica dei processi di apprendimento. L'apprendimento, nei contesti formali, non formali e informali, si costruisce attingendo liberamente dall'esperienza e dalle conoscenze di tutte le discipline, ed elaborando le informazioni acquisite attraverso un'attività continua, riflessiva, originale, costruttiva.

Le discipline, dunque, non sono aggregate in aree dalle *Indicazioni* "*per non favorire un'affinità più intensa tra alcune rispetto ad altre, vo-*

lendo rafforzare così trasversalità e interconnessioni più ampie e assicurare l'unitarietà del loro insegnamento".

Continuità ed unitarietà del curricolo

In questo passaggio si ribadisce l'importanza di costruire un curricolo unitario per tutto il segmento d'istruzione oggetto delle *Indicazioni*, e orientato alla ricerca di raccordi con il grado di scuola successivo. Il percorso scolastico deve essere progressivo e continuo, sfruttando anche i vantaggi legati alla presenza sempre più diffusa degli istituti comprensivi. Si sottolinea, dunque, l'importanza della continuità verticale del curricolo, ai fini della realizzazione del Profilo dello studente e del progetto di vita.

Traguardi per lo sviluppo delle competenze e Obiettivi di apprendimento

In questi due paragrafi si riprendono e si ampliano le definizioni dei traguardi e degli obiettivi, chiarendone la funzione all'interno del processo di costruzione del curricolo.

I traguardi per lo sviluppo delle competenze al termine della scuola primaria sono individuati in relazione alle discipline, e sono prescrittivi, per garantire l'unità nazionale del sistema scolastico, la qualità del servizio e una parità nell'accesso all'istruzione. Spetta alle scuole, attraverso la progettazione del curricolo e la programmazione didattica, la responsabilità di organizzarsi e la libertà di scegliere l'itinerario più opportuno per raggiungerli.

Gli obiettivi di apprendimento "*individuano campi del sapere, conoscenze e abilità ritenuti indispensabili al fine di raggiungere i traguardi per lo sviluppo delle competenze*". Essi sono, dunque, funzionali ai primi e devono essere scelti, in fase di progettazione didattica, con attenzione al contesto, alle condizioni didattiche e organizzative della scuola e della classe, all'esigenza di realizzare forme di insegnamento ricche ed efficaci. Gli obiettivi sono organizzati in nuclei tematici e sono definiti in relazione a periodi lunghi (cinque anni nella scuola primaria, anche se per buona parte delle discipline, sono stati individuati anche obiettivi da perseguire e verificare al termine del terzo anno).

Valutazione

La sezione dedicata alla valutazione parte dal testo delle *Indicazioni* del 2007, per definire principi e modalità di due tipi di valutazione:

- dei processi di apprendimento;
- dell'istituto (autovalutazione).

Per quanto riguarda la prima, si ribadisce che la responsabilità della valutazione spetta ai docenti, che sono anche tenuti alla cura della relativa documentazione. In forma collegiale essi fissano il quadro dei criteri sui quali deve essere fondata, e scelgono gli strumenti con cui effettuarla. Tutte le verifiche devono essere coerenti con gli obiettivi declinati nel curricolo d'istituto. Si afferma, inoltre, che la valutazione deve avere una "preminente funzione formativa".
Dopo aver ribadito l'importanza di garantire un'informazione tempestiva e trasparente alle famiglie e agli studenti sui criteri e sui risultati delle valutazioni, il documento introduce un passaggio nuovo integrativo rispetto alle *Indicazioni* del 2007, in cui si affronta il tema della responsabilità dell'autovalutazione dell'istituto. Nella scuola dell'autonomia e dei curriculi, infatti, accanto alla valutazione dell'INVALSI, deve essere promossa un'azione continua di riflessione e verifica di ciascun istituto sul proprio progetto educativo e didattico.

Certificazione delle competenze
Se le *Indicazioni* del 2007 concludevano qui il capitolo dedicato all'organizzazione del curricolo, il documento del 2012 introduce i tre paragrafi: "Certificazione delle competenze", "Una scuola di tutti e di ciascuno", "Comunità educativa, comunità professionale, cittadinanza". Nel primo paragrafo si sviluppa il tema importante della certificazione delle competenze, affrontato per spiegare l'importanza, nel nuovo modello della scuola dei curricoli, del Profilo dello studente, della promozione, della rilevazione e della valutazione delle competenze degli alunni. Un insieme di azioni che devono essere graduali e costanti nella scuola dell'obbligo e che richiedono strumenti e procedure diverse da quelle tradizionalmente utilizzate per la rilevazione degli apprendimenti in termini di contenuti di conoscenza e abilità.

Una scuola di tutti e di ciascuno
In questo paragrafo, il documento esprime l'adesione a un modello di scuola che sia coerente con i principi dell'inclusione delle persone e dell'integrazione delle culture. Per realizzare tale modello di scuola individua come obiettivi:

- il consolidamento di pratiche inclusive nei confronti di bambini e ragazzi di cittadinanza non italiana;
- la prevenzione e il recupero della dispersione scolastica e del fallimento formativo precoce;
- l'attivazione di strategie efficaci per rispondere ai bambini con disabilità o bisogni educativi speciali, considerati come parte integrante dell'offerta formativa degli istituti;

Tali obiettivi devono essere perseguiti in stretta collaborazione con gli enti locali, le agenzie educative del territorio, e con il supporto delle "professionalità specifiche" che ruotano all'interno dell'istituto e sul territorio.

Comunità educativa, comunità professionale, cittadinanza
Questo paragrafo chiude il cerchio dei temi fin qui affrontati, definendo la scuola come un insieme integrato d'individui che vivono e operano come comunità. Evidenzia, inoltre, il rilievo che all'interno di tale realtà ha la comunità dei docenti, e richiede a essa di impegnarsi a individuare e valorizzare le differenze umane e professionali che caratterizzano i suoi componenti, per valorizzarle al meglio nella costruzione di un progetto di scuola coerente con la cornice delle *Indicazioni nazionali.* Il documento dedica un passaggio anche al ruolo che il Dirigente ha all'interno di questa comunità: dirigere, coordinare e promuovere le diverse professionalità dei docenti, nonché favorire la cooperazione con le famiglie, gli enti territoriali, le agenzie educative del territorio.
La scuola come comunità aperta è riconosciuta come un presidio per la vita democratica e civile del territorio in cui opera, ma anche della nazione stessa. Solo in una scuola così caratterizzata può trovare pieno sviluppo la centralità della persona.

9.1.4 La scuola del primo ciclo

L'ultima parte delle *Indicazioni* è dedicata alla Scuola del primo ciclo, costituita da due sezioni:

- la prima dedicata, come nelle *Indicazioni* del 2007, alla definizione delle caratteristiche di questo segmento del sistema d'istruzione;
- la seconda dedicata non più a "discipline e aree disciplinari" ma soltanto alle discipline, presentate in una sezione unica per

la scuola primaria e la secondaria di primo grado, attraverso alcune indicazioni didattico-metodologiche, seguite dai Traguardi di sviluppo delle competenze e dagli obiettivi di apprendimento funzionali al loro raggiungimento.

La sezione introduttiva definisce caratteristiche e compiti di questo segmento scolastico. La scuola del primo ciclo:

- comprende la scuola primaria e la scuola secondaria di primo grado;
- pone le basi per l'apprendimento per tutta la vita;
- ha come finalità "*l'acquisizione delle conoscenze e delle abilità fondamentali per sviluppare le competenze culturali di base nella prospettiva del pieno sviluppo della persona*";
- concorre con le altre istituzioni a rimuovere gli ostacoli alla frequenza scolastica, non solo garantendo l'accesso facilitato agli alunni con disabilità e prevenendo la dispersione scolastica, ma anche valorizzando il talento e le inclinazioni di ciascuno, e ponendo un'attenzione particolare ai processi di apprendimento (e agli stili cognitivi) di tutti gli alunni e di ciascuno di essi;
- "*promuove la pratica consapevole della cittadinanza*".

Rispetto alle *Indicazioni* del 2007, le finalità sembrano più definite e ricche: se nel primo documento si parlava di "pieno sviluppo della persona", qui si introducono anche le conoscenze, le abilità e le competenze fondamentali, e dunque elementi di una formazione di tipo culturale. Il pieno sviluppo della persona rimane come obiettivo che riguarda e accomuna l'intero sistema scolastico e la formazione tutta (e per tutta la vita), mentre l'acquisizione delle competenze culturali fondamentali è un compito concreto che caratterizza questo segmento scolastico.

Il senso dell'esperienza educativa

In questo paragrafo si parte dal presupposto che l'apprendimento è un processo in cui l'alunno ha un approccio attivo, dunque la scuola, per perseguire i suoi scopi, deve essere capace di fornire occasioni continue per la conquista dell'autonomia e della consapevolezza di sé da parte dell'alunno, per lo sviluppo e la soddisfazione di curiosità e inclinazioni, per la costruzione di strumenti per affrontare e superare le difficoltà: "*La scuola propone situazioni e contesti in cui gli alunni riflettono per capire il mondo e se stessi, diventano consapevoli che il proprio corpo è un bene di cui prendersi cura, trovano stimoli per sviluppare il pensiero analitico e critico, imparano ad imparare, coltivano la fantasia e il pensiero originale, si confrontano per ricercare significati e condividere possibili schemi di comprensione della realtà, riflettendo sul senso e le conseguenze delle proprie scelte. Favorisce lo sviluppo delle capacità necessarie per imparare a leggere le proprie emozioni e a gestirle, per porsi obiettivi non immediati e perseguirli. Promuove inoltre quel primario senso di responsabilità che si traduce nel fare bene il proprio lavoro e nel portarlo a termine, nell'avere cura di sé, degli oggetti, degli ambienti che si frequentano, sia naturali sia sociali*".

Nel quotidiano dell'esperienza didattica, attraverso la riflessione guidata dai docenti sui comportamenti di gruppo, inoltre, gli alunni sono stimolati a riflettere sul tema della dignità della persona e sul rispetto reciproco, imparando a individuare gli atteggiamenti che violano la dignità propria e altrui. In questo compito, la scuola deve prestare particolare attenzione al tema dell'identità di genere, che nella preadolescenza acquista importanza cruciale.

Il paragrafo si chiude ribadendo la necessità di una cooperazione continuativa ed efficace con le famiglie degli alunni: "*la messa in atto di un rinnovato rapporto di corresponsabilità*" tra l'istituzione scolastica e i genitori, da realizzare, nel rispetto dei rispettivi ruoli, per costruire una progettualità comune e una cornice di riferimento condivisa.

L'alfabetizzazione culturale di base

In questo paragrafo si definiscono i contenuti e l'orizzonte dell'alfabetizzazione culturale di base che è la finalità del primo ciclo d'istruzione: "*l'acquisizione dei linguaggi e dei codici che costituiscono la struttura della nostra cultura, in un orizzonte allargato alle altre culture con cui conviviamo e all'uso consapevole dei nuovi media*". L'alfabetizzazione culturale, dunque, non può che essere anche **alfabetizzazione sociale**, e può essere costruita solo con il concorso dei linguaggi e dei saperi di tutte le discipline. La varietà di alfabeti disciplinari deve essere sfruttata al meglio per sollecitare la pluralità di stili cognitivi che caratterizza i bambini.

Cittadinanza e Costituzione

La cittadinanza va intesa come "cittadinanza attiva", dunque presuppone la formazione di futuri cittadini che siano consapevoli, responsabili e capaci di agire nella società complessa di cui fac-

ciamo parte. Di tale cittadinanza si pongono le basi nella scuola primaria attraverso la promozione di esperienze significative che consentano a ciascuno di imparare a prendersi cura di se stessi, degli altri e dell'ambiente, ma anche di realizzare forme di cooperazione e di solidarietà.
Oltre alla definizione generale, il paragrafo individua anche degli obiettivi più precisi:

- la costruzione del senso di legalità;
- lo sviluppo di un'etica della responsabilità.

Accanto agli obiettivi, poi, suggerisce anche delle esperienze e delle attività di *routine*:

- il buon uso e la pulizia degli spazi della scuola;
- la cura del giardino e del cortile;
- la custodia e la cura dei sussidi didattici;
- le prime forme di partecipazione a decisioni comuni;
- l'organizzazione del lavoro di gruppo;
- la gestione di piccole riparazioni.

Il documento ingloba anche l'idea di promozione della conoscenza della Costituzione italiana introdotta dall'Atto d'indirizzo del 2009, intesa come forma semplice, "prima conoscenza" finalizzata al riconoscimento e al rispetto di alcuni valori e principi sanciti dalla Carta costituzionale:

- i diritti inviolabili di ogni essere umano (articolo 2);
- il riconoscimento della pari dignità sociale (articolo 3);
- il dovere di contribuire in modo concreto alla qualità della vita della società (articolo 4);
- la libertà di religione (articolo 8);
- le varie forme di libertà sancite dalla Costituzione (articoli 13-21).

Oltre a promuovere la conoscenza e l'adesione ai principi e ai valori menzionati, la scuola deve sostenere una prima forma di conoscenza delle procedure nell'esercizio della cittadinanza e del ruolo che svolgono nella democrazia, nonché la distinzione tra diversi compiti, ruoli e poteri dello Stato.
Il percorso di educazione alla cittadinanza deve partire sempre dall'esperienza di concreta partecipazione alla vita della scuola, "*intesa come comunità che funziona sulla base di regole condivise*", per poi allargarsi ad orizzonti via via più ampi.

Le *Indicazioni* dedicano un passaggio speciale al *diritto di parola*, sancito dall'articolo 21 della Costituzione, invitando a tutelarlo e incoraggiarlo in ogni contesto scolastico e in ciascun alunno, con particolare cura all'obiettivo di sviluppare le regole di una conversazione corretta, fondamentale punto di partenza per la costruzione di una società basata sull'ascolto e sul dialogo.
Il paragrafo si chiude con alcune righe che ribadiscono il valore trasversale dell'apprendimento della lingua italiana, legato al suo essere "*primo strumento di comunicazione e accesso ai saperi*", e dunque condizione necessaria affinché la scuola diventi un "*luogo privilegiato di apprendimento e di confronto libero e pluralistico*".

L'ambiente di apprendimento
Come il documento del 2007, anche le *Indicazioni* del 2012 affermano l'importanza di strutturare un ambiente di apprendimento che possa creare le condizioni per promuovere apprendimenti significativi e per garantire il successo formativo per tutti gli alunni. Significativo è un apprendimento che ha un senso per il soggetto che apprende, dunque che:

- nasce da un bisogno conoscitivo del bambino;
- si aggancia, secondo la visione costruttivista, ad apprendimenti già consolidati;
- è capace di generare nuove domande e curiosità, e dunque nuova motivazione all'apprendimento.

Solo un progetto didattico che accoglie metodologie capaci di promuovere apprendimenti significativi per tutti gli alunni e per ciascuno di essi può creare le condizioni per il successo formativo di tutti i bambini. Per questo le *Indicazioni* dedicano un paragrafo alla descrizione delle caratteristiche che l'ambiente di apprendimento a scuola deve avere, e a fissare alcuni principi metodologici che tutte le scuole devono porre al centro della loro progettualità. Prima di entrare nel vivo di tali indicazioni, ricordiamo che la parola "ambiente" è utilizzata in questa espressione in un'accezione molto ampia: essa si riferisce all'organizzazione degli spazi, alla scansione dei tempi, all'uso di sussidi didattici, ma anche all'ambiente relazionale tra pari, e alla relazione educativa tra adulti e bambini. Secondo le indicazioni del documento, occorre garantire, all'interno dell'istituto, un uso flessibile degli spazi, che sappia adattarsi all'età e al tipo di organizzazione del lavoro, nonché ai sussidi didattici di volta in volta utilizzati e al tipo di lezione proposta. Fuori dall'aula, la scuola deve garantire la disponibilità di luoghi attrezzati in cui le classi, o gli alunni organizzati in altri tipi di gruppo, possano sperimentare attività caratterizzate da approcci operativi alla conoscenza, attraverso attività laboratoriali di scienze, tecnologia, informatica, ma anche attività espressive e comunicative legate alle lingue comunitarie, alla musica, al teatro, all'arte e allo sport. Ogni scuola deve curare in modo particolare anche la biblioteca comune, come luogo in cui gli alunni possano avvicinarsi alla lettura di testi molto vari, in forma tradizionale o attraverso le nuove tecnologie. La biblioteca, oltre a essere un luogo in cui possono svilupparsi il piacere della lettura e la passione per generi, autori, opere, è anche uno strumento che può sostenere lo studio autonomo e la ricerca spontanea per l'approfondimento di temi disciplinari affrontati in classe. Essa è immaginata, inoltre, dalle *Indicazioni*, come "*un luogo pubblico, fra scuola e territorio, che favorisce la partecipazione delle famiglie, agevola i percorsi di integrazione, crea ponti tra lingue, linguaggi, religioni e culture*".

Affinché gli apprendimenti scolastici possano realizzarsi come significativi, le *Indicazioni* raccomandano quindi di:

- "*valorizzare l'esperienza e le conoscenze degli alunni, per ancorarvi nuovi contenuti*";
- "*progettare e realizzare percorsi didattici specifici per rispondere ai bisogni educativi degli allievi*;
- "*favorire l'esplorazione e la scoperta, al fine di promuovere il gusto per la ricerca di nuove conoscenze*";
- sollecitare e incoraggiare la problematizzazione, intesa come insieme di operazioni di individuazione di problemi, produzione di domande, messa in discussione delle conoscenze elaborate, ricerca di nuove e appropriate piste d'indagine, individuazione di soluzioni originali;
- "*incoraggiare l'apprendimento collaborativo*";
- "*promuovere la consapevolezza del proprio modo di apprendere, al fine di imparare ad apprendere*", cioè sollecitare i processi metacognitivi, rendendo noti agli alunni gli obiettivi da raggiungere e le ragioni per cui farlo;
- "*realizzare attività didattiche in forma di laboratorio, per favorire l'operatività e allo stesso tempo il dialogo e la riflessione su quello che si fa*".

In sintesi, l'ambiente di apprendimento disegnato (o "sognato") dal documento ministeriale è un ambiente caratterizzato da una ricchezza di stimoli e risorse umane, temporali e materiali, capace di creare contesti per apprendimenti fortemente agganciati all'esperienza pratica, alla negoziazione delle conoscenze, allo sviluppo del pensiero divergente.

Terminata la parte introduttiva dedicata alla scuola del Primo ciclo, le *Indicazioni* del 2012 presentano le discipline, attraverso un'introduzione metodologico-didattica, suddivisa in blocchi di testo legati alle diverse abilità fondamentali di ciascuna disciplina, seguita dall'indicazione dei Traguardi di sviluppo delle competenze e dagli obiettivi di apprendimento utili al raggiungimento dei Traguardi.

9.2 La valutazione e la certificazione delle competenze

L'ordinamento scolastico vigente prevede che le competenze acquisite da ciascun alunno nel percorso formativo scolastico frequentato siano certificate sia al termine della scuola primaria sia al termine del primo ciclo.
Il decreto legislativo 13 aprile 2017, n. 62 ha dettato norme in materia di valutazione e certificazione delle competenze nel primo ciclo ed esami di Stato e ad esso hanno dato attuazione due decreti ministeriali:

- il D.M. n. 741 del 3 ottobre 2017, in particolare, tratta la struttura dell'esame di Stato al termine del primo ciclo;
- il D.M. n. 742 del 3 ottobre 2017 licenzia i modelli definitivi di certificazione delle competenze al termine della scuola primaria e della scuola secondaria di primo grado, modelli entrati a regime in tutte le scuole del primo ciclo dall'anno scolastico 2017/18.

I due decreti ministeriali sono stati accompagnati da una Nota ministeriale (n. 1865 del 10 ottobre 2017) che ha fornito commenti, interpretazioni e note operative sul tema della valutazione nel primo ciclo, sull'esame di Stato e sulla certificazione delle competenze.

Infine, nel gennaio 2018, il MIUR ha emanato le nuove ***Linee guida sulla certificazione delle competenze*** nel primo ciclo di istruzione che hanno preso il posto delle ormai superate *Linee guida* allegate alla Circolare ministeriale n. 3 del 2015.

Come afferma il Decreto legislativo 62 del 2017, la **valutazion**e ha per **oggetto** il processo formativo e i risultati di apprendimento delle alunne e degli alunni, concorre al miglioramento degli apprendimenti e al successo formativo, documenta lo sviluppo dell'identità personale e promuove l'autovalutazione in relazione all'acquisizione di conoscenze, abilità e competenze.

La **valutazione periodica e finale degli apprendimenti** è riferita a ciascuna delle discipline di studio previste dalle *Indicazioni nazionali per il curricolo* della scuola dell'infanzia e del primo ciclo di istruzione (decreto ministeriale n. 254/2012) e alle attività svolte nell'ambito di "Cittadinanza e Costituzione". Per queste ultime, la valutazione trova espressione nel complessivo voto delle discipline dell'area storico-geografica. La valutazione viene espressa con voto in decimi e viene effettuata collegialmente dai docenti contitolari della classe per la scuola primaria e dal consiglio di classe per la scuola secondaria di primo grado. Per tutte le alunne e tutti gli alunni di scuola primaria e secondaria di primo grado la valutazione periodica e finale viene integrata con la descrizione dei processi formativi (in termini di progressi nello sviluppo culturale. personale e sociale) e del livello globale di sviluppo degli apprendimenti conseguito.

La **valutazione del comportamento** delle alunne e degli alunni viene espressa, per tutto il primo ciclo, mediante un giudizio sintetico che fa riferimento allo sviluppo delle competenze di cittadinanza e, per quanto attiene alla scuola secondaria di primo grado, allo Statuto delle studentesse e degli studenti e al Patto di corresponsabilità approvato dall'istituzione scolastica. Il collegio dei docenti definisce i criteri per la valutazione del comportamento, determinando anche le modalità di espressione del giudizio.

L'**ammissione alla classe successiva** e alla prima classe di scuola secondaria di primo grado è disposta anche in presenza di livelli di apprendimento parzialmente raggiunti o in via di prima acquisizione. Pertanto, l'alunno viene ammesso alla classe successiva anche se in sede di scrutinio finale viene attribuita una valutazione con voto inferiore a 6/10 in una o più discipline, da riportare sul documento di valutazione.

La certificazione delle competenze è redatta in sede di scrutinio finale e rilasciata alle alunne e agli alunni al termine della scuola primaria e della scuola secondaria di primo grado (in quest'ultimo caso soltanto ai candidati che hanno superato l'esame di Stato).
Il modello nazionale di certificazione delle competenze al termine della scuola primaria e quello al termine del primo ciclo di istruzione sono allegati al decreto ministeriale 3 ottobre 2017, n. 742. I principi generali per la predisposizione dei modelli fanno riferimento al profilo dello studente, così come definito dalle *Indicazioni nazionali per il curricolo* del 2012, alle competenze chiave individuate dall'Unione europea e alla descrizione dei diversi livelli di acquisizione delle competenze medesime.
Nei prossimi paragrafi, sulla scorta delle *Linee guida per la certificazione delle competenze* (Nota MIUR 9 gennaio 2018), verrà descritto lo scenario culturale e pedagogico (strettamente connesso alle *Indicazioni* del 2012) sotteso alla valutazione e certificazione delle competenze, delineati la natura ed il ruolo delle competenze e passati in rassegna gli strumenti per la loro valutazione, esposto e commentato il documento di certificazione.

9.2.1 Le *Linee guida* per la certificazione delle competenze e le *Indicazioni nazionali* del 2012

Come sottolineano le *Linee guida* del 2018 (nota ministeriale 9 gennaio 2018), la certificazione delle competenze, che accompagna il documento di valutazione degli apprendimenti e del comportamento degli alunni, rappresenta un atto educativo legato ad un processo di lunga durata e aggiunge informazioni utili in senso qualitativo in quanto descrive i risultati del processo formativo, quinquennale e triennale, anche in vista della ulteriore certificazione delle competenze al termine dell'obbligo di istruzione del secondo ciclo. Tale operazione, pertanto, piuttosto che come semplice trasposizione degli esiti degli apprendimenti disciplinari, va intesa come valutazione complessiva in ordine alla capacità degli allievi di utilizzare i saperi acquisiti per affrontare compiti e problemi, complessi e nuovi, reali o simulati.
Nelle *Linee guida* si sottolinea lo stretto legame che intercorre fra la valutazione e certificazione delle competenze al termine del primo ciclo di istruzione e le *Indicazioni nazionali per il curricolo* della

scuola dell'infanzia e del primo ciclo di istruzione. Queste ultime affermano in modo specifico che "*la scuola finalizza il curricolo alla maturazione delle competenze previste nel profilo dello studente al termine del primo ciclo, fondamentali per la crescita personale e per la partecipazione sociale, e che saranno oggetto di certificazione*".

Nelle pagine iniziali delle *Indicazioni* si trovano infatti alcune considerazioni importanti per contestualizzare l'azione educativa della scuola e dei docenti nel quadro dell'attuale scenario culturale di complessità e pluralità, che impone di essere consapevoli che "*oggi l'apprendimento scolastico è solo una delle tante esperienze di formazione che i bambini e gli adolescenti vivono e per acquisire competenze specifiche spesso non vi è bisogno dei contesti scolastici. Ciononostante, la scuola continua ad essere investita da una domanda che comprende, insieme, l'apprendimento e 'il saper stare al mondo'*" (p. 7). Di conseguenza, "*le trasmissioni standardizzate e normative delle conoscenze, che comunicano contenuti invarianti pensati per individui medi non sono più adeguate*" (p. 8 delle *Indicazioni*).

In uno scenario così complesso e variegato la scuola può trovare un riferimento unitario nella solida formazione della persona che apprende, sicché "*lo studente è posto al centro dell'azione educativa in tutti i suoi aspetti: cognitivi, affettivi, relazionali, corporei, estetici, etici, spirituali, religiosi. In questa prospettiva, i docenti dovranno pensare e realizzare i loro progetti educativi e didattici non per individui astratti, ma per persone che vivono qui e ora, che sollevano precise domande esistenziali, che vanno alla ricerca di orizzonti di significato*" (p. 9).

Acquista così un ruolo decisivo la prospettiva di un nuovo umanesimo verso il quale l'intera umanità, in una dimensione globalizzata, sembra essere avviata. Le *Linee guida* invitano gli insegnanti a superare barriere disciplinari o settoriali e ad aprirsi con curiosità e fiducia alle suggestioni e agli stimoli della cultura contemporanea, imparando – essi per primi – a lavorare insieme, costituendo una comunità professionale unita dalla finalità educativa della scuola.

Le *Linee guida* sottolineano inoltre come nella stessa prospettiva educativa, volta alla comprensione e soluzione dei problemi che l'umanità attraversa, anche rispetto alla sua relazione con l'ambiente, si collochi l'**Agenda ONU 2030** che, in particolare nell'Obiettivo 4, tratta i Traguardi per una istruzione di qualità. Le finalità educative indicate nell'Asse 4 per una educazione allo sviluppo sostenibile si propongono di:

- garantire istruzione di qualità per tutti i bambini, i ragazzi e i giovani e accesso ai sistemi di istruzione fino ai livelli più alti;
- incrementare le competenze scientifiche e anche tecnico-professionali della popolazione;
- eliminare le disparità di genere e garantire l'accesso all'istruzione e alla formazione anche alle persone più vulnerabili;
- garantire che tutta la popolazione giovane e gran parte di quella adulta acquisisca sufficienti e consolidate competenze di base linguistiche e logico-matematiche;
- garantire che tutti i giovani acquisiscano competenze per lo sviluppo sostenibile, anche tramite un'educazione volta ad uno sviluppo e uno stile di vita sostenibili, ai diritti umani, alla parità di genere, alla promozione di una cultura pacifica e non violenta, alla cittadinanza globale e alla valorizzazione delle diversità culturali;
- costruire e potenziare le strutture dell'istruzione che siano sensibili ai bisogni dell'infanzia, alle disabilità e alla parità di genere e predisporre ambienti dedicati all'apprendimento che siano sicuri, non violenti e inclusivi per tutti.

Come si vede, i principi enunciati dall'Agenda 2030 sono del tutto coerenti con la nostra Costituzione e sono riconducibili, in termini di progettualità curricolare, alle otto competenze chiave europee e ai Traguardi delle *Indicazioni nazionali*.

9.2.2 L'azione didattica: dalla progettazione alla certificazione

La competenza si presenta come un costrutto sintetico, nel quale confluiscono diversi contenuti di apprendimento – formale, non formale ed informale – insieme a una varietà di fattori individuali che attribuiscono alla competenza un carattere squisitamente personale. Spetta agli insegnanti monitorare continuamente il grado di maturazione delle competenze di ciascun alunno per valorizzarle e favorirne lo sviluppo.
Spostare l'attenzione sulle competenze non significa trascurare il ruolo determinante che tutti i risultati di apprendimento, identificati principalmente nelle conoscenze e nelle abilità, svolgono in funzione di esse. Non è infatti pensabile che si possano formare delle competenze in assenza di una sicura padronanza delle stru-

mentalità di base. La competenza costituisce il livello di uso consapevole e appropriato di tutti gli oggetti di apprendimento, ai quali si applica con effetti elaborativi, metacognitivi e motivazionali, in grado di favorirne l'acquisizione.
La certificazione delle competenze richiede, pertanto, un'azione didattica incisiva e specifica e una corretta e diffusa cultura della valutazione. Ciò vuol dire adeguare le tre operazioni che sostanziano l'insegnamento: progettazione, attività didattica in classe, valutazione.
La **progettazione** deve partire dai traguardi per lo sviluppo delle competenze, dichiarati "prescrittivi" dalle *Indicazioni*, e dagli obiettivi di apprendimento previsti per ciascuna disciplina.
L'**azione didattica** non può limitarsi ad una prospettiva esclusivamente disciplinare; i contenuti, proprio per abituare gli alunni a risolvere situazioni problematiche complesse e inedite, devono essere caratterizzati da maggiore trasversalità ed essere soggetti ad un'azione di ristrutturazione continua da parte degli allievi, facendo ricorso anche a modalità di apprendimento cooperativo e laboratoriale, capaci di trasformare la classe in una piccola comunità di apprendimento. Ai fini dello sviluppo delle competenze, la modalità più efficace è quella che vede l'apprendimento situato e distribuito, collocato cioè in un contesto il più possibile reale e ripartito tra più elementi e fattori di comunicazione (materiali cartacei, virtuali, compagni, insegnante, contesti esterni e interni alla scuola, ecc.). Si rende, pertanto, necessario ripensare il modo di "fare scuola", integrando la didattica dei contenuti e dei saperi – riferiti ai nuclei fondanti delle discipline – con modalità interattive e costruttive di apprendimento. Fondando il proprio insegnamento su esperienze significative che mettono in gioco contenuti e procedure che consentano di "imparare facendo", i docenti rendono l'alunno protagonista del processo di acquisizione delle competenze. Una padronanza delle competenze di base richiede la riscoperta dei nuclei fondanti delle discipline e del loro valore formativo, attraverso scelte didattiche che saranno orientate al potenziamento della motivazione e dell'interesse degli alunni, e una forte integrazione delle discipline, più volte richiamata dalle *Indicazioni nazionali*.
Per giungere, infine, alla certificazione delle competenze bisogna prima di tutto valutarle. Per questa operazione, però, non si possono utilizzare gli strumenti comunemente usati per la rilevazione

delle conoscenze: se l'oggetto da valutare è complesso, altrettanto complesso dovrà essere il **processo di valutazione**, che non si può esaurire in un solo momento circoscritto e isolato, ma deve prolungarsi nel tempo attraverso una sistematica osservazione degli alunni di fronte alle diverse situazioni che si presentano loro.

Riguardo gli **strumenti per valutare le competenze**, le *Linee guida* sottolineano come le prove utilizzate per la valutazione degli apprendimenti non siano affatto adatte per la valutazione delle competenze e come sia largamente condiviso a livello teorico che la competenza si possa accertare facendo ricorso a compiti di realtà (prove autentiche, prove esperte, ecc.), osservazioni sistematiche e autobiografie cognitive.

I *compiti di realtà* si identificano nella richiesta rivolta allo studente di risolvere una situazione problematica, complessa e nuova, quanto più possibile vicina al mondo reale, utilizzando conoscenze e abilità già acquisite e trasferendo procedure e condotte cognitive in contesti e ambiti di riferimento moderatamente diversi da quelli resi familiari dalla pratica didattica. Pur non escludendo prove che chiamino in causa una sola disciplina, si ritiene opportuno privilegiare prove per la cui risoluzione l'alunno debba richiamare in forma integrata, componendoli autonomamente, più apprendimenti acquisiti. La risoluzione della situazione-problema (compito di realtà) viene a costituire il prodotto finale degli alunni su cui si basa la valutazione dell'insegnante.

È da considerare oltretutto che i vari progetti presenti nelle scuole (teatro, coro, ambiente, legalità, intercultura, ecc.) rappresentano significativi percorsi di realtà e prove autentiche aventi caratteristiche di complessità e di trasversalità. I progetti svolti dalle scuole entrano dunque a pieno titolo nel ventaglio delle prove autentiche e le prestazioni e i comportamenti (ad es. più o meno collaborativi) degli alunni al loro interno sono elementi su cui basare la valutazione delle competenze.

Compiti di realtà e progetti però hanno dei limiti in quanto per il loro tramite noi possiamo cogliere la manifestazione esterna della competenza, ossia la capacità dell'allievo di portare a termine il compito assegnato con la presentazione del prodotto finale, ma veniamo ad ignorare tutto il processo che compie l'alunno per arrivare a dare prova della sua competenza. Per questi motivi, per verificare il possesso di una competenza è necessario fare ricorso anche ad osservazioni sistematiche che permettono agli insegnanti

di rilevare il processo, ossia le operazioni che compie l'alunno per interpretare correttamente il compito, per coordinare conoscenze e abilità già possedute, per ricercarne altre, qualora necessarie, e per valorizzare risorse esterne (libri, tecnologie, sussidi vari) e interne (impegno, determinazione, collaborazioni dell'insegnante e dei compagni).
Gli strumenti attraverso cui effettuare le osservazioni sistematiche possono essere diversi – griglie o protocolli strutturati, semistrutturati o non strutturati e partecipati, questionari e interviste – ma devono riferirsi ad aspetti specifici che caratterizzano la prestazione (indicatori di competenza) quali:

- *autonomia*: l'alunno è capace di reperire da solo strumenti o materiali necessari e di usarli in modo efficace;
- *relazione*: interagisce con i compagni, sa esprimere e infondere fiducia, sa creare un clima propositivo;
- *partecipazione*: collabora, formula richieste di aiuto, offre il proprio contributo;
- *responsabilità*: rispetta i temi assegnati e le fasi previste del lavoro, porta a termine la consegna ricevuta;
- *flessibilità, resilienza e creatività*: reagisce a situazioni o esigenze non previste con proposte e soluzioni funzionali e all'occorrenza divergenti, con utilizzo originale di materiali, ecc.;
- *consapevolezza*: è consapevole degli effetti delle sue scelte e delle sue azioni.

Le osservazioni sistematiche, in quanto condotte dall'insegnante, non consentono di cogliere interamente altri aspetti che caratterizzano il processo: il senso o il significato attribuito dall'alunno al proprio lavoro, le intenzioni che lo hanno guidato nello svolgere l'attività, le emozioni o gli stati affettivi provati. Questo mondo interiore può essere esplicitato dall'alunno mediante la narrazione del percorso cognitivo compiuto. Si tratta di far raccontare allo stesso alunno quali sono stati gli aspetti più interessanti per lui e perché, quali sono state le difficoltà che ha incontrato e in che modo le abbia superate, fargli descrivere la successione delle operazioni compiute evidenziando gli errori più frequenti e i possibili miglioramenti e, infine, far esprimere l'autovalutazione non solo del prodotto, ma anche del processo produttivo adottato. La valutazione attraverso la narrazione assume una funzione riflessiva e

metacognitiva nel senso che guida il soggetto ad assumere la consapevolezza di come avviene l'apprendimento.
Una volta compiute nel corso degli anni le operazioni di valutazione delle competenze con gli strumenti indicati, al termine del percorso di studio – primario e secondario di primo grado – si potrà procedere alla loro certificazione mediante gli appositi modelli ministeriali.

9.2.3 Il documento di certificazione delle competenze

Il modello nazionale di certificazione allegato al D.M. n. 742/2017 è coerente con il Profilo dello studente al termine del primo ciclo di istruzione, delineato nelle *Indicazioni nazionali*, in quanto esplicita, in relazione più o meno diretta alle discipline del curricolo, la traduzione delle singole competenze chiave fissate dalla Raccomandazione europea del 2006 in esperienza concreta dello studente.
Il modello fa riferimento alle competenze chiave europee del 2006, articolate in dettaglio dalle competenze previste dal Profilo finale dello studente, ridotte però nel numero e semplificate.
Il documento, proposto in duplice versione per la scuola primaria e per la scuola secondaria di primo grado, risulta articolato in una prima parte (frontespizio), che descrive i dati dell'alunno, la classe frequentata e i livelli da attribuire alle singole competenze, e una seconda parte suddivisa in tre colonne per la descrizione analitica delle competenze:

- la prima colonna riporta le competenze chiave europee, assumendo le ragioni indicate dalle *Indicazioni nazionali*: "*Il sistema scolastico italiano assume come orizzonte di riferimento verso cui tendere il quadro delle competenze-chiave per l'apprendimento permanente definite dal Parlamento europeo e dal Consiglio dell'Unione europea (Raccomandazione del 18 dicembre 2006)[...]. Queste sono il punto di arrivo odierno di un vasto confronto scientifico e culturale sulle competenze utili per la vita al quale l'Italia ha attivamente partecipato*" (pp. 13-15) e costituiscono l'"*orizzonte di riferimento verso cui tendere*", nel rispetto della "diversità di obiettivi specifici, di contenuti e di metodi di insegnamento" (p. 15) di ogni Paese;
- la seconda colonna riporta le competenze indicate dal Profilo finale dello studente, ridotte nel numero e semplificate lingui-

sticamente al fine di consentire una agevole lettura e interpretazione da parte delle famiglie e degli stessi alunni. La scelta di prevedere le competenze del Profilo, come articolazione delle competenze chiave europee, è derivata dal giusto risalto che le *Indicazioni nazionali* assegnano al Profilo asserendo che esso "*descrive, in forma essenziale, le competenze riferite alle discipline di insegnamento e al pieno esercizio della cittadinanza che un ragazzo deve mostrare di possedere al termine del primo ciclo di istruzione. Il conseguimento delle competenze delineate nel profilo costituisce l'obiettivo generale del sistema educativo e formativo italiano*" (p. 15). Uno spazio aperto consente ai docenti di segnalare eventuali competenze significative che l'alunno ha avuto modo di evidenziare, anche in situazioni di apprendimento non formale e informale;

> la terza colonna riporta infine i livelli da attribuire a ciascuna competenza. A – Avanzato; B – Intermedio; C – Base; D – Iniziale.

Riproduciamo, di seguito, il documento integrale che rappresenta una lettura utile a verificare il forte legame con le *Indicazioni nazionali* del 2012 e tutte le caratteristiche fin qui descritte.

Si badi che i nuovi **Modelli di certificazione delle competenze per il primo ciclo di istruzione**, adottati con il **Decreto Ministeriale 3 ottobre 2017, n. 742** e in vigore dall'anno scolastico 2017/18, tengono conto delle novità apportate, in tema di valutazione degli apprendimenti, dal decreto legislativo 13 aprile 2017, n. 62 (uno degli otto decreti attuativi della Buona scuola); essi però fanno ancora riferimento alle competenze chiave per l'apprendimento permanente come elencate dalla Raccomandazione dell'8 dicembre 2006 (ora superata dalla Raccomandazione del 22 maggio 2018): in attesa di una ridefinizione del Profilo dello studente coerente con le nuove competenze chiave europee del 2018, le istituzioni scolastiche continuano ad utilizzare i modelli di certificazione allegati al D.M. 742/2017 (così la Nota MIUR n. 5772 del 4 aprile 2019).

CERTIFICAZIONE DELLE COMPETENZE
AL TERMINE DELLA SCUOLA PRIMARIA

Il Dirigente Scolastico

Visto il decreto legislativo 13 aprile 2017, n. 62 e, in particolare, l'articolo 9;

Visto il decreto ministeriale 3 ottobre 2017, n. 742, concernente l'adozione del modello nazionale di certificazione delle competenze per le scuole del primo ciclo di istruzione;

Visti gli atti d'ufficio relativi alle valutazioni espresse in sede di scrutinio finale dagli insegnanti di classe al termine del quinto anno di corso della scuola primaria;

tenuto conto del percorso scolastico quinquennale;

CERTIFICA

che l'alunn … ……………………………………………………………………………………… ,

nat … a ……………………………………………………………………… il ……………………… ,

ha frequentato nell'anno scolastico …… / …… la classe ……. sez. …………

con orario settimanale di ….. ore

e ha raggiunto i livelli di competenza di seguito illustrati.

	Competenze chiave europee	Competenze dal Profilo dello studente al termine del primo ciclo di istruzione	Livello [1]
1	Comunicazione nella madrelingua o lingua di istruzione	Ha una padronanza della lingua italiana che gli consente di comprendere enunciati, di raccontare le proprie esperienze e di adottare un registro linguistico appropriato alle diverse situazioni.	
2	Comunicazione nella lingua straniera	È in grado di sostenere in lingua inglese una comunicazione essenziale in semplici situazioni di vita quotidiana.	
3	Competenza matematica e competenze di base in scienza e tecnologia	Utilizza le sue conoscenze matematiche e scientifico-tecnologiche per trovare e giustificare soluzioni a problemi reali.	
4	Competenze digitali	Usa con responsabilità le tecnologie in contesti comunicativi concreti per ricercare informazioni e per interagire con altre persone, come supporto alla creatività e alla soluzione di problemi semplici.	
5	Imparare ad imparare	Possiede un patrimonio di conoscenze e nozioni di base ed è in grado di ricercare nuove informazioni. Si impegna in nuovi apprendimenti anche in modo autonomo.	
6	Competenze sociali e civiche	Ha cura e rispetto di sé, degli altri e dell'ambiente. Rispetta le regole condivise e collabora con gli altri. Si impegna per portare a compimento il lavoro iniziato, da solo o insieme agli altri.	
7	Spirito di iniziativa *	Dimostra originalità e spirito di iniziativa. È in grado di realizzare semplici progetti. Si assume le proprie responsabilità, chiede aiuto quando si trova in difficoltà e sa fornire aiuto a chi lo chiede.	
8	Consapevolezza ed espressione culturale	Si orienta nello spazio e nel tempo, osservando e descrivendo ambienti, fatti, fenomeni e produzioni artistiche.	
		Riconosce le diverse identità, le tradizioni culturali e religiose in un'ottica di dialogo e di rispetto reciproco.	
		In relazione alle proprie potenzialità e al proprio talento si esprime negli ambiti che gli sono più congeniali: motori, artistici e musicali.	
9	L'alunno/a ha inoltre mostrato significative competenze nello svolgimento di attività scolastiche e/o extrascolastiche, relativamente a: …………………………………………		

* *Sense of initiative and entrepreneurship* nella Raccomandazione europea e del Consiglio del 18 dicembre 2006

Data ………………………..

Il Dirigente Scolastico

____

(1) Livello	Indicatori esplicativi
A – Avanzato	L'alunno/a svolge compiti e risolve problemi complessi, mostrando padronanza nell'uso delle conoscenze e delle abilità; propone e sostiene le proprie opinioni e assume in modo responsabile decisioni consapevoli.
B – Intermedio	L'alunno/a svolge compiti e risolve problemi in situazioni nuove, compie scelte consapevoli, mostrando di saper utilizzare le conoscenze e le abilità acquisite.
C – Base	L'alunno/a svolge compiti semplici anche in situazioni nuove, mostrando di possedere conoscenze e abilità fondamentali e di saper applicare basilari regole e procedure apprese.
D – Iniziale	L'alunno/a, se opportunamente guidato/a, svolge compiti semplici in situazioni note.

Parte Quarta

Progettazione e attività

SOMMARIO

Capitolo Decimo
La progettazione nella scuola dell'infanzia

10.1 Il Piano Triennale dell'Offerta Formativa

Il Piano Triennale dell'Offerta Formativa rispecchia l'identità della scuola contestualizzata nel territorio di appartenenza. Esso realizza *mission* e *vision* della scuola. La *mission* è rappresentata da obiettivi formativi da realizzare a breve e medio termine nella piena consapevolezza delle criticità da dover superare. La *vision* è riferita allo sviluppo della scuola a lungo termine, secondo un modello ideale e secondo prospettive proiettate nel futuro che la scuola si propone di realizzare in un processo continuo di crescita e di miglioramento.

La scuola dell'infanzia si propone di conoscere e sviluppare i potenziali di apprendimento e di sviluppo dei bambini dai tre ai cinque anni di età, che, nell'età dei "perché", si domandano come funzionano fatti e fenomeni del nostro mondo e cercano le risposte giuste. Famiglia e scuola devono costruire, intorno ai bambini, un ambiente di apprendimento che costituisca sfondo integratore ai processi di apprendimento e di sviluppo.

Occorre, infatti, creare le condizioni perché ciascun bambino, secondo le proprie capacità, possa incrementare le proprie curiosità verso il mondo, coltivare motivazioni a sostegno della ricerca delle risposte alle sue domande, sostenere gli interessi verso la scoperta dell'ambiente.

A tal fine, nella scuola il bambino deve incontrare la realtà, deve costruire le proprie esperienze, riflettere sull'esperienza stessa, giudicarla e imparare da essa sviluppando metodologie di ricerca-azione che lo conducano a "imparare a imparare" per la vita.

Si propone qui di seguito un esempio estremamente esemplificativo e schematico di un PTOF per la scuola dell'infanzia. L'intento è di individuare gli elementi essenziali, costitutivi di un impianto di base, intorno ai quali creatività, immaginazione scientifica e competenze dei docenti possono stratificare livelli di progettualità integrata.
Trattandosi di concetti-base di estrema e trasversale valenza pedagogica, si ritiene più utile, ai fini dell'organizzazione di una mediazione didattica efficace, un riferimento che trovi immediato riscontro nell'esperienza dei docenti, lasciando a questi ultimi gli adattamenti e le innovazioni che i cambiamenti normativi vanno a richiedere nel tempo, quale espressione più matura di autonomia e di competenze.

10.2 Il PTOF e le finalità della scuola dell'infanzia

La scuola dell'infanzia concorre all'educazione armonica e integrale dei bambini nel rispetto e nella valorizzazione dei ritmi evolutivi, delle capacità, delle differenze e dell'identità di ciascuno, nonché della responsabilità educativa delle famiglie. È un ambiente educativo di esperienze concrete e di apprendimenti riflessivi che integra, in un processo di sviluppo unitario, le diverse forme del fare, del sentire, dell'agire, dell'esprimere, del comunicare, dell'apprezzare il mondo naturale e artificiale e del conferire un senso e un significato alla realtà da parte dei bambini.
La scuola dell'infanzia si propone di "dar forma" al "saper essere" dei bambini, ovvero di realizzare obiettivi formativi di cittadinanza attiva, di "saper stare bene insieme", di rispettare le regole della convivenza democratica, di sviluppare condotte di accoglienza dell'altro e del diverso da sé e di prosocialità.
La scuola dell'infanzia, pertanto, si propone:

- di rafforzare l'identità personale di ciascun bambino: essa cura che ciascun bambino acquisisca atteggiamenti di sicurezza, di stima di sé, di fiducia nelle proprie capacità, di motivazione nel passaggio dalla curiosità alla ricerca, di conoscenza e condivisione dei valori etici e sociali;
- di favorire lo sviluppo dell'autonomia: essa tende a rendere il bambino capace di orientarsi in maniera personale nel conte-

sto in cui egli vive e di compiere scelte motivate avendo cura di sé, dell'ambiente e degli altri, nel rispetto dei valori comuni;

- di stimolare intenzionalmente l'acquisizione di competenze: impegna il bambino nelle prime forme di lettura e di riflessione circa le esperienze personali, di esplorazione e scoperta della realtà, della sua storia e delle storie sulla linea del tempo; mette il bambino in condizione di comprendere, esprimersi e comunicare attraverso i vari linguaggi, verbali e non verbali (del corpo, musicali, grafici, etc.), dimostrando intuizione, immaginazione, creatività, stupore, apertura alla realtà nuova, gusto estetico e capacità di conferimento di senso e di significato alle esperienze. La finalità prioritaria è quella di incoraggiare e orientare i talenti dei bambini, curando lo sviluppo dei dispositivi di apprendimento collocati nella corteccia cerebrale (Centro di Broca per lo sviluppo del linguaggio, Centro di Wernicke per lo sviluppo della motricità) secondo gli studi e le ricerche sulla percezione nella prima e seconda infanzia (studi di Fantz, Kagan, Buonaiuto, Frauenfelder) e sui processi di apprendimento e di sviluppo globale della personalità (Piaget, Bruner, Maslow, Gardner, Morin, Damiano, Gowin, Doman);
- di promuovere la conoscenza dei sistemi simbolico-culturali nell'ambito dei diversi campi di esperienza del bambino, di sviluppare le relative abilità e di attivare il transfert di conoscenze e abilità a situazioni e problemi nuovi rispetto a quelli consueti per promuovere e accrescere competenze;
- di realizzare, mediante l'apprendimento dei sistemi simbolico-culturali dei linguaggi e delle lingue (lingua italiana e lingua inglese), lo sviluppo del pensiero, perché l'apprendimento delle strutture linguistiche possa consentire al bambino di esprimere idee ed emozioni;
- di attuare atteggiamenti di sicurezza di sé atti a realizzare obiettivi formativi di inclusione nei processi sociali, di senso di appartenenza al gruppo dei pari, di partecipazione alle attività di gioco-lavoro comuni, di solidarietà, di cittadinanza attiva nella sezione secondo le "regole" dello "star bene insieme", di prosocialità e di accettazione del nuovo e del "diverso" da sé, mediante lo sviluppo di competenze a sostegno dell'identità e delle autonomie funzionali di ciascun bambino;
- di promuovere negli allievi lo sviluppo di una gestione mentale autonoma (Antoine de la Garanderie) a sostegno di un pensie-

ro critico, divergente da itinerari consueti, creativo e ricco di immaginazione scientifica;

- di accompagnare il percorso di formazione del bambino promuovendo la personalizzazione dei processi di apprendimento, mediante l'organizzazione e la costruzione di un curricolo verticale, generativo, integrato;
- di realizzare percorsi metodologici di ricerca-azione di "buone pratiche" per una mediazione didattica efficace: in particolare intende applicare adattamenti sperimentali del metodo Doman per bambini dai tre anni in su, sviluppando l'apprendimento della lettura nel rapporto significante-significato secondo una dimensione ludica e gioiosa, che produca nel bambino il piacere di leggere. I dispositivi di apprendimento del linguaggio (cfr. J. Bruner, LAD: *Language Acquisition Device*), quali capacità potenziali di ciascun bambino, troveranno, nella scuola dell'infanzia, un sistema di supporto ai processi di apprendimento (cfr. Bruner, LASS: *Language Acquisition System Support*) che sarà sfondo integratore di attività ricche di senso e di significato, divertenti e gradevoli per il bambino che può, vuole, deve (cfr. G. Doman, *Leggere a tre anni. I bambini possono, vogliono, debbono leggere*) imparare a decodificare e a comprendere i sistemi simbolico-culturali di cui è ricco l'ambiente.

10.3 Obiettivi generali del processo formativo e obiettivi specifici di apprendimento-traguardi di competenze

La scuola dell'infanzia si propone di attivare tutte le strategie e le "buone pratiche" didattiche perché ciascun bambino raggiunga i livelli essenziali dei traguardi di competenze previsti dalle *Indicazioni Nazionali* 2012 riferiti ai seguenti CAMPI DI ESPERIENZA, quali ambiti del fare e dell'agire del bambino stesso:

- il sé e l'altro (le grandi domande, il senso morale, il vivere insieme);
- il corpo e il movimento (fisicità, autonomia, salute);
- immagini, suoni, colori (creatività, arte, musica, multimedialità);
- i discorsi e le parole (comunicazione, lingua, cultura);
- la conoscenza del mondo (oggetti, fenomeni, viventi, numero e spazio), attraverso:

- la relazione personale significativa tra compagni e con gli adulti,
- la valorizzazione del gioco in tutte le sue forme ed espressioni,
- l'esplorazione della realtà attraverso l'esperienza diretta e la valorizzazione della curiosità,
- la conoscenza dei sistemi simbolico-culturali.

10.4 Campi di esperienza del curricolo verticale generativo, integrato, contestualizzato

Il corpo e il movimento

Obiettivi generali	Obiettivi specifici	Abilità
1) Vivere in modo equilibrato e positivo la rappresentazione mentale del sé, i linguaggi del corpo, esprimendo e controllando emozioni e sentimenti.	a) Controllare movimenti ed emozioni in maniera adeguata all'età, rielaborando conoscenze e sentimenti attraverso il corpo e il movimento.	Riconosce le proprie emozioni e i propri pensieri. Esprime pensieri ed emozioni con i linguaggi del corpo.
2) Consolidare le capacità sensoriali, percettive e motorie.	b) Rappresentare lo schema corporeo in modo completo e strutturato. c) Rappresentare la figura umana in modo completo. Riconoscere le varie parti del corpo su di sé, sugli altri e su un'immagine. Strappare, tagliare, incollare, colorare, eseguire tracciati rispettando una discrezionalità e delle regole. d) Muoversi con destrezza nell'ambiente e nel gioco, controllando e coordinando il movimento degli arti e, quando possibile, la lateralità.	Matura competenze di motricità fine e globale Si sa orientare nello spazio secondo i seguenti concetti topologici: sopra-sotto, davanti-dietro, alto-basso, dentro-fuori, rispetto a sé e ad altri. Si sa muovere nello spazio rispettando indicazioni date. Si muove spontaneamente e in modo guidato, da solo e in gruppo, esprimendosi in base a suoni, rumori, musica, indicazioni, ecc. Sa adeguare il movimento ad una tecnica e/o al suono di alcuni strumenti musicali.

(segue)

Obiettivi generali	Obiettivi specifici	Abilità
3) Aprirsi alla scoperta del sé corporeo, all'interiorizzazione e al rispetto pratico dei valori, delle regole del vivere, della cura di sé.	e) Curare in autonomia la propria persona, gli oggetti personali, l'ambiente e i materiali comuni nella prospettiva della salute e dell'ordine.	Sa essere autonomo nella cura di sé, sa rispettare e utilizzare il materiale personale e altrui.

Si assumono, dalle *Indicazioni Nazionali* 2012, i traguardi per lo sviluppo della competenza di seguito indicati:

- il bambino vive pienamente la propria corporeità, ne percepisce il potenziale comunicativo ed espressivo, matura condotte che gli consentono una buona autonomia nella gestione della giornata a scuola;
- riconosce i segnali e i ritmi del proprio corpo, le differenze sessuali e di sviluppo e adotta pratiche corrette di cura di sé, di igiene e di sana alimentazione;
- prova piacere nel movimento e sperimenta schemi posturali e motori, li applica nei giochi individuali e di gruppo, anche con l'uso di piccoli attrezzi ed è in grado di adattarli alle situazioni ambientali all'interno della scuola e all'aperto;
- controlla l'esecuzione del gesto, valuta il rischio, si coordina con gli altri nei giochi di movimento, nella danza, nella comunicazione espressiva;
- riconosce il proprio corpo, le sue diverse parti e rappresenta il corpo fermo e in movimento.

Il sé e l'altro

Obiettivi generali	Obiettivi specifici	Abilità
1) Acquisire atteggiamenti di stima di sé, di fiducia nelle proprie capacità.	a) Rafforzare l'autonomia, la stima di sé, l'identità.	Lavora in modo autonomo e si esprime con sicurezza graficamente e verbalmente.

(segue)

Obiettivi generali	Obbiettivi specifici	Abilità
2) Vivere in modo equilibrato e positivo i propri stati affettivi, esprimendo e controllando emozioni e sentimenti e rendendosi sensibili a quelli degli altri.	b) Rispettare ed aiutare gli altri, cercando di capire il valore dell'altro. c) Registrare i momenti e le situazioni che suscitano paura, stupore, diffidenza, ammirazione, disapprovazione, compiacimento estetico, gratitudine, generosità, simpatia, amore; interrogarsi e discutere insieme sul senso che hanno per ciascuno questi sentimenti e come sono, di solito, manifestati. d) Lavorare in gruppo, discutendo per darsi regole d'azione, progettando insieme e imparando a valorizzare le collaborazioni, ad affrontare eventuali problemi.	Rispetta e aiuta gli altri. Riconosce e verbalizza situazioni che provocano emozioni e accetta di discuterne. Sa lavorare in gruppo assumendo un ruolo attivo e collaborativo all'interno del gruppo stesso.
3) Riconoscere ed apprezzare l'identità personale e altrui nelle connessioni con le differenze di sesso, di cultura e di valori esistenti nelle rispettive famiglie, comunità e tradizioni di appartenenza.	e) Accorgersi se, e in che senso, pensieri, azioni e sentimenti dei maschi e delle femmine mostrano differenze e perché. f) Conoscere la propria realtà territoriale e quella di altri bambini per confrontare le diverse situazioni anche sul piano del loro "dover essere". g) Soffermarsi sul senso della nascita e della morte, delle origini della vita e del cosmo, della malattia, e della morte, del ruolo dell'uomo e dell'universo, dell'esistenza delle regole dello stare insieme a partire dalle diverse risposte elaborate e testimoniate in famiglia e nelle comunità di appartenenza.	Sa identificarsi come maschio e come femmina e sa interagire con i compagni di sesso diverso assumendo ruoli diversi. Riconosce di appartenere a una realtà territoriale e sa dell'esistenza di realtà differenti. Si pone domande sul significato della vita e della morte. Accetta e accoglie le diversità di razze e culture.

Si assumono, dalle *Indicazioni Nazionali* 2012, i traguardi per lo sviluppo delle competenze di seguito indicati:

- il bambino gioca in modo costruttivo e creativo con gli altri, sa argomentare, confrontarsi, sostenere le proprie ragioni con adulti e bambini;

(segue)

- sviluppa il senso dell'identità personale, percepisce le proprie esigenze e i propri sentimenti, sa esprimerli in modo sempre più adeguato;
- sa di avere una storia personale e familiare, conosce le tradizioni della famiglia, della comunità e le mette a confronto con altre;
- riflette, si confronta, discute con gli adulti e con gli altri bambini e comincia e riconoscere la reciprocità di attenzione tra chi parla e chi ascolta;
- pone domande sui temi esistenziali e religiosi, sulle diversità culturali, su ciò che è bene o male, sulla giustizia, e ha raggiunto una prima consapevolezza dei propri diritti e doveri, delle regole del vivere insieme;
- si orienta nelle prime generalizzazioni di passato, presente, futuro e si muove con crescente sicurezza e autonomia negli spazi che gli sono familiari, modulando progressivamente voce e movimento anche in rapporto con gli altri e con le regole condivise;
- riconosce i più importanti segni della sua cultura e del territorio, le istituzioni, i servizi pubblici, il funzionamento delle piccole comunità e della città.

Immagini, suoni, colori

Obiettivi generali	Obiettivi specifici	Abilità
1) Consolidare le capacità sensoriali, percettive, sociali e intellettive.	a) Osservare chi fa qualcosa con perizia per imparare, aiutare a fare e realizzare lavori a più mani con competenze diverse. b) Toccare, guardare, fiutare, ascoltare, gustare e dire che cosa si è toccato, visto, ascoltato, odorato, gustato, ricercando la proprietà dei termini.	Sa osservare la realizzazione di un lavoro per poi eseguirlo collaborando. Sa riconoscere la realtà attraverso i sensi e verbalizza correttamente la conoscenza acquisita.

(segue)

Obiettivi generali	Obiettivi specifici	Abilità
2) Riconoscere le dipendenze esistenti e operanti nella concretezza dell'ambiente di vita e orientarsi in maniera personale compiendo scelte anche innovative.	c) Coltivare con continuità e concretezza i propri interessi e le proprie inclinazioni. d) Contare oggetti, immagini, persone; aggiungere, togliere e valutare la quantità. e) Ordinare e raggruppare per colore, forma, grandezza. f) Elaborare progetti propri o in collaborazione da realizzare con continuità e concretezza.	Sa manifestare verbalmente, nel gioco, nel disegno i propri interessi con continuità. Sa contare fino a dieci, aggiungendo o togliendo elementi concreti nelle diverse situazioni di quantificazione e di misura della realtà. Sa seriare, ordinare, secondo una caratteristica data, cinque elementi. Sa realizzare progetti con concretezza portandoli a termine da solo o in gruppo.
3) Dimostrare e apprezzare coerenza cognitiva e di comportamenti pratici e conferimento di senso.	g) Collocare persone, fatti ed eventi nel tempo; ricostruire ed elaborare successioni e contemporaneità; registrare regolarità e cicli temporali. h) Localizzare e collocare se stesso, oggetti e persone nello spazio, eseguire percorsi e organizzare ambienti sulla base di indicazioni verbali e/o non verbali, guidare in maniera verbale e non verbale il percorso di altri, oppure la loro azione organizzativa riguardante la distribuzione di oggetti e persone in un ambiente. i) Commentare, individuare collegamenti, operare semplici inferenze, proporre ipotesi esplicative di problemi.	Sa riconoscere prima-adesso-dopo, i cicli temporali e sa ricostruirli in successione. Sa riconoscere i concetti spaziali e sa relazionarsi ad essi, col proprio corpo, verbalmente e con oggetti o persone. Sa riconoscere situazioni problematiche e sa individuare possibili soluzioni e conseguenze.

Si assumono, dalle *Indicazioni Nazionali* 2012, i traguardi per lo sviluppo delle competenze di seguito indicati:

- il bambino comunica, esprime emozioni, racconta, utilizzando le varie possibilità che il linguaggio del corpo consente;

- inventa storie e sa esprimerle attraverso la drammatizzazione, il disegno, la pittura e altre attività manipolative; utilizza materiali e strumenti, tecniche espressive e creative; esplora le potenzialità offerte dalle tecnologie;
- segue con curiosità e piacere spettacoli di vario tipo (teatrali, musicali, visivi, di animazione...); sviluppa interesse per l'ascolto della musica e per la fruizione di opere d'arte;
- scopre il paesaggio sonoro attraverso attività di percezione e produzione musicale utilizzando voce, corpo e oggetti;
- sperimenta e combina elementi musicali di base, producendo semplici sequenze sonoro-musicali;
- esplora i primi alfabeti musicali, utilizzando anche i simboli di una notazione informale per codificare i suoni percepiti e riprodurli.

I discorsi e le parole

Obiettivi generali	Obiettivi specifici	Abilità
1) Consolidare le capacità linguistiche, sociali e intellettive.	a) Parlare, descrivere, raccontare, dialogare con i grandi e con i coetanei, lasciando trasparire fiducia nelle proprie capacità di espressione e comunicazione, scambiandosi domande, informazioni, impressioni, giudizi e sentimenti.	Sa utilizzare la comunicazione verbale nei diversi ambiti esprimendo impressioni e giudizi personali.
2) Produrre messaggi, testi e situazioni attraverso una molteplicità ordinata ed efficace di strumenti linguistici e di modalità rappresentative.	b) Elaborare congetture e codici personali in ordine alla lingua scritta. c) Disegnare, dipingere, modellare, dare forma e colore all'esperienza individualmente e in gruppo con una varietà creativa di strumenti e materiali, lasciando traccia di sé. d) Utilizzare il corpo e la voce per imitare, riprodurre, inventare suoni, rumori e melodie da soli e in gruppo. e) Utilizzare e fabbricare strumenti per produrre suoni e rumori anche in modo coordinato col gruppo.	Sa inventare codici grafici e sa utilizzarli per scrivere. Sa utilizzare in maniera corretta, personale e creativa le varie tecniche grafico-pittoriche, plastico-manipolative. Sa contare ed eseguire movimenti per produrre suoni e rumori. Sa riprodurre suoni e rumori trovando soluzioni creative.

(segue)

Obiettivi generali	Obiettivi specifici	Abilità
3) Comprendere, interpretare, rielaborare e comunicare conoscenze e abilità.	f) Ascoltare, comprendere e riesprimere narrazioni lette o improvvisate di favole, fiabe, storie, racconti e resoconti. g) Riconoscere testi della letteratura per l'infanzia letti da adulti o visti attraverso i mass-media e motivare gusti e preferenze. h) Individuare su di sé e per gli altri le caratteristiche che differenziano gli atti dell'ascoltare, del parlare, del leggere e dello scrivere distinguendo tra segno e simbolo. i) Etichettare l'ambiente.	Sa raccontare le sequenze principali di una narrazione. Sa esprimere il proprio gusto personale, motivandolo, in merito a testi letti o visionati attraverso i mass-media. Sa riconoscere ed utilizzare le caratteristiche della comunicazione verbale e grafica conferendo un senso alle conoscenze acquisite. Sa riconoscere parole note nel rapporto significante-significato.
4) Acquisire atteggiamenti di motivazione al passaggio dalla curiosità alla ricerca.	l) Manipolare, smontare, piantare, legare, ecc., seguendo un progetto proprio o di gruppo o istruzioni ricevute. m) Negoziare con altri spiegazioni di problemi e individuare i modi per verificare quali risultino alla fine le più persuasive e pertinenti. n) Elaborare progetti propri o in collaborazione da realizzare con continuità e concretezza. o) Adoperare lo schema investigativo del chi, che cosa, quando, perché? per risolvere problemi, chiarire situazioni, raccontare fatti, spiegare processi. p) Ricordare e ricostruire attraverso diverse forme di documentazione quello che si è visto, fatto e sentito, e scoprire che il ricordo e la ricostruzione possono anche differenziarsi.	Sa progettare e realizzare qualcosa individualmente o in gruppo seguendo istruzioni date. Sa trovare insieme ad altri soluzioni a diversi problemi concreti. Sa realizzare progetti con concretezza portandoli a termine da solo o in gruppo. Sa analizzare problemi, situazioni, fatti, processi. Sa raccontare verbalmente e graficamente un vissuto, confrontandosi con gli altri.

Si assumono, dalle *Indicazioni Nazionali* 2012, i traguardi per lo sviluppo delle competenze di seguito indicati:

- il bambino usa la lingua italiana, arricchisce e precisa il proprio lessico, comprende parole e discorsi, fa ipotesi sui significati;
- sa esprimere e comunicare agli altri emozioni, sentimenti, argomentazioni attraverso il linguaggio verbale che utilizza in differenti situazioni comunicative;
- sperimenta rime, filastrocche, drammatizzazioni; inventa nuove parole, cerca somiglianze e analogie tra i suoni e i significati;
- ascolta e comprende narrazioni, racconta e inventa storie, chiede e offre spiegazioni, usa il linguaggio per progettare attività e per definirne regole;
- ragiona sulla lingua, scopre la presenza di lingue diverse, riconosce e sperimenta la pluralità dei linguaggi, si misura con la creatività e la fantasia;
- si avvicina alla lingua scritta, esplora e sperimenta prime forme di comunicazione attraverso la scrittura, incontrando anche le tecnologie digitali e i nuovi media.

La conoscenza del mondo (oggetti, fenomeni, viventi, numero e spazio)

Obiettivi generali	Obiettivi specifici	Abilità
1) I bambini esplorano la realtà, imparando a organizzare le proprie esperienze.	a) Compiono azioni consapevoli quali il raggruppare, il comparare, il contare, l'ordinare, l'orientarsi e il rappresentare con disegni e con parole. b) Comparare, costruire corrispondenze.	Il bambino comincia a costruire competenze trasversali quali: osservare, manipolare, interpretare i simboli per rappresentare significati; chiedere spiegazioni, riflettere, ipotizzare e discutere soluzioni. Sa osservare la realizzazione di un lavoro per poi eseguirlo collaborando. Sa conoscere la realtà che colloca nello spazio e nel tempo.

(segue)

Obiettivi generali	Obiettivi specifici	Abilità
2) Ordinare gli oggetti e le esperienze; interagire con lo spazio in modo consapevole e compiere i primi tentativi per rappresentarlo.	c) Avvicinarsi al numero come segno e strumento per interpretare la realtà e interagire con essa; riflettere sulla misura, sull'ordine e sulla relazione. d) Contare oggetti, immagini, persone; aggiungere, togliere e valutare la quantità. e) Ordinare e raggruppare per colore, forma, grandezza. f) Elaborare progetti propri o in collaborazione da realizzare con continuità e concretezza.	Sa manifestare verbalmente, nel gioco, nel disegno i propri interessi verso l'ordine e la misura della realtà relazionandosi con situazioni diverse. Sa contare fino a dieci, aggiungendo o togliendo elementi concreti nei contesti più diversi. Sa seriare, ordinare, secondo una caratteristica data, insiemi di elementi. Sa realizzare progetti con concretezza portandoli a termine da solo o in gruppo.
3) Saper osservare la natura, collocare i "reali" nel tempo e nello spazio, saper individuare problemi.	g) Collocare persone, fatti ed eventi nel tempo; ricostruire ed elaborare successioni e contemporaneità; registrare regolarità e cicli temporali. h) Localizzare e collocare se stesso, oggetti e persone nello spazio, eseguire percorsi e organizzare ambienti sulla base di indicazioni verbali e/o non verbali, guidare in maniera verbale e non verbale il percorso di altri, oppure la loro azione organizzativa riguardante la distribuzione di oggetti e persone in un ambiente. i) Commentare, individuare collegamenti, operare semplici inferenze, proporre ipotesi esplicative di problemi.	Sa riconoscere prima-adesso-dopo, i cicli temporali e sa ricostruirli in successione. Sa riconoscere i concetti spaziali e sa relazionarsi ad essi, col proprio corpo verbalmente e con oggetti o persone. Sa riconoscere situazioni problematiche e sa individuare possibili soluzioni e conseguenze.

Si assumono, dalle *Indicazioni Nazionali* 2012, i traguardi per lo sviluppo delle competenze di seguito indicati:

- il bambino raggruppa e ordina oggetti e materiali secondo criteri diversi, ne identifica alcune proprietà, confronta e valuta quantità; utilizza simboli per registrarle; esegue misurazioni usando strumenti alla sua portata;
- sa collocare le azioni quotidiane nel tempo della giornata e della settimana;
- riferisce correttamente eventi del passato recente; sa dire cosa potrà succedere in un futuro immediato e prossimo;
- osserva con attenzione il suo corpo, gli organismi viventi e i loro ambienti, i fenomeni naturali, accorgendosi dei loro cambiamenti;
- si interessa a macchine e strumenti tecnologici, sa scoprirne le funzioni e i possibili usi;
- ha familiarità sia con le strategie del contare e dell'operare con i numeri sia con quelle necessarie per eseguire le prime misurazioni di lunghezze, pesi, e altre quantità;
- individua le posizioni di oggetti e persone nello spazio, usando termini come avanti/dietro, sopra/sotto, destra/sinistra, ecc.; segue correttamente un percorso sulla base di indicazioni verbali.

Gli obiettivi formativi verso cui tende ogni competenza sono riconducibili al "dar forma" ad un "saper essere" specifico, relativo al campo di esperienza considerato e globale della persona in termini di cittadinanza attiva: il bambino diventa cittadino della sua sezione, della sua scuola, del suo quartiere, della sua città. Tale cittadinanza va gradualmente a confrontarsi con parametri nazionali ed europei, ovvero con indicatori e descrittori di "saper essere cittadini" sia secondo l'identità storicamente determinata dalla cultura del nostro paese e sia secondo la dimensione di una cittadinanza nell'Unione Europea, per saper essere anche, in un immediato futuro, "cittadini del mondo".

10.5 Le metodologie

Data la grande variabilità individuale esistente nei ritmi e nei tempi di sviluppo, negli stili cognitivi, nelle sequenze evolutive e nell'acquisizione di abilità particolari, da parte dei bambini, grande importanza viene data alla personalizzazione degli ap-

prendimenti mediante attività di gioco-lavoro congruenti con le capacità specifiche e differenziate di ciascun bambino.
Partendo dall'osservazione di ogni singolo soggetto nei vari contesti, vengono promossi processi di apprendimento personalizzati, nell'ambito del curricolo verticale, mediante l'organizzazione di attività educative adeguate al profilo educativo culturale e professionale (PECUP) di ciascun bambino, affinché ciascun allievo possa mobilitare tutte le sue capacità potenziali amplificandole e ottimizzandole; possa utilizzare le conoscenze e le abilità che possiede per trasformare e arricchire creativamente il suo personale modo di:

- essere nel mondo;
- stare con gli altri;
- affrontare le situazioni e risolvere eventuali problemi;
- gustare il piacere di una conoscenza del reale come unità molteplice di aspetti osservabili da diverse prospettive (Edgar Morin);
- conferire senso e significato alle esperienze;
- sviluppare e orientare i talenti.

Oltre alle attività di sezione che si svolgono nel gruppo della sezione stessa mediante una didattica di laboratorio, vengono proposte attività strutturate e organizzate in piccoli gruppi omogenei per età (max cinque bambini) e in piccoli gruppi misti impegnati in attività di ricerca-azione centrate su un problema e su un progetto risolutivo (n. 4 gruppi).
L'insegnante della sezione e la coordinatrice didattica, sentiti i criteri e le linee di indirizzo del consiglio d'istituto e le proposte del consiglio di sezione, condividono con le famiglie la progettualità del curricolo verticale.
Una particolare attenzione viene data alla scansione dei tempi e alla strutturazione degli spazi, perché questi possano creare il contesto favorevole ad una serie di apprendimenti naturali e spontanei e possano costituire curricolo implicito e valido sfondo integratore del curricolo esplicito progettato.
Il *team* di docenti (docente della sezione, di inglese, religione, informatica, coordinatrice didattica) si pone con autorevolezza, in termini operativi di guida e di abile regia di dinamiche di gruppo, nei confronti dei bambini, perché ciascuno possa diventare sempre più indipendente, sappia vivere in un contesto sociale rispettando delle regole e sappia essere autonomo.

Si prevede, nella promozione delle attività di apprendimento, l'assunzione del modello a V di Gowin secondo cui l'apprendimento scaturisce da un problema, fatto o fenomeno, da cui nascono domande su come si cercano soluzioni o spiegazioni. La ricerca delle risposte sollecita i bambini ad esplorare i diversi campi di esperienza e a scoprire le conoscenze. Curiosità, motivazioni, interessi e impegno nelle attività connotano, pertanto, l'atteggiamento del bambino verso l'ambiente naturale e artificiale. Il bambino, così sostenuto in attività che percepisce utili e piacevoli, soddisfa ogni sua naturale tensione attualizzante (cfr. legge della "buona forma" della teoria della Gestalt) ed "impara ad imparare" diventando sempre più autonomo e – cosa essenziale – conquistando il "gusto" e il "piacere" dell'apprendere.
A tal fine si prevede l'adozione di metodologie integrate di:

- *brainstorming*;
- *cooperative learning*;
- *peer tutoring*;
- ricerca-azione;
- gioco/lavoro;
- utilizzo delle TIC nel contesto di una conduzione della sezione che prevede, da parte del docente, un'abile regia di dinamiche di gruppo, nell'ambito di una didattica di laboratorio.

Tutti i momenti della giornata scolastica sono ugualmente importanti: l'accoglienza, il gioco libero, le attività strutturate per l'apprendimento dei sistemi simbolico-culturali, le attività di ricerca-azione nei diversi campi di esperienza, il pranzo, il momento dell'igiene quotidiana, il saluto a fine giornata sono considerate attività educative, per lo sviluppo dei potenziali e dei talenti, e quindi opportunità di crescita dei processi di maturazione e di sviluppo della personalità integrale del bambino.

10.6 I servizi e la continuità verticale e orizzontale

Il PTOF della scuola deve indicare l'organizzazione del sistema scolastico e i servizi che la scuola offre all'utenza.
Una scuola integrata nel territorio dovrebbe poter disporre dei seguenti servizi:

- servizio di psicologia scolastica: uno psicologo dovrebbe poter offrire un servizio di consulenza ai docenti e ai genitori attraverso uno sportello dedicato;
- servizio di medicina scolastica: la scuola dovrebbe fruire della consulenza di un pediatra per il servizio di medicina scolastica;
- servizio mensa scolastica: la mensa scolastica costituisce momento di socializzazione, di condivisione di regole, di apprendimento di conoscenze relative al sé, al corpo, all'alimentazione, alla salute ed è momento di convergenza dei "saperi" esplorati nei diversi campi di esperienza.

Tali servizi documentano, nell'organizzazione e nelle modalità operative, la continuità del curricolo progettato con il territorio, l'integrazione delle risorse per il successo formativo.

Il raccordo con la scuola primaria è gestito dal dirigente scolastico e dai docenti dei due ordini di scuola e prevede incontri tra docenti, visite alla scuola primaria, passaggio di documenti che attestino il percorso svolto dagli allievi della scuola dell'infanzia e i traguardi di competenze raggiunti.

La continuità verticale è promossa e documentata dal curricolo verticale che rappresenta il percorso che gli alunni devono seguire. Tale percorso è connotato da obiettivi cognitivi, specifici dei diversi campi di esperienza. Gli obiettivi promuovono, negli allievi, lo sviluppo di abilità. Il transfert di conoscenze e di abilità a situazioni nuove evidenzia il raggiungimento, da parte del bambino, di traguardi di competenza. Questi ultimi danno forma a un nuovo "saper essere" dell'allievo che, acquisiti nuovi domini delle situazioni nei suoi contesti di vita (scuola, famiglia, relazioni sociali), raggiunge obiettivi formativi di cittadinanza attiva.

Il curricolo della scuola dell'infanzia, generativo di tutti i futuri apprendimenti, sviluppa una direzione verticale nel senso che accompagna i processi di crescita del bambino ed è congruente con il suo sviluppo. Tale continuità si realizza nella relazione tra i diversi segmenti scolastici: la scuola dell'infanzia si raccorda e proietta i suoi obiettivi verso la scuola primaria che progetta il suo Piano Triennale dell'Offerta Formativa continuando il curricolo iniziato nei campi di esperienza e specificandolo in rapporto con le discipline.

Insieme con una continuità verticale, il curricolo sviluppa anche una continuità orizzontale con il territorio nel quale la scuola è immersa e che partecipa all'azione educativa. La collaborazione con i genitori, che sono portatori della cultura del territorio, il rapporto di scambio di risorse e di "buone pratiche" nelle reti di scuole, le nuove relazioni con i soggetti pubblici e privati che le autonomie funzionali hanno attivato, costituiscono una rete di sinergie localizzate nel territorio che danno nuova linfa allo sviluppo delle istituzioni scolastiche.

10.7 La documentazione del percorso

La scuola predispone per ciascun bambino un protocollo quotidiano di osservazione dei processi di crescita cognitiva, emozionale e comunicativo-relazionale.
Predispone, altresì, documenti che vanno a raccogliere dati e a registrare l'andamento dei processi di crescita di ciascun bambino in riferimento a: i processi di apprendimento personalizzati e alle attività ed esperienze che la scuola ha proposto lungo tutto il periodo di frequenza, vale a dire ritmi di apprendimento, curiosità, motivazioni, interessi, obiettivi cognitivi, abilità, obiettivi formativi; le osservazioni dei genitori raccolte tramite questionari compilati:

- all'ingresso, come scheda di presentazione del bambino;
- alla fine di ogni anno scolastico, per raccontare le esperienze più significative vissute;
- durante l'anno, per scegliere insieme il percorso più appropriato, e durante i colloqui individuali con le insegnanti per cogliere l'andamento dei processi di crescita;
- le osservazioni delle insegnanti compiute durante l'inserimento e in tre momenti diversi dell'anno;
- la certificazione delle competenze raggiunte e degli obiettivi formativi acquisiti.

Tale documentazione è funzionale alla redazione di rubriche di valutazione degli allievi e alla certificazione delle competenze. È funzionale, altresì, alla costruzione di un sistema di valutazione e ad una valutazione di sistema.
La documentazione accompagna lo svolgimento del curricolo verticale e ne registra i risultati.

10.8 La progettualità

La scuola dell'infanzia individua periodicamente e/o annualmente un "progetto" da realizzare con i bambini sulla base del quale costruire un curricolo verticale, integrato e contestualizzato, che attivi esperienze valide per realizzare gli obiettivi relativi ai diversi campi di esperienza.

Il progetto curricolare tipo, intorno al quale tutti i bambini lavorano e che concorrono a realizzare, è la sceneggiatura di una fiaba.

I bambini disegnano e colorano i personaggi, ordinano le vignette della storia, costruiscono lo sfondo integratore della fiaba (il fantabosco, la casa, etc.), nominano ed etichettano cose, persone e animali, inventano dialoghi, filastrocche, canzoni, comparano grandezze, individuano corrispondenze, relazioni, confrontano insiemi, osservano fenomeni naturali e artificiali, organizzano giochi e attività.

Nel curricolo verticale assume valenza prioritaria, per l'efficacia dell'azione didattica, la *mediazione didattica* che si traduce sostanzialmente nella *didattica di laboratorio*. Elemento trasversale al *curricolo* sono le TIC, quali facilitatori dell'apprendimento.

Il *curricolo verticale* vede la centralità del bambino che è protagonista dei suoi processi di crescita, sviluppa i potenziali individuali di apprendimento (P.I.A.) e attiva processi cognitivi personali e unici.

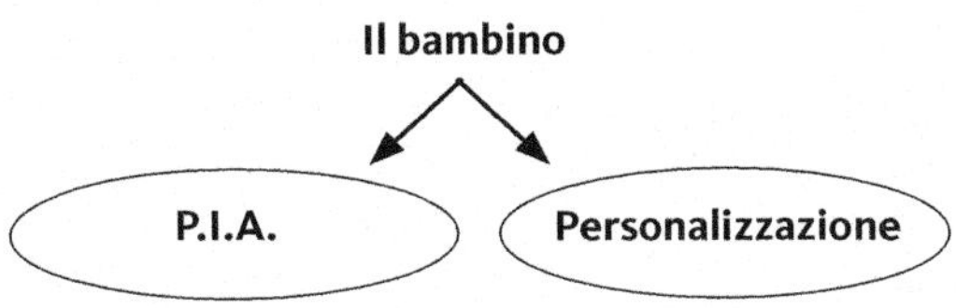

Il curricolo verticale:

Finalità educative	Dimensioni di sviluppo	Sistemi simbolico-culturali
Sviluppare le competenze Conquistare l'autonomia Maturare l'identità	Relazionali-emotive Intellettive-logiche Corporee	Scienza Arte Linguaggi Codici

10.9 Il gioco simbolico

Il bambino trascorre la maggior parte del suo tempo giocando: il gioco rappresenta l'attività privilegiata dell'infanzia.
Attraverso il gioco, il bambino soddisfa la propria curiosità, risponde al bisogno di muoversi e di manipolare, sviluppa la fantasia, comunica sentimenti, vissuti e pensieri, stabilisce rapporti significativi. Giocando ed esplorando, il bambino acquisisce gli strumenti per conoscere l'ambiente e imparare a muoversi e ad agire in esso.
Nella scuola dell'infanzia si afferma con forza la necessità di assegnare un ruolo rilevante all'attività ludica, quale momento ricco di opportunità per lo sviluppo cognitivo e relazionale del bambino e come importante strumento metodologico, alla pari di altri, quali: la ricerca e l'esplorazione, la vita di relazione e le dinamiche di gruppo, la mediazione didattica mediante la didattica di laboratorio.
Nell'età in cui frequenta la scuola dell'infanzia, il bambino impara a giocare con gli altri, a svolgere attività ludiche di tipo collaborativo, prima in coppia e poi in gruppo.
I bambini compiono giochi imitativi attraverso i quali si proiettano verso il mondo adulto; essi compiono i cosiddetti "giochi simbolici", in cui un oggetto viene usato come se fosse un altro, l'ambiente si trasforma in altro luogo e fantasia e immaginazione costruiscono situazioni e storie sempre nuove.
In questo modo, la realtà e i vissuti possono essere rappresentati, messi in scena, modificati e resi più accettabili: nel gioco dei ruoli, ad esempio, il bambino che si sente debole può identificarsi con figure forti o, viceversa, farsi piccolo e sfuggire a responsabilità troppo grandi per lui.
Il gioco simbolico, secondo Piaget, organizza il pensiero in uno stadio in cui il linguaggio non ha ancora raggiunto una sufficiente padronanza, permette la manipolazione e anche la produzione di immagini mentali durante le quali, attraverso la ripetizione, il bambino assimila situazioni nuove.
Rispondere al bisogno di gioco del bambino diventa, quindi, fondamentale per la scuola dell'infanzia.
L'osservazione dell'attività ludica consente, inoltre, di ricavare informazioni preziose e utili a delineare interventi educativi personalizzati e a meglio impostare l'azione didattico-formativa.

La scuola dell'infanzia è attenta a dare spessore educativo al gioco, quale momento fondamentale di crescita, e si attiva, perciò, concretamente, per allestire un contesto intenzionalmente organizzato in chiave ludica, con spazi adeguati e materiali idonei.
L'insegnante struttura le situazioni ludiche in modo da poter interagire con i bambini e guidarli nelle loro attività, rispettando i tempi e i ritmi di gioco, e promuovendo situazioni di sicurezza che li stimolino a produttive attività esplorative e al raggiungimento di nuove abilità cognitive.

10.10 Gli spazi e l'organizzazione

La scuola dell'infanzia deve essere dotata di spazi interni ed esterni idonei all'accoglienza dei bambini e all'organizzazione delle attività didattiche.
La struttura deve essere articolata in spazi dedicati e flessibili per le attività dei gruppi. C'è lo spazio per la musica, dotato di strumenti vari, a corda, a percussione per le attività musicali. C'è lo spazio centrale per le attività motorie, dotato di specchio. C'è lo spazio per la casetta con pannelli di polistirolo che sono sfondo integratore e sceneggiatura per drammatizzazione di storie e fiabe. Ambienti attrezzati per i giochi e per l'accoglienza, ambienti per il riposo e ambienti polifunzionali costituiscono luoghi di sviluppo del curricolo implicito.
Le persone che lavorano nella scuola dell'infanzia (dirigente, docenti, collaboratrici, direttore dei servizi generali e amministrativi, educatrici) si impegnano ad attuare il progetto educativo della scuola in un clima di collaborazione e di partecipazione, condividendo con i genitori dei bambini il patto di corresponsabilità.
I genitori dei bambini sono presenti nella fase dell'accoglienza e collaborano in ogni fase dell'inserimento scolastico e dell'organizzazione delle attività. Essi partecipano ad una serie di incontri finalizzati all'informazione circa i processi evolutivi dei bambini nella seconda infanzia e alla formazione di una genitorialità responsabile e competente. Essi collaborano alle attività educative progettate dalla scuola.
Si propone un esempio di *orario settimanale* e di organizzazione della giornata didattica:

SEZ. A

Orario	Lunedì	Martedì	Mercoledì	Giovedì	Venerdì	Sabato
9-10	A	A	A	A	A	AB
10-11	A	A	A	A	A	AB
11-12	A	A	A	A	A	AB
12-13	AB	AB	AB	AB	AB	
13-14	B	B	B	B	B	
14-15	B	B	B	B	B	
15-16	B	B	B	B	B	

Legenda:

A: Docente abilitato. B: Docente abilitato

Organizzazione della giornata

- dalle ore 8:00 alle 9:00 Accoglienza.
- dalle ore 9:00 alle 9:15 Tempo del gioco libero negli spazi, tempo dell'organizzazione del grande gruppo.
- dalle ore 9:15 alle 10:00 Tempo del saluto, delle parole, del racconto, delle consegne, dei ritmi e attività della giornata.
- dalle ore 10:00 alle 12:00 Attività strutturate programmate nei gruppi di lavoro.
- dalle ore 12:00 alle 12:15 Tempo dell'igiene personale.
- dalle ore 12:15 alle 13:00 Pranzo.
- dalle ore 13:00 alle 14:00 Tempo del gioco libero e/o guidato e/o del riposo.
- dalle ore 14:00 alle 15:00 Attività strutturate in sezione a gruppi uniti.
- dalle ore 15:00 alle 15:45 Attività nei piccoli gruppi.
- dalle ore 15:45 alle 16:00 Tempo dei saluti e uscita.

10.11 Gli spazi educativi

10.11.1 Lo spazio in sezione

L'aula è suddivisa in spazi di attività leggibili e facilmente fruibili dai bambini sia nell'azione spontanea sia durante le proposte di attività strutturate.
Tali spazi sono stati creati per:

- stimolare la curiosità dei bambini;
- acquisire piena confidenza con gli spazi della sezione;
- conquistare progressivamente l'autonomia personale e operativa;
- permettere il riconoscimento e l'adeguamento dell'azione allo spazio, all'oggetto;
- finalizzare il gesto e permettere il controllo posturale;
- imparare a rispettare gli spazi comuni e gli oggetti;
- interiorizzare le regole fondamentali della convivenza sociale;
- sviluppare le capacità di conversazione;
- acquisire fiducia nelle proprie capacità.

Gli spazi sono funzionali agli apprendimenti e alle attività:

- *spazio delle parole e della fiaba da sceneggiare.* È lo spazio dell'ascolto (dell'altro, del racconto, della musica, etc.), della comunicazione (verbale, sonora, etc.), della lettura. Questo spazio è strutturato con sfondi integratori delle fiabe da sceneggiare, con panche e sedie, piccoli scaffali, cartelloni con le parole chiave della storia, cartelloni-calendario, un grande orologio da parete, sussidi vari, libri;
- *spazio delle attività strutturate e della manipolazione.* È lo spazio del pensiero, il luogo della rappresentazione grafica, del lavoro strutturato con diversi materiali. In questo luogo, posto al centro della stanza, sono presenti tre tavoli, scaffali con fogli, colori, giochi da tavolo e vari sussidi didattici, colle, tempere, qualche pennello.
  È lo spazio tattile, della manipolazione, della pittura, della creazione plastica e del gioco con le mani. Qui i bambini costruiscono e manipolano materiali: farine, sabbia, pongo, foglie, acqua, etc., carte grandi anche a parete per lasciare tracce e segni, colori, pennelli, lavagnette e gessetti, contenitori di Didò, pasta

di sale, mattarelli, coltellini, formine, imbuti e contenitori per permettere il travaso, ecc.
Potranno qui trovare spazio anche oggetti vari raccolti e possibili vaschette e/o vasi per esperimenti;

- *spazio casetta.* È lo spazio del gioco di imitazione e di identificazione, dell'immaginazione e della fantasia.
  In questo luogo sono presenti gli oggetti del far finta di: cucinare, lavare, aggiustare, mangiare, pulire, dormire, riempire, etc.
  La sezione si attrezzerà con oggetti e giochi utili e caratterizzanti tale spazio;
- *spazio dei travestimenti e delle magie.* È lo spazio del gioco simbolico e della trasformazione di sé e degli oggetti.
  In questo luogo sono presenti:
  - contenitori per teli, foulard, vestiti, cappelli, scarpe da grandi, trucchi etc.; possono trovare spazio anche oggetti poveri e/o di riciclo che permettono l'invenzione e la trasformazione: bottiglie di plastica, vassoi, tubi di cartone, corde, scatole e scatoloni, etc.;
  - un grande specchio a parete;
  - un tappeto;
- *spazio delle tecnologie informatiche e della comunicazione.*
  È lo spazio dove i bambini incontrano i linguaggi multimediali ed hanno l'approccio con l'utilizzo delle tecnologie informatiche.
  I linguaggi tecnologici e massmediali sono trasversali a tutte le attività nei diversi campi di esperienza. Le metodologie di *top down*, ovvero di analisi discendente dei problemi, e la dimensione procedurale vanno a connotare gli stili di apprendimento dei bambini che imparano ad imparare in autonomia;
- *bagno.* Questo è lo spazio della cura di sé, dell'igiene personale, della pulizia degli strumenti.
  In tale luogo sono presenti: le attrezzature del bagno ad altezza di bambino, saponi, salviette personali con gancini e contrassegni, spazio del cambio e dei grembiuli;
- *stanza del riposo.* È l'ambiente riservato e distensivo del riposo, del rifugio; è lo spazio dove percepire sé e il proprio corpo.
  È l'ambiente tranquillo e silenzioso, dove ciascun bambino può rintanarsi quando ne sente il bisogno.
  In questo luogo sono presenti: materassi, cuscini e cuscinoni, coperte, lettini, animali di peluche, pupazzi morbidi.

Tal dimensioni vanno a declinarsi in una progettualità integrata di cui si propongono alcuni esempi.

10.11.2 I progetti

- *Progetto musica*: rivolto a tutti gli alunni.
- *Progetto modellaggio*: rivolto a tutti gli alunni.
- *Progetto lingua inglese*: riservato agli alunni di 4 e 5 anni.
- *Progetto giocare con le parole*: rivolto a tutti gli alunni.
- *Progetto TIC*: rivolto a tutti gli alunni.
- *Progetto "accoglienza-raccordo"*: rivolto anche alle famiglie e al territorio.

Progetto "Musica"

- *Specialista*: un docente esperto.
- *Finalità*: introdurre i bambini alla comprensione del mondo sonoro e del linguaggio musicale.
- *Obiettivi*: sviluppo della sensibilità alla musica, riconoscimento di esperienze sonore e attività di produzione sonora con strumenti a percussione. Primo approccio al pianoforte: postura del corpo in relazione allo strumento, motricità fine della mano, produzione di suoni. Educazione all'ascolto di facili brani musicali e di canzoni. Organizzazione di una manifestazione con balli e canzoni.

Progetto "Lingua inglese"

- *Specialisti:* docente esperto.
- *Finalità:* primo approccio a una lingua straniera.
- *Obiettivi:* scoperta di poter comunicare con una lingua diversa dalla propria.
- Conoscenza delle forme di saluto e di forme elementari di dialogo.

Progetto "Modellaggio"

- *Specialista:* docente esperto.
- *Finalità:* Favorire le conoscenze delle molteplici potenzialità della plastilina e della carta.

- *Obiettivi:* osservare le regole, sviluppare la manualità e la sensibilità tattile.
- Favorire la crescita della personalità, dell'autostima, della competenza relazionale e della socialità nel lavoro di gruppo.

Progetto "Giocare con le parole"

- *Specialista:* docente esperto.
- *Finalità:* sviluppare il pensiero e il linguaggio.
- *Obiettivi:* conoscere, mediante l'etichettamento dell'ambiente, le parole nel rapporto significante-significato.

Progetto "Tecnologie informatiche e della comunicazione" (TIC)

- *Specialista*: docente esperto.
- *Finalità*: conoscere linguaggi e metodologie dell'informatica e delle tecnologie della comunicazione.
- *Obiettivi*: prima familiarizzazione con il computer (per disegnare, cercare fotografie, etc.).
- Scoprire proceduralità. Conoscere e interpretare i linguaggi dei mass-media.

Progetto "Accoglienza-raccordo"

- *Specialisti:* insegnanti di scuola dell'infanzia e primaria.
- *Obiettivi:* attività volte a favorire un sereno passaggio dalla famiglia alla scuola dell'infanzia e da questa alla scuola primaria.

I singoli progetti sono integrati nel PTOF e costituiscono parte integrante del curricolo verticale.

10.11.3 Inserimento

Prima dell'iscrizione

La scuola dell'infanzia organizza due incontri, prima dell'iscrizione, per offrire ai genitori l'opportunità di conoscere l'organizzazione (tempi, spazi) e l'offerta formativa (attività, proposte, regole) della scuola stessa.

Lettera d'invito per bambini e genitori	**1. Serata per i genitori** • Conoscenza del personale docente • Organizzazione della scuola • Documento fotografico delle attività proposte • Risposte ai quesiti dei genitori
	2. Giornata di scuola aperta • La scuola accoglie i bambini con i genitori • I bambini e i genitori sono lasciati liberi di girare negli ambienti scolastici per ricercare lo spazio o l'attività preferita • Il termine dell'esperienza è stabilito dal bambino stesso e/o dai suoi accompagnatori

Dopo l'iscrizione

- Al termine del mese di maggio o, al più tardi, all'inizio del mese di giugno, c'è una seconda mattinata di scuola aperta, per coloro che hanno deciso di iscrivere i propri figli alla scuola dell'infanzia, durante la quale i bambini incominciano a relazionare con le insegnanti.
- Ai genitori viene consegnata una scheda di raccolta dati (indagine conoscitiva circa le aspettative e i bisogni formativi dei bambini).
- Prima dell'inizio della frequenza scolastica, si svolge abitualmente un incontro con i genitori, durante il quale vengono:
  - raccolte le schede compilate dai genitori, utili per una maggior conoscenza del bambino;
  - fornite e concordate le modalità d'inserimento.

Tale incontro viene tenuto da insegnanti e coordinatore didattico ed è occasione importante per porre le basi per una migliore conoscenza e collaborazione, indispensabile per un buon inserimento.

Le regole dell'inserimento

I tempi dell'inserimento non sono rigidi, ma possono abbreviarsi o allungarsi secondo il bisogno del singolo bambino.
L'inserimento del bambino, se presenta difficoltà e necessita di tempi distesi, può essere graduato e prevedere anche momenti di permanenza del genitore nella scuola.
La scuola consiglia:

- prima settimana dalle ore 9,30 alle ore 11,30;
- seconda settimana dalle ore 9,00 alle ore 13,15;
- terza settimana dalle ore 9,00 alle ore 16.00.

Consiglia, inoltre, che il genitore, pur avendo l'opportunità di restare all'interno della scuola, si allontani gradualmente dalla sezione per aiutare il bambino nel difficile momento del distacco.
L'inserimento dei nuovi iscritti avviene due giorni dopo l'inizio dell'anno scolastico, per permettere ai bambini che già frequentano la scuola dell'infanzia di essere accolti con la dovuta attenzione.
La scuola opera un inserimento graduale:

- per offrire una maggior attenzione a ciascun bambino;
- per non far sentire il genitore defraudato del suo compito educativo;
- per dare al bambino la possibilità di ambientarsi gradualmente nell'ambiente scolastico.

10.11.4 Rapporti con le famiglie

Instaurare un rapporto positivo di confronto e di scambio con la famiglia è fondamentale per lo sviluppo psico-sociale del bambino. Quotidianamente, data l'età dei bambini, avvengono colloqui informali con i genitori; sono, altresì, previsti momenti istituzionalizzati di confronto, scambio e comunicazione sull'andamento didattico e sulla vita della scuola: consigli di sezione e assemblee di sezione o di scuola. Inoltre, sono previsti colloqui individuali (informazioni alle famiglie), che hanno lo scopo di informare i genitori sul livello raggiunto dal bambino nello sviluppo affettivo, emotivo, relazionale e cognitivo.

10.12 Modalità di valutazione e verifica

La *valutazione* ha per oggetto i processi di crescita del bambino nelle diverse dimensioni dello sviluppo integrale della personalità: la dimensione cognitiva, la dimensione affettiva ed emotiva, la dimensione comunicativa e relazionale.
La valutazione assume funzione regolativa del Piano Triennale dell'Offerta Formativa.

All'interno della sezione, l'insegnante verifica e valuta i livelli di apprendimento conseguiti dai bambini, in riferimento ai diversi *campi di esperienza*; valuta, inoltre, l'efficacia del proprio operato, le modalità di relazione usate, i materiali, i tempi, gli spazi e le scelte organizzative e metodologiche, per predisporre eventuali aggiustamenti alla sua azione educativa.
La *verifica* dei risultati è un momento di riflessione, utile ai docenti per analizzare e confrontare percorsi di lavoro, strategie educative utilizzate, risultati conseguiti.
La verifica dei risultati raggiunti avviene in più momenti: all'inizio dell'anno scolastico, *in itinere*, alla fine di un'unità di apprendimento e di lavoro, alla fine dell'anno scolastico. Essa si avvale dei seguenti strumenti:

- osservazioni occasionali;
- osservazioni sistematiche;
- registrazioni tramite griglie prestabilite;
- rubriche di valutazione;
- disegni e test (la famiglia, test delle due case, etc.);
- *feed-back* dei genitori;
- questionari somministrati ai genitori.

Per verificare il raggiungimento di un determinato obiettivo si utilizzano:

- colloqui individuali;
- prove pratiche;
- lavori di gruppo;
- momenti di gioco;
- rappresentazioni grafico/pittoriche.

La verifica dei risultati si serve di curve di andamento rappresentative del grado di avvicinamento agli obiettivi prefigurati (obiettivi cognitivi, abilità, competenze, obiettivi formativi). Questi ultimi si avvalgono di indicatori che li definiscono e di descrittori dei comportamenti che ne testimoniano il raggiungimento.
Nella costruzione di un *sistema di valutazione* saranno definiti:

- indicatori e descrittori di obiettivi cognitivi;
- indicatori e descrittori di abilità;
- indicatori e descrittori di competenze;
- indicatori e descrittori di obiettivi formativi nei diversi campi di esperienza.

La costruzione di un sistema di valutazione dei risultati della formazione si avvale di standard di qualità:

Standard di qualità della formazione:
• Possesso delle competenze e delle abilità previste dagli obiettivi • Acquisizione di un atteggiamento di ricerca-azione • Capacità di rielaborazione e di giudizio delle conoscenze • Capacità di progettazione e di sviluppo di attività di gioco-lavoro in autonomia • Capacità di costruzione di fiabe e di storie, di *cooperative learning* e di *peer tutoring* • Graduazione della valutazione nelle singole verifiche

Ulteriori parametri per la valutazione finale
• Evoluzione dell'apprendimento rispetto alla situazione di partenza (ritmo e tipo) • Comportamenti: - assiduità, - interesse, - partecipazione, - assertività, - disponibilità e modalità dei rapporti interpersonali, - interessi, credenze /esperienze emersi, - grado di autonomia nella gestione delle attività di gioco-lavoro • Profilo educativo e culturale complessivo del bambino e possesso delle competenze e delle abilità comunicative e relazionali indispensabili per saper stare bene con gli altri.

I docenti documentano la storia di ogni bambino, i suoi progressi e le sue trasformazioni raccogliendo informazioni, dati e annotazioni.

Gli esiti della valutazione dei processi di apprendimento e formativi della personalità dei bambini, in termini di cittadinanza attiva nei contesti sociali, e l'autovalutazione dell'efficacia dell'offerta formativa da parte degli insegnanti, costituiscono un valido *feed-back* per gli operatori scolastici ed, eventualmente, promuovono revisioni sia della mediazione didattica e sia degli stili professionali dei docenti.

La valutazione dei processi di crescita degli allievi costituisce valido *feed-back* per procedere ad una *valutazione di sistema* avente per

oggetto la misura e l'apprezzamento del funzionamento dell'istituzione scolastica nella sua globalità, ovvero in termini di organizzazione funzionale, di servizi erogati, di efficienza nell'organizzazione e nella gestione delle risorse e di efficacia dell'azione formativa nel contesto socio-culturale di appartenenza.
Anche la valutazione di sistema si avvale di standard di qualità che sono riferiti a standard nazionali ed europei e che assumono dimensioni di qualità totale, ovvero costituiscono modelli ideali a cui tendere nei processi di crescita e di sviluppo della scuola.
Gli esiti di una valutazione di sistema conducono la scuola verso la progettazione di un piano di miglioramento che punta a rendere recessivi gli elementi di debolezza e potenziati i fattori di forza.

Capitolo Undicesimo
Esempi di progettazione nella scuola dell'infanzia

11.1 I progetti

I progetti fanno da supporto e stimolo per lo sviluppo globale del bambino e del suo apprendimento, coadiuvando l'attività di sezione, integrando la progettazione del curricolo verticale e ampliando, inoltre, l'offerta formativa della scuola.
I progetti scelti rispondono a un bisogno fondamentale del bambino nella società della conoscenza e delle tecnologie dell'informazione e della comunicazione.
I progetti prevedono l'organizzazione di una *didattica di laboratorio* che vede gli allievi impegnati in attività di gruppo volte a promuovere dinamiche di gruppo, di comunicazione e di relazione.
Si incrementa, in particolare, il bisogno di relazionarsi e comunicare con l'altro: il bambino passa dall'egocentrismo alla capacità di accorgersi dell'altro, di accoglierlo (attenzione e rispetto per il "diverso" da sé), per giungere alla capacità di porsi in relazione, comunicare e collaborare con l'altro.
La didattica di laboratorio, con metodologie di *cooperative learning*, *peer tutoring*, ricerca-azione centrati sulla risoluzione di problemi e su compiti condivisi, con prospettive di metacognizione, risponde pienamente al bisogno del bambino di relazionarsi e di comunicare con l'altro, di costruzione dell'identità e di autonomia.
La declinazione del PTOF in diversi progetti va a realizzare finalità e obiettivi in tal senso.
L'integrazione dei progetti nel curricolo verticale e l'arricchimento di questo con attività extracurricolari vanno a declinare percorsi unitari di formazione mirati al raggiungimento di competenze e di obiettivi formativi.

Riportiamo di seguito alcuni progetti quali esemplificazioni di attività che i bambini possono svolgere.

11.2 Progetto sperimentale "Leggere a tre anni"

Motivazione del progetto sperimentale

Nell'azione formativa della scuola, fin dai tre anni di età degli allievi, si avverte la necessità di valorizzare la centralità della competenza linguistica come elemento trasversale a tutte le esperienze nei diversi campi del fare e dell'agire del bambino e all'interno delle relazioni sociali e della comunicazione.
Emerge l'esigenza improrogabile di fornire agli allievi strumenti cognitivi per adeguati livelli di cittadinanza linguistica, comunicativa e culturale.
Considerati gli esiti deludenti della ricerca PISA-OCSE sugli apprendimenti, la formazione dei bambini, nel quadro delle innovazioni in atto nel sistema scolastico nazionale di istruzione e di formazione, deve rivedere:

- i contenuti, che devono essere significativi e avere forza generatrice di nuove conoscenze;
- i metodi finalizzati alla costruzione delle competenze, mediante una "didattica per problemi" che sviluppi negli allievi la capacità di "imparare ad imparare";
- le organizzazioni sistemiche.

A tal fine occorre attivare la ricerca sperimentale:

- delle "buone pratiche" per una mediazione didattica efficace;
- dei contributi delle scienze psicologiche e sociologiche per lo sviluppo della relazionalità positiva;
- delle forme di utilizzo delle tecnologie multimediali (TIC) sia come facilitatori dell'apprendimento e sia come veicolo di metodologie e procedure operative;
- delle modalità per stabilire una relazione didattica positiva con gli allievi, secondo rapporti di fiducia e stima, nel rispetto dei ruoli e delle identità, per promuovere processi di inclusione nelle dinamiche sociali e per una cittadinanza attiva;
- delle attività efficaci per la promozione delle dimensioni interculturali;

- di modelli operativi efficaci perché i bambini percepiscano l'uso della lingua materna inserito nella macroarea linguistico-artistico-espressiva e nel più ampio quadro dei linguaggi in tutti i campi di esperienza;
- delle organizzazioni flessibili che promuovano il *cooperative learning* e il *peer tutoring*, per la costruzione di una comunità di apprendimento;
- delle metodologie e delle strategie didattiche per una personalizzazione dei processi cognitivi congruente con i potenziali individuali di sviluppo di ciascun allievo.

Finalità

- Ricercare "buone pratiche" didattiche per la costruzione delle competenze linguistiche.
- Porre al centro della relazione educativa l'attenzione ai processi psicologici degli allievi, alle esperienze dei bambini, ai contesti familiari e socio-culturali.
- Ricercare modalità e strumenti efficaci di monitoraggio, verifica e valutazione degli apprendimenti; ricercare modelli di valutazione attendibili.
- Incrementare la professionalità e le competenze dei docenti nell'ambito dell'autonomia di ricerca e di sviluppo.

Obiettivi cognitivi

- Incremento delle capacità espressive e comunicative dei bambini mediante l'uso dei diversi linguaggi integrati: verbale (lingua materna e inglese), mimico-gestuale, grafico, musicale, informatico.
- Sviluppo di competenze relative all'uso della lingua materna in termini di costruzione di strutture linguistiche significative quale mezzo di espressione e di comunicazione.
- Sviluppo di capacità di ascolto, di attenzione e di comprensione, capacità di narrare, descrivere, dialogare.
- Promuovere le prime riflessioni sulla lingua: chi fa l'azione? E qual è l'azione? Se vado in bagno mi muovo o sto fermo? Se cammino da dove provengo? E in quale luogo vado? E quali sono le qualità che attribuisco agli oggetti?
- Offrire opportunità e strumentazione concettuale utile al confronto tra lingue diverse: italiano e inglese.

- Incrementare la capacità di selezionare forme di comunicazione adeguate ai diversi contesti e situazioni: se faccio un viaggio parlo inglese, se comunico a distanza mando un disegno e lo etichetto, se devo sceneggiare una fiaba costruisco dialoghi, ballo e suono il tamburo o il pianoforte.

Obiettivi logico-operativi

- Stimolare negli allievi, mediante il fare e l'agire nei diversi campi di esperienza, la maturazione di processi logici nello sviluppo di abilità nell'uso dei diversi linguaggi integrati.
- Favorire, in particolare, lo sviluppo del pensiero nel rapporto pensiero-linguaggio.
- Promuovere l'esperienza comunicativa e relazionale, l'espressione, la riflessione e l'autovalutazione per la crescita di identità e autonomia.
- Far acquisire agli allievi la capacità di osservazione, riconoscimento, descrizione e correlazione di elementi.

Obiettivi affettivo-relazionali

- Acquisire la capacità di esprimere esperienze nei diversi linguaggi e forme di comunicazione.
- Acquisire la capacità di lavorare in gruppo.
- Acquisire la capacità di relazionarsi con gli altri e con l'ambiente.
- Potenziare le proprie abilità comunicative e saper essere assertivi.
- Potenziare le proprie abilità di prosocialità.
- Scoprire e valorizzare negli alunni vocazioni e attitudini.

Obiettivi formativi

Sollecitare negli allievi:

- curiosità;
- motivazione;
- interesse;
- attenzione;
- impegno;
- conoscenze;
- abilità;
- competenze;

per "dar forma" ad un bambino cittadino del gruppo, della scuola, della famiglia e del contesto sociale di appartenenza. Dar forma ad un "saper essere" di ciascun bambino in termini di identità di genere, di personalità globale e di autonomia personale.

Contenuti e attività

Contenuti e attività sono organizzati nel curricolo verticale, costituito da unità di apprendimento e di lavoro che vedono la coralità del gruppo-sezione/intersezione impegnato nella ricerca-azione per la soluzione di problemi, quali l'"inventare una storia": *il topo ha la tana sotto il letto. Il gatto rincorre il topo che scappa dalla porta. Il gatto mangia il topo. Il gatto dorme sul letto al sole.*
Sceneggiare una fiaba:

- Cappuccetto rosso va nel fantabosco, gioca con gli animali e con i fiori .... incontra il lupo e ....
- Pinocchio fa un viaggio e incontra persone che parlano una lingua diversa: l'inglese. Pinocchio impara a parlare inglese.

Attività

I bambini svolgono attività di gruppo centrate su scopi condivisi e su compiti (consegne) individuali e di gruppo. L'abile regia delle docenti promuove dinamiche di gruppo, *cooperative learning* e *peer tutoring* tra i bambini di età diverse.
I bambini adottano le tecnologie informatiche per costruire disegni (clip art, logo) e utilizzano la lavagna luminosa, il computer e il videoproiettore per comunicare.
I *contenuti* fanno riferimento alla classificazione delle competenze previste dal quadro di riferimento del Consiglio d'Europa (*European Common Framework of Reference for Language Learning and Teaching*).
Il progetto prevede la costruzione del curricolo verticale comprensivo di:

- Attività per *ascoltare*:
  - tecniche di ascolto: comandi, istruzioni, regole, spiegazioni e istruzioni, ascolto e comprensione di letture (testi narrativi, descrittivi, regolativi, espositivi, poetici, teatrali);
  - uso del lessico familiare e confronto con il parlato sociale;
  - ascolto e comprensione di audiovisivi sulla vita di animali e piante; su fiabe e favole;

- seguire la trama di storie ascoltate, di filmati adatti all'età;
- ascolto critico degli spot pubblicitari (è vero che le scarpe di una certa marca fanno diventare campioni di corsa?);
- cogliere scopi e messaggi delle comunicazioni.

> Attività per *parlare* ed *esprimere* esperienze e sentimenti:

- tecniche di produzione verbale e metodologie di dialogo: intervenire in modo appropriato nelle conversazioni (rispettare il turno, intervenire a tono, apportare un contributo significativo, formulare domande e fornire risposte, chiedere e dare spiegazioni, esporre idee e punti di vista personali: come giudichi Pinocchio e Cappuccetto rosso?);
- saper formulare messaggi diversi per scopi diversi;
- saper riferire;
- articolare frasi chiare per dialogare, esporre esperienze, riferire informazioni, contenuti e significati di esperienze, descrivere, costruire un racconto;
- memorizzare una poesia o un dialogo e recitare in pubblico;
- cantare e ballare secondo il ritmo della musica ascoltata;
- produrre musica con strumenti a percussione e modulare i toni delle filastrocche.

> Attività per *leggere* e *comprendere significati*:

- associare significanti noti (parole) con significati familiari (personaggi delle storie, elementi dello sfondo integratore costruito dai bambini: elementi del fantabosco, animali, etc.);
- etichettare l'ambiente;
- comprendere il significato di brevi storie narrate;
- individuare, nelle storie narrate e rappresentate (sequenze di disegni), personaggi, luoghi, tempi, sequenze, azioni;
- intuire la diversa struttura di testi poetici (filastrocche, ninnananne, rime, scioglilingua);
- ricercare il significato delle parole sconosciute.

> Attività per *riflettere sulla lingua*:

- riconoscere una situazione comunicativa e gli scopi della comunicazione;
- analizzare parole, scoprire la ricorsività dei suoni nelle diverse parole e usare le strutture e le forme flessibili della lingua (singolare, plurale, maschile, femminile);
- scomporre in suoni e ricomporre le parole nuove;

- costruire il treno delle parole note: gatto-topo-porta-tana-naso-sole-letto;
- costruire un enunciato minimo e creare espansioni: chi fa che cosa? Come? Dove? Quando? Perché?
- giocare con le parole: scoprire parole nuove con e senza significato.

Mediazione didattica

Le docenti, al fine di costruire un curricolo verticale integrato e contestualizzato, applicano, nella progettazione, il diagramma a V di Gowin:

> per far percepire agli allievi la dimensione trasversale, nei diversi campi di esperienza, di tutti i linguaggi e, in particolare, della lingua materna;

> per attivare e stimolare i dispositivi dell'apprendimento del linguaggio di ciascun bambino (*Language Acquisition Device* =LAD) mediante l'organizzazione di uno sfondo integratore altamente costruttivista che sia efficace supporto a tale apprendimento (*Language Acquisition System Support* = LASS).

Metodologie

Nell'ambito di una didattica di laboratorio vengono attivate le seguenti metodologie:

> ricerca-azione;

> *problem posing*;

> *problem solving*;

> *cooperative learning*;

> *peer tutoring*.

Fasi del progetto-organizzazione

> Accoglienza:
- osservazione sistematica dei bambini e redazione del protocollo quotidiano;
- *brainstorming* con i bambini;
- *circle time*;
- colloquio.

- Patto di corresponsabilità con i genitori:
  - scambio di esperienze e comunicazione delle aspettative dei genitori;
  - analisi del progetto di formazione e condivisione di obiettivi e contenuti;
  - modalità di collaborazione dei genitori.
- Organizzazione:
  - lavori di gruppo di sezione e intersezione;
  - flessibilità nell'organizzazione dei gruppi anche di sezioni diverse;
  - attività di intergruppo e di intersezione;
  - distribuzione dei gruppi in tutti gli spazi della scuola.

Mezzi, strumenti, tecnologie

- Utilizzo di materiali didattici su supporto cartaceo e informatico;
- utilizzo di materiali multimediali: uso della lavagna luminosa, del computer e del video-proiettore (*slide*);
- uso di schede, giochi elettronici, test (test della famiglia, delle due case, dell'albero, etc.);
- utilizzo di sussidi didattici strutturati e non.

Verifica e valutazione

- Protocollo quotidiano di osservazione dei bambini;
- verifiche delle attività di apprendimento *in itinere*;
- monitoraggio della qualità dell'offerta formativa: test, schede didattiche, curve di andamento dei processi;
- ricerca di indicatori e descrittori degli atteggiamenti;
- valutazione degli esiti delle attività: conoscenze, abilità, competenze, obiettivi formativi (costruzione di un sistema di valutazione con indicatori e descrittori all'interno del curricolo verticale);
- questionario di gradimento e misurazione del grado di soddisfazione dei genitori;
- valutazione della qualità dell'offerta formativa (questionari per il docente e per i genitori).

Valutazione degli esiti delle attività

Parametri generali
• Possesso delle conoscenze, delle abilità e delle competenze previste dagli obiettivi • Possesso di un metodo di ricerca-azione e di *problem solving* • Costruzione dell'identità personale e dell'autonomia • Capacità di "saper essere" cittadino della sezione
Graduazione della valutazione nelle singole verifiche
Ulteriori parametri per la valutazione finale
• Evoluzione delle abilità/competenze personali rispetto alla situazione di partenza (ritmo e tipo) • Comportamenti: - assiduità e gradimento della scuola, - interesse, - partecipazione, - assertività, - disponibilità e modalità dei rapporti con i compagni, - interessi/esperienze emersi, - grado di autonomia nelle attività. • Possesso delle competenze e delle abilità comunicative, relazionali e organizzative indispensabili per vivere una cittadinanza attiva nella scuola.

11.3 Progetto "Ali per la mente"[1]

Destinatari

Bambini da due a tre anni di età.

Analisi dei bisogni e del territorio

Il territorio di appartenenza, periferico e situato in un contesto ad alto degrado e svantaggio socio-culturale, consta di una platea eterogenea ma essenzialmente di livello socio-culturale basso.
La scuola (...............) si trova infatti tra i comuni di (...............) e nel territorio non vi sono strutture di accoglienza per bambini dai due ai tre anni.

[1] Il metodo di apprendimento della lettura è stato ideato e curato, a livello sperimentale, personalmente dalla scrivente in diverse situazioni didattiche.

I bambini vivono in contesti familiari deprivati sia a livello culturale e sia a livello economico e sono, quindi, privi di stimoli che possano favorirne lo sviluppo di abilità e competenze.
La sezione primavera che questa scuola si propone di istituire è la risposta alle esigenze dei piccoli di rapportarsi a un ambiente educativo di apprendimento e a figure adulte che possano facilitarne lo sviluppo integrale della personalità.
Nella platea del territorio, d'altra parte, vi sono famiglie di livello socio-culturale medio-alto dove i bisogni sono di cura e tempi da dedicare ai piccoli: le famiglie sono, infatti, nucleari e i genitori sono entrambi lavoratori.
La sezione primavera può quindi essere di supporto a tali famiglie, offrendo una soluzione in termini di orari e tempi di gestione del piccolo e contemporaneamente svolgere un'azione educativa e formativa dei bambini per lo sviluppo della personalità.

Cultura dell'accoglienza

La fascia di età che va dai due ai tre anni comprende soggetti che hanno bisogno di stabilità, coerenza e prevedibilità di situazioni.
Nel momento in cui bambini con tali esigenze di stabilità e prevedibilità del reale vengono immessi in un contesto nuovo, è necessario che ciò avvenga in modo graduale.
Nell'ambito della sezione primavera, pertanto, occorre promuovere una cultura dell'accoglienza che veda gli educatori organizzare tempi e spazi adeguati a un inserimento graduale del bambino.
La collaborazione con i genitori, in questa fase, si rivela fondamentale.
Il genitore, infatti, è la figura adulta più familiare al bambino ed è opportuno che, quando questi accompagna il piccolo nella struttura per l'infanzia, possa restare con il figlio per un arco di tempo soggetto a criteri di flessibilità, in relazione ai bisogni del bambino stesso.

Clima relazionale e affettivo

I bambini dai due ai tre anni necessitano di rapportarsi a figure adulte forti e autorevoli.
L'educatore deve porsi quale fonte di sicurezza, di forza, di affetto ma anche quale dispensatore di regole di comportamento da rispettare.
Al fine di favorire lo sviluppo di una personalità integrale del soggetto e il benessere psico-fisico del bambino stesso, l'educatore

deve organizzare un ambiente educativo di apprendimento atto a promuovere le abilità cognitive e relazionali dei piccoli.
Il ruolo dell'educatore assume forte centralità in quanto egli diviene perno dell'azione educativa, abile regista di dinamiche di gruppo e promotore della conquista progressiva di autonomia da parte del bambino.

Attenzione ai bisogni primari dei bambini

I bisogni primari dei bambini sono legati all'alimentazione, alla pulizia, al riposo e alla sicurezza.
Occorre pertanto strutturare spazi e tempi per l'alimentazione che siano adeguati alle esigenze di ogni singolo bambino.
Nella struttura per l'infanzia deve essere presente personale incaricato della pulizia dei locali e degli spazi adoperati e personale preposto alla cura e all'igiene personale dei piccoli.
I bambini di due-tre anni necessitano di tempi di riposo da espletare nell'arco della giornata e bisogna quindi organizzare spazi adeguati.
La Legge 626 stabilisce norme e criteri di sicurezza.

Rapporto tra cura educativa e apprendimento

I bimbi di due e tre anni di età necessitano di confrontarsi con figure adulte cordiali e disponibili, che si prendano cura di loro.
Un ambiente educativo di apprendimento, finalizzato alla formazione della personalità integrale del soggetto, preposto alla promozione di abilità e competenze a livello cognitivo nonché a livello emotivo-affettivo e relazionale, deve tener conto anche del benessere psico-fisico del soggetto e, pertanto, l'educatore presta al bimbo anche cure fisiche.
Attraverso il canale della cura e dell'attenzione a livello affettivo e relazionale, l'educatore riuscirà a raggiungere gli obiettivi cognitivi relativi allo sviluppo di abilità e competenze e alla conquista dell'autonomia.

Organizzazione degli spazi e dei momenti della giornata

Per facilitare i processi di apprendimento del bambino bisogna strutturare sia gli spazi dell'ambiente educativo di apprendimento e sia tempi e ritmi della giornata educativa.

I momenti principali della giornata educativa sono l'accoglienza e il commiato, il momento del pasto, le attività preposte alla cura e all'igiene personale, il riposo e i momenti ludici e di interazione tra pari.
È fondamentale, quindi, la cura e l'organizzazione degli spazi preposti alle diverse attività.

Giornata tipo

La giornata educativa va organizzata e strutturata con tempi e ritmi ben definiti e in aree adeguate.
La scuola propone una giornata educativa così suddivisa:

- ore 08.00-09.00: attività di accoglienza;
- ore 09.00-10.00: attività ludiche, strutturate e formative;
- ore 10.00-10.30: merenda;
- ore 10.30-11.00: attività di gioco libero;
- ore 11.00-11.30: attività di igiene;
- ore 11.30-12.30: pasto;
- ore 12.30-14.30: riposo;
- ore 14.30-15.30: merenda e gioco libero;
- ore 15.30-16.00: attività di commiato.

Forme di collegamento con esperienze precedenti e successive

Al fine di facilitare uno sviluppo integrale della personalità dei bambini, è importante creare una continuità verticale, educativa e formativa con il nido eventualmente frequentato dai bambini e con la scuola dell'infanzia.
I bambini saranno così accompagnati lungo tutto l'arco del percorso formativo.

Contratto formativo con l'utenza

Il progetto prevede l'attiva partecipazione dei genitori i quali, informati con chiarezza e trasparenza, vanno a condividere ogni fase del progetto stesso. La scuola stabilisce con i genitori un contratto formativo atto a definire modalità, tempi, contenuti e metodologie, tipologia degli interventi e reciproci impegni per la qualità del progetto.

La scuola intende concordare con i genitori le finalità del progetto in tutte le sue fasi, nonché la tipologia dei servizi, adeguandoli alle richieste e alle aspettative dell'utenza.

Presentazione del progetto

Il progetto intende offrire ai bambini un ambiente educativo di apprendimento, organizzato per la socializzazione e l'inclusione nei processi sociali.
Le sezioni, pertanto, sono organizzate in gruppi di bambini che svolgono attività di gioco guidato.
L'organizzazione è modulare.
Il rapporto è di un docente per ogni gruppo di dieci bambini.
Le attività sono di gioco-lavoro, con interventi personalizzati miranti allo sviluppo di abilità senso-percettive, motorie, cognitive, affettive, emotive, comunicative e relazionali.
Il *setting* formativo è organizzato per:

- la cura delle abitudini igieniche e della persona;
- l'esplorazione e la conoscenza dell'ambiente più prossimo;
- la cura delle abitudini alimentari;
- lo sviluppo e l'esercizio dei linguaggi integrati.

Servizi psico-pedagogici

Il progetto prevede, a sostegno della salute fisica e psicologica dei bambini, l'organizzazione di una serie di servizi quali:

- servizio di medicina scolastica;
- servizio di psicologia scolastica;
- servizio di consulenza e formazione dei genitori.

Finalità

La principale finalità del progetto sezioni primavera si esplica nella formazione della personalità integrale dei bambini dai due ai tre anni di età, ovvero nel favorire lo sviluppo di abilità e competenze in ambito cognitivo-comportamentale, in ambito sociale, comunicativo-relazionale e nei processi di conquista dell'autonomia personale e dell'autogestione.
Il progetto assume finalità di costruzione dell'identità dei bambini, finalità di prevenzione del disagio, di cura e di trattamento personalizzato per il benessere fisico e psicologico.

Esso intende, inoltre, attivare un curricolo di continuità verticale con raccordi tra l'eventuale esperienza del nido, da parte del bambino, e la successiva esperienza di frequenza della scuola dell'infanzia.

Obiettivi generali

Gli obiettivi generali del progetto sono:

- la valorizzazione dell'esperienza del bambino;
- la costruzione dell'identità personale;
- la conquista dell'autonomia personale.

Obiettivi generali da privilegiare, pertanto, sono la valorizzazione delle esperienze familiari e sociali del bambino, delle sue credenze e interpretazione di fatti e fenomeni e la costruzione delle autonomie funzionali allo "stare bene insieme" con i pari.

Obiettivi specifici di apprendimento

Obiettivi specifici di apprendimento da privilegiare sono:

- l'esercizio di abilità senso-percettive;
- orientamento nello spazio;
- abilità di motricità fine;
- lo sviluppo di capacità rappresentative a livello di intelligenza preoperatoria;
- l'esercizio della parola-frase e l'attribuzione del nome alle cose;
- l'esercizio di frasi nucleari;
- il riconoscimento di colori e di forme;
- attività ordinative con blocchi logici e regoli del Cuisenaire;
- costruzione dello schema corporeo e rappresentazione mentale del sé.

Tutte le attività sono proposte sotto forma di gioco di gruppo e individuale, secondo i bisogni personali, le curiosità, le motivazioni e gli interessi di ciascun bambino.

Dimensione sperimentale del progetto:

I discorsi e le parole: imparo a leggere

Organizzazione delle attività: metodologia ludica

Fase 1. Nominare le cose:	I bambini riconoscono e nominano gli oggetti dell'aula (si è organizzato un ambiente costruttivista quale sfondo integratore delle attività).
Fase 2. Inventare una storia:	Un topo ha la tana sotto al letto, arriva il gatto e il topo scappa dalla porta che sbatte sul naso del gatto. Il gatto mangia il topo e prende il sole sul letto. I bambini raccontano la storia e nominano personaggi, animali e cose della storia sullo sfondo del fantabosco.
Fase 3. Etichettamento:	I bambini etichettano le figure dei personaggi, degli animali e delle cose dell'ambiente organizzato quale sfondo integratore della storia: la casa, la porta, il topo, il gatto, il fantabosco.
Fase 4. Associazione:	Ogni bambino associa significante (cartellone con la parola) al significato (persona, animale, cosa) iniziando da parole bisillabe, trisillabe, etc. Discrimina e legge venti parole.
Fase 5. Analisi dei suoni:	Si costruisce il treno delle parole: gatto-topo-porta-tana-naso-sole-letto. I bambini tagliano le parole, le scompongono e ricompongono. Scoprono la ricorsività dei suoni e nuove combinazioni significative.
Fase 6. La scoperta delle parole:	I bambini scoprono nuove parole significative e costruiscono il loro libro delle parole. Usano i connettori logici e costruiscono nuove storie.

Obiettivi formativi

Ogni bambino deve dimostrare di assumere comportamenti e atteggiamenti di sicurezza di sé e di autonomia secondo indicatori di identità e di autonomia e descrittori dei relativi comportamenti. Conoscenze, abilità e competenze devono "dar forma" a un nuovo "saper essere" del bambino.

Attività

Il progetto prevede attività di gioco-lavoro costruite sulla drammatizzazione di fiabe e su racconti di storie: i bambini ascoltano fiabe e storie, assistono a proiezioni di cartoni animati, mimano i personaggi, i più grandi raccontano le storie, disegnano i personaggi, gli animali e gli oggetti.
I bambini traducono le azioni e il movimento in suoni e parole, i più grandi attivano dialoghi.

Metodologia

Si prevede l'adozione di una metodologia ludica con l'organizzazione di giochi imitativi, singoli e di gruppo. Viene attivata una metodologia di ricerca-azione per l'esplorazione sensoriale e motoria dell'ambiente.

Materiali

Utilizzo di materiali didattici sensoriali e percettivi (per esempio, blocchi logici, regoli del Cuisenaire, materiali strutturati e non).
Organizzazione di un *setting* per l'apprendimento anche con l'ausilio di supporti tecnologici e multimediali.

Verifica e valutazione

Si prevede il monitoraggio dell'attività iniziale, *in itinere* e finale mediante l'osservazione sistematica dei comportamenti infantili con la redazione di un protocollo quotidiano e mediante la somministrazione di questionari agli operatori scolastici e ai genitori.
La valutazione viene effettuata mediante la costruzione di un sistema di valutazione interno con indicatori di conoscenze, abilità, competenze e con descrittori di comportamenti.

Nella fase di prima accoglienza, il monitoraggio di conoscenze, abilità e capacità potenziali va a delineare il profilo educativo di ciascun bambino. L'osservazione sistematica di comportamenti e atteggiamenti concorre ad evidenziare potenziali di sviluppo ed eventuali problemi.
La valutazione *in itinere* degli esiti formativi del curricolo proposto consente di adeguare in ogni sua fase l'offerta formativa alle esigenze dell'utenza e ai problemi emergenti.
In particolare, viene valutata la qualità totale del progetto anche mediante la stipula di patti convenzionali con l'agenzia di formazione e di valutazione accreditata dal MIUR.
Vengono assunti quali indicatori di qualità del progetto:

- le curve di andamento circa la misura di incremento degli obiettivi specifici di apprendimento di ciascun bambino;
- gli esiti delle verifiche circa il raggiungimento degli obiettivi formativi da parte di ciascun bambino;
- gli esiti dei questionari di gradimento dei genitori;
- gli esiti dei questionari di qualità somministrati ai docenti.

Tempi di svolgimento del progetto

Il progetto ha durata pari a un anno scolastico, con inizio a settembre (......) e durata fino a tutto giugno (......). Il progetto si svolge in orario antimeridiano e pomeridiano, per un totale di otto ore al giorno.

Organizzazione e raccordo con il nido e la scuola dell'infanzia

Il progetto si rivolge a circa n. (......) bambini con rapporto educatore-bambino pari a uno a dieci.
Il progetto è *verticale*, ovvero stabilisce raccordi con l'asilo nido eventualmente esistente nel territorio e con la scuola dell'infanzia per la costruzione di un percorso educativo connotato da continuità di offerta formativa. I raccordi saranno effettuati mediante incontri programmati tra gli operatori delle diverse istituzioni e mediante la costruzione di un progetto educativo condiviso e di una progettazione dell'offerta formativa coerente e in continuità.

Modalità di vigilanza

La vigilanza dei bambini è continua, a cura di personale specializzato per la cura dell'infanzia.

Spazi

La scuola dispone di spazi interni ed esterni adeguati all'accoglienza del numero di bambini previsti dal progetto, autorizzati al funzionamento di servizi per l'infanzia, ben attrezzati, adeguati e idonei sotto il profilo funzionale della sicurezza e dal punto di vista igienico-sanitario.
La scuola è attrezzata con spazi adatti e autorizzati anche per eventuale erogazione di pasti, se richiesta dai genitori.

N.B. Il presente progetto prevede una flessibilità organizzativa nell'orario, secondo le richieste dei genitori, nelle attività educative con la partecipazione dei genitori e nelle organizzazioni educative e didattiche per l'incremento della qualità.

Documentazione e diffusione della sperimentazione

Relazione finale circa l'andamento e gli esiti della sperimentazione. Con la collaborazione dei genitori possono essere realizzati CD che documentino le attività dei bambini.

11.4 Progetto "Teatrando nella scuola dell'infanzia" (per bambini dai tre ai cinque anni)

Descrizione del progetto di teatro nella scuola
Il progetto prevede drammatizzazione di situazioni; simulazione di azioni e di fiabe; uso dei linguaggi mimico-gestuali; l'arte del mimo; dall'espressione gestuale alla parola; produzione teatrale; tecniche di comunicazione, di espressione e di recitazione.
Utilizzo di lavagna luminosa per *input* grafici e narrativi; sviluppo di situazioni dialogiche; invenzione di fiabe.

(segue)

Motivazione dell'intervento (analisi dei bisogni, etc.)
L'utenza presenta particolari motivazioni verso processi di socializzazione più ampia, comprensivi di un iniziale approccio ai sistemi simbolico-culturali. I bambini, già integrati in un contesto familiare e sociale evoluto, manifestano il bisogno di sviluppare a scuola nuove esperienze. Essi dimostrano curiosità per le situazioni complesse e per la comunicazione e la relazione sociale, dimostrano interessi e motivazioni per l'apprendimento del linguaggio verbale e dei linguaggi del corpo. Attraverso il dialogo strutturato, la conversazione guidata e attività organizzate di comunicazione, i bambini imparano a costruirsi un'immagine di sé positiva, acquistano fiducia nelle proprie potenzialità e acquisiscono i valori sociali ed etici. L'intervento è motivato dall'esigenza di offrire agli allievi ulteriori opportunità di sviluppare competenze comunicative e relazionali, di conquistare fiducia nelle proprie capacità potenziali, di costruirsi un'identità socialmente apprezzabile. Il progetto risponde al bisogno di integrazione sociale degli allievi che, stimolati da condizioni sociali ricche di sollecitazioni, sono esposti al rischio di annoiarsi a scuola. Il progetto "Teatrando nella scuola dell'infanzia" prevede anche la partecipazione dei genitori che assumono stili educativi in armonia con il PTOF proposto dalla scuola.

Obiettivi formativi specifici e trasversali
Incrementare le capacità comunicative dei bambini e l'approccio ai diversi campi di esperienza con particolare attenzione ai discorsi, alle parole, al corpo e al movimento. Sviluppare, mediante attività mimiche, competenze nei linguaggi del corpo. Sviluppare le capacità motorie e l'acquisizione del senso dello spazio; affinare, col movimento scenico, la percezione dei rapporti topologici e la rappresentazione mentale del proprio sé. Promuovere capacità di autocontrollo e di gestione autonoma del proprio corpo (postura, motricità, fine, etc.). Sviluppare abilità mimico-gestuali. Tradurre le azioni in linguaggio verbale. Acquisire capacità espressiva. Saper tradurre le idee in parole e, attraverso il linguaggio verbale, saper elaborare le idee e arricchire il pensiero. Sviluppare capacità espressive, riflessive, comunicative. Promuovere, attraverso l'integrazione dei linguaggi, la socializzazione e lo sviluppo di atteggiamenti di prosocialità. Gradevolezza e visibilità delle attività teatrali dovrebbero produrre un incremento dell'interesse e della partecipazione dei bambini ad attività di tipo ludico, piacevoli, stimolanti e non monotone.

(segue)

Risultati attesi
Costruzione di un'identità positiva nei bambini che imparano a comunicare. Incremento della fiducia nel proprio sé e promozione di aspettative positive. Sviluppo di atteggiamenti rivolti alla comunicazione e all'integrazione sociale. Si prevede anche il coinvolgimento dei genitori nelle attività. Potenziare il successo scolastico mediante il rinforzo delle competenze linguistiche e delle capacità comunicative e relazionali. Allestimento di attività teatrali.

Articolazione e contenuti del progetto
Contenuti: laboratorio teatrale centrato sui linguaggi del corpo e sulla produzione orale di dialoghi e fiabe. Gli allievi traducono le azioni e il movimento in situazioni dialogiche e producono oralmente testi teatrali.

Fasi di articolazione	Principali attività previste
Fase di rilevazione della situazione di partenza:	Analisi dei bisogni dei bambini, con materiali prestrutturati e colloqui.
Fase di formazione:	Formazione specifica e motivazione dei bambini verso le attività teatrali in collaborazione con i genitori.
Fase di realizzazione dei percorsi: Scelta di contenuti: Preparazione di materiali scenografici e teatrali:	Selezione di fiabe. Invenzione di storie. Drammatizzazione di esperienze vissute dai bambini. Allestimento del supporto tecnico: laboratorio teatrale e scenografico; supporti tecnologici e multimediali; consulenza e verifica dei percorsi progettati per la loro realizzazione efficace.
Metodologia:	Didattica di laboratorio, ricerca-azione, *peer tutoring*, *cooperative learning*, organizzazione di gruppi di lavoro.
Verifica e valutazione:	Verifica dell'efficacia dell'azione didattica e delle capacità acquisite dai bambini. Verifica *in itinere* e valutazione dei processi di crescita degli allievi nell'apprendimento linguistico. Verifica della conquista di comportamenti comunicativi e prosociali. Utilizzo di tecniche di osservazione sistematica e del colloquio. Valutazione della comunicazione e qualità della relazione genitori-figli.
Documentazione e diffusione:	Spettacoli teatrali e fiabe prodotti dagli allievi, CD.

Tempi di svolgimento del progetto: il progetto ha durata annuale ed, eventualmente, se risulta di particolare efficacia, pluriennale
Organizzazione: il progetto si rivolge a gruppi di cento allievi nell'ambito di sezioni aperte. Vi partecipano tutte le scuole in rete con due incontri settimanali di tre ore in orario extracurricolare.
N.B.: Il presente progetto prevede flessibilità organizzativa nell'orario e nelle attività dei docenti e nelle organizzazioni didattiche per l'incremento della qualità secondo monitoraggi di gradimento da parte delle famiglie.

11.5 Progetto "Laboratorio di lingua e cultura inglese"

Integrato nel PTOF della scuola

Progetto:
Con Pinocchio verso l'Europa

Finalità	• Maturazione dell'identità personale di ciascun bambino in termini di educazione alla comunicazione interculturale; • conquista dell'autonomia nell'educazione alla relazione con l'altro; • sviluppo di competenze comunicative; • sviluppo di competenze relative all'uso della lingua inglese; • trasformare gli obiettivi cognitivi in competenze individuali; • acquisizione di strumenti linguistici per la comunicazione in lingua inglese.
Obiettivi generali	**I. Obiettivi generali:** • valorizzazione delle esperienze comunicative e linguistiche dei bambini; • acquisizione di strutture linguistiche di base per la comunicazione in lingua inglese; • acquisizione di strumenti per la comunicazione immediata: frasi idiomatiche-forme di saluto; • comprensione-produzione orale in lingua inglese: uso della lingua per l'espressione e la comunicazione; • apprendimento a memoria di canzoni, filastrocche, poesie, forme di saluto e di augurio in lingua inglese.

(segue)

Obiettivi specifici di apprendimento	**II. Obiettivi specifici di apprendimento:** • forme elementari di saluto; • uso di brevi frasi idiomatiche; • canzoni; • brevi poesie; • brevi filastrocche; • usi e costumi della cultura e della tradizione inglese. **Attività** organizzazione e simulazione di ***Un viaggio in Europa con Pinocchio***
Obiettivi specifici di apprendimento	**Identità ed autonomia:** • operare scelte personali ed assumersi responsabilità: dialogare in lingua, conoscere e comunicare con coetanei stranieri; • convivenza civile: coesistere, condividere, essere corresponsabili; • acquisire abilità nel saper vivere esperienze di intercultura per la relazione positiva con altri bambini di cultura diversa.
Profilo educativo, culturale e professionale del gruppo	• Il gruppo presenta potenziali di apprendimento congruenti con l'età: i bambini strutturano bene l'espressione in lingua materna; si esprimono, comunicano con vocabolario appropriato; • appartengono a contesti socio-culturali medio-basso; • presentano buoni livelli di socializzazione e capacità di *cooperative learning*.
Contenuti U.d.A. (unità di apprendimento)	Progetto: ***Un viaggio in Europa e con Pinocchio a Londra*** Curricolo verticale (Insieme delle unità di apprendimento): Educazione alla comunicazione in lingua inglese: • all'uso della lingua in situazioni di vita quotidiana; • alla comunicazione in inglese a distanza; • all'uso delle tecnologie multimediali per la comunicazione. Attività: • invenzione di dialoghi e di avventure di viaggio in lingua inglese di Pinocchio; • rappresentare la storia di Pinocchio che fa un viaggio e si ferma a Londra; • sviluppare ricerca-azione su consuetudini-usi-costumi della città di Londra;

(segue)

	• utilizzare e-mail e Internet con videoconferenze su Skype per comunicare con amici in lingua inglese; • simulare dialoghi e scenette in lingua inglese; • comparare culture: scoprire somiglianze e differenze tra le abitudini e gli stili di vita italiani e quelli inglesi.
Metodologie	Metodologie: • *problem posing* e *problem solving*; • ricerca-azione delle avventure di viaggio; • attivazione di lavori di gruppo centrati sul disegno di Pinocchio che fa un viaggio a Londra; • attività di simulazione di situazioni comunicative; • *brainstorming*; • *peer tutoring*; • drammatizzazioni; • la simulazione di un viaggio per l'Europa, destinazione Londra, quale sfondo integratore.
Strumenti e tecnologie	Mezzi, strumenti, tecnologie: • utilizzo di materiali didattici, di metodi strutturati per l'apprendimento della lingua; • utilizzo di materiali multimediali: uso del computer e della lavagna luminosa; • uso di schede, test, etc.; • uso di sussidi strutturati e non.
Verifiche e valutazione	Verifica e valutazione: • questionario d'ingresso; • verifiche delle attività di apprendimento e di ricerca-azione *in itinere*; test, interpretazione del disegno infantile, schede; • verifica circa il grado di avvicinamento a indicatori e descrittori di competenze; • valutazione degli esiti dell'attività di ricerca-azione.

Capitolo Dodicesimo
La progettazione nella scuola primaria

12.1 I progetti

Il curricolo della scuola primaria intende continuare il percorso di crescita e di apprendimento svolto nella scuola dell'infanzia, accompagnando il naturale sviluppo cognitivo, emotivo e affettivo dei bambini. Tale curricolo, pertanto, si connota di attività di gioco-lavoro, di ricerca-azione centrata sulla soluzione di problemi relativi all'ambiente più prossimo ai bambini e alla riflessione su nuclei tematici che sollecitano curiosità, motivazioni e interessi. Il gruppo-classe, pertanto, coeso e collaborativo si interroga su come funzionano fatti e fenomeni del mondo naturale e artificiale, formula ipotesi risolutive, cerca le risposte nei saperi codificati nelle discipline e confronta le proprie credenze e interpretazioni con le conoscenze disciplinari elaborando idee, costruendo inferenze e raggiungendo i traguardi di competenze progettati nel curricolo verticale. Tale verticalità si fonda su una continuità di esperienze e di metodologie, in ambienti altamente costruttivisti, ma anche su livelli di discontinuità congruente con le capacità apprenditive degli allievi: questi ultimi, infatti, devono "inciampare" nei problemi per sollecitare e sviluppare "tensioni attualizzanti" atte a sostenere l'impegno nelle attività.
Nell'ambito del curricolo i progetti attivati sono finalizzati all'acquisizione di obiettivi specifici di apprendimento e tutte le discipline concorrono sui problemi considerati costruendo, nella prospettiva degli allievi, livelli di pensiero interdisciplinare.
Riportiamo qui di seguito esempi vari di progetti attivati nella scuola primaria che vanno a centrare l'attenzione sull'acquisizione di abilità e competenze specifiche che, nell'ambito del curricolo verticale, concorrono all'acquisizione di obiettivi formativi di cittadinanza attiva nelle diverse situazioni della vita scolastica e sociale dell'allievo.
La continuità delle esperienze e la gradualità problematica che vedono l'allievo progredire in un cammino progressivo di crescita di potenziali e capacità, sottendono la verticalità del curricolo.

12.2 Laboratorio di informatica

Progetto:
Con Pinocchio verso l'Europa... Virtualmente

Problema: Organizzo un viaggio in Europa con… Pinocchio

Obiettivi	**I. Obiettivi generali:** • acquisizione di metodologie di *top-down*; • acquisizione di procedure; • comprensione-gestione di linguaggi multimediali; • conoscenza dei linguaggi informatici; • uso della grafica ad un primo livello.
	II. Obiettivi specifici di apprendimento: • livelli essenziali di prestazione: conoscenza e uso della tastiera; • conoscenze e abilità riferite all'uso dei programmi informatici (microsoft word, power point, clip art, logo, etc.); • ricerca in Internet; • sviluppo di capacità grafiche; • osservazione-riproduzione di ambienti; • orientamento nello spazio-caratteri topologici.
	III. Contenuti: • la fiaba di Pinocchio quale sfondo integratore: Pinocchio viaggia in Europa; • costruisco la mappa dei luoghi. Incontro altri personaggi che si esprimono in lingue diverse. Osservo paesaggi diversi, usi e costumi dei luoghi visitati; • utilizzo dei programmi informatici nei diversi formati: word, power point. Navigare in Internet. Utilizzo della clip art e della grafica; • linguaggi multimediali integrati. **Unità di apprendimento:** (per trasformare gli obiettivi in competenze individuali) • conosco la tastiera; • disegno con il logo e costruisco il Pinocchio burattino; • seguo procedure; • invento moduli; • scrivo in word; • disegno con clip art; • ricerco in Internet; • compongo, al computer, schede di ricerca; • adotto linguaggi multimediali integrati.

(segue)

Metodologie	**Metodologie:** • *focus group* sulle risorse tecnologiche e sui linguaggi multimediali; • *focus group* sulle vicende di Pinocchio; • attivazione di lavori di gruppo centrati sull'uso dei linguaggi multimediali; • adozione di procedure informatiche del *top-down*; • *brainstorming*; • ricerca-azione; • simulazioni; • mappe concettuali (modello di Novak); • diagramma a V (modello di Gowin). **Mezzi, strumenti, tecnologie:** • utilizzo di materiali didattici, di lucidi per lavagna luminosa; • utilizzo di materiali multimediali: uso del computer e del proiettore. Uso della lavagna luminosa. Utilizzo del videoregistratore e della telecamera; • uso di schede, questionari, test, etc. **Verifica e valutazione:** • questionario d'ingresso; • verifiche delle attività di apprendimento e di ricerca-azione *in itinere*, test, questionari, schede; • verifica circa il grado di avvicinamento a indicatori e descrittori di competenze; • valutazione degli esiti dell'attività di ricerca-azione; • questionario di gradimento.
	OSSERVAZIONI: Gioco, imparo e mi diverto

12.3 Progetto "Laboratorio di cittadinanza attiva"

Interventi formativi contro la dispersione scolastica e il disagio giovanile

Strategie di intervento nel quadro delle riforme del sistema scolastico.
La scuola integrata nel territorio.

Percorso formativo

"Dispersione scolastica, prevenzione e trattamento del disagio: percorsi di ricerca e costruzione di modelli di cittadinanza attiva"

PREMESSA

Nel mondo giovanile il disagio è una componente assai frequente, capace di condizionare in modi a volte anche pesanti la vita di ogni giorno.
La delinquenza, le tossicodipendenze, le devianze violente e distruttive, le azioni di inciviltà più clamorose sono tutte espressioni forti di un equilibrio frantumato, che preoccupano educatori e genitori.
Bullismo e violenza, aggressività e disagio non sono più fenomeni esclusivi di soggetti provenienti da un ambiente socio-culturale povero, ma purtroppo sono fenomeni trasversali all'intera popolazione giovanile e, per questo motivo e diffusione, sono fenomeni ancora più pericolosi perché non circoscritti e non più ascrivibili, e perciò circoscrivibili, a una particolare categoria di persone.
Recuperare i luoghi della crescita nel loro ruolo di comunità educanti, riportare la famiglia, la scuola e il territorio a luoghi di protezione dei giovani, vuol dire intervenire direttamente nel problema, porsi in una situazione critica e porsi l'obiettivo di una rivisitazione dei modelli educativi, formativi e relazionali.
Il modello d'intervento formativo che ci si propone è un modulo innovativo di formazione integrata degli allievi nel territorio.
La scuola costituisce un fondamentale contesto di crescita per il bambino e tra le sue finalità primarie, accanto all'istruire, vi è principalmente l'educare e il favorire il processo armonico di sviluppo dell'allievo come persona.
Il fenomeno del disagio costringe a ripensare il ruolo della scuola come luogo di prevenzione e recupero, sollecitandola ad attivarsi per migliorare la qualità della sua offerta formativa e la necessità, per essere veramente efficace, di produrre un intervento di "contesto".
La problematica che vivono alcuni allievi nella relazione didattica con i docenti, e che nasce dal disagio personale, da svantaggio esistenziale, da malessere adolescenziale, può essere superata non solo con l'acquisizione di competenze utili ad accogliere e a comprendere la complessa realtà umana dei ragazzi e quindi a sviluppare negli stessi la capacità di gestire relazioni tra emozioni, conoscenze ed azioni, ma anche con la messa in discussione dei propri modelli educativi, formativi e relazionali.

Il progetto che si intende realizzare prevede interventi legati al contrasto dei fenomeni di depressione e quelli volti allo sviluppo di comportamenti e stili di vita corretti.
Ciò al fine di contrastare il fenomeno dell'insuccesso scolastico e del frequente e conseguente abbandono che, spesso, è il segnale di una condizione di disagio giovanile e di demotivazione non solo all'apprendimento, ma anche e soprattutto alla partecipazione consapevole alla vita sociale e relazionale.
Il comportamento continuamente oscillante tra esaltazione e depressione è una situazione di disagio che colpisce il preadolescente, ma quando questo comportamento è invece un campanello d'allarme di una "devianza", di un disagio ben più profondo?
Appare opportuno quindi che gli allievi imparino a comunicare, trovando momenti di dialogo, come occasioni importanti in cui entrare in stretto contatto con compagni e docenti, e modulando sempre i comportamenti sul rispetto dell'altro.
In questa prospettiva, è importante che ciascun allievo rifletta sulle proprie modalità comunicative e relazionali adottate in classe, considerando che uno stile comunicavo aperto e flessibile, oltre a creare un clima di classe positivo, si associa a una maggiore sensibilità nei confronti delle relazioni amicali e sociali.
Una simile riflessione sul proprio stile comportamentale richiede certamente all'allievo di mettersi continuamente in gioco e di ridiscutere di volta in volta le proprie modalità relazionali, che egli ha strutturato nel corso della propria crescita. È una scelta coraggiosa e faticosa, che tuttavia consente all'alunno di diventare realmente un cittadino dei diversi contesti di appartenenza e di vita, attuando un significativo percorso di crescita cognitiva, affettiva e sociale.

Destinatari

Allievi di scuola primaria, secondaria di 1° grado.
Cinquanta ore di formazione in presenza in orario extracurricolare.

Finalità e obiettivi prioritari

Le finalità del percorso formativo sono da ricercare nella costruzione di un insieme stabile di relazioni all'interno del sistema scuola che, attraverso strategie didattiche e operative, sia in gra-

do di porre in atto un'azione di prevenzione e intervento della dispersione scolastica e delle devianze comportamentali.
Il corso intende fornire agli allievi competenze utili a "leggere" le dinamiche che sottendono un fenomeno complesso e articolato quale quello del malessere personale e delle relazioni sociali a rischio.
Il progetto formativo dovrebbe, quindi, delinearsi su tre direttrici:

a) analisi e studio delle cause e variabili (individuali, familiari, socio-economiche, culturali, etc.) delle situazioni dei singoli allievi;
b) predisposizione di strumenti per l'individuazione precoce delle situazioni a "rischio";
c) ricerca e applicazione di modelli di intervento e strategie didattiche con l'alunno a "rischio".
d) attivazione di un laboratorio di cittadinanza attiva che segua metodologie di *cooperative learning* e di *peer tutoring*.

Organizzazione

Accoglienza:

Analisi dei bisogni formativi e delle aspettative:

- *brainstorming*;
- *circle time*;
- colloquio clinico.

Problema: a volte alcuni compagni sono aggressivi e manifestano atteggiamenti da bulli. Perché? Che cosa fare?
Progetto: adottiamo un compagno che presenta problemi nel comportamento. Andiamo a documentarci sul problema e scopriamo modalità relazionali per l'inclusione sociale e la cittadinanza attiva.

Contratto formativo con i partecipanti

Costituzione di gruppi di allievi:

Lavori di gruppo animati e condotti da docenti esperti finalizzati:

- alle riflessioni sui temi della cittadinanza attiva;
- alla socializzazione e comunicazione delle esperienze;
- alla progettazione di attività di *peer tutoring* di compagni più giovani;

- all'analisi di casi di bullismo, malessere, disagio, demotivazione alla frequenza scolastica;
- al confronto, in ordine ai diversi ruoli agiti nella relazione interpersonale, tra ragazzi, nella comunicazione e nella relazione.

Obiettivi formativi

- La scuola come luogo di conoscenza e dialogo: attivare strategie operative condivise, concertate, sincronizzate da parte di tutti gli allievi.
- Riflessione e discussione su problematiche relative al disagio giovanile e all'educazione alla cittadinanza.
- Analisi dei modelli comportamentali, formativi e relazionali e degli atteggiamenti di disponibilità al dialogo da parte degli allievi e alle relazioni in famiglia e a scuola.
- Sviluppare competenze in merito ai diritti umani, civili e alla cittadinanza. Come vivere nella legalità e nella pratica democratica.
- Ricercare percorsi e interventi di prevenzione del disagio. Sviluppare e consolidare atteggiamenti e stili comportamentali per la promozione dell'identità e dell'appartenenza.

Obiettivi affettivo-relazionali

- Acquisire la capacità di lavorare per obiettivi condivisi dal gruppo dei pari.
- Acquisire la capacità di lavorare in gruppo.
- Acquisire la capacità di relazionarsi con gli altri e con l'ambiente.
- Potenziare le proprie abilità comunicative e relazionali.

Contenuti e tematiche-obiettivi specifici di apprendimento

Le tematiche di seguito elencate intendono essere indicative per la progettazione dei singoli percorsi formativi ipotizzati e da concordare con i destinatari all'atto del contratto formativo:

- la comunicazione tra gli allievi;
- le problematiche nel contesto familiare e scolastico e le situazioni di disagio o rischio;
- atteggiamenti per favorire l'unità del gruppo-classe e lo sviluppo delle capacità di discussione assembleare;
- la relazione di amicizia, la relazione di innamoramento e la relazione con gli adulti;

- i rapporti con i genitori, il comportamento in famiglia, le regole di civile convivenza;
- problematiche adolescenziali e dinamiche di gruppo;
- prevenzione di violenze e atteggiamenti asociali, nonché delle tossicodipendenze;
- educazione alimentare ed educazione sessuale;
- conoscenza dei soggetti istituzionali che operano nel territorio, dei servizi offerti, delle "carte dei servizi", dei diritti degli utenti, con particolare riguardo al servizio scuola e all'assistenza all'infanzia e all'adolescenza;
- studio e riconoscimento della realtà socio-culturale del territorio al fine di individuare le situazioni fonti di rischio per ciascun allievo, identificare i problemi, avanzare ipotesi per affrontarli con sufficiente possibilità di successo;
- utilizzazione di tecniche e strumenti idonei alla soluzione di problematiche:
  - la realizzazione di un progetto di *peer tutoring* nei confronti di compagni più giovani: organizzazione di attività sportive e di orientamento dei compagni a rischio per una cittadinanza attiva nei diversi contesti di vita;
  - attività di *cooperative learning* e di *peer tutoring* e personalizzazione dei processi di sviluppo all'interno del curricolo.

Metodologie

- *Input* del *brainstorming* sulle problematiche della demotivazione alla frequenza della scuola e del disagio giovanile.
- Attivazione di lavori di gruppo centrati su problemi della cittadinanza attiva.
- Attività di studio e ricerca anche mediante simulazione.
- *Brainstorming*.
- Ricerca-azione.
- Studio di casi.
- *Circle time*.
- Mappe concettuali (modello di Novak).
- Diagramma a V per la costruzione di unità di apprendimento (modello di Gowin) nell'ambito del curricolo verticale di storia e di studi sociali.
- Attività mediante l'utilizzo delle TIC finalizzate all'inclusione nei processi sociali, alla relazione e alla comunicazione.

- Ricerca e analisi di documenti sui diritti dell'infanzia, sui diritti umani e protezione delle fasce sociali deboli.
- Produzione di un CD a cura degli allievi per documentare e pubblicizzare l'esperienza.

Mezzi, strumenti, tecnologie

- Utilizzo di materiali didattici, schede, questionari, modelli operativi.
- Utilizzo di materiali multimediali: uso del computer e del videoproiettore.
- Uso di schede, questionari, test, etc.

Valutazione e monitoraggio

Il progetto prevede modalità di monitoraggio, di verifica e di autovalutazione circa l'efficacia dell'intervento formativo, con strumenti predisposti:

- questionario d'ingresso;
- schede dei problemi e delle aspettative;
- questionari di verifica e valutazione delle attività di apprendimento di conoscenze curricolari di cittadinanza e costituzione, test, schede;
- ricerca di indicatori e descrittori degli atteggiamenti;
- valutazione degli esiti dell'attività di formazione di modelli di cittadinanza attiva;
- questionari di rilevazione del grado di soddisfazione degli allievi e dei genitori;
- valutazione della ricaduta del progetto nel territorio.

Parametri generali di riferimento
• Possesso dei dati e delle abilità previste dagli obiettivi • Possesso di un metodo di ricerca-azione • Capacità di rielaborazione e di giudizio delle conoscenze • Acquisizione di competenze relative alla legalità e alla cittadinanza attiva • Sviluppo degli atteggiamenti di prosocialità
Graduazione della valutazione nelle singole verifiche

(segue)

Ulteriori parametri per la valutazione finale
• Evoluzione delle abilità/competenze personali rispetto alla situazione di partenza (ritmo e tipo) • Comportamenti: – assiduità, – interesse, – partecipazione, – assertività, – disponibilità e modalità dei rapporti di comunicazione e di relazione, – interessi/esperienze emersi, – grado di autonomia nella gestione delle attività. • Possesso delle competenze e delle abilità comunicative, relazionali ed organizzative indispensabili per "saper essere" cittadino del gruppo, della classe, della scuola, della famiglia, del territorio, dell'Europa e del mondo. • Promozione di stili comportamentali adeguati alla prevenzione e superamento del disagio giovanile. Attività di monitoraggio, di verifica e di valutazione dei risultati con la consulenza di esperti.

12.4 Progetto "Viaggio intorno al piatto"

Nell'organizzare il curricolo verticale, i diversi progetti possono essere declinati in unità di apprendimento-lavoro nell'ambito delle quali andiamo a organizzare la lezione. A tal fine, si propone di seguito un esempio per la costruzione di unità di apprendimento.

Unità di apprendimento n. ......

Dati identificativi
Titolo
Destinari
Insegnanti impegnati nell'U.d.A. (materia/disciplina)

Articolazione dell'unità di apprendimento

Situazione formativa
Riferimento ai documenti

- PECUP (profilo educativo culturale e professionale) del gruppo e di ciascun allievo
- Obiettivi Generali Formativi Personalizzati (OGFP) per ciascun allievo
- Obiettivi Specifici di Apprendimento (OSA) disciplinari
- Obiettivi Formativi Personalizzati (OFP) per ciascun allievo
- Competenze e standard in uscita per il gruppo e per ciascun allievo

Organizzazione didattica

- Operatività del docente e operatività dei gruppi e di ciascun allievo
- Sussidi e supporti didattici
- Durata dell'U.d.A. e delle singole fasi
- Collocazione dell'U.d.A. nell'orario annuale obbligatorio (891 ore annuali) e/o nell'orario aggiuntivo articolato annuale (99 ore nella scuola primaria e 198 ore nella scuola secondaria di 1° grado)
- Eventuali soluzioni organizzative da predisporre

Accertamento delle competenze e controllo dei processi di insegnamento/apprendimento

- Tempi, strumenti e modalità di verifica degli apprendimenti
- Tempi, strumenti e modalità di controllo della tenuta dei processi di insegnamento/apprendimento
- Tempi, strumenti e modalità di valutazione/certificazione delle competenze acquisite
- Modalità di documentazione dei processi di insegnamento/apprendimento e dei risultati

Questo esempio organizzativo dell'unità di apprendimento è stato utilizzato nello svolgimento del seguente progetto:

Titolo: "Viaggio intorno al piatto"

Il problema che gli allievi hanno considerato importante riguarda la salute e l'alimentazione: perché si ingrassa? Come crescere sani?

Destinari:

Alunni di 5° anno scuola primaria.

Insegnamenti coinvolti nell'U.d.A.:

- educazione alla convivenza civile;
- educazione alimentare;
- educazione alla salute.

Enti esterni:

- ASL, dietologo, psicologo;
- responsabili ristorazione collettiva.

Articolazione dell'unità di apprendimento

Situazione formativa di partenza:

- errati comportamenti alimentari;
- diverse origini geografiche;
- scarse conoscenze dei prodotti alimentari e delle tradizioni locali;
- segnalazione da parte dell'ASL di problemi legati all'alimentazione.

Riferimento ai documenti

PECUP:

- esprimere un personale modo di essere e proporlo agli altri;
- interagire con l'ambiente naturale e sociale che lo circonda, e influenzarlo positivamente;
- risolvere i problemi che di volta in volta incontra;
- riflettere su se stesso e gestire il proprio processo di crescita, anche chiedendo aiuto, quando occorre.

Strumenti culturali:

- L'allievo adopera, per esprimersi e comunicare con gli altri, anche codici diversi dalla parola, come la fotografia, il cinema, Internet, il teatro, ecc. Ne comprende quindi il valore, il senso e, in maniera almeno elementare, le tecniche. Così come sa leggere un'opera d'arte.
- È consapevole della necessità di alimentarsi secondo criteri rispettosi delle esigenze fisiologiche, in modo non stereotipato né conformato ai modelli culturali, che rispondono più alle logiche del consumo e del commercio che a quelle della salute; conosce i rischi connessi a comportamenti disordinati (uso di sostanze aggiuntive alla normale alimentazione, uso/abuso di alcol, fumo, droghe o alterazioni fisiologiche dei ritmi sonno-veglia) e cerca responsabilmente di evitarli.

Obiettivi generali formativi personalizzati

Questa unità di apprendimento contribuisce a:

- prevenire i disagi e recuperare gli svantaggi;
- proporre, in accordo con le famiglie, scelte il più possibile condivise dagli altri soggetti educativi nell'extrascuola (enti locali, formazioni sociali, comunità religiose);

- aiutare l'allievo ad acquisire una immagine sempre più chiara ed approfondita della realtà sociale, a riconoscere le attività tecniche con cui l'uomo provvede alla propria sopravvivenza e trasforma le proprie condizioni di vita, a comprendere il rapporto che intercorre fra le vicende storiche ed economiche.

Compito unitario per gli allievi della classe

- Accedere alla mensa scolastica, intervistando il cuoco.
- Preparare e compilare una scheda che raccolga le abitudini alimentari familiari.
- Accedere ai servizi socio-sanitari, incontrando un medico che si occupa di disturbi alimentari.

Prodotto da garantire al termine dell'unità di apprendimento

- Mostra grafica e fotografica.
- Realizzazione di un ricettario con esempi di semplici preparazioni provate a scuola.

Obiettivi specifici di apprendimento

Nella realizzazione dell'unità di apprendimento sono coinvolti gli insegnanti di:

- Italiano:
  - strategie di utilizzo degli elementi produttivi di testi orali e scritti;
  - tecniche e strategie per argomentare e scrivere testi di tipo diverso a seconda delle richieste e situazioni;
  - organizzare testi mono-pluri tematici articolati anche in forma multimediale.
- Geografia:
  - analizzare i più significativi temi (antropici, economici, ecologici, storici) utilizzando fonti varie;
  - operare confronti tra realtà territoriali diverse.
- Tecnologia/Informatica:
  - usare strumenti di grafica;
  - uso di un programma di videoscrittura, impaginazione;
  - utilizzare programmi specifici per presentazioni e comunicazioni di idee, contenuti, immagini, ecc.;

- utilizzare le risorse reperibili sia in Internet sia negli archivi locali;
- individuato un bisogno, realizzare il modello di un sistema operativo per soddisfarlo, seguendo la procedura;
- progettare e realizzare pannelli didattici efficaci alla comunicazione sociale.

> Arte e immagine:

- utilizzare criticamente immagini di diverso tipo; riconoscere e visualizzare le metafore visive, cogliendo il valore simbolico di oggetti, animali, paesaggi; individuare e classificare simboli e metafore utilizzate nel campo dell'arte e della pubblicità;
- leggere e interpretare i contenuti di messaggi visivi rapportandoli ai contesti in cui sono stati prodotti;
- il rapporto immagine-comunicazione nel testo visivo e narrativo.

> Scienze:

- concetti di *habitat*, popolazione, catena e rete alimentare;
- attraverso esempi della vita pratica illustrare la complessità del funzionamento del corpo umano nelle sue varie attività (nutrimento, movimento, respirazione, etc.);
- raccogliere informazioni sulle catene alimentari in ambienti noti.

> Educazione alla convivenza civile:

- adottare comportamenti corretti e responsabili nelle varie situazioni di vita;
- esercitare la responsabilità personale in attività che richiedano assunzione di compito.

> Educazione alla salute:

- adottare comportamenti sani e corretti;
- esercitare la responsabilità personale in attività che richiedano assunzione di compiti;
- collaborare con esperti alla realizzazione di progetti comuni di prevenzione.

> Educazione alimentare:

- riconoscere in situazioni concrete gli effetti del rapporto alimentazione-benessere-realizzazione personale;
- distinguere gli alimenti in relazione alla loro densità calorica;
- consultare regolarmente le etichette dei cibi e le informazioni nutrizionali;

- operare una corretta distribuzione dei pasti nell'arco della giornata in relazione alla propria attività;
- predisporre menu equilibrati, anche attraverso laboratori di cucina;
- cucinare usando tecnologie e metodi diversi, contestualizzati anche alle tappe storiche più importanti della tecnologia alimentare;
- organizzare la comunicazione per un incontro tra esperti, ragazzi e famiglie sull'educazione alimentare;
- essere consapevole del problema alimentare nel mondo e contribuire, nei propri limiti personali, a risolverlo con opportune iniziative e con adeguati comportamenti.

Obiettivi formativi personalizzati (OFP)

L'unità di apprendimento conduce l'allievo/a a:

- stabilire contatti con referenti dei servizi socio-sanitari;
- leggere per cercare informazioni;
- stabilire criteri per selezionare le informazioni;
- rielaborare i dati;
- documentare;
- utilizzare strumenti e linguaggi specifici a seconda delle *performance* didattiche;
- rispettare gli standard del prodotto, considerando i vincoli.

Obiettivi formativi, competenze e standard in uscita

- Saper essere persone attente alla prevenzione dei problemi derivanti da errori dell'alimentazione e saper avere cura del proprio corpo.
- Diventare consapevoli della propria identità (usi, costumi, abitudini alimentari) storicamente determinata.
- Saper essere cittadini del mondo e orientarsi nelle diverse culture, confrontando risorse economiche e alimentari.
- Trasferire conoscenze e abilità nei diversi contesti e situazioni di vita sociale.

Organizzazione didattica

- Operatività del docente e operatività dell'allievo.
- Sussidi e supporti didattici.

- Durata dell'U.d.A. e delle singole fasi.
- Collocazione dell'U.d.A. nell'orario annuale obbligatorio e/o nell'orario aggiuntivo articolato annuale.
- Eventuali soluzioni organizzative da predisporre.

L'unità di apprendimento è stata realizzata all'interno del gruppo-classe con diverse attività, molte delle quali prevalentemente laboratoriali, anche in situazione di compresenza di più docenti nel momento di incontro con gli esperti esterni, invitati a dare ulteriori contributi.
I docenti, sulla base del progetto, hanno presentato e condiviso con gli allievi l'impianto operativo e metodologico del percorso didattico-conoscitivo atto ad acquisire informazioni e conoscenze sulla "ruralità" del proprio territorio e sulle dinamiche produttive che conducono alla preparazione degli alimenti.
Fondamentale per l'organizzazione di tutta l'unità e per far assumere responsabilità, è stato il momento del contratto formativo.
La classe è stata divisa in gruppi eterogenei.
Gli allievi hanno proposto un'intervista/questionario ai compagni di scuola delle altre classi.
Sono stati organizzati:

- incontro con medico alimentarista;
- incontro con dietologo della mensa scolastica;
- visita alla mensa scolastica.

Accertamento delle competenze e controllo dei processi di insegnamento/apprendimento

- Tempi, strumenti e modalità di verifica degli apprendimenti.
- Tempi, strumenti e modalità di controllo/tenuta dei processi di insegnamento/apprendimento.
- Tempi, strumenti e modalità di valutazione/eventuale certificazione delle competenze acquisite.
- Eventuali modalità di documentazione dei processi di insegnamento/apprendimento e dei risultati.

Per ogni fase sono stati definiti i "prodotti" intermedi, utilizzati come indicatori di livello degli apprendimenti degli allievi.
Inoltre, altre forme di verifica sono:

- relazioni intermedie;
- rendicontazioni/colloqui sugli specifici contenuti disciplinari;
- esercitazioni sull'uso delle tecniche e degli strumenti relativi alla produzione di una comunicazione. Pannelli didattici per la mostra destinata al territorio.

12.5 Progetto "Scenografia di una pièce teatrale"

DISCIPLINA: Matematica - Teatro

PROBLEMA
Sceneggiamo una storia e costruiamo sfondi teatrali: un progetto di architettura di interni

ANNO SCOLASTICO: ....

DESTINATARI:
classi

DOCENTI:

PECUP del gruppo:
Potenziali: ....
....

Identità: ....
....

Conoscenze - Abilità - Competenze: ....
....

Obiettivi generali del processo formativo

- Dal mondo delle categorie empiriche al mondo delle categorie formali.
- Dalle esperienze personali ai valori e alla cultura del teatro: sviluppo della comunicazione e delle capacità critiche.
- Sviluppo di un pensiero logico-matematico.

Obiettivi specifici di apprendimento

Conoscenze	Abilità
• Elementi delle rilevazioni statistiche. • Statistica, modalità qualitative e quantitative di misura, tabelle di frequenze, rappresentazioni grafiche. • Previsioni e percentuali. Frequenze. • Situazioni certe o incerte. • Qualificazione delle situazioni incerte. • Algoritmi. • Procedure. • Proporzioni tra elementi.	• Porsi delle domande su indici di gradimento del genere teatrale da sceneggiare e fare previsioni. • Raccogliere dati relativi a un indicatore selezionato e quantificato. • Classificare tali dati secondo adatte modalità. • Rappresentare i dati nelle tabelle di frequenze o mediante rappresentazioni grafiche adeguate alla tipologia del progetto.

Ipotesi di obiettivo formativo

- Saper progettare e riprodurre graficamente gli ambienti.
- Saper applicare ad ogni realtà logiche di misura.
- Saper rappresentare, interpretare e "pensare" i contesti delle storie e gli ambienti di vita in termini logico-matematici.

Contratto formativo

- Gli allievi scelgono la storia da sceneggiare e rappresentare, codecidono le scene e gli sfondi.

Problema
Elaborazione di un progetto: disegno e plastico della "Scenografia di una pièce teatrale"

La casa: gli interni
- rilievo della propria abitazione con attrezzi misurativi e metro;
- realizzazione di bozza di rilievo eseguita su cartoncino: misura-forme geometriche- misura delle aree- perimetri-volumi;
- studio degli ambienti funzionali e dei percorsi interni:
  - studio dello spazio scenico quale punto primario di collegamento degli ambienti,
  - studio della posizione degli ambienti in rapporto alla trama della storia da rappresentare e agli spazi disponibili nel teatro,

- analisi e divisione degli ambienti e degli sfondi scenici nello sviluppo della storia,
- collocazione plastica e disegno del progetto: studio delle volumetrie.
• Impostazione dell'arredamento.

Analisi dei materiali: murature in polistirolo, pavimenti, rivestimenti delle scene, uso dei colori, proporzioni ed elementi di chimica nelle mescolanze di colori e solventi.

Misura e realizzazione della scenografia

Metodologie

- Apprendimento cooperativo.
- Ricerca-azione.
- Osservazione sistematica.
- Colloquio.
- *Brainstorming.*

Tempi

- Primo quadrimestre.

Contenuti

- Costruire la scenografia di una pièce teatrale.
- Progettare ambienti e scenografie.
- Redigere quadri previsionali di gradimento dello spettacolo teatrale.

Attività

- Raccogliere dati relativi a modalità di progettazione.
- Rappresentare i dati mediante istogrammi e ideogrammi.
- Leggere e interpretare grafici.
- Misurare forme e ambienti e rappresentarli mediante i linguaggi matematici.
- Ricercare informazioni e dati in Internet.

Soluzioni organizzative

- La classe si divide in gruppi.
- Ogni gruppo sviluppa una parte del progetto comune (lavora su compito condiviso).

- Si organizzano tempi di intergruppo nei quali ogni allievo referente di gruppo socializza le attività svolte.
- Si realizza quanto progettato.

Spazi

- Aula.
- Laboratori.
- Teatro.

Strumenti

- Computer, tabelle, ideogrammi.
- Materiali di facile consumo.

Valutazione

- Monitoraggio delle attività *in itinere*.
- Valutazione iniziale, *in itinere*, finale.
- Utilizzo di griglia di verifica delle conoscenze/abilità.
- Utilizzo di griglia di valutazione delle competenze.
- Utilizzo di rubriche di valutazione.

12.6 Progetto "Laboratorio di lingua italiana e comunicazione"

Problema
Come comunicare in modo chiaro e corretto? Come comunicare a distanza in modo efficace? Come esprimere sentimenti e sensazioni? Redazione di un giornale.

Destinatari

- Allievi della scuola primaria e secondaria di primo grado.

Durata

- Trenta ore.

Motivazione dell'intervento

- Necessità di valorizzare la centralità della competenza linguistica come elemento trasversale e transdisciplinare all'interno del sistema di istruzione e di formazione.
- Necessità di fornire agli studenti strumenti cognitivi per adeguati livelli di cittadinanza linguistica, comunicativa e culturale.

Finalità e obiettivi generali

- Approfondire e tradurre in espressioni linguistiche corrette le maggiori attività di comunicazione e di espressione relative all'evoluzione della lingua e dei sistemi di comunicazione.

Obiettivi

- Sviluppo di competenze relative all'uso corretto della lingua italiana orale e scritta quale mezzo di espressione e di comunicazione.
- Analisi della comunicazione: emittente-codice-canale comunicativo-ricevente.
- Analisi dei fenomeni linguistici e testuali.
- Analisi delle funzioni e strutture della lingua.
- Tecniche per lo sviluppo del linguaggio e del pensiero.
- Attivazione di moduli di apprendimento della lingua italiana centrati su compito.
- Saper applicare le tecnologie informatiche all'uso della lingua italiana.
- Saper costruire un giornale.

Primo Modulo

Accoglienza

- Questionario di ingresso.
- *Brainstorming* con gli allevi interessati.
- *Circle time.*
- Colloquio clinico.
- Contratto formativo.

Secondo Modulo

Attività di laboratorio

- Redazione di un giornale

Contenuti specifici disciplinari: obiettivi specifici di apprendimento

- Analisi della comunicazione: emittente-codice-canale comunicativo-ricevente.
- Analisi dei fenomeni linguistici e testuali.
- Analisi delle funzioni e strutture della lingua.
- Attivazione di unità di apprendimento comprensive di:
  - tecniche di ascolto/tecniche di produzione;
  - dinamiche di gruppo per l'espressione e per la comunicazione;
  - metodologie e tecniche per lo sviluppo/approfondimento della lettura e della scrittura;
  - analisi del testo/comprensione del testo/produzione del testo;
  - costruzione del testo (espansioni, diagrammi di flusso, etc.);
  - tecniche di composizione dei diversi testi;
  - analisi delle funzioni della lingua nei diversi testi;
  - redazione di un giornale/articolo/copione etc.;
  - metodologie e tecniche di riflessione sulla lingua (morfologia, riflessioni grammaticali e sintattiche);
  - metodologie e tecniche d'uso della lingua italiana nei diversi ambiti disciplinari e nei diversi tipi di testo (letteratura, poesia, saggistica, etc.);
  - metodologie e tecniche di comparazione tra lingua italiana e lingua europea studiata.
- Confronto tra lingue diverse.
- Selezione di forme di comunicazione adeguate ai diversi contesti.
- Legami tra lingua, storia e cultura, anche in dimensione interculturale.
- Le tecnologie informatiche nella didattica dell'italiano.

Metodologia

- *Brainstorming.*
- Osservazione.

- Ricerca-azione.
- Mappe concettuali (modello di Novak).
- Diagramma a V (modello di Gowin).

Modello di formazione flessibile e integrato.

Attività di gruppo, intergruppo, *cooperative learning, peer tutoring* nella redazione di un giornale.

Mezzi, strumenti, tecnologie

- Utilizzo di materiali didattici, di schede, di rubriche di autovalutazione.
- Utilizzo di materiali multimediali: uso del computer e del videoproiettore.
- Uso di schede, questionari, test, etc.

Verifica e valutazione

- Questionario d'ingresso.
- Verifiche delle attività di ricerca *in itinere*, test, questionari, schede.
- Ricerca di indicatori e descrittori degli atteggiamenti.
- Valutazione degli esiti dell'attività.
- Questionario di gradimento.
- Valutazione della produzione.

Valutazione del risultato

Parametri generali di riferimento
• Possesso dei dati e delle abilità previste dagli obiettivi • Possesso di un metodo di ricerca-azione • Capacità di rielaborazione e di giudizio delle conoscenze
Graduazione della valutazione nelle singole verifiche

Ulteriori parametri per la valutazione finale
• Evoluzione delle abilità/competenze rispetto alla situazione di partenza (ritmo e tipo) • Comportamenti: – assiduità, – interesse, – partecipazione, – assertività, – disponibilità e modalità dei rapporti con i pari, – interessi/esperienze emersi, – grado di autonomia nella gestione delle attività • Possesso delle competenze e delle abilità comunicative, relazionali ed organizzative indispensabili per attivare una cittadinanza linguistica.
Attività di monitoraggio, di verifica, di valutazione e di certificazione delle competenze.

12.7 Progetto “Uso la matematica”

Motivazione del laboratorio

Dati i risultati della ricerca PISA-OCSE circa gli apprendimenti della matematica da parte dei nostri allievi, si rende necessario un aggancio della didattica della matematica con il vissuto quotidiano degli allievi mediante una rivisitazione degli aspetti epistemologici e metodologici della disciplina, che nulla hanno a che vedere con quelle lungaggini di calcoli, spesso sterili e incomprensibili per la maggior parte degli studenti.

Anche gli alunni che posseggono tante nozioni matematiche spesso non comprendono come sono organizzate e come usarle per risolvere problemi.

La matematica è creativa, perché abitua la mente a formulare ipotesi e a generare corrette deduzioni e occorre far cogliere ciò ai nostri allievi, affinché essi la vivano come un ausilio indispensabile per orientarsi nella vita e formulare ragionamenti corretti, che scaturiscano da ipotesi plausibili, delle quali si è in grado di valutare il grado di attendibilità.

Ecco perché una didattica di laboratorio nell’apprendimento della matematica.

Destinatari

- Allievi di scuola primaria e secondaria di 1° grado. I laboratori vengono modulati secondo lo sviluppo cognitivo degli allievi nell'ambito del curricolo verticale.

Obiettivi generali del laboratorio di apprendimento della matematica

Promuovere, negli allievi, dimensioni operative efficaci per una formazione logica e procedurale del pensiero:

- promuovere lo sviluppo delle capacità logico-deduttive, di astrazione, di cogliere analogie e differenze, di risolvere problemi, cioè di "matematizzare" la realtà;
- conoscere criticamente i concetti matematici e operare con essi per porre e risolvere problemi relativi agli aspetti strutturali della disciplina e alle sue diverse applicazioni;
- comprendere il ruolo che il linguaggio matematico ricopre in quanto strumento essenziale per descrivere, comunicare, formalizzare, dominare i campi del sapere scientifico e tecnologico;
- conoscere il procedimento di modellizzazione che porta alla costruzione degli strumenti matematici e inquadrarli nel più generale processo di conoscenza e razionalizzazione della realtà;
- analizzare e rappresentare processi e sistemi tecnici attraverso opportuni strumenti o modelli logico-formali;
- conoscere e padroneggiare il linguaggio formale e i procedimenti dimostrativi della matematica; possedere gli strumenti matematici, statistici e del calcolo delle probabilità fondamentali e necessari per la comprensione delle discipline scientifiche e per poter operare nel campo delle scienze applicate;
- acquisire familiarità con gli strumenti informatici per utilizzarli nelle attività di studio e di approfondimento delle altre discipline;
- comprendere la valenza metodologica dell'informatica nella formalizzazione e scomposizione dei processi complessi, nell'individuazione di procedimenti risolutivi;
- interpretare le diverse rappresentazioni della realtà offerte dalla matematica.

Obiettivi logico-operativi

Risolvere problemi e svolgere attività centrate su compiti per:

- favorire la maturazione di processi logici nello sviluppo di abilità progettuali;
- promuovere l'esperienza, la riflessione e l'autovalutazione;
- trasferire il pensiero logico-deduttivo da situazioni teoriche a realizzazioni pratiche;
- creare e applicare strategie.

Obiettivi affettivo-relazionali

- Acquisire la capacità di lavorare per obiettivi e per problemi condivisi.
- Acquisire la capacità di lavorare in gruppo e in *team*.
- Acquisire la capacità di relazionarsi con gli altri e con l'ambiente in termini di prosocialità.
- Potenziare le proprie abilità e conoscenze nella quantificazione, nella misura, nell'interpretazione dei fenomeni fisici.

Obiettivi cognitivi

- Acquisire le strategie di reperimento di informazioni sui criteri procedurali di una ricerca logico-matematica.
- Promuovere la conoscenza dei problemi inerenti alla strutturazione di un progetto, alle procedure risolutive.
- Comprendere rapporti e relazioni in situazioni concrete e contestualizzare le conoscenze della matematica anche in prospettive interdisciplinari.

PROBLEMA
Come misurare la realtà, come quantificare insiemi di oggetti?
Quali relazioni spaziali? Come gestire il danaro?

Contenuti e attività

Contenuti privilegiati del laboratorio saranno conoscenze interdisciplinari centrate su problemi relativi ad una matematizzazione del reale e la costruzione di schede di espansione disciplinari Attraverso quattro idee chiave è possibile articolare il contenuto matematico necessario per promuovere le competenze di cui sopra:

- la *quantità*, espressa attraverso il concetto di numero, le sue diverse rappresentazioni, il significato delle operazioni, avere un'idea dell'ordine di grandezza, calcoli mentali e stime;
- la *forma*, espressa da modelli geometrici, proprietà degli oggetti, reciproche posizioni, simmetrie e fattori di scala;
- le *relazioni*, espresse da rappresentazioni simboliche, algebriche, grafiche, tabulari e geometriche;
- l'*incertezza*, espressa dall'informazione deducibile da dati parziali.

Come ha affermato Hans Freudenthal, "*i concetti matematici, le strutture e le idee matematiche sono state inventate come strumenti per organizzare i fenomeni del mondo fisico, sociale e mentale*".
Un cittadino con adeguate competenze matematiche è consapevole della velocità del cambiamento, della conseguente necessità di una formazione permanente e possiede le adeguate strutture cognitive per perseguirla.

Obiettivi specifici

Per la scuola primaria:

- il concetto di misura come conoscenza trasversale che ha profonde connessioni con importanti aree della matematica, quali la geometria, i numeri, la statistica e con aree complementari alla matematica, quali la fisica, le scienze, le scienze sociali, l'arte, la lingua;
- osservazione e fenomeni riferiti allo "spazio", espressione delle forme naturali mediante la modellizzazione geometrica. Sviluppo di attività rivolte alla raccolta di dati, alla tabulazione degli stessi, al confronto e all'ordine;
- attività significative volte a quantificare aspetti della realtà fisica direttamente esprimibile (tempi, pesi, capacità, temperature, etc.) e aspetti della realtà scientifica e sociale (produzione, migrazione, variabilità delle crescite, etc.).

Per la scuola secondaria di primo grado:

- esprimere le misure in unità di misura nel sistema internazionale, utilizzando le potenze del 10 e le cifre significative;
- effettuare e stimare misure in modo diretto e indiretto;
- valutare la significatività delle cifre del risultato di una data misura;
- identificare un problema affrontabile con un'indagine statistica, individuare la popolazione e le unità statistiche ad esso relative,

formulare un questionario, raccogliere dati, organizzare gli stessi in tabelle di frequenze;
- rappresentare graficamente e analizzare gli indici adeguati alle caratteristiche: la moda, se qualitativamente sconnessi; la mediana, se ordinabili; la media aritmetica e il campo di variazione, se quantitativi;
- realizzare esempi di campione casuale e rappresentativo;
- realizzare previsioni di probabilità in contesti semplici.

Le attività di laboratorio consentono agli allievi di contestualizzare nella soluzione di problemi di misura e di quantificazione del dato le conoscenze disciplinari.

Metodologia

- Attivazione di lavori di gruppo centrati su problemi.
- Attività di studio e ricerca anche mediante simulazione.
- *Brainstorming.*
- Ricerca-azione.
- Studio di casi.
- *Circle time.*
- Mappe concettuali (modello di Novak) disciplinari.

Mezzi, strumenti, tecnologie

- Utilizzo di materiali didattici su supporto cartaceo e informatico.
- Utilizzo di materiali multimediali: uso del computer e del videoproiettore (*slide*).
- Uso di schede, questionari, test, etc.

Verifica e valutazione

- Prove d'ingresso su conoscenze e abilità.
- Verifiche di conoscenze, abilità, competenze *in itinere.*
- Monitoraggio dei processi di apprendimento: test, questionari, schede, curve di andamento.
- Ricerca di indicatori e descrittori degli atteggiamenti.
- Valutazione degli esiti dell'attività: conoscenze, abilità, competenze, obiettivi formativi.

La dimensione verticale del progetto, nell'ambito del primo ciclo, consolida e supporta, sia nella progettualità dei docenti, sia nella processualità dello sviluppo degli allievi, le logiche che sottendono il curricolo verticale.

Capitolo Tredicesimo
Esempi di Unità di Apprendimento per la scuola dell'infanzia

13.1 UdA 1: *La stanza della lettura*

Presentazione dell'unità

Il laboratorio di lettura è sicuramente, anche in una scuola dell'infanzia, uno degli spazi più importanti da progettare, per "costruire" un ambiente dove il bambino imparerà ad amare la lettura e a trasformarla in un'abitudine quotidiana.

L'adulto che legge ad alta voce per un bambino stabilisce con lui una relazione emotiva speciale perché gli trasmette disponibilità e fiducia, lo rassicura e lo guida ad esplorare il mondo, le emozioni, le avventure che escono dalle pagine del libro letto. Mentre legge, l'adulto sollecita il bambino a cogliere sempre nuovi aspetti del reale, anche aspetti che potrebbero intimidire, spaventare, turbare. Ogni lettura porta con sé momenti di crescita, di distacco, di rottura dell'ordine precedente per ricostruirne uno nuovo; la voce, la presenza rassicurante, le spiegazioni dell'adulto, oltre alle scelte di lettura, permettono al bambino di attraversare queste fasi con serenità e mantenendo un atteggiamento aperto e curioso.

Dal punto di vista dell'apprendimento linguistico, la lettura permette di prendere contatti con una lingua sempre più complessa e di ampliare il proprio vocabolario. Aumenta il bagaglio di parole conosciute e, con esso, la possibilità di leggere, categorizzare, capire e interpretare la realtà nella sua complessità. Questo aspetto va sottolineato, se si tiene conto della consistente presenza di alunni di origine non italiana, concentrata soprattutto nell'Italia del Nord e nelle metropoli. Spesso la scuola rappresenta il primo approccio *ufficiale* di questi alunni alla lingua italiana standard, approccio che va potenziato in ogni modo, con specifiche attenzioni al livello di comprensione e produzione di ciascuno.

Dal punto di vista cognitivo, la lettura permette di ampliare le conoscenze del mondo e la costruzione di un pensiero via via più astratto, che comincia a dare regole al mondo stesso e a categorizzare tutti gli innumerevoli *input* che gli arrivano.
Inoltre, l'ascolto di una lettura permette di ampliare la generale capacità di ascolto, di concentrazione, di silenzio dei bambini. Favorisce la creazione di rappresentazioni attraverso la produzione di immagini mentali, dalle più semplici a quelle via via più elaborate, con le quali interpretare il mondo in modo sempre più complesso e consapevole.
Infine, ascoltare con i compagni crea un ambiente di legami emotivi tra bambini, di capacità di stare insieme per uno scopo comune. Condividere eseprienze è una delle principali opportunità di creare un ambiente sociale positivo, che supera le differenze nell'obiettivo comune.
Lo scopo che la scuola si deve porre, in questa fase, è quello di suscitare il piacere della lettura: ogni piccolo ascoltatore deve trovare delle risposte, che saranno differenti per ciascuno, alle proprie, ancora non del tutto coscienti, domande di comprensione di sé e del fuori da sé.
Per questo motivo, l'ambiente destinato alla lettura deve essere al tempo stesso tranquillo e stimolante: da una parte infatti deve offrire silenzio, intimità, comodità, tutti elementi essenziali a preparare e mantenere un livello motivazionale ed emotivo adeguato. Per leggere si ha bisogno di calma e della possibilità di tenere il proprio corpo in una posizione comoda, che ognuno deve poter scegliere. Per questo motivo sarebbe opportuno che l'angolo della lettura fosse separato da quelli più rumorosi, arredato con tappeti e cuscini così da permettere ai bambini di distendersi, accovacciarsi, stringersi ad un cuscino, e vivere così l'esperienza della lettura in modo il più possibile rilassato e consono ai bisogni di ciascuno. D'altra parte, lo stesso ambiente dovrà essere coinvolgente e stimolante: quindi dovrebbe essere arredato con scaffali colorati ad altezza di bambino; in questo modo si dà a ognuno la possibilità di poter rivedere quanto già ascoltato o di poter sfogliare libri nuovi, che susciteranno nuove curiosità. Alle pareti non dovrebbero mancare rappresentazioni grafiche di personaggi, ambienti, oggetti magici, magari costruite dai bambini stessi.

Finalità

- Migliorare le capacità di ascolto.
- Promuovere un atteggiamento positivo e curioso nei confronti della lettura.
- Comprendere un testo narrativo.
- Imparare a riflettere su quanto ascoltato.
- Ricostruire l'ordine cronologico degli eventi del racconto.
- Rielaborare i racconti rispettando l'ordine cronologico.
- Riconoscere elementi fondamentali del racconto: i personaggi principali, le loro azioni, gli ambienti in cui si muovono, eventuali oggetti magici.

Fasi di realizzazione con esemplificazione del materiale

- Verifica conoscenze.
- Produzione scritta orale.
- Piano individuale di recupero.
- Possibili espansioni.

Obiettivi (crescenti a seconda delle diverse età)

- Capacità di ascoltare storie, da brevi a complesse.
- Capacità di cogliere e verbalizzare le principali emozioni dei personaggi.
- Capacità di leggere immagini, da semplici a sempre più complesse.
- Capacità di porre domande sulla storia ascoltata.
- Capacità di esprimere scelte personali e giudizi sui comportamenti dei personaggi della storia.
- Capacità di cogliere il ruolo dei personaggi nella narrazione.
- Capacità di cogliere le azioni dei singoli personaggi.
- Capacità di cogliere la sequenza narrativa.
- Capacità di rappresentare la sequenza (immagini mentali, disegni, movimenti, drammatizzazione, etc.).
- Capacità di modificare parte della storia e/o il finale.

Competenze esercitate nello svolgimento dell'unità

Il bambino:

- ascolta con attenzione le storie lette dall'insegnante;
- riconosce emozioni e stati d'animo;

- utilizza la lingua per comunicare impressioni ed emozioni, interagire, chiedere, verbalizzare e collaborare alla costruzione collettiva del lavoro;
- rappresenta la storia ascoltata utilizzando varie tecniche (disegno, mimo, movimento, drammatizzazione);
- collabora con i compagni nella preparazione del libro di classe.

Metodologia

Il laboratorio di lettura deve essere arredato, come abbiamo già detto, in modo che i bambini vi possano assumere le posizioni più rilassanti e consone ad un ascolto sereno e concentrato.
L'insegnante invita a utilizzare lo spazio e gli arredi (tappeti, cuscini, divanetti) come preferiscono, ma disponendosi in qualche modo intorno al narratore. In questo modo l'insegnante può mostrare facilmente le immagini del libro che sta leggendo.
La lettura dell'insegnante deve catturare l'attenzione dei bambini e saperla mantenere, per questo dovrà essere il più possibile *partecipata*, con cambiamenti di voce, di tono, di ritmo, di movimenti, di espressioni del viso. In questo modo, i bambini si sentiranno più coinvolti e la loro attenzione si manterrà alta più a lungo.
I bambini accederanno al laboratorio divisi per età, sarà quindi opportuno scegliere testi differenti per le diverse fasce d'età. Va sottolineato che, per permettere a tutti di potersi esprimere ed essere ascoltati, il gruppo non può essere molto numeroso, al massimo può essere composto da dieci bambini.
Durante la lettura, l'insegnante sarà attenta ad isolare gli elementi della narrazione di volta in volta, per attivare l'*expectancy grammar*, cioè il processo di anticipazione che permette di costruire ipotesi sul messaggio che si sta ascoltando. Tale processo permette al bambino un ascolto consapevole e, soprattutto, sta alla base dei meccanismi di comprensione del testo. Può essere attivato solo ad alcune condizioni: la competenza linguistica e della struttura della frase deve essere sufficiente a cogliere il testo proposto, le conoscenze che vi sono proposte sono già in buona parte patrimonio dell'ascoltatore. Ciò significa che la scelta del testo deve rispettare le competenze comunicative, evitando un lessico inadeguato perché troppo alto o strutture linguistiche complesse, e deve muoversi, nei contenuti proposti, intorno a tematiche che fanno parte del vissuto, o dell'immaginario, dei bambini.

Per prima cosa, l'insegnante interrompe la lettura per sollecitare le ipotesi nel bambino: "*Come sarà? Cosa farà? Cosa dirà? Come sarà vestito?*".
Successivamente, dopo aver ascoltato tutti gli interventi, utilizzerà la LIM per mostrare l'immagine scelta che darà una risposta alla domanda posta.

Strumenti

Tra gli strumenti da utilizzare in questo laboratorio, oltre ovviamente al libro, è prevista, dunque, la LIM.
L'insegnante può scegliere gli elementi da proiettare sulla lavagna durante la lettura: per un primo livello, quello dei tre anni, saranno solo ambienti e personaggi, successivamente potranno essere anche le sequenze narrative, i momenti salienti della narrazione, le caratteristiche dei personaggi e i loro comportamenti.
L'uso della LIM permette di verificare immediatamente la validità della propria ipotesi e di confrontare le varie ipotesi tra loro attivando meccanismi di costruzione collettiva dei processi di comprensione.
In questo caso, si propone di procedere alla costruzione di e-book che riproducano l'esperienza di lettura, utilizzando programmi *open source* scaricabili liberamente da Internet e pensati per la costruzione di e-book estremamente semplici.

Tempi

Per poter soddisfare la finalità precipua di avvicinare il bambino al piacere della lettura fino a farla diventare un'attività di routine, il laboratorio deve occupare un momento fisso nel corso della settimana, e ripetersi continuamente per tutto l'anno scolastico per la durata di un'ora. Via via gli insegnanti sceglieranno testi diversi che si succederanno e che andranno a completare il percorso di ciascuno.

Valutazione

Nello svolgimento del lavoro ogni insegnante registra e raccoglie le informazioni sul comportamento dei bambini nel corso dell'attività nei diversi momenti dell'anno scolastico: all'inizio del percorso di laboratorio, *in itinere* e alla fine, completando la tabella.
La rilettura delle informazioni registrate permette di valutare sia la maturazione delle competenze sia la scelta del materiale.

	Alunno 1	Alunno 2	Alunno 3	Alunno 4	Alunno 5	Alunno 6	Alunno 7	Alunno 8	Alunno 9	Alunno 10
Ha sviluppato una competenza lessicale sufficiente a comprendere il testo										
È in grado di porsi in atteggiamento di ascolto										
È in grado di mantenere l'ascolto										
È in grado di aumentare i tempi di ascolto										
È in grado di comprendere la narrazione										
Riconosce gli elementi del racconto										
Sa utilizzare il linguaggio verbale per esprimere emozioni, sentimenti e giudizi										
Sa rappresentare momenti, personaggi, ambienti del racconto										
Sa condividere i momenti di intervento, partecipando alla discussione										
Sa raccontare semplici storie, rispettando l'ordine cronologico e logico										
Sa porre domande relative a dubbi										

Fasi di realizzazione dell'attività

Ogni breve testo viene lavorato in due momenti differenti: il primo è costituito dalla lettura dell'insegnante, dal confronto e dalla rappresentazione degli elementi salienti; in questo momento l'insegnante può registrare il parlato dei bambini per inserirne alcuni brevi spezzoni nell'e-book che si andrà costruendo nell'incontro successivo.

Il secondo incontro si svolge la settimana successiva, e serve a costruire insieme un e-book della storia utilizzando i disegni prodotti, la musica scelta, se possibile le registrazioni fatte in classe.

Fase 1: L'ascolto

I bambini scelgono la propria posizione e si preparano all'ascolto; ascoltano la narrazione: attraverso la lettura imparano a sviluppare abilità di selezione delle informazioni e attivano l'*expectancy grammar*, cioè costruiscono le prime ipotesi sul messaggio che stanno ascoltando (dieci/quindici minuti circa).

Fase 2: La discussione

L'insegnante guida la discussione per fissare e approfondire l'esperienza.
Attraverso le immagini selezionate e proiettate con la LIM, i bambini riprendono la narrazione, ne riconoscono gli elementi principali (personaggi, luoghi, tempi, eventi essenziali, successione, situazione iniziale e finale, etc.) (quindici minuti).

Fase 3: Il disegno

Dopo una divisione dei compiti guidata dall'insegnante, gli alunni riproducono gli elementi della storia con il disegno. Mentre disegnano, ascoltano le musiche proposte dall'insegnante per questa storia ed esprimono il loro giudizio in merito (venti minuti).

Fase 4 (secondo incontro): La costruzione dell'e-book

Nel secondo incontro si avvia la costruzione collettiva di un e-book della storia con la LIM: l'insegnante ha già scannerizzato i disegni dei bambini, avendo cura che tutti siano rappresentati.
Collettivamente, si procede a visualizzare e commentare i disegni sulla lavagna, e si eseguono insieme le fasi di riordino della sequenza narrativa.
A mano a mano, l'insegnante inserisce nell'e-book i vari elementi (disegni, filmati, registrazioni), supportata dai suggerimenti e dai commenti dei bambini.

Fase 5: L'uso degli *emoticon*

Sempre sulla LIM, i bambini attribuiscono un *emoticon* ai personaggi. Essi devono identificare gli stati d'animo del personaggio, o le caratteristiche del suo comportamento, e riuscire a verbalizzarlo attraverso l'uso degli *emoticon*. "*Ho messo... perché...*". Per questa attività, si potrebbero utilizzare inizialmente gli *emoticon* che si possono facilmente trovare in una qualsiasi raccolta on line, per passare poi, con il gruppo dei bambini più grandi, al disegno degli stessi.

Possibili espansioni

Se l'attenzione degli alunni si mantiene alta nei confronti del testo proposto, che sarà stato rivissuto nella sezione in vari modi (drammatizzazione, attività manuali, travestimenti, etc.), si può proporre ai bambini più grandi un'ulteriore fase di lavoro.
L'insegnante modifica la tabella proposta qui sopra, e cambia *emoticon* ai personaggi; in questo modo, ogni personaggio risulta avere caratteristiche e comportamenti differenti.
Nel gruppo si analizzano queste differenze con attenzione, verificando che i bambini comprendano che differenti atteggiamenti portano a differenti comportamenti, e quindi a uno svolgimento dell'azione molto diverso.
Con il gruppo è possibile quindi riscrivere la storia, vedendo quanto essa si modifica con le variazioni proposte.

13.2 UdA 2: *La natura sta bene dov'è*

Presentazione dell'unità

L'idea di approntare un progetto sull'ambiente nasce dal bisogno di strutturare percorsi che portino, anche nel campo ecologico, alla consapevolezza e al rispetto. Mai come in questi anni siamo stati coscienti di quanto l'ambiente sia un equilibrio delicato che noi come umanità, con il nostro utilizzo dissennato delle risorse, stiamo deteriorando in modo forse irreversibile. Sensibilizzare i bambini all'amore per la natura e al pensiero ecologico, pensiero che sta alla base di un comportamento altrettanto ecologico, che fa del rispetto della natura il principio imprescindibile, appare un obiettivo irrinunciabile per la scuola del futuro.
Il mondo della natura può diventare per i bambini un mondo magico: al suo interno cessano rumori e confusione, traffico e smog. La natura si presenta indifesa, da esplorare con curiosità e attenzione. Naturalmente, sappiamo benissimo che gli angoli "incontaminati" non esistono se non nella fantasia; perfino la cima dell'Everest è diventata una discarica di tutto il materiale abbandonato dagli alpinisti! Tutto quanto era naturale – fianchi delle colline, boschi, fiumi, pianure, coste – è stato piegato alle necessità dell'uomo, modificato, controllato, arginato. Pensiamo al nostro paesaggio italiano, così fortemente antropizzato, addomesticato.
Ma ci sono sicuramente angoletti in cui la presenza cementificatrice e/o arginatrice non ha inciso troppo sull'aspetto dell'ambiente; piccoli lembi di territorio dove scoprire micromondi spontanei, con tutte le interazioni che vi possono aver luogo.
La natura si osserva con gli occhi, con la mente e con il cuore; con l'aiuto dell'insegnante ogni bambino può cominciare a esplorare il mondo che lo circonda e diventarne via via sempre più consapevole. Contemporaneamente, l'alunno acquisisce un metodo di scoperta, osservazione, sistematizzazione degli elementi che fanno parte dell'ambiente, cosicché ogni momento "nel verde" può diventare un momento di crescita e di esplorazione.
Sarebbe molto interessante, se possibile, organizzare un'uscita in un ambiente protetto, magari un'oasi del WWF. Sono ambienti dove tutto è strettamente tenuto sotto controllo, che si tratti dello sviluppo di flora e fauna e della loro interazione o delle attività umane sul territorio, controllo che viene esercitato proprio per

permettere la loro salvaguardia. La visita ad un'oasi protetta può essere un eccezionale momento di "scuola all'aperto", dove osservare direttamente piante e animali e dove poter accumulare esperienze di scoperte quasi magiche.
Nel caso in cui non sia possibile effettuare questo tipo di esperienza, suggeriamo "immersioni" negli spazi verdi sul territorio intorno alla scuola: campi con coltivazioni locali, boschi, parchi cittadini. Per suscitare un atteggiamento di curiosità, piacere della scoperta e sistematizzazione delle stesse è indispensabile che queste esperienze vengano ripetute più volte durante l'anno, così da permettere al bambino un contatto attivo continuo ma in situazioni ambientali il più possibile diversificate: lo stesso ambiente nelle diverse stagioni, in diverse ore del giorno e, magari, con diverse condizioni climatiche (nebbia, sole, cielo coperto, etc.). In questo modo si può evitare la costruzione di stereotipi mentali, così dannosi per ogni serena esplorazione.

Finalità

- Valorizzare l'esplorazione come metodo di ricerca e strumento conoscitivo per indagare e conoscere la realtà.
- Promuovere un atteggiamento positivo nei confronti dell'ambiente, esercitare la capacità di porsi in relazione con la natura e alcuni suoi elementi.
- Favorire una prima sistematizzazione delle conoscenze dell'ambiente e, in generale, del mondo naturale e animale.

Obiettivi

- Assumere un atteggiamento di serenità e curiosità nei confronti dell'ambiente.
- Imparare ad osservare la natura con rispetto senza danneggiarla.
- Compiere prime classificazioni.
- Migliorare le capacità di "vedere" e "osservare".
- Formulare prime semplici ipotesi, da verificare.
- Costruirsi uno schema mentale-base per le esplorazioni: "*Cos'è? Com'è? Cosa fa? Dov'è?*" Per spiegare a se stessi e ai compagni ciò su cui si è investigato.
- Saper ricordare e ricostruire nella narrazione e in altre forme espressive l'oggetto della propria esplorazione.
- Essere consapevoli che la scuola è una comunità nella quale si impara e si matura insieme.

- Sviluppare le proprie capacità senso-percettive in relazione agli elementi da conoscere.
- Saper esprimere emozioni e stati d'animo.
- Imparare a registrare graficamente le proprie esperienze costruendo un "diario di bordo" del percorso.

Competenze esercitate nello svolgimento dell'attività

Il bambino:

- inizia ad orientarsi nello spazio;
- inizia a classificare esseri viventi;
- usa la lingua italiana per esporre eventi e ricordi in modo sempre più organizzato.

Metodologia

Gli insegnanti hanno il compito di sollecitare pensieri e riflessioni e di valorizzare successivamente tutte le risposte, se possibile ampliando il campo delle curiosità e dell'esplorazione. Solo in questo modo creano occasioni di apprendimento per favorire l'organizzazione temporale di ciò che i bambini vanno ricordando. L'ambiente va esplorato con la guida dell'insegnante, che orienta l'alunno a focalizzare la propria attenzione su quell'aspetto o su quell'altro.
Ogni occasione di apprendimento va costruita e organizzata tenendo conto delle risorse disponibili.
L'occasione per far nascere una motivazione forte, che sostenga tutto il percorso, può prendere il via da un espediente: è l'oggetto dello studio, o un suo mediatore, che si rivolge direttamente ai bambini per invitarli all'esplorazione. In questo caso, può essere un elemento caratteristico dell'ambiente che si va a visitare, un animale, un torrente, un albero, un cespuglio, che invita i bambini a venire a conoscerlo.
Per questo motivo, le insegnanti preparano una grande busta con una missiva destinata ai bambini: la lettera può contenere foto, disegni, una storiella, una filastrocca (che qui non si possono indicare perché devono essere strettamente legate all'ambiente da esplorare).
Potrebbe essere una serie di elementi disegnati e colorati relativi all'ambiente visitato, come ad esempio un branco di pesciolini, oppure una serie di alberi o di piccoli animali che popolano l'ambiente scelto.

Potrebbe essere anche una filastrocca illustrata, come questa, non facilissima, ma utilizzabile come suggerimento per lavorare sull'immaginario.

Nel bosco
di Lina Schwarz
"Nel bosco ogni vecchio gigante,
sia abete, sia quercia, sia pino,
ha intorno, ai suoi piedi, un giardino:
di piccole piante.
Son muschi, son felci, son fiori,
e fragole rosse e lichene,
cui l'albero antico vuol bene,
suoi teneri amori".

A questo punto, aperta la missiva, e letto il messaggio da parte dell'insegnante, si scateneranno le curiosità: "*Chi l'ha scritta? Perché? Perché proprio a noi?*".
L'insegnante ha il compito di stimolare le risposte e la formulazione di ipotesi, che sono indice di curiosità e attenzione.
La lettera sarà la scintilla per far iniziare questo percorso di esplorazione e osservazione dell'ambiente già scelto.
Forse è superfluo raccomandare agli insegnanti di tener conto che è assolutamente necessario per loro conoscere precedentemente in modo approfondito il luogo che si è scelto come uscita didattica; solo così è possibile effettuare una scelta consapevole di tutte le potenzialità di lavoro che il luogo suggerisce, e prevenire gli eventuali rischi che ogni ambiente comporta.
Dopo la lettura della lettera si passerà alle fasi successive, sempre facendo in modo che i bambini si sentano profondamente coinvolti in questo tipo di attività, che non abbiano timori, che possano esprimere liberamente stati d'animo, riflessioni e ipotesi, consapevoli che anche gli interventi più "modesti" verranno ascoltati e valorizzati.
Le fotografie scattate in vari punti per fissare l'ambiente visitato vanno accuratamente utilizzate come archivio della memoria. Per questo motivo suggeriamo agli insegnanti di fissare con la fotocamera, anche con brevi filmati, tutti i momenti della visita, sia come documentazione sia per testimoniare e sostenere i ricordi.

Immagini e filmati vanno poi rivisti e/o proiettati con la LIM in grande dimensione per permettere ai bambini di rivedere l'ambiente esplorato e se stessi in quel contesto. Ogni aspetto dell'ambiente va ricostruito con il disegno, e la fotografia permette di confrontare disegno-ricordo-produzione personale.
Inoltre, il fatto di rivivere insieme episodi e immagini di un'esperienza comune consente a ogni bambino di socializzare con i ricordi, di aggiungere particolari, magari ascoltati da altri, di completare informazioni che ricorda in modo lacunoso.

Strumenti

- Macchina fotografica con scheda di memoria potente per poter fare brevi filmati e computer per archiviare.
- Stampante per stampare alcune immagini particolarmente significative.
- LIM per proiettare immagini relative alle esperienze in classe. Con l'aiuto della LIM si può realizzare un album collettivo della gita, aggiungendo la registrazione di suoni, piccoli filmati, le parole dei bambini e dell'insegnante.
- Fogli A4 e grandi, cartoncino, colori per la missiva iniziale e per la creazione dell'album dell'uscita.

Tempi

Un mese, tra preparazione, uscita e costruzione dell'album.

Valutazione

Ogni insegnante registra e raccoglie le informazioni sul comportamento dei bambini nel corso dell'attività e nei vari momenti. La rilettura delle informazioni registrate permette di valutare sia la maturazione delle competenze sia la scelta del materiale.

	Alunno 1	Alunno 2	Alunno 3	Alunno 4	Alunno 5	Alunno 6	Alunno 7	Alunno 8	Alunno 9	Alunno 10
È curioso nei confronti della proposta										
Partecipa alla conversazione formulando ipotesi										
Non si mostra intimidito nei confronti della proposta										
Migliora la capacità di "vedere" e "osservare"										
Inizia a fare le prime classificazioni										
Racconta con sufficiente chiarezza sulla base dello schema mentale proposto										
Partecipa alle attività proposte										
Si confronta con i compagni e ascolta i loro interventi										
In classe, accetta di correggere aspetti del proprio ricordo attraverso la visione delle immagini e gli interventi di compagni e insegnante										
Utilizza una terminologia sempre più appropriata										
È in grado di rappresentare graficamente i vari elementi dell'ambiente esplorato										
Sa porre domande ed esprimere dubbi o incertezze										

Fasi di realizzazione dell'attività

Fase 1: È arrivata una lettera

La prima fase è caratterizzata dalla grande agitazione creata dall'arrivo della lettera, che deve essere di grandi dimensioni e indirizzata direttamente ai bambini. Prima dell'apertura, l'insegnante creerà un'atmosfera di attesa e di curiosità, per un tempo circoscritto al fine di evitare cadute della motivazione.

Dopo la lettura, sarà l'insegnante che ne deciderà la formulazione come già evidenziato, si promuoverà un momento di riflessione e di formulazione di ipotesi, ponendo molta attenzione a far sì che tutti i bambini riescano con i loro mezzi a trovare la possibilità di esprimere le loro idee. In ogni gruppo c'è sempre chi tende a prendere più spesso la parola e a tenerla più a lungo. L'insegnante deve, con delicatezza, stimolare a parlare anche chi ha reazioni diverse in pubblico e tende a non esplicitare il proprio pensiero.
Quando tutte le ipotesi sono state espresse l'insegnante propone di andare a vedere di persona il luogo da cui proviene la lettera. Intanto, chiede a ogni bambino di rappresentarlo su un foglio, che sarà il primo foglio dell'album sull'uscita. Al momento, però, i fogli andranno esposti su un cartellone dal titolo "*Noi immaginiamo...*" (45 minuti circa).

Fase 2: Vegetali/animali

Spieghiamo ai bambini che andremo a vedere un ambiente dove vivono vegetali e animali, e che dobbiamo riconoscerli.
Ma come facciamo a riconoscere un vegetale?
I vegetali non hanno zampe, non hanno le ali, non si muovono in maniera visibile, non scappano davanti al pericolo né aggrediscono, né si avvicinano.
Al contrario, gli animali hanno arti e movimento e possono muoversi e spostarsi manifestando le loro intenzioni.
A questo punto, andiamo a caccia di animali e vegetali conosciuti, o presenti nel giardino della scuola, o in casa. Ogni bambino interviene nella conversazione e propone un elemento, specificando se lo vuole mettere tra i vegetali o tra gli animali e perché.
Finita la discussione, ogni bambino disegna uno degli elementi nominati, che successivamente incollerà nel cartello dalla parte giusta. Nel frattempo, l'insegnante avrà preparato il cartellone diviso a metà su cui autonomamente i bambini incolleranno i loro disegni.

Fase 3: Andiamo a vedere noi!

La terza fase è rappresentata dall'uscita didattica vera e propria. Dopo essere arrivati nel luogo scelto, l'insegnante permetterà a tutti di prendere confidenza con l'ambiente per qualche momento. Successivamente, accompagnerà i bambini in un punto pano-

ramico, precedentemente individuato, che permetta la visione più vasta possibile dell'ambiente; in questo modo ogni bambino, con una sola occhiata, potrà coglierne tutti gli aspetti significativi più evidenti. L'insegnante guida l'osservazione con domande e gesti. "*Cosa vedete a destra ?/ A sinistra? Cosa c'è là in fondo? Cosa vedete vicino a voi? Di che colore è? A cosa assomiglia? Cosa vi fa pensare?*".
Ogni bambino sa già che deve "catturare" con gli occhi più immagini possibile, deve ricordare tutto perché, una volta tornati a scuola, dovrà rappresentarlo con un disegno.
Contemporaneamente, l'insegnante fotografa il paesaggio dallo stesso punto di vista dei bambini, e questa fotografia sarà proiettata in classe, possibilmente con la LIM, e servirà poi a confrontare i disegni prodotti a memoria (quindici minuti).

Fase 4: Il mondo vegetale

Spingiamo i bambini a osservare i vegetali presenti nell'ambiente: "*Sono tanti, pochi, tutti uguali o di tanti tipi?*". Facciamo in modo che i bambini con delicatezza tocchino, osservino, annusino, sfiorino i contorni di foglie e nervature. Ogni bambino ha il compito di prestare attenzione a una pianta, diversa da quella dei compagni, guidato delle domande/stimolo dell'insegnante. "*È grande, piccola? Quanto è grande in confronto a me? Quanto sono grandi le foglie? Ci sono fiori, che odore hanno?*".
A questo punto, il bambino disegna la sua pianta, mentre l'insegnante la fotografa. Sarebbe bene che l'insegnante conoscesse bene il nome delle piante.
Il disegno va completato e messo da parte, sarà un foglio dell'album (30 minuti).

Fase 5: Fiori, frutta e semi

Se l'uscita è organizzata a tempo debito, è possibile scoprire i fiori, le bacche, i frutti, i semi di alcune piante; attraverso l'osservazione di questi elementi, possiamo imparare a riconoscere le piante.
Si può procedere a una vera e propria raccolta di disegni e di immagini: ghiande, castagne, pigne, bacche, funghi, etc. Ogni bambino sceglierà un soggetto e lo disegnerà, cercando di ricordare poi tutte le caratteristiche: colore, odore, se possibile, misure: "*La pigna è lunga come la mia mano*".

Anche in questo caso l'insegnante fotografa ogni elemento, e poi in classe le foto verranno riviste e utilizzate per confrontare quanto disegnato.
In classe, si raccoglie l'album della gita, sia in carta sia in immagini da sfogliare e rivedere. Ogni alunno partecipa, mentre alla LIM scorrono le immagini, ad aggiungere il proprio commento, che serve come revisione del percorso svolto (30 minuti + lavoro in classe).

Possibili espansioni

Le indicazioni suggeriscono un percorso che si snoda solo intorno ai vegetali: lo stesso tipo di percorso può essere svolto anche per gli animali, ma prevede un'ulteriore uscita. Prestare attenzione a troppi elementi stancherebbe i bambini, facendo cadere la motivazione.
Tra gli animali, si possono osservare e classificare, a seconda dell'ambiente scelto:

- quelli che vivono sopra o sotto la terra;
- quelli che vivono fuori o dentro l'acqua;
- quelli che camminano, strisciano o volano;
- quelli che pungono;

e si potrebbe costruire anche con questi elementi un ulteriore album o e-book con la LIM.

13.3 UdA 3: *Prima della matematica*

Presentazione dell'unità

A partire da questi ultimi anni una parte del dibattito educativo ruota intorno al livello di interesse nei confronti delle discipline scientifiche da parte degli studenti italiani; basti verificare quanto sia basso il numero delle iscrizioni a facoltà come Matematica e Fisica rispetto a quelle a Lettere e Lingue per comprendere come questa problematica coinvolga il futuro delle giovani generazioni e della cultura del paese. Gli esiti delle prove INVALSI a livello nazionale non fanno che confermare questa situazione.
Eppure la matematica è nata prima della lingua scritta, ed è nata proprio come risposta ad esigenze pratiche della vita quotidiana.
Conseguentemente a questa analisi, è stata sottolineata l'esigenza di motivare diversamente gli studenti all'apprendimento delle di-

scipline scientifiche, e il mondo docente ha iniziato ad interrogarsi su come modificare il proprio ruolo in merito.
Una prima risposta può essere molto immediata: la scuola stimola maggiormente le attività linguistiche in genere, piuttosto che quelle logico-matematiche e l'approccio alle tematiche, di norma, è più espressivo che scientifico.
Questa unità prende lo spunto da tale dibattito e intende proporre un percorso per stimolare le capacità logico-matematiche e la formazione di un pensiero matematico, facendo emergere potenzialità che il bambino possiede ma che non sempre vengono sollecitate e sviluppate. Il periodo della scuola dell'infanzia, in particolare gli ultimi due anni, è importante perché vi si sviluppano comportamenti e abilità motorie e cognitive che stanno alla base dello sviluppo del pensiero matematico: pensiamo solo al controllo del proprio corpo e alla interiorizzazione di uno schema corporeo sicuro, allo sviluppo di operatori cognitivi temporali, alla capacità di porsi in relazione con spazio e oggetti, infine al bisogno di ordinare e seriare gli oggetti.
Purtroppo in Italia non si è ancora stabilizzata una collaborazione tra matematici e psicologi dell'età evolutiva, come invece è successo in molti altri paesi europei, con evidenti risultati positivi, e in conseguenza a ciò spesso gli insegnanti di scuola dell'infanzia faticano a trovare e sperimentare percorsi adeguati, non essendo sostenuti dal punto di vista teorico. Eppure, anche la scuola dell'infanzia potrebbe supportare la costruzione del pensiero matematico nella fascia d'età di cui si occupa.
In particolare, con questa unità proponiamo di lavorare su capacità di astrazione da elementi "distrattori", quali possono essere la forma dello spazio o la densità degli oggetti che vi sono collocati, per stabilire una relazione di tipo quantitativo, vale a dire lavorare sulla conservazione della quantità, che sta alla base della costruzione del pensiero aritmetico e del concetto di numero (Piaget).
Qualsiasi operazione successiva su insieme non è possibile se la conservazione della quantità non è stabilmente raggiunta, perché si tratta della "*condizione necessaria per qualsiasi attività razionale*" (Piaget J. - Szeminska A., *La genesi del numero nel bambino,* Firenze, La Nuova Italia).
Ma la coincidenza numerica di due insiemi, verificata con la corrispondenza uno a uno, è una conquista che va guidata dall'insegnante, non è percepita autonomamente dal bambino che non la

sa costruire da solo. Se non adeguatamente guidato, il bambino si "perde" nella forma dello spazio e nella densità degli oggetti, e non riesce a cogliere la quantità.

Finalità

- Sviluppare capacità logiche e di pensiero via via sempre più astratto.
- Proporre attività che favoriscano l'acquisizione sicura della corrispondenza biunivoca.
- Affrontare i due aspetti principali del numero: la cardinalità, cioè la quantità, e l'ordinalità, cioè la relazione di ordine.
- Promuovere un atteggiamento positivo e curioso nei confronti dell'attività proposta e di sperimentazione.
- Acquisire atteggiamenti di esplorazione da far diventare via via strumenti conoscitivi per analizzare la realtà.
- Potenziare le attività logiche.
- Sollecitare la costruzione di un metodo che consenta al bambino di affrontare e analizzare le proprie esperienze.

Obiettivi

- Sa operare individuando la corrispondenza biunivoca.
- Ha acquisito il principio di conservazione della quantità.
- Sa classificare in base a una/due proprietà.
- Sa ordinare secondo un criterio (serie molto limitate).
- Conosce i numeri e sa "contare per contare".

Competenze esercitate nello svolgimento dell'unità

- Esplorare i materiali a disposizione utilizzandoli in vario modo.
- Formulare ipotesi, individualmente e in gruppo, scegliendo materiali e strumenti adatti.
- Cogliere le corrispondenze biunivoche.
- Conquistare il principio di conservazione della quatitità.
- Raggruppare in base a proprietà date, con il corpo e con materiali.

Metodologia

La proposta parte da una filastrocca molto carina, famosa e ripetitiva, che permette la semplice acquisizione dei numeri come sequenza di parole.

Si precisa che ogni fase del lavoro è solo un'indicazione che va ampliata e approfondita con altri materiali, sempre però con modalità simile: l'obiettivo non si raggiunge mai in un solo episodio, ma va costruito poco a poco, tornando continuamente sullo stesso, verificando la sicurezza delle acquisizioni con richieste molto diversificate, che fanno riferimento alla vita della sezione, alle routine quotidiane, routine che possono essere problematizzate e rese occasioni di attività logica e di costruzione del pensiero matematico. Importante sottolineare come la conservazione della quantità e la corrispondenza biunivoca possano essere raggiunte da ogni bambino, a seconda dei tempi personali di maturazione, solo con continue esercitazioni. È importante cogliere ogni occasione per porre interrogativi e stimolare il pensiero logico-matematico, come riporteremo più sotto, nella prima fase.
Come per tutte le attività impegnative, è consigliabile che anche questa venga praticata da non più di dieci bambini per volta, per permettere a tutti di potersi esercitare in modo attivo, partecipando allo svolgimento del lavoro con un coinvolgimento diretto e potendo esprimere scoperte, dubbi e pensieri senza dover attendere troppo il turno di parola. Si riducono così i rischi di esclusione e si riesce a seguire e a sollecitare tutti i bambini.
La metodologia ludica sostiene anche questo tipo di percorso: attraverso il gioco collettivo i bambini sperimentano e si mettono in "gioco" più facilmente, sono maggiormente coinvolti nell'attività e, di conseguenza, affinano le proprie capacità con più impegno e leggerezza.

Strumenti

Materiale occasionale non strutturato: oggetti da classificare, contenitori, legnetti, nastri, giochi. Carta, colori, cartoncino, mollette e corda da bucato, forbici, punteruoli. Segnalini (tappi, cartoncini, palline) uguali per ogni bambino. Materiale strutturato: blocchi logici.

Valutazione

Nello svolgimento del lavoro ogni insegnante registra e raccoglie le informazioni sul comportamento dei bambini nel corso dell'attività e nei diversi momenti dell'anno scolastico: all'inizio del percorso di laboratorio, *in itinere* e alla fine, completando la tabella.

La rilettura delle informazioni registrate permette di valutare sia la maturazione delle competenze sia la scelta del materiale.

	Alunno 1	Alunno 2	Alunno 3	Alunno 4	Alunno 5	Alunno 6	Alunno 7	Alunno 8	Alunno 9	Alunno 10
Ha sviluppato una competenza lessicale sufficiente a comprendere le richieste										
È in grado di mantenere l'atteggiamento di ascolto										
Mostra un atteggiamento di curiosità, attenzione, atteggiamento investigativo										
Formula ipotesi ed è interessato alla loro verifica										
Ha interiorizzato la relazione uno a uno (o si avvia a interiorizzare...)										
Ha acquisito il principio di conservazione della quantità (o si avvia ad acquisire...)										
Sa raggruppare secondo un criterio dato										
Sa proporre criteri di raggruppamento										
Sa utilizzare il linguaggio verbale per esprimere ipotesi e per esplicitare quanto sperimentato										
Sa condividere i momenti di intervento, partecipando alla discussione										
Sa porre domande relative a dubbi										

Fase 1: Sono tanti quanti?

Non esiste un momento definito per esercitare questa fase: è importante che l'insegnante sappia cogliere tutti i momenti utili in classe, magari agendo su un bambino alla volta, per controllare a che punto è lo sviluppo del pensiero logico-matematico di ciascuno e per stimolarlo. Il materiale non strutturato è estremamente utile a questo scopo.
Attività quali l'apparecchiare, il distribuire oggetti e materiali, il preparare materiali, sono utilissime a questo scopo.

- "*Hai messo i bicchieri (posate, tovaglioli, etc.)? Ogni bambino ha il suo bicchiere? Ci sono più bicchieri o più bambini?*".
- "*Ogni bambino ha la sua macchinina? C'è una macchinina per ogni bambino? Mettiamo in fila le macchinine. Ora mettiamoci in fila noi. Sono di più le macchinine o i bambini? Controlliamo: ogni bambino riprende la sua macchinina*".
- "*Distribuisci un foglio per ogni bambino e tu metti sopra il foglio un pennarello colorato: ogni bambino ha il suo foglio? Ogni foglio ha il suo pennarello? Sono di più i fogli o i pennarelli?*".

Ognuna di queste attività va continuamente esercitata, fatta esplicitare e verificare.

Fase 2: Facciamo un mucchietto di...

I bambini imparano a classificare secondo uno o più attributi, che vanno esplicitati.
Anche in questo caso, all'insegnante non devono sfuggire tutte le occasioni che la pratica quotidiana permette, sempre a partire dall'utilizzo del materiale non strutturato.
"*Metti insieme tutti i pennelli, nel barattolo rosso metti solo i colori rossi, nel cestino vanno tutti i tovaglioli, sullo scaffale mettiamo solo i libri, facciamo una collana di perle blu, nalla cassetta verde tutti gli animali, etc.*".
Successivamente si passerà al materiale strutturato, organizzato secondo criteri che vanno sempre fatti esplicitare ai bambini: "*Ho messo nel cerchio tutte le figure rosse*".
Le esperienze significative vanno illustrate: lo scaffale dei libri, la cesta dei travestimenti, l'insieme delle figure (blocchi logici).

Fase 3: E noi come siamo?

La proposta deve coinvolgere i bambini collettivamente, tutti radunati insieme; l'insegnante vuole fare dei gruppi di bambini: come può fare?
La prima differenza, forse la più facile, è per genere: l'insegnante disegna due cerchi per terra (con il nastro adesivo) contrassegnati da due diversi colori, o da un contrassegno (animaletto, giocattolo) e propone:
"*Vi voglio dividere in questi due cerchi: come si fa? Chi mettiamo qui e chi mettiamo lì?*".

I bambini avanzano proposte. Se la richiesta originale non fosse chiara, si può passare a suggerire la divisione in maschi e femmine, ma subito dopo cerchiamo di sollecitarne altre: chi ha i pantaloni o le gonne, chi ha i capelli scuri o chiari, chi ha tutti i denti e chi no, etc.
A mano a mano che il gioco si sviluppa, i bambini cambiano posto, insieme, a seconda degli attributi richiesti. L'insegnante fingerà di dimenticare, e avrà così occasione di chiedere ai bambini per quale motivo si muovono o perché sono in quel cerchio.
L'esperienza va raccontata con un disegno, e a ogni bambino viene chiesto di commentare con una frase che l'insegnante scriverà, in modo da verificare la consapevolezza raggiunta rispetto al gioco appena terminato.
L'esperienza dei cerchi va ripresa successivamente con ogni tipo di materiale (45 minuti).

Fase 4: Un tappo per ciascuno

I bambini nuovamente si dispongono in gruppo e vengono suddivisi nei due cerchi a seconda di un criterio che i bambini ormai, avendo più volte ripreso il gioco, sanno indicare da soli.
Cerchio giallo tutti i bambini con capelli scuri, cerchio rosso tutti i bambini con capelli chiari.
I bambini si suddividono nei due cerchi. Ce ne sono di più nel giallo o nel rosso?
Se le differenze non sono evidenti, la prova da suggerire è sempre quella della corrispondenza uno a uno: un bambino del cerchio giallo dà la mano a un bambino del cerchio rosso e si allontanano, e così via fino alla fine degli elementi del gruppo minore. A questo punto l'insegnante chiederà cosa è successo e perché sono rimasti dei bambini in un gruppo. Il gioco va più volte ripetuto, modificando gli attributi.
Si riprende con i bambini fuori dal cerchio, ciascuno con un cartoncino colorato in mano (può essere anche un tappo, una pallina, comunque un oggetto piccolo ma visibile e uguale agli altri).
Si ripete lo stesso tipo di proposta, ma non si accoppiano più i bambini per verificare il gruppo maggiore: ogni bambino lascia il suo segnalino nel cerchio ed esce.

Le due file di segnalini vanno confrontate: qual è la più lunga? Dove ce ne sono di più? (possiamo anche usare il termine "potente", che sarebbe il più corretto).
Anche questa esperienza va rappresentata con il disegno (1 ora).

Fase 5: La filastrocca degli elefanti

Il nome dell'animale può essere modificato a seconda di altre variabili. Ogni bambino ha avuto la sagoma di un elefantino in cartoncino (h 12/15 cm) da punteggiare e colorare.
Quando la sagoma è pronta può inziare il lavoro.
L'insegnante raccoglie gli alunni e prepara un cestino con le mollette da bucato vicino ai bambini.
Poi presenta la filastrocca.
Spiega quello che si sta per fare e appende una corda da bucato in modo che sia raggiungibile da tutti. La corda è la ragnatela del ragno.
A questo punto legge la prima frase della filastrocca e chiede al primo bambino di appendere con la molletta da bucato la propria figura.
Uno alla volta i dieci bambini appendono ciascuno il proprio elefante.
"*Ci sono tutti? Quanti sono?*
Ci sono più bambini o più elefanti?".
La filastrocca prosegue nel senso inverso, col procedimento di togliere: uno ad uno i bambini si alzano e tolgono il loro elefantino dalla *washing-line.*

Un elefante si dondolava

"Un elefante si dondolava, appeso al filo di una ragnatela;
trova il gioco interessante, va a chiamare un altro elefante.
Due elefanti si dondolavano, appesi al filo di una ragnatela;
trovano il gioco interessante, vanno a chiamare un altro elefante.
Tre elefanti si dondolavano, appesi al filo di una ragnatela;
trovano il gioco interessante, vanno a chiamare un altro elefante.
Quattro elefanti si dondolavano, appesi al filo di una ragnatela;
trovano il gioco interessante, vanno a chiamare un altro elefante".
.....
Proseguire sino a:
"Dieci elefanti si dondolavano, appesi al filo di una ragnatela;
trovano il gioco interessante, vanno a chiamare un altro elefante.

Il ragno che li vide pensò tutt'in un botto:
"Un altro che ne arriva, andiam tutti di sotto!

Dieci elefanti si dondolavano, appesi al filo di una ragnatela;
trovano il gioco poco interessante, se ne va via un grande elefante.
Nove elefanti si dondolavano, appesi al filo di una ragnatela;
trovano il gioco poco interessante, se ne va a casa un altro elefante".
.....
Proseguire sino a:
"Due elefanti si dondolavano, appesi al filo di una ragnatela;
trovano il gioco poco interessante, se ne va via un altro elefante.
Un elefante si dondolava, appeso al filo di una ragnatela;
non trova il gioco interessante, torna a casa da mamma elefante.

Il ragno sospirò, si sentiva sollevato!
Mangiò una mosca mora e si leccò il palato".

La stessa attività va ripetuta più volte, portando sempre i bambini ad esplicitare quanto accaduto: *Quanti animali (oggetti, alberi, visi...) ci sono sul filo? Sono di più i bambini o...?*
Ogni nuova attività servirà a rinforzare e a rendere più consapevole e raffinata la capacità di astrazione.
(Si possono trovare ulteriori spunti per filastrocche da utilizzare per contare in Corinne Albaut, *Filastrocche per contare*, Motta Junior Editore).

Possibili espansioni

Sempre giocando con gli oggetti e partendo da materiale non strutturato, possiamo approfondire con il confronto tra insiemi diversi: "*Qual è il più potente?*".
In questo modo andremo via via costruendo il concetto di numero.
"*Ci sono più giochi nel cestino rosso o in quello blu? Qual è il gruppo più potente?*
Ci sono più caramelle o più bambini? Qual è il gruppo più potente? Come facciamo a controllare?
Ci sono pennelli per tutti? Qual è il gruppo più potente, pennelli o bambini? Come facciamo a controllare?".
In questo modo si andranno formando, nell'ordine, i concetti di tanti/pochi; di più/di meno; uno solo, neanche uno.

L'importante è partire comunque dalle routine quotidiane e da materiale non strutturato, ponendo ai bambini piccole situazioni-problema sempre più complesse da risolvere, attraverso la manipolazione e il confronto continuo con le soluzioni reali.

13.4 UdA 4: *Mi muovo con la musica*

Presentazione dell'unità

"*Osservazioni fatte su bambini di tutto il mondo provano che il bimbo sviluppa la propria intelligenza attraverso il movimento; il movimento aiuta lo sviluppo psichico e questo sviluppo si esprime a sua volta con ulteriore movimento e azione*"[1].

Il punto di partenza per un equilibrato sviluppo della persona in tutta la sua globalità è la conquista e l'interiorizzazione del sé corporeo. Attraverso lo sviluppo della consapevolezza e del controllo delle proprie abilità motorie, il bambino costruisce e via via affina l'immagine mentale del proprio corpo, delle sue potenzialità e dei suoi limiti.
Va sottolineato quanto sia importante l'attività motoria come strumento indispensabile per sviluppare processi cognitivi quali la percezione, il linguaggio e la memoria.
Ascoltare musica è diventata per ciascuno di noi un'esperienza poco significativa e involontaria: ovunque ci si muova, in casa o al supermercato, le nostre orecchie rimbombano di musiche che non scegliamo, sottofondi musicali costanti che spesso hanno solo la funzione (nei grandi spazi dei centri commerciali) di coprire il rumore, diventando rumore essi stessi. Chi di noi è in grado di elencare i brani ascoltati mentre si aggira con il carrello della spesa?
I bambini vivono questa esperienza negativa con noi: sono abituati a non lasciarsi travolgere dal piacere dell'ascolto; piacere che non si limita al ricevere *input* auditivi, ma che coinvolge tutto intero il nostro corpo stimolando stati d'animo, sensazioni, immagini, riportandoci emozioni, a volte ricordi.
Le emozioni collegate alla musica possono essere le più diverse: dalla gioia alla malinconia alla rabbia...

---

[1] Maria Montessori, *La mente del bambino. Mente assorbente*, Garzanti, Milano 1952, 1ª edizione originale inglese con il titolo *The absorbent mind*, 1949.

La musica risuona dentro di noi, cattura i nostri ritmi interni e spinge il corpo a muoversi.
È impossibile non notare che l'ascolto musicale genera movimento in ogni fase della vita: sia il dito che segue il ritmo per l'adulto, o la testa che dondola, il corpo che piroetta disordinatamente nello spazio per il bambino. Il movimento risponde alla capacità della musica di evocare stati d'animo.
I due elementi, musica e movimento, o meglio psicomotricità, sono collegati nella proposta di questa unità, per permettere al bambino un'esplorazione e presa di coscienza del mondo del suono e del rumore, di sé e del proprio corpo in relazione allo spazio e al gruppo, del ritmo, della propria emotività, migliorando sensibilmente la capacità di controllo su corpo, gestualità e movimento, e controllo degli stati d'animo.
L'attività psicomotoria all'interno della scuola diventa un modo per conoscersi e riconoscersi negli altri, costruire legami e relazioni esterne al sé, relazioni non ansiogene perché non competitive ma caratterizzate piuttosto dal piacere di stare insieme e di collaborare.
Ogni bambino attraverso questo tipo di attività sperimenta se stesso e il controllo su di sé: conosce le proprie capacità e limiti e impara a far uscire in superficie e a esprimere con il corpo quello che prima ha ascoltato dentro di sé.
Alla base di questo percorso ci sono i suoni che le attività quotidiane producono, ritmi di cui il bambino può prendere coscienza. Ma prima di tutto, o forse in fondo a tutto, c'è la conquista del silenzio per imparare ad ascoltare dentro e fuori di sé: senza il silenzio non c'è ascolto, e senza ascolto nessuna voce, interna o esterna che sia, può venire fuori.

Finalità

- Stimolare il piacere senso-motorio e promuovere la formazione o il consolidamento dello schema corporeo e della propria identità.
- Favorire nei bambini l'esplorazione del mondo dei suoni, del ritmo e del movimento.
- Potenziare i linguaggi non verbali e rafforzare la coscienza del corpo nello spazio.
- Sperimentare il piacere di fare parte di un gruppo.

Obiettivi

- Esplorare la realtà sonora.
- Muoversi in modo da assecondare la musica, prendendo sempre più coscienza del proprio movimento.
- Usare semplici strumenti musicali.
- Muoversi eseguendo una semplice coreografia.
- Distinguere i parametri del suono.

Competenze esercitate nello svolgimento dell'unità

Il bambino:

- percepisce e riconosce alcuni elementi della realtà sonora che lo circonda;
- ascolta e confronta fenomeni sonori e li produce con il corpo;
- si esprime con la voce, con il movimento e semplici strumenti;
- acquisisce sempre maggiore controllo sul proprio corpo e sui movimenti che può produrre;
- riproduce semplici ritmi con il movimento e con strumenti a percussione;
- usa gesti e movimento in associazione a brani musicali eseguendo semplici coreografie.

Metodologia

La metodologia più idonea a sviluppare questi obiettivi è quella ludica; attraverso l'uso di tecniche ludiche e del gioco, la scuola promuove lo sviluppo globale e crea un ambiente rilassante in cui il bambino si sente coinvolto e motivato. La proposta ludica ha come caratteristica essenziale la creazione di un contesto positivo e ricco di stimoli in cui il soggetto si sente piacevolmente coinvolto. Lo scopo primo di questa scelta è quello di ridurre le resistenze di ordine affettivo da parte dei singoli, evitando ogni possibile situazione ansiogena in modo da permettere a ciascuno di esprimere al massimo le proprie potenzialità.

Ogni incontro su suono e movimento deve iniziare sempre con il silenzio, condizione essenziale per permettere l'attenzione. Meglio evitare, comunque, di imporre il silenzio, tanto più alzando la voce: sarebbe una profonda contraddizione, perché il silenzio è una conquista. Saranno suoni piacevoli, trasformati in segnali, a chiedere il silenzio. Suggeriamo l'utilizzo di suoni dolci come può essere un campanello.

Strumenti

Per lo svolgimento del lavoro sono necessari strumenti per la riproduzione del suono, un'ampia gamma di basi sonore di ogni tipo, dai rumori della natura a spezzoni di concerti di musica classica a musiche relative a semplici danze popolari. È importante avere a disposizione alcuni piccoli strumenti utilizzabili dai bambini, dal tamburo al triangolo, strumenti con suoni molto vari come intensità. La casa editrice Mela Music propone un repertorio interessante di danze utilizzabili per bambini, libretti con le indicazioni corredati da cd, tra cui *Danziamo con i suoni,* acquistabili anche on line. Anche in questo caso si potrebbe utilizzare la LIM dopo aver registrato porzioni di lavoro, per costruire un e-book dove mostrare e poter così rivedere le fasi principali del lavoro.
Ogni attività infine necessita di essere registrata attraverso il disegno, quindi servono cartoncini e carta bianchi e colorati, colori di vario tipo anche a tempera. Se non è possibile usare la LIM, si può comunque costruire l'album delle attività rivissute attraverso il disegno.

Tempi

Le attività musica e movimento vanno svolte in momenti separati ma continuativamente nel corso di tutto l'anno scolastico. Per ogni attività proposta si indicano i singoli tempi.

Valutazione

Ogni insegnante registra e raccoglie le informazioni sul comportamento dei bambini nel corso dell'attività e nei vari momenti. La rilettura delle informazioni registrate permette di valutare sia la maturazione delle competenze sia la scelta del materiale.

	Alunno 1	Alunno 2	Alunno 3	Alunno 4	Alunno 5	Alunno 6	Alunno 7	Alunno 8	Alunno 9	Alunno 10
Partecipa alle attività proposte										
Si lascia coinvolgere nell'esplorazione della realtà sonora										
Accetta di muoversi con la musica										
Diventa sempre più consapevole del proprio corpo correggendone i movimenti										
Usa semplici strumenti musicali										
Mostra le proprie emozioni durante i giochi musicali										
Interiorizza i ritmi musicali										
Opera distinzioni tra i suoni ascoltati e/o prodotti										
Sa superare i momenti di frustrazione										

Fasi di realizzazione dell'attività

Fase 1: Il bambino rumorino

L'insegnante propone una filastrocca, da mimare e ripetere (da *Nuovo Gulliver*, settembre 2007, n. 95, pag. 42). La filastrocca è molto carina e ben ritmata e introduce al tema dei rumori del quotidiano; può diventare un *leit motiv* dell'attività, essere recitata all'inizio dell'incontro o usata quando un bambino fa troppo chiasso per richiamarlo in modo simpatico. Il bambino rumorino può diventare un personaggio, ritagliato in cartoncino, e può accompagnare ogni incontro. I bambini si dispongono in cerchio, ascoltano l'insegnante e mimano le azioni del bambino rumorino. Possono imparare velocemente la filastrocca e ripeterla.

Il bambino rumorino

"Il bambino rumorino
pim pum pam gioca a pallone;
che tremenda confusione,
non ne posso proprio più.

Il bambino rumorino
miao, miao, miao, con tanto affetto
accarezza il suo micetto
che si mette a pancia in su.

Il bambino rumorino
drin, drin, drin, va in bicicletta,
gnam, gnam, mangia la bistecca
e poi beve glu glu, glu!".

L'insegnante coinvolge tutti in una discussione.
"*Cosa fa il bambino? Che rumori produce?*". Suggerisce in un primo momento di mimare i movimenti e i rumori. Successivamente, spinge a pensare ad altre routine quotidiane che producono rumori conosciuti e a ripetere il gioco con queste nuove proposte.
I bambini disegnano il bambino rumorino (40 minuti circa).

Fase 2: Mi muovo come...

I bambini esplorano le proprie capacità di movimento imparando a muoversi come... Scoprono che i propri movimenti possono essere modificati, affinati, combinati, accelerati o rallentati, e che la musica può suggerire dei parametri. Il gioco stavolta è "*Muoversi come...*": i bambini disposti in uno spazio ampio e sgombro (salone?) si muovono come richiesto dall'insegnante: come un elefante, un passerotto, un orso, un pesce, un canguro, una goccia d'acqua (a questo proposito si suggerisce di far vedere e ascoltare il video http://www.youtube.com/watch?v=JhXvWhbdzfg), le onde del mare (http://www.youtube.com/watch?v=ERXAdtz27TI&feature=related), una foglia al vento, una foglia che cade...
Ascoltando tracce sonore e lasciandosi guidare dalle suggestioni suggerite dai suoni proposti, i bambini possono poco alla volta esplorare meglio le potenzialità del corpo e affinare i movimenti, controllandone l'efficacia.
Questo momento va ripetuto, con nuove suggestioni o riprendendo quelle più gradite. Alla fine i bambini disegnano l'oggetto interpretato e se stessi mentre lo imitano (45 minuti).

Fase 3: Proviamo con gli strumentini (5 anni)

L'insegnante fa ascoltare il suono degli strumentini che ha a disposizione e lo fa commentare ai bambini: "*Questo come vi sembra? A cosa vi fa pensare?*".
Insieme si sceglie tra gli strumentini quelli adatti a "musicare" i vari movimenti che si vogliono imitare: ad esempio, l'elefante è pesante, si usa il tamburo o la grancassa; la farfalla/la ballerina/la piuma sono leggere, si useranno strumentini metallici, facendo distinzione tra suoni lunghi (strisciare di una biscia) e suoni brevi (il salto della rana).
L'insegnante propone ai bambini di scegliere insieme tra gli strumentini a disposizione quello adatto a rappresentare il movimento scelto: una volta che tutti avranno provato e memorizzato gli strumenti per rappresentare i movimenti decisi insieme, l'insegnante potrà preparare un vero e proprio "spartito musicale" come quello qui riportato.

I bambini imparano a leggere le figure-simbolo sullo spartito e a rappresentarle riproducendo il suono degli strumentini (*bum bum*; *trin trin*; ...) e soprattutto il movimento legato a quei suoni (1 ora circa).

Fase 4: Gioco della scatoletta

Il gioco della scatoletta è sempre molto ben accettato da tutti i bambini e può sostituire il precedente per i bambini più piccoli. È il gioco della conquista del silenzio, un silenzio attivo perché carico di attesa. I bambini sono distribuiti in uno spazio vasto e libero da oggetti; assumono una posizione rannicchiata, chiusi come una scatola. L'insegnante si assicura che le "scatolette" chiuse siano silenziosissime, tutti aspettano di sapere qual è il loro contenuto.
L'insegnante a voce bassa, cercando di ricreare un momento magico, dice:
"*Si apre la scatoletta ed esce... un uccello che vola via...*".
A questo punto i bambini si alzano e imitano i movimenti e i suoni dell'oggetto proposto dall'insegnante.
Con un campanellino l'insegnante dà l'indicazione che il personaggio deve tornare nella scatola.

"*Chiusa la scatoletta*". I bambini si fermano all'istante e nuovamente si rannicchiano, in attesa di una nuova proposta.
"*...un allegro canguro.... una foglia al vento...*".
Alla fine del gioco, i bambini possono rappresentare con il disegno la scatoletta che si anima (40 minuti circa).

Fase 5: Batte il cuore

L'insegnante fa ascoltare ai bambini il battito del loro cuore, cercando di farli concentrare con la mano sul petto sotto la maglia. "*Che cosa fa il cuore? Chi me lo dice? A cosa assomiglia? Proviamo a imitarlo: con le mani clap clap. Con i piedi*, ecc. I bambini imitano il battito del cuore con movimenti che mantengono lo stesso ritmo: battito di mani, piedi, mani-piedi, movimento testa destra-sinistra...
Molti dei movimenti del corpo sono segnati dallo stesso ritmo, ad esempio il camminare e il correre.
Esploriamo con i bambini le possibilità di produrre suoni con questo ritmo.
"*Forte, non sento bene, fortissimo... Piano, sottovoce, piano piano per non svegliare chi dorme, pianissimo. A cosa assomiglia? A un orologio, a un bambino che salta ...*".
L'insegnante può riproporre lo stesso e altri ritmi, aggiungendo di volta in volta movimenti e gesti con le mani, con i piedi, con movimenti del corpo, con battute delle mani sulle gambe; può così, facilmente, passare da ritmi di due a ritmi di tre e quattro.
Anche i nomi possono essere adatti a lavorare sui ritmi: tutti in cerchio, insegnante e bambini provano a cercare il ritmo dei loro nomi: "Ni-co-la: *che gesti facciamo per questo ritmo*? NI = una battuta di mani, CO = un inchino, LA = una battuta di piede. *Cerchiamo altri nomi con lo stesso ritmo*: Pa-me-la; Mat-ti-a ...".
Lavorare con i ritmi aiuta i bambini ad arrivare al silenzio: concentrati nella corretta ripetizione del ritmo proposto dall'insegnante, e curiosi nei confronti delle sue variazioni, i bambini sono in situazione di ascolto. Se l'insegnante gioca con i ritmi, in cerchio e in silenzio, proponendone di semplici e modificandoli non appena vede che tutti i bambini hanno compiuto lo sforzo di adeguarvisi, il gruppo concentratissimo scoprirà velocemente il silenzio.
Alla fine i bambini rappresentano con il disegno il ritmo che è piaciuto di più (50 minuti circa).

Fase 6: Che storia è?

L'insegnante sceglie una storia da narrare: deve avere un'ambientazione chiara, facile da immaginare e in cui il bambino possa riconoscere degli elementi anche attraverso l'idea che si è fatta del suono da loro prodotto.
L'ambientazione migliore non esiste, ogni fiaba ha un *background* sonoro su cui costruire suoni e movimenti.
L'insegnante ricostruisce l'ambiente – bosco, mare, città, piscina, stagno, ecc. – con alcuni elementi disponibili. Successivamente raccoglie i bambini intorno a quegli elementi e inizia a narrare la storia. A mano a mano che l'intreccio si sviluppa e l'ambiente viene svelato, i bambini sono invitati ad animarli con suoni e movimenti, in relazione a quanto l'insegnante narra.
Successivamente si possono distribuire delle parti, in modo che ciascuno si concentri sul proprio ruolo (il vento, la pioggia, la ranocchia che salta, il cavallo che nitrisce, la chioma dell'albero mossa dal vento, il bambino piccolo che piagnucola...) e che la storia sia rappresentata con sonoro e movimenti liberi dei bambini.
Si può fare un grande cartellone dove ciascuno rappresenta se stesso nella parte di... (due incontri da 1 ora ciascuno).

Fase 7: Si danza!

La danza si pone al livello più alto delle prestazioni che possiamo chiedere a un bambino di questa fascia d'età: questo momento ovviamente è riservato ai bambini che hanno raggiunto un miglior coordinamento motorio, cioè ai più grandi. In coppia, in cerchio, in file, le danze riassumono tutti gli elementi su cui si è lavorato con musica e movimento: il bambino è coinvolto con le proprie abilità motorie ormai già affinate e controllate, e si muove in relazione con la musica, da una parte, con il gruppo dei compagni dall'altra. La musica determina l'atteggiamento, di gioia o di tristezza, la velocità del movimento.
La danza permette ai bambini anche altre scoperte e fissazione di concetti, come per esempio il concetto di tempo ciclico: ogni movimento sta dentro una (breve) serie di altri movimenti, al termine della quale si ricomincia. Come succede per i momenti della giornata, per le stagioni e i mesi, per tutto ciò che ha un ciclo regolare (per ogni danza, più incontri da 30/40 minuti circa).

Capitolo Quattordicesimo
Esempi di Unità di Apprendimento per la scuola primaria

14.1 UdA 1: *La costruzione dell'interculturalità*

Presentazione del progetto

Il fenomeno multiculturale è sempre più accentuato nella società odierna ma, se da una parte crescono le aspettative per una risposta educativa efficace, dall'altra persistono forti aspetti conflittuali. Diventa, pertanto, importante il concetto di cultura, intesa come capacità di pensare, come modalità di vita e di pensiero; si riconoscono la capacità di tutti i popoli di produrre cultura e il valore universale della persona (*Dichiarazione Universale dei Diritti dell'Uomo*, 1948). Le società multiculturali sono caratterizzate dalla presenza, in un determinato contesto, di più culture e, nella ricerca sull'intercultura, si richiamano la consapevolezza della propria identità e delle proprie radici.

Valorizzare le diversità alla luce dei principi della Costituzione e dei diritti umani, implica il coinvolgimento di soggetti culturalmente diversi in progetti interculturali comuni. Nella dimensione mondiale, si affermano i motivi della pace, della cooperazione internazionale, del rapporto con i paesi in via di sviluppo e dell'equilibrio ecologico. Ulteriori intrecci tematici si riscontrano nell'educazione alla legalità, nella promozione di una cultura dei valori civili.

Un altro tema d'attualità che si lega alla multicultura è l'educazione alla salute, come prospettiva di "star bene con se stessi e con gli altri".

L'educazione interculturale e l'educazione alla cittadinanza globale e al rispetto dei diritti umani, sono elementi chiave per promuovere una cultura capace di generare nuove risposte ai problemi che un mondo sempre più globalizzato e interdipendente si trova ad affrontare.

Le ricerche socio-culturali ed economiche valorizzano l'educazione multi ed interculturale come possibilità di apertura, di trasformazione, di cambiamento della persona in una prospettiva di valori universali quali rispetto, tolleranza, legalità, libertà.
In tale contesto, è chiaro che la scuola ha il dovere e l'obiettivo di educare i cittadini di domani al rispetto per la propria e per le altrui culture.
Il progetto si propone, dunque, di lavorare in questa direzione, in maniera trasversale alle principali discipline scolastiche.

Docenti coinvolti

Area linguistica (italiano), area antropologica (storia, geografia, educazione alla cittadinanza).
Il progetto richiede ai docenti spiccati atteggiamenti di empatia, fiducia, stima e apertura al dialogo.
Pertanto, per i docenti interessati vengono richieste le seguenti abilità:

- saper partecipare;
- saper cooperare;
- saper interagire;
- avere un interesse comune.

Finalità

- Avviare gli alunni verso lavori di gruppo, di cooperazione e di aiuto reciproco, ampliando le conoscenze nelle produzioni linguistiche e storico-geografiche.
- Scoprire insieme le varie espressioni artistiche con l'accettazione e il confronto delle diversità.
- Apprendere a valorizzare le diversità tramite le uguaglianze.

Obiettivi didattici

- Imparare ad ascoltare e a dialogare.
- Acquisire consapevolezza della storia di un popolo e della propria storia.
- Conoscere i luoghi in cui si vive e quelli in cui vivono i nostri compagni.
- Stimolare la crescita di identità personale.
- Riconoscere le paure per imparare ad accoglierle, esprimerle e condividerle.

- Costruire mappe, schemi e grafici utilizzando le informazioni recepite.
- Riconoscere ed evitare gli aspetti folcloristici e pubblicitarie delle diversità.

Competenze acquisite alla fine dell'unità

- L'alunno sarà guidato con pazienza e amore verso la consapevolezza della propria cultura e della propria identità personale e collettiva.
- Egli saprà riconoscere la propria storia, le esperienze e i valori che sono alla base delle sue radici. Sarà avviato verso il superamento dei pregiudizi e degli stereotipi che ancora, spesso, sono presenti nella nostra società.

Parametri di valutazione

Per quanto riguarda gli alunni del primo ciclo, a fine percorso l'alunno dovrà essere in grado di:

- essere più disponibile e aperto al confronto e al dialogo con l'altro;
- essere più disponibile all'ascolto dell'altro;
- essere più attivo e partecipe ai lavori di gruppo;
- conoscere e utilizzare nuove opportunità di cooperazione;
- produrre brevi pensieri e semplici testi narrativi e descrittivi;
- rappresentare graficamente e oralmente ciò che si è detto, ascoltato e capito;
- utilizzare modalità alternative e complementari nelle espressioni manuali e corporee.

Per quanto riguarda gli alunni del secondo ciclo, a fine percorso l'allievo dovrà essere in grado di:

- conoscere e comprendere i processi attraverso i quali si sono costruite la propria cultura e le altre culture;
- elaborare e possedere valori collettivi e individuali fondati sui diritti di ciascuno;
- costruire la propria storia e la storia comune nel rispetto della Costituzione e delle leggi internazionali di tutela;
- acquisire atteggiamenti solidali nei riguardi di ogni persona, soprattutto verso chi è meno fortunato;
- partecipare attivamente al lavoro cooperativo;

- saper produrre testi per raccontare le proprie esperienze e quelle degli altri;
- sviluppare e potenziare le proprie capacità creative per trasportare in teatro il lavoro svolto in classe.

Metodi e strategie da adottare

Il docente attiverà nelle varie discipline il metodo delle "risposte attive a domanda aperta", in un clima relazionale sereno.
Con gli alunni del primo ciclo, si privilegerà la lettura di fiabe, filastrocche e poesie ambientate in diversi paesi con domande riflessive sui contenuti e si darà spazio a confronti tra giochi e giocattoli dei paesi da cui provengono i bambini di ogni classe.
Con gli alunni del secondo ciclo si darà spazio alla storia e alla cultura dei diversi paesi di provenienza degli alunni, alle caratteristiche fisiche, geografiche e culturali e alle varie tradizioni.

Strumenti

Riviste, testi, fiabe, filastrocche, musiche, canzoni provenienti da altre parti del mondo. Partecipazione attiva di genitori provenienti da altri paesi per scoprire le diversità musicali, culinarie e per le festività religiose e non.
Posta elettronica e corrispondenza con bambini di altri paesi. Materiale audio-visivo.

Tempi di realizzazione

40 ore +/-20%. Tenendo conto che il monte ore delle discipline coinvolte ammonta a cinque-sei ore settimanali e tenendo conto della trasversalità degli argomenti, si può ipotizzare che l'attività comprenda circa un trimestre di lavoro.

Modalità di verifica

Preparazione di un questionario di verifica a circa metà tempo del lavoro svolto dagli alunni e dai docenti. Ciò aiuterà entrambi a riflettere sulle acquisizioni delle varie argomentazioni, sui vissuti e sulle interiorizzazioni delle problematiche scaturite *in itinere*.
Il questionario si riproporrà a conclusione del progetto, inserendo domande scaturite dal percorso precedente. Infine, si potrà allestire una drammatizzazione teatrale con testi e dialoghi originatisi nel corso del progetto.

Valutazione

Si terrà conto principalmente dell'interesse e della partecipazione attiva degli alunni. Si valuteranno via via i lavori e le produzioni scritte e orali, nonché i successi ottenuti nelle fasi di elaborazione dei vissuti e delle interiorizzazioni degli *input* didattico-educativi.
A fine unità progettuale, si valuteranno gli elaborati di gruppo e individuali sotto forma di testi, drammatizzazioni ed elaborati di carattere artistico-espressivi.

Fasi di realizzazione

Fase 1: Confronto tra culture

I docenti terranno conto dell'ambiente in cui svolgeranno il progetto, che dovrà essere un contesto collaborativo, di comprensione e di tolleranza reciproca.
Per il primo ciclo, si comincerà mettendo i bambini in cerchio e attivando una conversazione aperta, che verterà su domande rivolte al confronto attivo tra culture differenti, facendo attenzione alle uguaglianze come risorsa per valorizzare le diversità. Le domande potranno, ad esempio, essere di questo tipo:

- Quali giochi preferisci?
- Con chi giochi? Spiega come e cosa fai.
- Portiamo i giocattoli a scuola.
- Costruiamo le storie con i nostri giocattoli.
- Drammatizziamo la storia, scegliendo i nostri ruoli.
- Scriviamo piccoli pensieri (ognuno esprime ciò che preferisce e che lo ha maggiormente colpito e lo disegna).

Le attività possono essere svolte anche con l'ausilio della musica, ascoltando canzoni e musiche dei vari paesi o chiedendo ai bambini di portare a scuola diversi strumenti musicali.
Si potranno realizzare dei cartelloni su cui i bambini rappresenteranno i giochi che sono piaciuti di più accompagnati da una breve didascalia, oppure potranno rappresentare le storie drammatizzate seguite da piccole frasi e pensieri.
Per il secondo ciclo, gli alunni saranno divisi in gruppi. Gli insegnanti potranno predisporre vari percorsi, tutti finalizzati ad un confronto costruttivo tra culture diverse:

- percorsi sulle diversità territoriali (in cui si confronteranno ambienti, climi, flora e fauna dei paesi di provenienza degli alunni di una o più classi);
- percorso con i prodotti della terra dei vari paesi, con la costruzione di una cartina tematica e un confronto sulle diverse abitudini alimentari;
- percorso di conoscenza sommaria delle diverse religioni (con attenzione alle feste, ai riti e alle principali cerimonie religiose);
- percorso sulle scuole nel mondo: riflessione guidata sul diritto all'istruzione e ricerca sui vari sistemi scolastici comparati.

I docenti coinvolti in questa prima fase del primo e secondo ciclo sono quelli di italiano-storia-geografia e scienze-educazione all'immagine, educazione musicale e di IRC nel percorso sulle religioni.

Fase 2: Realizzare testi e disegni

Le insegnanti di storia, area antropologica e musicale interagiscono chiedendo agli alunni rappresentazioni geografiche sul gioco. Per i bambini del primo ciclo si tratterà più che altro di realizzare disegni o *collage*, mentre per quelli del secondo si chiederà di produrre, in italiano, un testo descrittivo sugli usi e costumi dei popoli, a seconda della provenienza degli alunni presenti e una cartina tematica in geografia.
Si allestiranno cartelloni con i disegni, i testi e le mappe dei bambini. L'obiettivo dei docenti sarà sempre quello di aiutare i bambini a capire le uguaglianze nelle diversità.

Fase 3: Una lettura

L'insegnante di italiano sceglie una lettura.
Esempio: "Come nacque il deserto", breve fiaba araba con un messaggio profondo di pace. I bambini lavoreranno sul significato di pace tramite conversazione, disegno, elaborati orali e scritti (pensieri e parole). L'insegnante dell'area antropologica farà disegnare i deserti, gli animali del deserto, la vegetazione e favorirà una mappa cognitiva in cui ognuno esprimerà il proprio vissuto sugli ambienti descritti.

Fase 4: Prima verifica sul lavoro svolto

Prima verifica *in itinere* sia per il primo sia per il secondo ciclo, in base alle due progettazioni sopra indicate. Si chiederà agli alunni di dividersi in gruppi e di verbalizzare oralmente e/o graficamente i lavori svolti. Gli studenti saranno seguiti dagli insegnanti attraverso una serie di domande-questionario:

1) Giocate bene insieme?
2) Quando vi arrabbiate, come vi comportate?
3) Ti piace esplorare luoghi lontani e conoscerne le caratteristiche?
4) Quale cibo preferisci?
5) Come ti senti quando lavorate tutti assieme?
6) Vuoi proseguire quest'attività?

Fase 5: Attività su un documentario

Il docente di italiano sceglie un documentario sulla scuola nei vari paesi (di cui fanno parte gli alunni partecipanti), che naturalmente sarà calibrato sulla base delle classi e delle età dei bambini. Dopo un commento fatto insieme in *circle-time* (un tempo in cui gli alunni si riuniscono per discutere di un argomento proposto), si cercherà di drammatizzare ciò che si è visto con il gioco dei ruoli (*role-playing*).

Fase 6: I diritti dei bambini

A questo punto ci sono le basi per cominciare un percorso, fondamentale nella scuola primaria, finalizzato alla conoscenza e all'interiorizzazione dei diritti dei bambini, in un'ottica internazionale e universale. L'insegnante dell'area antropologica farà conoscere ai bambini la *Convenzione Internazionale dei diritti del bambino* (New York, 1989), spiegando e facendo scrivere loro tutti i diritti contenuti. Per gli alunni del primo ciclo si potranno usare le versioni semplificate della *Convenzione*. Le insegnanti di italiano e di antropologia commenteranno i diritti dei bambini e favoriranno una discussione collettiva sulla loro validità e sulle conseguenze del loro mancato rispetto.
Si cercherà di far riflettere i bambini sui significati di diritto e di dovere.
In seguito si chiederà ai bambini di scegliere un diritto e di illustrarlo. Verrà infine prodotto un cartellone.

Fase 7: Si sceglie un diritto

Gli alunni del primo e del secondo ciclo, a gruppi, produrranno un semplice elaborato su di un diritto svolto: nel primo ciclo si lavorerà sul diritto al gioco, mentre nel secondo sul diritto all'istruzione. Si può anche far scegliere ai gruppi un diritto, ad esempio quello da cui si sentono più coinvolti e chiedere di rappresentarlo in varie modalità espressive: dal disegno alla rappresentazione mimica o teatrale, al breve testo o commento scritto.

Fase 8: Valutazione del percorso e dei prodotti finali

In un contesto sereno, seduti in cerchio, si dialogherà sul lavoro svolto, esprimendo ognuno una valutazione sincera e sentita dei percorsi. In questo tipo di percorsi, più che valutare i manufatti, è importante verificare che i bambini abbiano realmente compreso e interiorizzato il significato dei contenuti e che li abbiano resi propri. Le valutazioni, le verifiche, i tempi e i risultati verranno sempre portati a conoscenza degli organi collegiali, inserendo nel PTOF l'intero percorso effettuato.

Possibili espansioni

I docenti possono scegliere di sviluppare l'area degli studi sociali con espansioni del progetto finalizzati a percorsi di:

- educazione alla legalità;
- educazione alla salute (che a sua volta comprende trasversalmente: educazione sessuale, educazione alimentare, educazione alla prevenzione delle dipendenze, educazione all'affettività, educazione stradale);
- educazione alla convivenza democratica;
- educazione alla pace.

Tutti questi percorsi possono essere legati trasversalmente al tema della multicultura, in un'ottica pluridisciplinare che, comunque, ha come centralità la preparazione di tutti gli alunni a diventare cittadini socialmente attivi in una società dove sono presenti culture diverse.

14.2 UdA 2: *Ti ricordi...?*

Presentazione del progetto

Il vecchio modello di trasmissione del sapere storico, purtroppo, sopravvive ancora vigoroso nella scuola italiana: per molti docenti insegnare storia significa imporre, spesso ancora con dettature, schemi e fotocopie, infinite sequenze di informazioni, non selezionate, da far imparare e ripetere.

Fin dai *Programmi* del 1985 sappiamo come il "fare storia" nulla abbia a che fare con queste attività così poco significative e coinvolgenti. Inoltre, sappiamo come questa modalità porti solo a malintesi, a idee banali e spesso mistificanti e, soprattutto, a un disamore nei confronti della disciplina e alla mancata costruzione di tutti quegli strumenti che permettono la comprensione dei contenuti e dei concetti della storia stessa. La storia deve essere a portata di bambino, ma questo non significa affatto che debba essere banalizzata e resa "storiella". Significa, piuttosto, che è a partire dalle esperienze degli alunni che si deve lavorare alla ricostruzione di segmenti di storia.

Cominciare dal bambino vuol dire anche ascoltarlo, ascoltare le spiegazioni che dà alle cose, anche per definire e rendergli visibile il percorso per arrivare alla capacità di storicizzare segmenti del passato e di ricostruirli attraverso operazioni cognitive adeguate.

I bambini che si affacciano alla scuola primaria hanno già grandi competenze, e hanno costruito teorie che permettono loro di interpretare il mondo e darsi delle risposte. Anziché limitarsi a chiedere loro prestazioni meccaniche, la scuola può e deve aiutarli a costruire una competenza disciplinare, unica garanzia di vera e profonda comprensione.

Questa proposta vuole suggerire un percorso di ricostruzione storica di un anno di scuola: alla ricostruzione della storia personale, utilissima per aiutare l'alunno a costruirsi un'identità, a situarsi in uno spazio e in un tempo, si preferisce qui la ricostruzione di un periodo scolastico. La scelta si basa sulla constatazione che nelle nostre scuole sono sempre più numerose le presenze di alunni la cui storia personale è portatrice di un grosso carico di sofferenza: pensiamo, per esempio, ai bambini con i genitori divisi, o ai figli di famiglie migranti. Non è sempre facile per tutti questi alunni ricostruire il proprio passato: i documenti non sempre ci sono, le tracce delle loro età precedenti probabilmente sono andate perdute, ma soprattutto il rivivere la propria storia è fonte di dolore, ancor più nel confronto con vissuti più felici. Meglio evitare. Anche la classe, però, è una comunità che permette la costruzione della propria identità e la rielaborazione storica di frammenti del proprio passato, personale e collettivo. Utilizziamo questa opportunità per proporre un lavoro di ricostruzione storica con l'utilizzo degli operatori cognitivi adeguati a questa fascia d'età.

Finalità

- Favorire negli alunni la costruzione degli operatori cognitivi che permettano la storicizzazione di fatti e periodi del proprio passato.
- Promuovere la consapevolezza che la classe è una comunità con una propria storia.
- Promuovere la consapevolezza che la storia può essere ricostruita con opportune operazioni.

Obiettivi

- Ricostruire segmenti del proprio passato personale e collettivo della comunità-classe.
- Raccogliere tracce e informazioni del passato collettivo e personale.
- Comprendere che le informazioni diventano fonti solo se le si interroga.
- Fare ricorso a testimonianze di vario tipo, per ricostruire un periodo storico.
- Collocare nel tempo fatti ed esperienze vissuti.
- Rilevare relazioni di successione e ciclicità tra azioni e periodi.
- Rilevare il cambiamento in relazione al trascorrere del tempo.
- Comprendere l'uso degli strumenti convenzionali per la misurazione e la rappresentazione del tempo (calendario, orologio, linee del tempo, etc.).

Traguardi di competenza (dalle Indicazioni Nazionali 2012)

L'alunno:

- inizia a riconoscere elementi significativi del passato della propria storia nel proprio ambiente di vita (scuola);

- inizia a utilizzare linee del tempo per organizzare le informazioni e cogliere successioni, contemporaneità, durate, periodizzazioni, eventi;
- inizia a organizzare le conoscenze, tematizzandole e utilizzando le concettualizzazioni pertinenti;
- riesce a risolvere facili problemi descrivendo il procedimento seguito;
- con il gruppo dei pari, individua e utilizza varie modalità per ottenere le informazioni;
- assume iniziative di ricerca insieme con i compagni e le porta avanti, con l'aiuto dell'insegnante;
- costruisce ragionamenti formulando ipotesi.

Metodologia

Per permettere che gli alunni "incontrino" la storia, le prime attività proposte saranno piccole ricerche ben circoscritte con uso di vari tipi di fonti; si tratta di attività che permettono all'alunno l'organizzazione di un segmento del passato che è alla sua portata, e che allo stesso modo gli consentono di lavorare con gli operatori cognitivi. Generalmente si utilizza questa metodologia per la ricerca sul passato personale, familiare e locale, quello cioè che maggiormente coinvolge l'alunno e, al tempo stesso, su cui può esercitarsi con una vera ricerca di carattere "storiografico".
Il primo atto di questo tipo di attività prende avvio da una domanda sul passato della classe: "*Vi ricordate quando... Cosa ricordate? Quando è stato che...?*".
Se ci sono alunni nuovi nella classe, la domanda ha ancora più senso: far partecipi i compagni del passato della classe.
Va sottolineato che mettere i bambini al centro dell'attività didattica significa essenzialmente dare loro la parola, permettere loro di esprimere domande, narrare esperienze, chiedere chiarimenti, lavorare con gli altri. Il "fare storia" in classe prevede, e anzi necessita, della voce degli alunni e delle loro domande, che l'insegnante ha il compito di stimolare e aiutare a precisare, ma che devono nascere da loro: senza domande non si fa storia, così come senza immaginazione la scienza non procede.
Ciascuno degli obiettivi che l'insegnante si pone deve diventare un bisogno conoscitivo dell'alunno, obiettivo che va raggiunto solo attraverso l'esperienza diretta. Le definizioni vengono dopo l'esperienza.

Sono, dunque, le domande a guidare questo tipo di attività: domande-stimolo dell'insegnante e domande dei bambini.
Le prime attività rilevano le preconoscenze: sono tante, si sono formate come risposte alle domande interne del bambino rispetto alla propria esperienza ma anche rispetto a tutto ciò che vede e sente, compresi i film e i cartoni. Se chiediamo a un bambino cosa sa sul tempo dei castelli, dei primi uomini, dei Romani, malgrado con la scuola non abbia ancora affrontato tali temi, saprà mostrare un mondo di conoscenze che, pur se largamente incomplete, si sono strutturate in un sistema di spiegazioni. Il passato affascina i bambini, e la scuola deve mantenere vivo questo fascino.
Quindi, l'assemblea diventerà il momento di parole e riflessioni comuni in cui si esprimeranno curiosità, nasceranno dubbi, si porranno domande e si proverà a rispondere.
Le domande dell'insegnante devono sempre sollecitarne altre, il compito del docente non è mai solo quello di dare risposte.
La domanda che può fare da *leit-motiv* quando si ricostruisce un segmento di passato può essere "*Sei sicuro di quello che dici? Come fai a essere sicuro?*". Perché ogni affermazione va giustificata, documentata attraverso prove certe della sua veridicità. Altrimenti è una storiella, non è storia.
In questo modo si arriva al concetto di fonte come documentazione di quanto avvenuto, e di convergenza (incrocio) di più fonti per una ricostruzione più completa.
A questa età è bene che i bambini maneggino fisicamente oggetti-simbolo: quindi costruiranno sia le linee del tempo sia, con il disegno e la didascalia, i cartoncini da mettervi sopra. Utilizzeranno le foto per ricordare momenti del passato, confrontandosi tra loro. È opportuno che parte del lavoro sia svolto in gruppi, anche se è problematico far lavorare a gruppi bambini così piccoli. Così facendo si stimola l'autonomia e anche la capacità di condividere problemi, di cercare soluzioni insieme, di accettare regole dal gruppo, di sentirsi partecipi di una comunità che lavora insieme.
L'uso della LIM potrebbe aiutare molto l'attività didattica, mostrando immagini e filmati su cui si può discutere. I temi potrebbero essere i cambiamenti tra le stagioni, nei loro visi, nel cortile della scuola nelle diverse stagioni, nell'abbigliamento. Si può costruire insieme la linea del tempo spostando sullo *screen* i blocchi dei dati. Si può costruire insieme un e-book sull'anno trascorso, con immagini, didascalie, linee

del tempo, tabelle che mostrano la ciclicità dei giorni della settimana, del menu, delle attività scolastiche, ecc.
L'e-book può essere corredato dai commenti registrati dei bambini, può riportare filmati e può essere condiviso con gli alunni delle altre classi e con i genitori.
Per la realizzazione dell'unità è importante avere a disposizione foto dei bambini, soprattutto quelle dell'inizio della scuola primaria. Scattare foto a scuola è un'attività molto importante per documentare fatti, episodi, feste, gite, laboratori, tutto quanto è vita della scuola e può diventare, se corredato da date, fonte di informazioni cui fare riferimento.

Strumenti

Per questo tipo di attività è importante avere a disposizione foto che testimonino momenti significativi dell'attività quotidiana che si svolge a scuola. È utile, nel momento di rilevazione del cambiamento, confrontarci con uno specchio, possibilmente nell'aula di psicomotricità, così più bambini possono contemporaneamente sedersi di fronte allo specchio e osservarsi.
Inoltre, servono cartoncini colorati, forbici e colla per costruire linee del tempo con cartellini per ciascun fatto o durata da riportare. È necessario avere i cartelloni dei compleanni, divisi per mese e per stagione, e altri cartelloni per registrare le testimonianze.
Ovviamente, la possibilità di utilizzare la LIM permetterebbe agli alunni di condividere con maggiore consapevolezza l'uso dei dati e la costruzione di linee del tempo. Chi ha problemi di astrazione e di concentrazione riesce a seguire meglio l'attività e a fissarla con maggiore consapevolezza. Nel caso in cui non sia possibile, si consiglia comunque di controllare che ogni alunno sia coinvolto e ben consapevole dell'attività mentre si sta svolgendo.

Tempi

Il laboratorio così come è proposto ha la durata di un mese e coinvolge tutte le lezioni di storia. L'attività può essere suddivisa in 5/6 incontri di due ore ciascuno circa.

Valutazione

Nello svolgimento del lavoro, l'insegnante registra e raccoglie le informazioni sull'atteggiamento degli alunni nei confronti dell'attività. La rilettura delle informazioni permette di valutare la maturazione delle competenze, quali:

- competenze di base;
- consapevolezza ed espressione culturale;
- identità storica;
- utilizza correttamente gli organizzatori temporali (successione, contemporaneità, durata, cambiamento, ciclicità, rispetto alla propria esperienza personale);
- conosce e colloca correttamente su una linea del tempo gli episodi principali della propria storia personale e/o scolastica;
- impara a utilizzare, con l'aiuto dell'insegnante, oggetti quotidiani, materiali e non, come fonti di informazione per ricostruire le proprie esperienze.

Inoltre, sono coinvolte competenze relative a:

- imparare a imparare;
- spirito di iniziativa e intraprendenza;
- competenze sociali.

	Alunno 1	Alunno 2	Alunno 3	Alunno 4	Alunno 5	Alunno 6	Alunno 7	Alunno 8	Alunno 9	Alunno 10
Sa porsi delle domande relative al problema affrontato										
Sa proporre percorsi per trovare risposte										
Comprende che le informazioni diventano fonti solo se le si interroga										
Fa ricorso a testimonianze di vario tipo per ricostruire un periodo storico										
Colloca nel tempo fatti ed esperienze vissuti										
Utilizza gli operatori cognitivi: successione, cambiamento, durata, ciclicità										
Sa usare gli strumenti convenzionali per la misurazione del passare del tempo										
Sa esprimere domande e riflettere su ciò che sa										
Sa rappresentare momenti e passaggi dell'esperienza attraverso disegni										
Sa condividere i momenti di intervento, partecipando alla discussione										
È in grado di correggere opinioni che vede confutate										

Per verificare le acquisizioni si suggerisce di preparare una linea del tempo; i bambini avranno un racconto a disposizione, che può essere inventato dall'insegnante, con periodi, eventi, date, cambiamenti, e dovranno inserire i dati nella linea.

Fasi di realizzazione dell'attività

Fase 1: Cos'è il tempo secondo te?

Per prima cosa facciamo in modo che ogni singolo bambino esplichi il significato che attribuisce alla parola "tempo". Si tratta di un termine molto utilizzato, ma su cui bisogna far sì che il bambino ponga l'attenzione per prendere consapevolezza di ciò che sa e per evitare spiacevoli equivoci. L'insegnante deve accertarsi che ci si riferisca allo stesso campo semantico, altrimenti si finirà per parlare di cose diverse (come accade spesso). Come si rappresenta il tempo il nostro alunno? E, soprattutto, qual è il significato che attribuisce all'affermazione "*Il tempo passa*?".
È necessario tener presente che i bambini sentono parlare molto spesso di tempo meteorologico, e possono confondere i due significati.
Quindi le prime due pagine dell'album, o dell'e-book, avranno questo titolo: "*Cos'è il tempo per te?*". Racconta cosa significa "*Il tempo passa*".
È importante che i bambini non socializzino le loro opinioni in questa fase, per evitare inutili imitazioni. Solo al temine del lavoro si riunirà l'assemblea per confrontare le risposte e, dalla discussione, guidata dall'insegnante, dovranno venir fuori le eventuali "correzioni". Il tempo non si vede, non si tocca, ma passa: come me ne accorgo? Il passare del tempo cambia le cose.
La conversazione registrata e distribuita poi a ciascuno in fotocopia costituisce la prima presa di coscienza collettiva da parte della classe su questo tema (2 ore circa).

Fase 2: Come sono, come ero; prima linea del tempo

Per lavorare su questo tema è necessario avere a disposizione foto dei bambini, in particolare foto dei primissimi giorni alla scuola primaria.
I bambini hanno a disposizione uno specchio per osservarsi: la domanda da porre è "*Com'ero un anno fa? Sono uguale o sono cambiato?*".
I cambiamenti da registrare riguardano l'aspetto fisico e le emozioni.
Un anno fa i bambini potevano essere più timorosi, più o meno ansiosi, credevano in qualche cosa di differente, non sapevano alcune

cose, non erano andati in vacanza a..., non avevano mai visto... Rispetto all'aspetto fisico: i capelli più o meno lunghi, il viso più o meno arrotondato, l'altezza, il peso...
I bambini compilano due carte d'identità, relative a ora e a un anno fa, poi le incollano nel posto giusto su una prima linea del tempo.

Un anno fa	Ora
Ero	Sono ....
Mi sentivo	Ho imparato ....
Credevo	Ho scoperto ....

(2 ore circa)

Fase 3: I compleanni e il tempo ciclico

L'insegnante propone di registrare tutti i compleanni dei bambini su due cartelloni: in uno i compleanni sono divisi per mese, nell'altro sono divisi per stagione, come nell'esempio, aggiungendo il nome dei bambini in ogni colonna. Partendo dal basso è più facile poi costruire un grafico sull'andamento dei compleanni nella classe.

Gennaio	Febbraio	Marzo

In questo modo cominciamo a conoscere la cronologia: "*Quale mese viene prima di... Viene dopo di..., In quali mesi ci sono più compleanni? In quale mese non c'è neppure un compleanno?...*".
Trasferiamo l'anno solare in una linea del tempo: è cosa molto importante che la costruzione avvenga insieme, insegnanti e bambini, e che si verbalizzi sempre ciò che si sta facendo, con chiarezza:

- Quanti rettangoli mettiamo nella linea del tempo?
- Cosa scriviamo dopo febbraio?
- Dove va maggio?
- Perché abbiamo scritto qui agosto?
- Cosa viene dopo dicembre?

A questo punto i bambini si rendono conto che questo tipo di rappresentazione non è adeguata ad esprimere il tempo che "ritorna", che questa è la rappresentazione che va bene per il tempo che va sempre avanti.
Chiediamo ai bambini di trovare proposte utili a rappresentare questo tempo. Potrebbero proporre di arrotolare su di sé la linea del tempo, così gennaio è a diretto contatto con dicembre.
Disegnando la ruota dei mesi, come si costruisce un disco orario, possiamo giocare con la ciclicità. I bambini vedono che dopo un mese ne arriva un altro, e che dopo dodici mesi si riprende con l'elenco senza soluzione di continuità.
Inserendo al centro una lancetta, la si può usare come segnaposto, in modo da poter contare i mesi a partire dalla lancetta. Il tempo ciclico diventa così più "concreto" e alla portata degli alunni.

"*Come chiamiamo questo tempo?*" Lasciamo spazio alle loro proposte, poi spieghiamo che si chiama tempo ciclico. Per essere sicuri che sia stato compreso, proponiamo di cercare qualche altro esempio: la settimana, la giornata, le *routine* quotidiane.

(2 ore circa)

Fase 4: Un avvenimento: la festa della scuola

La festa della scuola è generalmente un evento importante, che coinvolge i bambini, i docenti e i genitori, è fonte di emozioni ed entusiasmi; è un ricordo importante.
Ma... in che punto dell'anno scolastico scorso la mettiamo?
Prepariamo la linea del tempo dell'anno scolastico, utilizzando le stesse modalità già proposte sopra, ma facendo notare che ogni anno scolastico cominicia in un anno solare e termina nel successivo.

All'inizio possiamo posizionare la carta d'identità relativa a "Com'ero" (vedi fase 1).
Ora si tratta di inserire un evento: come si fa?
Difficilmente i bambini ricorderanno la data in cui si è svolto. Bisogna andare in cerca di indizi. I bambini devono comprendere due nodi essenziali della ricostruzione:

- per ottenere informazioni attendibili è necessario cercare le testimonianze;
- non basta un solo tipo di testimonianza per ricostruire il passato.

Proponiamo di far ricorso ai ricordi: "*Che tempo faceva? Come eravamo vestiti? Ricordiamo qualcosa che ci faccia capire esattamente quando è successo?*".
Gli alunni si renderanno conto che non sono in grado di affermare con sicurezza da soli la data della festa. Quindi... si va a caccia di informazioni.
Proponiamo di riflettere in assemblea su come procurarsi le informazioni necessarie: i bambini proporranno di fare ricorso agli adulti, ai genitori, ai collaboratori scolastici. Ricorderanno che qualche genitore ha scattato fotografie, etc.
Decidiamo insieme la domanda da porre a familiari o al personale, e interrompiamo l'incontro, che verrà ripreso non appena avremo queste informazioni.
Leggendo le testimonianze che ci provengono dalle interviste, potremmo ottenere la data esatta, magari suffragata dal ricordo di altri eventi: "*La nonna è sicura perché era lo stesso giorno che...*".
Riportiamo le testimonianze dei familiari in un cartellone (sempre indicando il nome della fonte), e diamo il titolo "*Fonti orali*", spiegando il motivo. Confrontando le fonti orali, ci accorgiamo che non sempre combaciano, ci danno anche informazioni diverse.
Se nessuno lo propone, suggeriamo di pensare se ci può essere qualcosa di scritto che ci faccia ricordare di sicuro. La fonte scritta, infatti, il volantino della festa per esempio, magari riportato sul sito Internet della scuola, darà informazioni più precise rispetto a quelle dei racconti fatti da genitori e nonni.
Riportiamo il volantino sul cartellone, ma questa volta lo chiameremo "*Documenti scritti*".
Ora possiamo completare la linea del tempo inserendo il cartellino della festa della scuola nel posto giusto (due incontri di 60 minuti ciascuno, intervallati da una richiesta ai familiari).

Possibili espansioni

Queste attività non esauriscono certamente l'esperienza su tempo, passato e ricostruzione, ma ne sono solo un inizio. La riflessione sul tempo deve essere ripetuta più e più volte, prendendo la vita quotidiana della scuola come esperienza da organizzare in un percorso lungo e, per alcuni alunni, particolarmente complesso.
Abituare i bambini a cercare delle informazioni ovunque, negli scontrini, nei biglietti dei mezzi di trasporto, nei dépliant pubblicitari, li aiuterà a sfruttarli come fonti di informazioni e a comprendere che la realtà è ricca di indizi da analizzare, per non perdersi in mezzo a essi.

14.3 UdA 3: *L'avvio alla produzione scritta attraverso la didattica delle mappe concettuali*

Presentazione del progetto

La produzione scritta nella scuola primaria, introdotta generalmente in classe terza, è normalmente caratterizzata da livelli di grande difformità, anche all'interno di uno stesso gruppo-classe, a causa delle condizioni di competenza assai disomogenee raggiunte dagli allievi al termine della seconda.
Infatti, mentre alcuni bambini sanno muoversi autonomamente e con una certa destrezza nel mondo della produzione linguistica scritta e della creatività verbale, altri, invece, riescono a scrivere spontaneamente solo semplici frasi.
Spesso i docenti rilevano, nel momento in cui si propone ai bambini un argomento da discutere, o il titolo di un tema, una difficoltà oggettiva e intrinseca nella raccolta, nell'elaborazione e nell'organizzazione delle idee pertinenti e necessarie per la stesura del testo.
In tale situazione, e per consentire anche agli alunni meno abili di conseguire le idonee competenze di scrittura, viene proposto un metodo che, attraverso attività di partecipazione attiva, di *brainstorming* e attraverso la costruzione di mappe concettuali, permette agli alunni di acquisire una corretta ed efficace metodologia di pianificazione e produzione testuale.

Il metodo delle mappe concettuali è uno strumento didattico elaborato in ambito cognitivo, che concepisce la mente come un procedimento complesso con un'interazione di elementi che si concatenano tra loro.
Il principio chiave è semplice: tanto più la conoscenza è strutturata, tanto più è facile memorizzare e ciò porta ad una flessibilità del pensiero.
Nella didattica cognitivista è possibile prendere coscienza delle proprie procedure di memorizzazione e di apprendimento e modificarle in modo vantaggioso.
Ciò porta l'alunno, secondo J.R. Anderson e J.G. Greeno, a gestire il proprio apprendimento attraverso l'uso di strategie che lo aiutano a comprendere, a comporre e a risolvere problemi.
Il dialogo diretto con l'alunno mantiene tuttavia un'importanza insostituibile durante le fasi di analisi e di costruzione delle mappe stesse.
Di particolare rilievo è pure la nozione di "transfert" (J. Bruner), cioè quella di trasferire le conoscenze acquisite in altre situazioni e contesti.

Docenti coinvolti

Area linguistica (italiano), area antropologica (storia, geografia, educazione alla cittadinanza), scienze. Il progetto è rivolto agli insegnanti delle classi del secondo ciclo della scuola primaria.
In questo percorso d'apprendimento, il docente non ha mai la funzione di un generatore di apprendimento, ma sempre quella di facilitatore dell'apprendimento, nella comprensione degli sviluppi e dei problemi.
Il docente è il promotore delle iniziative personali di ogni allievo, inoltre appiana ogni difficoltà cognitiva elaborando ogni stile d'apprendimento dei propri allievi (Piaget-Bruner).

Finalità

Avviare l'alunno alla produzione scritta di semplici testi narrativi, descrittivi e regolativi, fornendo un metodo efficace di raccolta ed elaborazione delle idee. L'aspetto costruttivo di tali processi educativi è che l'alunno familiarizza con i "materiali cognitivi" e ristruttura in modo più o meno approfondito il proprio sistema cognitivo. L'alunno sarà in grado di osservare e di controllare le proprie modalità di apprendimento, confrontandole con quelle degli altri e localizzando i punti deboli nel complesso delle strategie messe a sua disposizione. La finalità è pertanto la presa di coscienza, lo sviluppo, l'elaborazione, la produzione, la collaborazione e un'espansione socio-emozionale del pensiero.

Obiettivi didattici

- Raccogliere idee per la scrittura, attraverso la lettura del reale, il recupero in memoria, l'invenzione.
- Pianificare semplici testi scritti, distinguendo le idee essenziali dalle superflue e scegliendo le idee in base a destinatario e scopo.
- Produrre semplici testi descrittivi, narrativi e regolativi.
- Utilizzare correttamente i connettivi logici e gli indicatori spazio-temporali.
- Conoscere ed utilizzare semplici strategie di correzione ortografica, lessicale e morfo-sintattica.
- Produrre semplici schemi riassuntivi o brevi testi di sintesi di argomenti di studio.
- Individuare ed estrapolare le informazioni chiave di un testo.
- Costruire schemi, tabelle e grafici, utilizzando le informazioni chiave del testo letto.
- Ampliare le capacità cognitive e personali.
- Saper socializzare le proprie idee.
- Mettere insieme vissuti personali e collettivi.

Competenze acquisite alla fine dell'unità

L'alunno è in grado di pianificare semplici testi scritti, trasferendo le idee raccolte da mappe a scalette ordinate.
Attraverso l'uso consolidato dei connettivi logici, spaziali e temporali, l'alunno è in grado di produrre brevi racconti narrativi e descrittivi, seguendo la struttura del genere testuale.
Nelle materie di studio, l'alunno è in grado di individuare le informazioni più importanti e di schematizzarle in funzione di una sintesi, traducendo testi discorsivi in mappe concettuali.

Metodi e strategie da adottare

La metodologia è quella di porre gli studenti come protagonisti e partecipanti attivi del progetto, tramite attività di *brainstorming*, in cui essi attraverso il ricordo personale e la rielaborazione di esperienze e vissuti, raccolgono le idee per la scrittura.

Inizialmente, il docente fungerà da moderatore, discriminando le idee pertinenti ed eliminando eventuali deviazioni dall'argomento. In un secondo momento aiuterà gli alunni nell'organizzazione testuale, avvalendosi di scalette, schemi, scegliendo ed utilizzando elementi dati.
Sono molteplici i modi attraverso i quali il docente può stimolare la rielaborazione personale, "attiva", da parte dell'alunno.
Il principio è sempre il medesimo: un problema, di qualsiasi natura, che emerga durante il lavoro, non è un abisso che il docente deve colmare, ma una risorsa da utilizzare per l'apprendimento. Questo vale anche, ad esempio, per il significato di una parola che si trova nel testo o nella spiegazione dell'insegnante.
In questo caso:

- l'alunno prova prima a dire che cosa crede che significhi quella parola e come la interpreta in quel contesto;
- l'alunno va avanti a leggere e a congetturare il suo significato;
- docente e alunno procedono all'elaborazione personale finché l'alunno stesso arriva da solo alla comprensione e al significato.

Ci sono vari modi di applicazione delle mappe cognitive a livello strutturale.
Qui sarà sviluppata una mappa per la scuola primaria, che tenga conto cioè delle possibilità e capacità cognitive dell'età evolutiva che va dai sette ai dieci anni, pertanto sarà tenuto in considerazione anche l'aspetto affettivo ed emotivo di ogni processo d'apprendimento.

Strumenti

Testi realistici e fantastici, letture di diari e di autobiografie, immagini e stimoli visivi, schemi e mappe, testi informativi, dialoghi aperti, proposte riflessive, conversazioni su fatti reali e di cronaca, visione di film di interesse generale.

Tempi di realizzazione

16h ore +/- 20%. Tenendo conto che il monte ore delle discipline coinvolte ammonta a 5-6 ore settimanali e tenendo conto della trasversalità degli argomenti, si può ipotizzare che l'attività possa essere conclusa in tre settimane o poco più.

Modalità di verifica

Per quanto riguarda la lingua italiana, alla realizzazione di circa metà del lavoro, si effettuerà una prima verifica, in cui si chiederà agli alunni di costruire e organizzare a gruppi una "mappa delle idee" su un argomento a scelta tra quelli proposti dall'insegnante e di trasferire successivamente le idee dalla mappa ad una scaletta ordinata.
A fine unità didattica si chiederà agli alunni, sempre divisi in gruppo, di rifare lo stesso lavoro, che stavolta dovrà essere sviluppato e rielaborato in un testo scritto. Nelle materie di studio, si effettuerà una verifica alla fine del percorso, in cui i bambini dovranno realizzare una mappa concettuale individuando le parole chiave relativamente ad un argomento specifico.

Valutazione

Nella prima parte del progetto, la valutazione terrà conto, come per tutte le attività che avvengono nella scuola primaria, principalmente della partecipazione e dell'interesse del bambino, dei suoi interventi durante le attività di *brainstorming* e di raccolta delle idee, delle sue modalità di disponibilità e interazione alle proposte degli insegnanti.
Per la lingua italiana, a fine unità didattica, la valutazione sarà indirizzata anche sull'apprezzamento dell'elaborazione di un prodotto finale, sotto forma di un breve testo scritto per gli alunni di classe terza, di un racconto per gli alunni di quarta e di un tema per quelli di quinta. Nelle materie di studio, sarà valutata la capacità degli alunni di schematizzare un argomento dato in mappe concettuali, da cui poi ricavarne un testo sintetico da utilizzare nello studio delle materie dell'area antropologica e di scienze.

Fasi di realizzazione

Fase 1: Si sceglie l'argomento

Il docente introduce l'argomento spiegando agli alunni che verrà iniziata un'attività che insegnerà loro come scrivere un testo. Partirà scegliendo un argomento (oppure l'argomento scaturirà dalle curiosità o dai bisogni dei bambini stessi), scriverà il titolo a grandi lettere sulla lavagna (ad esempio: "*la mia scuola*") e chiederà agli alunni di esprimere tutte le idee che vengono loro in mente davanti a questo titolo, mediante un'attività di *brainstorming*.

Chiederà anche quali sono i sentimenti che scaturiscono dalle idee emerse.

Fase 2: La costruzione della mappa concettuale

Dal titolo in grande, al centro della lavagna, l'insegnante farà partire una serie di frecce, sulle quali saranno inserite tutte le idee elencate dai bambini.
Si costruirà così una mappa concettuale, che verrà chiamata: "*La mappa delle idee*".
L'insegnante rifletterà con i bambini sul fatto che una mappa deve essere uno strumento al servizio del loro lavoro: come una mappa geografica ci aiuta a scegliere un percorso verso una meta, così la mappa concettuale ci aiuta a rappresentare (a noi e ad altri) il percorso effettuato dalla nostra mente nella raccolta di idee per la stesura di un testo o nella memorizzazione dei concetti essenziali ricavati da un testo di storia, geografia e scienze.
Vengono chiesti anche i sentimenti positivi e negativi che i bambini provano in relazione all'argomento trattato.

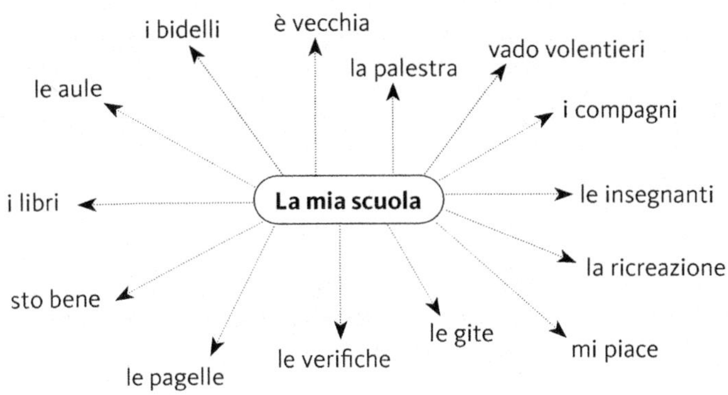

Fase 3: Dalla mappa alla scaletta

Davanti alla mappa concettuale ora costruita, l'insegnante rileggerà tutte le idee collocate su di essa e farà riflettere i bambini sulla necessità di discriminare le informazioni utili e pertinenti da quelle superflue per la stesura di un testo.

Successivamente, l'insegnante spiegherà la necessità di stabilire delle regole per trasferire le idee dalla mappa a una scaletta ordinata.
Verrà pertanto costruita una scaletta, dove saranno collocate le idee (dalla più alla meno importante o in ordine logico-temporale), facendo riferimento alla struttura del genere testuale (situazione iniziale o introduzione, svolgimento e conclusione).

Fase 4: Dalla scaletta al testo

A questo punto si arriva alla produzione vera e propria del testo: l'insegnante guiderà i bambini a sviluppare i punti della scaletta predisposta, collegando pensieri e frasi attraverso l'utilizzo corretto dei connettivi logici e degli indicatori spazio-temporali e seguendo la struttura del genere testuale. Seguirà una lettura di gruppo del testo prodotto con conseguente correzione.

Fase 5: Prima verifica

I bambini vengono divisi in gruppi a ognuno dei quali verrà dato un titolo da sviluppare. I bambini dovranno raccogliere le idee tra di loro, selezionare quelle ritenute più pertinenti e interessanti e costruire la loro mappa. Successivamente, dovranno trasferire le idee in una scaletta ordinata.
L'insegnante valuterà la loro capacità di rielaborare informazioni e di discriminarle da quelle superflue. Seguirà poi un lavoro guidato dall'insegnante di produzione, stesura e correzione del testo.

Fase 6: Fissare i concetti chiave

L'uso delle mappe concettuali favorisce la riflessione metacognitiva degli alunni sui propri processi mentali e sui meccanismi messi in atto dalla memoria e dalla mente nel momento della conoscenza e dell'apprendimento.
Pertanto, le mappe concettuali rappresentano indubbiamente un valido approccio allo studio, fin dalla classe terza.
Gli insegnanti di storia, geografia e scienze utilizzeranno le mappe, parallelamente all'insegnante di italiano, come mezzo per raccogliere e fissare i concetti chiave ricavati dalla lettura di un testo e per memorizzarli.

Fase 7: Tipologie testuali

Dopo aver effettuato la prima verifica, l'insegnante userà del tempo per delle letture collettive di testi, diari e autobiografie, in modo da fornire ai bambini diversi esempi di testi e facendo con loro una riflessione sulla loro struttura.
Si leggeranno inoltre testi informativi, sviluppando attività di comprensione ed individuandone le notizie principali.

Fase 8: Valutazione del percorso e dei prodotti finali

In lingua italiana, l'insegnante proporrà alcuni titoli ai bambini che dovranno scegliere quale utilizzare per la produzione di un testo scritto (breve testo per le classi terze, racconto per le quarte e tema per le quinte). Gli alunni lavoreranno singolarmente, costruendo la propria mappa delle idee, la scaletta e sviluppandone autonomamente ciascun punto secondo lo schema del genere testuale. Nelle materie di studio, dato un testo informativo, si chiederà agli alunni di sintetizzarlo sia in una mappa concettuale sia, successivamente, in una breve sintesi. È importante che, mediante stimoli, gli alunni si rendano conto dei livelli raggiunti e delle difficoltà incontrate nella fruizione e nella produzione, per migliorare tali processi. Le abilità metacognitive potranno essere sviluppate *in itinere* nei diversi percorsi di apprendimento secondo gli interventi predisposti dai docenti.

Possibili espansioni

L'uso delle mappe concettuali come strumento funzionale alla produzione testuale e come approccio allo studio, è trasversale alla maggior parte delle discipline e pertanto si può applicare a tutte le materie.
La costruzione delle mappe si rivela una strategia efficace anche per prendere appunti durante la lettura di giornali e testi informativi in generale.
Si rivela, inoltre, un valido aiuto per tutti quegli alunni in difficoltà (alunni con disturbi specifici di apprendimento, alunni stranieri, alunni con problemi sensoriali o con disturbi delle capacità di attenzione) perché li aiuta a fissare le informazioni e dar corpo alle idee che vogliono esporre.
"*La mappa concettuale è una rappresentazione della conoscenza*" (Novak).

È interessante ricordare che all'inizio del loro utilizzo, la tecnica delle "mappe mentali" fu messa a punto come supporto didattico per persone disabili mentalmente: ci si accorse in breve tempo che esse riuscivano a stimolare il loro cervello nel capire meglio, "costringendoli" ad utilizzare le risorse di ambedue le intelligenze, ovvero dei due emisferi cerebrali.
Una tale metodologia di apprendimento ha significato per l'educazione una rivoluzione: è, infatti, la mente umana al centro del sistema, con attorno tutte le fonti del sapere: non si richiede più all'alunno di adattarsi ad un libro di testo, ma sarà il testo a doversi accordare con la soggettività umana.
Ciò cambia notevolmente la funzione degli apprendimenti, considerati non più statici, ma dinamici e interattivi.

Conclusione

Nell'arte di apprendere, le mappe cognitive sono una possibilità, una capacità in più, di costruire ed elaborare i pensieri per facilitare la crescita globale della persona.

Capitolo Quindicesimo
L'organizzazione della lezione

15.1 I potenziali di sviluppo

L'organizzazione della lezione è il prodotto, come si è visto, di competenze, da parte dei docenti, circa le problematiche sociali che determinano nuove situazioni e nuovi bisogni, di conoscenze e di capacità selettive dei contributi delle scienze dell'educazione per trarre suggerimenti al fine di adottare le metodologie e le strategie didattiche più efficaci in rapporto alle situazioni e ai problemi nei quali versano gli allievi. La lezione, infatti, è il prodotto di una progettazione declinata con attenzione a contenuti, obiettivi, attività, metodologie, verifiche e valutazioni, nella quale convergono capacità professionali, competenze tecnico-scientifiche e immaginazione scientifica dei docenti, ma anche doti personali di fine intuizione psicologica e di creatività intesa come ricerca e sperimentazione del nuovo.
Fondamentale è la conoscenza degli allievi: intuire il profilo educativo, culturale e professionale degli alunni significa avere già le basi per poter costruire ipotesi di una mediazione didattica efficace. Per poter progettare ogni lezione, all'interno del curricolo verticale, occorre saper descrivere com'è ogni allievo, saper definire il suo profilo relativo a stili e ritmi di pensiero, le capacità potenziali, le intelligenze di cui è portatore, gli eventuali talenti ed eccellenze che potrebbe sviluppare, il suo atteggiamento verso la vita. Il potenziale educativo di ciascun allievo costituisce, infatti, la base su cui poter stratificare ogni ulteriore elemento di sviluppo. La conoscenza del contesto culturale, la sua storia personale ma anche la storia della sua famiglia, gli usi e costumi del territorio, lo sfondo sociale, culturale ed economico che è contesto alle esperienze di vita maturate costituiscono fattore ineludibile, nel quale collocare, filtrando e mediando opportunamente eventuali aspetti negativi, ogni momento del curricolo verticale, nel quale si esprime e si declina la lezione.

Ciò che lo studente conosce, tutti gli apprendimenti scolastici e sociali che si sono stratificati in lui, ciò che sa fare, le abilità acquisite e le competenze maturate, in sintesi il suo “saper essere” nella globale espressione della sua personalità, ovvero i valori di riferimento, i comportamenti, le emozioni e i sentimenti che lo connotano, sono la base da cui partire per costruire un curricolo verticale che accompagni, nel tempo, la sua crescita e per organizzare segmenti di unità di apprendimento e quindi una lezione adeguata alle aspettative più personali di ciascun allievo.
Per una conoscenza del profilo educativo, culturale e professionale dell'alunno possiamo adottare, sinergicamente, varie metodologie:

- atteggiamento di ascolto e di accoglienza positiva dell'allievo per consentirgli la massima espressione di modi di essere e di eventuali problemi;
- metodologie di osservazione sistematica dei comportamenti e dei “saper essere” che riteniamo più significativi al fine di orientare opportunamente l'alunno verso un progetto di sviluppo congruente con capacità e bisogni formativi, anche con redazione di un protocollo quotidiano dove annotare quanto osservato nei diversi contesti situazionali nel gruppo dei pari;
- metodologie di sviluppo del colloquio clinico, selezionando e accogliendo i contributi della psicoanalisi, per consentire all'allievo di esprimere interpretazioni più personali circa il suo rapporto con l'ambiente naturale, sociale e artificiale a lui prossimo, per promuovere in lui la riflessione su incertezze, insicurezze, timori, attitudini, aspettative, progetti;
- somministrazione di prove di verifica di capacità e di abilità, di interpretazioni e di aspettative più personali.

Un esempio di prova di verifica in tal senso, da somministrare ad allievi del primo e secondo ciclo può essere il seguente:

Questionario sulla percezione e memoria delle esperienze pregresse

Io da bambino	Nella scuola dell'infanzia

Ricordi che cosa racconta la tua mamma sulla tua infanzia?
Rispondi al posto suo.. ...., consultando i tuoi familiari: il tuo papà, fratelli, sorelle, nonni, zii, etc., cerca di raccogliere più te-

stimonianze possibili della tua infanzia e confrontale con i tuoi ricordi

Soggetto	maschile	femminile

Nella scuola dell'infanzia ero un bambino
Ansioso Triste Iperattivo Impulsivo Distratto Timido Aggressivo Allegro Contento Partecipativo

Attualmente		
Ho qualche difficoltà a distinguere la destra dalla sinistra	SÌ	NO
Detesto leggere ad alta voce	SÌ	NO
Metto più tempo del dovuto a leggere una pagina di un libro	SÌ	NO
Trovo difficile ricordare ciò che leggo	SÌ	NO
Ho qualche tic nervoso	SÌ	NO
Sono un bambino socievole	SÌ	NO
Sono un bambino creativo	SÌ	NO
Suono uno strumento musicale	SÌ	NO

Rispetto ai miei compagni /coetanei		
Ho imparato più tardi a leggere	SÌ	NO
Ho avuto difficoltà nella lettura	SÌ	NO
Ho avuto difficoltà nella scrittura	SÌ	NO
Ho avuto difficoltà nel calcolo	SÌ	NO
Ho difficoltà ad imparare le tabelline	SÌ	NO
Sono più veloce nell'imparare	SÌ	NO
Mi piace apprendere cose nuove	SÌ	NO

Le mie attività preferite sono: ....
Le mie discipline preferite sono: ....
La maestra dice di me: ....
I miei genitori dicono: ....
Io penso: ....

Nell'organizzazione della lezione, ovvero nelle strategie di conduzione della classe e nell'ambito delle metodologie di colloquio con gli allievi, è utile la somministrazione di questionari di tal genere. Tuttavia, come è da interpretare qualunque suggerimento e/o metodologia e tecnologia proposti in questo lavoro, un approccio alla didattica critica consiglia di non applicare pedissequamente e rigidamente quanto qui riportato, anche se si tratta di esperienze e materiali ampiamente sperimentati dalle scuole, in quanto oggetto di corsi di aggiornamento e di formazione dei docenti. Si consiglia, pertanto, di utilizzare le domande qui proposte sia in termini di questionari sia nell'ambito del colloquio clinico, integrando le informazioni acquisite mediante le domande poste con le dichiarazioni spontanee ed anche con le divagazioni degli allievi, con l'osservazione sistematica dei comportamenti e degli atteggiamenti. Lo scopo è sempre quello – propedeutico ad ogni intervento e/o azione formativa – di conoscere struttura psicologica, esperienze e potenziali educativi degli studenti.
L'offerta formativa, infatti, deve essere adeguata alle aspettative degli studenti.
Gli apprendimenti, pertanto, lungi dall'assumere, agli occhi del bambino, aspetti costrittivi relativi a "compiti" e doveri scolastici da praticare e osservare, devono tradursi in opportunità indispensabili per stabilire relazioni sociali più ampie e per potenziare livelli di comunicazione e di esplorazione dell'ambiente.
Risulta, pertanto, essenziale che la scuola sia ampiamente contestualizzata nell'esperienza dell'allievo e che sia sostanzialmente rivolta a sollecitare curiosità e a promuovere motivazioni che orientino gli interessi del bambino secondo direzioni di sviluppo integrale della personalità.
Il segmento scolastico corrispondente all'età evolutiva del periodo di latenza, quindi, deve caratterizzarsi, nella sua dimensione formativa, nell'assumere quali finalità privilegiate le direzioni dello sviluppo relative alla dimensione comunicativa e sociale che si esprime nella convivenza democratica e nella prosocialità, alla

dimensione cognitiva che si esprime attraverso il dubbio metodico rivolto alla problematizzazione del dato e attraverso la ricerca-azione, alla dimensione affettiva che si realizza attraverso il potenziamento del quoziente emozionale dei soggetti e lo sviluppo della relazionalità partecipata.
La processualità di sviluppo che lega l'inizio di questo segmento scolastico alla scolarità precedente suggerisce che le attività proposte ai bambini assumano carattere ludiforme che ne valorizzi la dimensione ecologica, congruente con le motivazioni di fondo dell'atteggiamento globale del bambino verso la vita.
Il soddisfacimento delle curiosità infantili attraverso itinerari di apprendimento che, partendo da interpretazioni e credenze soggettive conducano l'allievo a scoprire, mediante la formulazione di ipotesi e la falsificazione delle stesse tramite l'esperienza, come funzionano le cose del mondo e come vanno interpretati i fenomeni e le azioni degli uomini, determina il fondamentale passaggio dalla *curiositas* alla *studiositas* intesa come organizzazione e gestione mentale sempre più autonoma da parte del soggetto.
La gradevolezza delle attività ludiformi, caratterizzanti soprattutto il primo biennio della scuola primaria, l'assunzione di una metodologia di ricerca-azione quale atteggiamento cognitivo verso l'ambiente circostante, l'assunzione di stili comportamentali rivolti all'osservazione del dato, alla selezione degli elementi congruenti con gli scopi prefigurati e all'assunzione di percorsi procedurali determinano, infatti, stili cognitivi che si traducono essenzialmente nell'imparare ad imparare.

15.2 Una lezione "a misura" dell'allievo

Quanto finora esposto è strumentale alla costruzione e alla elaborazione della "lezione" da intendersi non più nel senso tradizionale, ovvero come spiegazione e trasmissione di conoscenze semplificate e centellinate per facilitare comprensione e memoria in un allievo impegnato soprattutto nell'ascolto. La "lezione" è da intendersi, invece, come progettazione e organizzazione di un *setting* didattico che immerga l'allievo in situazioni problematiche e lo induca a porsi domande, a cercare risposte e ad incontrare le conoscenze codificate nelle discipline come chiave di lettura della problematicità dei contesti di vita e come strumento interpretativo della complessità del reale e di elaborazione di un pensiero critico e divergente da itinerari consueti.

La "lezione", pertanto, va centrata su un problema o su un nucleo tematico congruente con le curiosità, gli interessi, le motivazioni degli allievi.

Quale problema o argomento ha interessato e coinvolto il gruppo-classe? Quali le esperienze più significative dei ragazzi? Quali storie, difficoltà, interpretazioni, credenze connotano il gruppo? Qual è la matrice cognitiva del gruppo e di ciascun allievo?

Il profilo educativo, culturale e professionale (PECUP) del gruppo e di ciascun allievo costituisce elemento e sostrato di ogni organizzazione della lezione in tal senso.

Preferiamo qui indicare il profilo declinato nel PECUP per orientare, almeno inizialmente, i docenti verso settori fondamentali di informazione che possono certamente essere ampliati e integrati.

"Profilo" significa sostanzialmente disegnare identità e modo di essere dell'allievo, "educativo" (*ex-ducere*) corrisponde al trarre fuori dall'alunno e quindi conoscere e valutare i potenziali di sviluppo dell'allievo, la dimensione "culturale" sottende l'identità storicamente determinata del soggetto: usi, costumi, abitudini e stili di vita familiari e del gruppo sociale di appartenenza; per "professionale" si intende ciò che l'allievo ha appreso nelle esperienze familiari e scolastiche, ciò che sa fare e che conosce, le sue competenze. Partendo da tali basi il docente può disegnare un profilo più ampio e congruente con le caratteristiche e le esperienze di ciascun gruppo-classe e di ciascun allievo per costruire un curricolo verticale e opportunità di personalizzazione dei processi di crescita integrale di ciascun alunno modulati su aspettative e bisogni formativi effettivi.

La conoscenza del PECUP del gruppo-classe, in una valutazione globale delle possibilità operative, collaborative e fattuali nella coralità di un curricolo da sviluppare insieme, e la conoscenza del PECUP di ciascun allievo, in una valutazione delle capacità potenziali del soggetto, delle interpretazioni e delle credenze personali, della dimensione individuale e unica del suo saper essere, della soggettività della sua persona, sono le premesse necessarie per costruire la lezione "a misura" della classe e di ciascun allievo, per l'efficacia della mediazione didattica e la costruzione di competenze.

A tal fine, la lezione deve seguire e accompagnare il processo di apprendimento. La lezione, infatti, per essere efficace e realizzare gli obiettivi e i traguardi che si prefigura, deve essere congruente con il processo cognitivo dello studente.

15.3 Finalità e obiettivi della lezione

Le *Indicazioni Nazionali* sono un documento che rappresenta il potere di indirizzo politico rimasto al governo rispetto alle autonomie funzionali riconosciute alle istituzioni scolastiche dall'art. 21 della Legge n. 59/97 e declinate dal regolamento dell'autonomia. I collegi dei docenti, organi tecnici titolari del potere decisionale in materia di progettazione, secondo le *Indicazioni Nazionali* devono costruire il curricolo verticale.

Per curricolo verticale si intende un percorso di apprendimento, corale, cui l'intero gruppo-classe partecipa condividendo problemi da risolvere e nuclei tematici da trattare. Questo percorso di apprendimento e di crescita si connota per continuità verticale, nel senso che accompagna i processi di crescita degli allievi in età evolutiva, e si contraddistingue per continuità orizzontale, in quanto è contestualizzato nel territorio delle cui risorse fruisce.

All'interno del curricolo verticale, che può essere organizzato in un mosaico di unità di apprendimento e/o di lavoro, sono disseminati obiettivi cognitivi ovvero obiettivi specifici di apprendimento disciplinari che determinano lo sviluppo delle relative abilità applicative. La conoscenza dei saperi disciplinari e le abilità che questi promuovono negli allievi, elaborate nelle maniere più personali e uniche da parte di ciascun soggetto e trasferite (transfert) a situazioni nuove, per la soluzione dei problemi emergenti da contesti sociali dinamici e complessi, si traducono in competenze che costituiscono traguardi in armonia con gli obiettivi dell'Unione Europea. Gli allievi che costruiscono competenze, infatti, acquisiscono i domini delle situazioni e sviluppano capacità di cittadinanza attiva nei diversi contesti di vita. Diventano sicuri di sé, sviluppano autostima e "danno forma" a nuovi "saper essere", ovvero a quegli obiettivi formativi che, nella società post-moderna, costituiscono la condizione per diventare cittadini del mondo, divenuto "villaggio globale". A tal fine, nel curricolo vanno organizzate attività e metodologie che favoriscano la personalizzazione degli apprendimenti.

Ogni allievo, infatti, può percorrere il curricolo verticale e raggiungere i traguardi che lo connotano, secondo le proprie capacità potenziali, il proprio ritmo di apprendimento, scegliendo attività che corrispondono alle curiosità, alle motivazioni e agli interessi più personali e soggettivi. Ciascun allievo, nella personalizzazione dei processi di sviluppo e di apprendimento, esercita il proprio diritto all'istruzione e alla formazione e vive pari opportunità di realizzare obiettivi formativi secondo standard minimi che ne garantiscono l'inclusione sociale.
L'organizzazione della lezione, mirata a realizzare queste dimensioni formative di cittadinanza attiva, tende a valorizzare le esperienze degli allievi ed i potenziali individuali di apprendimento di ciascuno (cfr. M.G. Berlini e A. Canevaro, *Potenziali individuali di apprendimento*, La Nuova Italia, Firenze, 1996).
La lezione, per realizzare obiettivi e finalità del curricolo verticale, deve essere centrata su una mediazione didattica efficace.
A questo scopo, è da privilegiare una didattica per problemi che sviluppi competenze contestualizzando gli apprendimenti nelle diverse situazioni di vita e nella risoluzione delle criticità emergenti dalla complessità sociale.
Gli studenti, pertanto, nella selezione dei problemi da risolvere hanno l'opportunità di soddisfare curiosità, di sviluppare motivazioni all'impegno, di maturare interessi più stabili, di progettare procedure operative, di organizzare dinamiche collaborative.

Il diagramma a V di Gowin

L'unità di apprendimento, così come la lezione che la traduce in attività e in mediazione didattica, può essere rappresentata mediante il diagramma a V di Gowin.
Questa rappresentazione grafica, illustrativa del processo cognitivo, costituisce, infatti, anche un valido modello rappresentativo delle unità di apprendimento/lavoro che connotano il curricolo verticale.
Tale unità di apprendimento si estrinseca nell'organizzazione della lezione che sinergicamente ne attiva procedure, metodologie, attività, contenuti.
Nella lezione troviamo:

- un problema considerato dal gruppo-classe, su cui convergono curiosità, interessi e tensioni attualizzanti per la ricerca delle soluzioni da parte degli allievi;

- la valorizzazione delle discipline e dei saperi sociali che sono trasversali all'apprendimento;
- l'organizzazione, nell'aula, di attività di laboratorio e una didattica laboratoriale centrata su "compiti", ovvero su prodotti da realizzare per la soluzione dei problemi considerati;
- metodologie di ricerca-azione come costruzione di conoscenze interdisciplinari e di competenze.

Il modello a V di Gowin visualizza i processi di apprendimento e, con essi, rende espliciti contenuti e metodologie dell'unità di apprendimento congruenti con tali processi, dando produttive indicazioni per l'organizzazione della lezione.

Esempio di U.d.A.

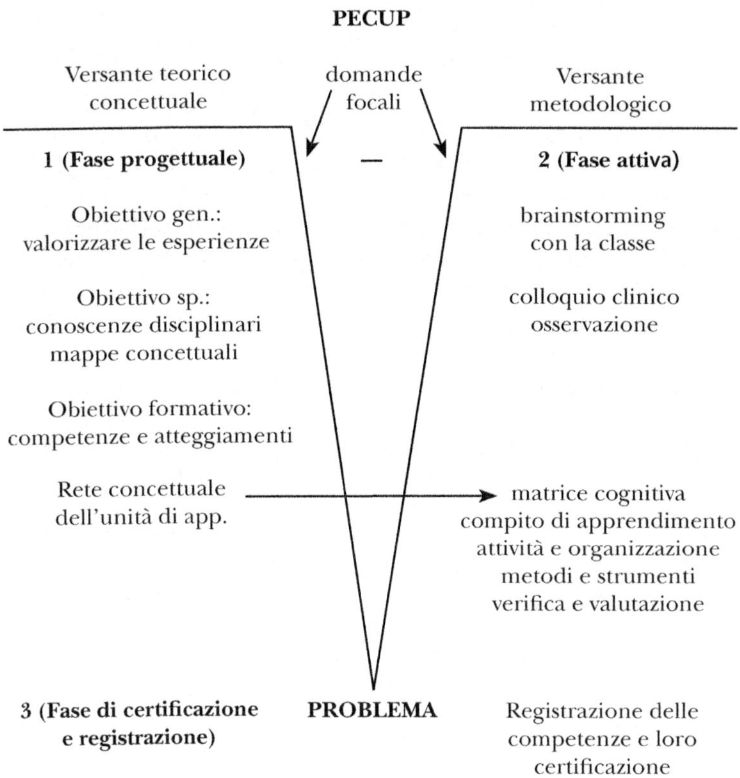

La rappresentazione di un'unità di apprendimento mediante il diagramma a V di Gowin visualizza anche le modalità di organizzazione della lezione in quanto questo modello delinea il processo di apprendimento e consente di comprendere la struttura della conoscenza.
Esso rappresenta, quindi, per l'insegnante che, mediante nuove modalità di organizzazione della lezione, vuole rendere la mediazione didattica armonica con modalità e stili di apprendimento del bambino, uno strumento euristico per la metacognizione, ovvero per una riflessione su come avvengono i processi di apprendimento.
Qual è l'esigenza principale per strutturare una lezione efficace, che raggiunga gli obiettivi prefigurati nel curricolo verticale?
In primo luogo sollecitare la *curiositas* degli allievi. Poi trasformare questa iniziale *curiositas* in motivazione che orienti e renda più stabile l'attenzione, determinando impegno verso attività che, per il bambino, siano significative e realizzative di scopi condivisi con il gruppo dei pari. Tale condivisione di interessi e di obiettivi determina impegno nelle attività, promuove passioni e pone le basi per imparare ad imparare. *Studium*, d'altra parte, significa anche passione. L'apprendere, infatti, deve costituire, per il bambino, un'attività divertente e piacevole, sempre mediata da dimensioni ludiche che vadano a soddisfare le sue esigenze soggettive, attivino i suoi potenziali di sviluppo e promuovano eventuali talenti ed eccellenze. Il bambino deve essere soddisfatto e felice nella scuola, che deve sempre porsi come ambiente accogliente e a misura dei bisogni di ciascun allievo.
A tal fine è opportuno che la lezione assuma dimensioni, modalità e procedure in armonia con i processi di crescita dell'età evolutiva.

15.4 Mediazione didattica e didattica di laboratorio: fasi ed esempio di lezione

Il processo di apprendimento, secondo Gowin, ma anche secondo tutti gli studiosi e ricercatori della materia, nasce dall'"inciampare" (Dario Antiseri) in problemi, dai quali nascono domande che orientano la ricerca delle risposte risolutive. Queste sono nella cultura storicamente determinata e nei "saperi" codificati nelle discipline. Pertanto, dopo aver individuato qual è il problema/doman-

da di partenza occorre ricercare quali sono i concetti-chiave, quali le teorie che possono dare spiegazioni dei fatti e dei fenomeni su cui ci interroghiamo.
Ci domandiamo, quindi, quali metodi adottare per cercare le risposte alle nostre domande e quali possono essere le principali asserzioni di conoscenza a cui arrivare. Inoltre, ci si chiede quali possano essere i giudizi e le affermazioni di valore cui si giunge.
È evidente che si attiva una riflessione su come si impara perché gli allievi sviluppino capacità di gestione mentale autonoma (Antoine de la Garanderie), giungano ad elaborare un pensiero critico e divergente da itinerari consueti ed imparino ad imparare per la vita.
Appare chiaro che cambia il concetto di lezione e cambia il ruolo del docente. La lezione non è più spiegazione di fatti e fenomeni e/o di elementi o concetti disciplinari, ma è orientamento e guida alla ricerca autonoma, creativa e critica, da parte degli allievi, di risposte alle domande che i problemi dell'ambiente sociale, naturale e artificiale pongono. Il ruolo del docente, pertanto, è di abile regia di dinamiche di gruppo nell'ambito di un curricolo verticale che vede la coralità del gruppo-classe percorrere itinerari di apprendimento e raggiungere obiettivi di competenza mediante attività di *cooperative learning* e di *peer tutoring*. La mediazione didattica, quindi, assume le dimensioni della didattica di laboratorio. L'aula pertanto si fa laboratorio di ricerca interdisciplinare di soluzione ai problemi della vita e dell'ambiente e le discipline sono il luogo di conservazione dei saperi umanistici e scientifici. Questi ultimi corrispondono ai diversi punti di vista da cui osservare l'unità del reale. Ogni reale (oggetto, fenomeno, etc.) è unità molteplice (Morin) di prospettive da cui osservarlo e conoscerlo applicando le categorie del pensiero. Collochiamo, ad esempio, ogni reale sulla linea del tempo e ne ricostruiamo la storia, nel pensare lo stesso reale applichiamo la categoria dello spazio e lo collochiamo in contesti territoriali e in confini geografici di cui osserviamo la morfologia e che consideriamo anche luogo della storia del reale esaminato, adottiamo la categoria della misura e utilizziamo, per osservare e conoscere il reale stesso, le conoscenze pregresse della matematica e così via: le conoscenze, i linguaggi e le metodologie proprie di ogni disciplina, infatti, convergono sull'oggetto, fatto o fenomeno considerato e costituiscono strumento di osservazione, di elaborazione di dati alla ricerca di correlazioni e di relazioni che determinano inferenze e nuove elaborazioni cognitive da par-

te del pensiero che si connota per la sua interdisciplinarità. Ogni "reale" è, infatti, interdisciplinare come interdisciplinare è il pensiero che pensa il "reale".

Le discipline, d'altra parte, non esistono in natura, ma sono costruzioni della cultura dell'uomo che ha stratificato, nella sua storia, conoscenze che si sono moltiplicate e parcellizzate in settori sempre più specifici e differenziati. La parcellizzazione dei saperi codificati nelle diverse discipline può esporre gli allievi al rischio di una percezione frantumata della conoscenza che andrebbe, così, a perdere senso e significato. Occorre, invece, recuperare l'unità del sapere e, con essa, la piena comprensione di come funzionano i fatti e fenomeni del mondo per sviluppare competenze che consentano i domini dei problemi e delle trasformazioni che la post-modernità determina con velocità inarrestabile.

Unità del sapere e interdisciplinarità del pensiero sono dimensioni ineludibili dei processi di apprendimento. È evidente, pertanto, che l'apprendimento non può nascere da una spiegazione, da parte del docente, degli elementi più semplici di una disciplina procedendo dal semplice al complesso e dal cosiddetto facile al difficile, perché ciò non corrisponde alle dimensioni percettive e ai processi cognitivi dell'allievo. Quest'ultimo, infatti, nella sua esperienza, ha iniziale percezione globale e significativa dei fenomeni e solo successivamente procede verso percorsi analitici di osservazioni delle parti del tutto e degli elementi che connotano il fatto o fenomeno considerato. L'apprendimento, dunque, non può partire da conoscenze disciplinari astratte e parziali, che restano, per gli allievi, teoriche e poco utili nella soluzione dei problemi della vita, ovvero che non si traducono in competenze. L'apprendimento, invece, deve nascere dall'esigenza di risolvere i problemi della quotidianità, dal bisogno di comprendere come funzionano i fenomeni, deve nascere dalle domande che scaturiscono dall'incontro con situazioni nuove da interpretare. La ricerca delle risposte e delle spiegazioni su come funzionano fatti e fenomeni conduce gli studenti all'incontro con le discipline, luogo dei saperi codificati dalle scienze dell'uomo e della natura. Tutti i saperi disciplinari, infatti, convergono sinergicamente sui problemi e ne consentono la soluzione con l'immediatezza dell'*intelligere* perché gli allievi crescano ad un "saper essere" cittadini della società post-moderna, fluida nelle trasformazioni che la connotano.

È evidente che, nell'organizzazione della lezione, si passa dalla logica dell'insegnamento alla logica dell'apprendimento. Si assiste, pertanto ad una nuova centralità dell'alunno che viene riconosciuto protagonista dei suoi processi di apprendimento e di crescita integrale della personalità.
Si passa anche dalla logica del bisogno di formazione alla logica del diritto alla formazione e quindi all'obbligo, da parte della scuola, di creare pari opportunità di sviluppo da parte di tutti gli alunni. Un'organizzazione della lezione congruente con i processi di crescita degli allievi costituisce premessa ineludibile per l'esercizio del diritto all'istruzione e alla formazione.
Nell'ambito del curricolo verticale e dell'organizzazione di unità di apprendimento che, nell'applicazione di una didattica di laboratorio si traducono in unità di lavoro, la progettazione delle attività e delle metodologie è centrata sulla personalizzazione dei processi di apprendimento, unici per ogni allievo. A tal fine la lezione va modulata su:

- ritmi di apprendimento;
- intelligenze multiple (Gardner);
- eccellenze/talenti;
- di ciascun allievo.

Possiamo, quindi, organizzare la lezione secondo fasi procedurali che assecondino il naturale sviluppo cognitivo dei bambini, in applicazione delle linee di indirizzo per la costruzione delle competenze e dei contributi delle scienze dell'educazione:

- scelta del problema o nucleo tematico da condividere con gli allievi e sul quale far convergere le conoscenze selezionate quali obiettivi specifici di apprendimento nell'ambito dei campi di esperienza del bambino o delle discipline disseminati nel curricolo;
- contestualizzare il problema o nucleo tematico nell'esperienza degli allievi e sollecitare curiosità, motivazioni e interessi degli studenti;
- attivare metodologie di *brainstorming*, porre domande e far emergere conoscenze, credenze e interpretazioni dei bambini circa il problema/nucleo tematico considerato;
- concordare con gli alunni procedure, attività di ricerca-azione, progettualità per la risoluzione del problema (contratto formativo e patto di corresponsabilità);

- organizzare gruppi di ricerca-azione e assegnare compiti;
- attivare e condurre dinamiche di gruppo secondo il modello di didattica critica di Ausubel.

Le unità di apprendimento/lavoro progettate all'interno del curricolo verticale sono centrate su problemi (per esempio, drammatizzare storie, riprodurre fenomeni, rappresentare fatti).
Proponiamo qui, a titolo esemplificativo, alcune sequenze di attività – ampiamente sperimentate con bambini fin dai due anni di età e già menzionate nel capitolo dedicato alla progettazione nella scuola dell'infanzia – per l'apprendimento della lettura nella scuola dell'infanzia, secondo una metodologia ludica:

- raccontiamo una fiaba e costruiamo sfondo integratore e personaggi con polistirolo: il **gatto** sta sopra il **letto** e prende il **sole**. Sotto il letto il **topo** sta nella **tana**. Il gatto sente l'odore del topo ed arriccia il **naso**. Vuole mangiare il topo. Il topo scappa dalla **porta** (in grassetto indichiamo le parole chiave);
- i bambini disegnano e colorano le costruzioni in polistirolo: il gatto, il topo, il letto, lo sfondo integratore di alberi, fiori, animali, personaggi, incrementando il vocabolario attivo e raccontando la fiaba;
- rappresentiamo graficamente la fiaba con una sequenza di vignette sulla linea del tempo: prima/dopo. I bambini osservano i rapporti spaziali: il gatto è sopra il letto, il topo è sotto il letto;
- sceneggiamo la fiaba: ogni bambino assume un ruolo e impersona un personaggio, si individuano le azioni;
- etichettiamo gradualmente (introduciamo una parola chiave bisillaba per volta finché tutti i bambini la riconoscano nel rapporto significante/significato) personaggi e cose con le parole chiave scritte su cartelloni in stampatello di colore rosso (se si utilizzano cartelloni del tipo di quelli usati dal metodo Doman per l'apprendimento della lettura a tre anni si usa lo stampatello minuscolo);
- i bambini giocano ad associare le parole bisillabe con personaggi e cose nel rapporto significante-significato;
- si fa il treno delle parole chiave e i bambini saltano nei vagoni cantando e ritmando le parole anche in rapporto ai suoni: **gatto-topo-porta-tana-naso-sole-letto**;
- si tagliano i cartelloni in suoni: si scompongono e ricompongono le parole;

- si introducono nuove parole selezionando quelle che hanno maggiore valenza emotiva e affettiva per i bambini nel rapporto significante/significato. Si procede ad etichettare l'ambiente. Si scompongono e si ricompongono le parole note;
- i bambini giocano con i suoni, ricompongono le parole e scoprono la ricorsività dei suoni e la possibilità di costruire nuove parole aventi nuovi significati con gli stessi suoni: tata, mamma, nonna, casa, etc.;
- si costruiscono parole più lunghe sempre nel rapporto significante-significato;
- si scoprono i connettori logici, si costruiscono frasi nucleari e, a mano a mano che il bambino impara a leggere, si procede a costruire frasi con il gioco delle espansioni: chi fa che cosa? dove, come, quando, perché?;
- i bambini costruiscono il loro libro delle storie e delle fiabe, disegnano e iniziano a scrivere le parole note anche mediante il gioco delle corrispondenze da modello oppure unendo puntini-guida;
- si leggono tanti libri di fiabe che vanno a costituire la biblioteca di classe: l'apprendere a leggere con lo stampatello minuscolo favorisce l'approccio alla biblioteca di classe, in quanto le fiabe e le favole nei libri sono scritte con lo stampatello minuscolo. D'altra parte, l'utilizzo dello stampatello minuscolo favorisce anche il passaggio alla scrittura in corsivo: basta unire le lettere;
- si cercano e si cerchiano le parole chiave delle fiabe;
- le si incolla su un foglio e si disegna la persona o cosa che rappresentano;
- si raccolgono e si incollano insieme le parole cerchiate in un vocabolario della classe nel rapporto significante (parola)-significato (disegno);
- si evidenzia la lettera iniziale di ogni parola nello stampatello maiuscolo di colore rosso: serve per ritrovare l'indirizzo delle parole nel vocabolario di classe.

Tutto assume senso e significato, dalla prospettiva del bambino, nelle attività di apprendimento. Si impara a leggere perché si rappresenta la realtà mediante simboli: dal pittogramma al sistema di scrittura; e bisogna comunicare anche a distanza, con linguaggi non verbali. Si legge per comprendere e si scrive per esprimere e comunicare significati.

Anche la conoscenza dell'alfabeto – dopo l'apprendimento della lettura nel rapporto significante/significato – assume il senso della codificazione e della ricerca delle parole nel vocabolario.
Ogni apprendimento è finalizzato a soddisfare una curiosità, ogni attività è motivata e sostenuta da un interesse. L'attenzione a compiti condivisi diventa più stabile e si traduce in impegno. Il bambino naturalmente si orienta verso lo *studium* da interpretare anche nel significato di "passione".
Le attività scolastiche così concepite non sono esercitazioni didattiche ripetitive, noiose e faticose, suscettibili anche di frustranti insuccessi, ma sono divertenti, strutturate secondo metodologie ludiche e sempre gratificanti: rinforzo positivo e tensione attualizzante sono assicurati.
La scrivente, con questo metodo, ha insegnato a leggere a generazioni di bambini tra i due e i tre anni, fin dai lontani anni Settanta, giocando in modo naturale e divertente, senza inutili forzature, ottenendo, come risultato, non solo l'apprendimento della lettura come riconoscimento di parole nel rapporto significante/significato, e quindi come abilità nell'azione del leggere, ma come costruzione di competenze perché i bambini cominciano spontaneamente a leggere di tutto, manifestando curiosità e interessi. La lettura dei libri di fiabe, inoltre, superando angustia e ripetitività del libro di lettura scolastico, crea l'opportunità, nei bambini, di sviluppare la passione per la lettura e, nel corso dell'età evolutiva, destare e incrementare naturalmente l'interesse a leggere libri e testi diversi e molteplici.
Questa proposta metodologica, presentata ai collegi dei docenti nel corso delle attività di formazione, ha dato risultati positivi. Anche i genitori che, in famiglia, hanno promosso l'apprendimento della lettura come un gioco a bambini di età inferiore ai tre anni, hanno riscontrato esiti soddisfacenti e valida prevenzione delle problematiche legate all'insuccesso scolastico.
La dimensione ludica, i tempi distesi, la continuità delle attività in famiglia e a scuola, il considerare i simboli (dal pittogramma alla parola scritta) quale ulteriore qualità degli oggetti come la forma, il colore, la grandezza, favoriscono nel bambino una dimensione cognitiva naturale, congruente con capacità percettive, cognitive e con stili di pensiero corrispondenti all'età evolutiva del soggetto.

15.5 La lezione e le procedure organizzative

Nell'organizzazione della lezione occorre, quindi, in primo luogo, chiedersi quali possano essere le curiosità e gli interessi degli allievi, contestualizzati nell'ambiente più prossimo e nelle situazioni di vita contingenti. Ad esempio: gli allievi vivono un cambiamento delle abitudini familiari e personali nel dover ritornare a scuola dopo le vacanze? È cambiato il loro abbigliamento? C'è il problema di dover indossare giubbotti e portare spesso l'ombrello? Perché? Quando piove si formano pozzanghere a terra e con le foglie secche cadute dagli alberi si rischia di scivolare? Perché succede tutto questo? Che cosa sta cambiando? Come comportarci? Oppure, per i bambini più grandi: il telegiornale e i giornali parlano di un recente terremoto in un'altra città. Abbiamo visto persone nelle tende. Che cosa succede? Che cosa sono i terremoti? Vediamo dalla finestra una montagna alta che si chiama Vesuvio: che cosa è un vulcano? Può risvegliarsi? Quale può essere il rischio per la popolazione? Come affrontare il rischio terremoti ed eruzioni vulcaniche? Vogliamo, insieme, costruire un progetto di Protezione civile? Come articolarlo? Come dividere il lavoro? Come organizzarci? Com'è evidente, una serie di domande – queste e tante altre – sollecitano la curiosità degli allievi che sono coinvolti nelle problematiche e stimolati a dare risposte alle domande e a cercare soluzioni possibili ai problemi posti. Mediante il *brainstorming* e metodologie di colloquio clinico ciascun alunno esprime le proprie idee, le proprie interpretazioni di fatti e fenomeni, le proprie credenze. Idee, interpretazioni, credenze si confrontano nel gruppo-classe che concorda anche organizzazioni, attività e compiti per realizzare il progetto condiviso per la ricerca delle soluzioni. Mediante il *brainstorming*, una metodologia che vede gli allievi confrontare le idee, rispettare le regole del saper stare nel gruppo dei pari, ovvero parlare con ordine di successione concordato, non interrompere il compagno né sovrapporsi alla sua voce, esprimere il proprio pensiero nei tempi assegnati, ogni studente esprime la propria matrice cognitiva e tutti insieme vanno a costruire una rete concettuale rappresentativa delle conoscenze e delle esperienze del gruppo. Dalle domande poste dai problemi considerati scaturisce la ricerca delle risposte più vere e attendibili. Dove cercarle? Certamente nei "saperi" codificati nelle discipline. Avviene, così, naturalmente l'incontro degli allievi con le conoscenze disciplinari. Queste, applicate a compiti per la costruzione di progetti risolu-

tivi dei problemi dati, determinano la conquista di abilità in termini di "saper fare".
Quando l'allievo, sia nelle attività scolastiche sia nelle esperienze extrascolastiche, dimostra di saper elaborare tali "saperi" e tali "saper fare" e di essere capace di trasferire (transfert) a nuove situazioni, per la soluzione di problemi nuovi, allora dimostra di aver raggiunto traguardi di competenze. Se la consapevolezza di avere conquistato i domini delle situazioni nuove, di saper gestire e risolvere problemi analoghi a quelli considerati a scuola, ma diversi e nuovi, determina nell'allievo un nuovo atteggiamento di sicurezza, di fiducia in se stesso e nelle sue capacità di relazionarsi con l'ambiente, promuove nuovi livelli di autostima, allora possiamo dire che l'alunno, nel suo percorso di apprendimento e di sviluppo (curricolo verticale) è cambiato rispetto al suo ingresso nella scuola e ha "dato forma" (obiettivo formativo) a un nuovo "saper essere" che lo rende capace di essere "cittadino" di situazioni nuove, anche critiche, con nuove capacità di elaborazione del pensiero (competenze) che diventa, così, creativo e ricco di quell'immaginazione scientifica che attiva le intelligenze multiple.
A tal fine, quindi, il docente, nell'organizzare la lezione, all'interno del curricolo verticale, seleziona gli obiettivi cognitivi nell'ambito dei diversi campi di esperienza (scuola dell'infanzia) e/o nelle diverse discipline (scuola primaria) e guida gli allievi a cercare le risposte alle domande poste.
Non siamo più, nella costruzione del curricolo verticale, nell'ambito angusto, lineare e predeterminato delle programmazioni educative e didattiche, sia perché queste erano la declinazione dei vecchi programmi ministeriali, non più vigenti che, essendo validi su tutto il territorio nazionale, necessitavano di essere tradotti in programmazioni contestualizzate nella specificità dei contesti sociali e culturali di vita dei bambini e sia perché il curricolo verticale, nella sua continuità, progressività generativa e complessità necessita di spazi più ampi e articolati di progettazione integrata nel territorio che, per ricchezza e varietà, rappresenti la molteplicità e la reticolarità delle esperienze degli allievi nell'ipercomplessità sociale del nostro tempo.